Inteligência
Prática

Karl Albrecht

Inteligência Prática

Arte e Ciência do Bom Senso

M. Books do Brasil Editora Ltda.
Rua Jorge Americano, 61 - Alto da Lapa
05083-130 - São Paulo - SP - Telefones: (11) 3645-0409/(11) 3645-0410
Fax: (11) 3832-0335 - e-mail: vendas@mbooks.com.br

Dados de Catalogação na Publicação

Albrecht, Karl
Inteligência Prática: Arte e Ciência do Senso Comum / Karl Albrecht
2008 – São Paulo: M.Books do Brasil Editora Ltda.
1. Psicologia   2. Relações Humanas 3. Administração   4. Recursos Humanos

ISBN 978-85-7680-047-7

Do original: Practical Intelligence: the art and science of common sense
©2007 by Karl Albrecht
©2008 M.Books do Brasil Editora Ltda.

EDITOR: MILTON MIRA DE ASSUMPÇÃO FILHO

Tradução
Maria Lúcia Rosa

Produção Editorial
Lucimara Leal

Capa e Projeto Gráfico
Crontec

Coordenação Gráfica
Silas Camargo

2008
1ª edição
Proibida a reprodução total ou parcial.
Os infratores serão punidos na forma da lei.
Direitos exclusivos cedidos à
M.Books do Brasil Editora Ltda.

SUMÁRIO

Prefácio	*xi*
Sobre O Autor	*xv*

1. Um Problema e uma Oportunidade — **1**

Inteligência Acidental: A Suposição Final	*2*
A Ampliação da "Defasagem Inteligente"	*5*
O Embotamento da América e a Cultura da Diversão	*7*
O que se Sabe e o que Não se Sabe: A Nova Divisão Social	*12*
Quem se Importa? Quem Precisa se Importar?	*14*

2. Inteligências Múltiplas – O Humano Possível — **19**

QI Não Diz a História Toda	*20*
Há pelo Menos Seis Tipos de "Espertos"	*22*
Desdobramento? Aplicando Teorias à Vida Diária	*24*
Desdobramento 1: Inteligência Emocional	*24*
Desdobramento 2: Inteligência Social	*25*
O Próximo Desdobramento: Inteligência Prática	*27*

3. O que É Inteligência Prática? — **29**

Pensar É uma Função Corporal	*31*
Conheça seu Biocomputador	*33*
Ciclos Cerebrais, Ondas Cerebrais, Estados Cerebrais e o Transe Diário	*43*

VI ■ Inteligência Prática

Módulos Mentais: Você Tem Muitas "Mentes" — 51

Modelos Mentais: Sua Realidade Portátil — 55

Quatro Hábitos que Destroem sua Capacidade Mental — 59

Quatro Dimensões da IP: Suas Megacapacidades — 60

Iniciando: Aperfeiçoando seu "Software" Mental — 62

4. UPGRADE 1 – DO SOFTWARE MENTAL
DESENVOLVENDO A FLEXIBILIDADE MENTAL — 63

Você É um Produto Acabado? — 63

Pensamento Dinâmico e Pensamento Arcaico — 66

Você Poderia Ser um Jeca Mental... — 67

O Paradoxo Criativo — 69

A "Mente Iniciante": Inocência e Humildade — 71

A Escala de "Plexidade" — 73

Não Há Verdade – Apenas a sua Verdade, a Verdade dele, Verdade dela, a Verdade deles... — 76

"Verdade" — 77

Como Eu Aprendi a Parar de Discutir com as Pessoas — 81

Uma Nova Forma de Pensar sobre Opiniões — 85

Três Frases que Podem Manter sua Mente Aberta — 87

5. UPGRADE 2 – DO SOFTWARE MENTAL
ADOTANDO O PENSAMENTO AFIRMATIVO — 91

Limpando o Sótão: Descontaminação Mental — 92

"Sensorship": Escolha o que Você Permitirá Entrar em sua Mente — 93

Resistência à Enculturação, Vulgo "Detectando Bobagens" — 98

Limpe sua Mente Fazendo um "Jejum de Mídia" — 100

Re-Engenharia de suas Atitudes — 103

A Atitude da Gratidão — 106

A Atitude da Abundância — 108

Altruísmo Prático 109

Meditação, Mentalização e Afirmações 111

6. UPGRADE 3 – DO SOFTWARE MENTAL ADOTANDO HÁBITOS SADIOS DE LINGUAGEM **113**

Linguagem como Software Mental:
O que Você Diz É o que Você Pensa 114

Como a Linguagem "Empacota"seus Pensamentos 117

Saltando para Confusões: Inferências 122

Linguagem "Limpa" e "Suja":
Estratégias para Sanidade Semântica 125

Expressões que Você Pode Retirar de seu Vocabulário 127

A Conversa Interior: Limpando seu Diálogo Interno 129

Jogo de Palavras: A Volta da Linguagem Engraçada 130

7. UPGRADE 4 – DO SOFTWARE MENTAL VALORIZANDO IDÉIAS **133**

Você Tem Muitas Idéias Boas? (Quase Todos Têm) 134

"Sumiu da Minha Cabeça..."(Quase Tudo Some) 135

A Maior Ferramenta para Pensar já Inventada 138

Pensando em Figuras 141

Você É uma Pessoa que Diz Sim ou que Diz Não? 142

A Fórmula P.I.N.: Protegendo Idéias 144

Usando sua Incubadora Mágica 145

Pensamento "Metaquadrado": Rompendo os Limites 149

8. MEGA-HABILIDADE 1 – PENSAMENTO "BIVERGENTE" **157**

A Polaridade Divergente-Convergente: O Eixo D-C 159

Consciência do Processo: Gerenciando O "Ponto Pivô" 160

Pensamento Consensual (Groupthink): O Acordo para o Fracasso 164

VIII ■ INTELIGÊNCIA PRÁTICA

Tempestade de Idéias (Brainstorming):
Freqüentemente Falar Mais que Fazer   169

Criatividade Sistemática: O Ato Equilibrador   172

9. MEGA-HABILIDADE 2 – PENSAMENTO "HELICÓPTERO"   **177**

A Polaridade Abstrato-Concreta: o Eixo A-C   176

Os Visionários e os que Agem: Precisamos de Ambos   177

Ligando os Pontos: É Preciso Vê-los para Conectá-los   180

Pintando o Quadro Geral: Mapeando a Mente   182

Explicando o Grande Quadro: Usando a Linguagem de Idéias   185

10. MEGA-HABILIDADE 3 – PENSAMENTO "INTULÓGICO"   **189**

A Polaridade Lógico-Intuitiva: O Eixo L-I   191

Estilos de Pensamento: O seu e o dos Outros   192

Pensamento Seqüencial: Recobrando suas Capacidades Lógicas   197

Confie em seus Palpites: Recobre sua Capacidade Intuitiva   199

A "Mente Zen": Fluxo e Atenção   201

11. MEGA-HABILIDADE 4 – PENSAMENTO "VISCERACIONAL"   **207**

A Polaridade Emotivo-Racional: O Eixo E-D   208

Primeiro Decidimos, Então Justificamos:
O Pensamento Irracional Explicado   211

Somos Todos Neuróticos, e Isto É Bom   215

Os Cinco Medos Primais que Vivemos: A Psicologia do Risco   217

Reações Sinalizadoras: Desligando seus Botões   220

Emoções e Saúde se Estiver em sua Cabeça, Está em seu Corpo   224

Você Pode se Motivar? O "Ponto Popeye"   226

Sumário ▪ ix

12. COMO SE TORNAR ESPECIALISTA EM SOLUÇÃO DE PROBLEMAS   **231**

Esqueça aquelas "Cinco Etapas" que Eles lhe Ensinaram   *232*

Usando a Solução Heurística (Vulgo Natural) de Problemas   *233*

Suas Cinco Zonas Mentais Principais   *234*

O Processo de Solução Acelerada de Problemas   *236*

13. PROGRAMANDO O SUCESSO: OBTENDO OS RESULTADOS QUE VOCÊ DESEJA   **241**

Usando o que Aprendemos   *242*

Filmes Mentais: Quem Está Produzindo a História de sua Vida?   *243*

Programação Alfa: Fazendo o Filme que Você Quer   *244*

A Roda de sua Vida: Taking Stock, Estabelecendo Prioridades e Fazendo Mudanças   *246*

APÊNDICES

A.   *Respostas a Exercícios de Raciocínio*   *249*

B.   *Cinqüenta Dicas para Pensar Melhor*   *255*

C.   *Um Vocabulário para a Inteligência Prática*   *259*

D.   *Um Código de Discurso Inteligente*   *267*

E.   *Aprenda a Meditar em "uma" Lição: Mantra de Harvard*   *269*

ÍNDICE REMISSIVO   **271**

PREFÁCIO

Em algum momento durante o período por volta de 200 a.C., um general famoso chamado Hannibal, que lutou em defesa do império de Cartago no Norte da África, lançou um ataque cruel ao exército romano no deserto africano em um local chamado Zama.

Hannibal empregou uma arma inovadora em seu ataque: elefantes. Ele se tornou um grande admirador de elefantes como recurso de guerra. Eram animais selvagens imensos, assustadores, e os soldados inimigos geralmente ficavam intimidados com sua mera presença. Seu pai, Hamílcar, fez tentativas com elefantes, em grande parte sem sucesso, e o próprio Hannibal guiou um exército equipado com elefantes pelos Alpes italianos para atacar terras longínquas do antigo império romano. O fato de ele perder metade de seu exército e a maioria dos elefantes a caminho não afetou seu entusiasmo por sua inovação militar.

Hannibal, seus soldados e elefantes confrontaram o famoso general romano Scipião, que comandava uma força com um número quase igual de soldados. Hannibal estava totalmente convencido de que os elefantes lhe forneceriam a vantagem decisiva.

A batalha começou com um assalto frontal, quando os soldados de Hannibal seguiram mais de uma centena de elefantes avançando para o centro da infantaria de Scipião. Entretanto, Scipião era conhecido como um general inteligente, capaz de elaborar estratégias e táticas para se adequar às situações singulares que encontrava. Ele bolou um método simples para lidar com os elefantes.

Com o avanço das tropas, o exército de Scipião se redistribuía, abrindo largas alas por entre as quais eles redirecionaram os elefantes. Em vez de atacarem os elefantes, eles matavam aqueles que os estavam montando, deixando os elefantes sem controle e inúteis na batalha. Gritando e empunhando suas espadas contra suas armaduras, os soldados de Scipião fizeram um barulho imenso, que assustou os elefantes. Estes, sem ninguém para comandá-los agora completamente fora de controle e aterrorizados, viravam e desembestavam, pisoteando centenas de soldados de Hannibal. Scipião transformou os elefantes de Hannibal em armas contra ele.

A batalha virou uma debandada completa, e a derrota de Hannibal foi tão devastadora que ele aconselhou os governantes de Cartago a se renderem, pondo fim à Segunda Guerra Púnica.

XII ■ INTELIGÊNCIA PRÁTICA

No entanto, curiosamente, embora os elefantes tivessem sido um fracasso colossal em quase toda a campanha, Hannibal – mesmo em seu leito de morte – nunca admitiu isso. "Se pelo menos eu tivesse mais elefantes", ele insistiu, "poderia tê-los derrotado".

Uma definição de "inteligência" é a capacidade de lidar: atuar efetivamente em um ambiente de algum tipo – enfrentar seus desafios e capitalizar suas possibilidades a fim de ter o que queremos, precisamos e merecemos. Por essa definição, pode ser que o *Homo sapiens* – os "humanos pensantes" – precisem ficar muito mais espertos como espécie, e logo.

Pela primeira vez na história de nossa espécie, nosso ambiente está evoluindo mais rápido que nosso cérebro. Poderíamos ter menos de cinqüenta anos para agirmos juntos, individual e coletivamente, a fim de lidar com o novo ambiente caótico que criamos à nossa volta.

Mas a maioria de nós sabe mais sobre os computadores eletrônicos que estão em nossas mesas do que sabemos sobre os biocomputadores que carregamos em nossas cabeças. Sabemos como operar software de máquina melhor que sabemos como operar nosso próprio software mental. Descobertas recentes de três áreas frutíferas de estudo – pesquisa do cérebro, hipnoterapia e sistemas de informação – têm nos dado uma nova janela interessante sobre os funcionamentos da mente humana competente. Não só podemos definir e descrever o que é pensamento efetivo, em linguagem simples, mas também podemos aprender e ensinar seus hábitos e métodos.

Com a publicação de seu conhecido livro, *Frames od Mind: The Theory of Multiple Intelligences* em 1983, Howard Gardner, professor de Harvard, ganhou muitos adeptos de sua visão de que usar um único número de QI para afirmar que uma pessoa tem um nível especificado de potencial na vida é não só irrealista, mas, em muitos sentidos, destrutivo. Ele e outros têm há muito argumentado que temos toda uma constelação de "inteligências".

O grosso do trabalho inicial de Gardner envolvia um conjunto de cerca de sete inteligências independentes: lingüística, lógico-matemática, musical, espacial, sinestésica, intrapessoal (inteligência emocional) e interpessoal (inteligência social). Ele também apontou a existência de uma oitava dimensão, "naturalista", que parece menos claramente definida.

Outros especialistas distribuem as várias dimensões de inteligência em outras categorias, e atualmente não há um conjunto de definições aceito universalmente. Adiante, neste livro, apresentarei uma taxonomia um tanto simplificada, com apenas seis categorias básicas, usando nomes comuns. Independentemente de um modelo favorito, entretanto, alguns especialistas negam a importância da contribuição original de Gardner.

Essas "inteligências" agora estão se tornando cada vez mais familiares na conversão da cultura popular. Pode-se falar em "inteligência espiritual", "inteligência moral" e "inteligência emocional"? No mundo dos negócios é a "inteligência do executivo" e a "inteligência organizacional". Na literatura popular, há uma "inteligência sexual"? Suponho que eventualmente ouviremos falar de "inteligência financeira", "inteligência imobiliária", e "inteligência em paisagismo".

Referindo-se a uma "inteligência particular, aqueles que estão usando o termo presumivelmente estão tentando captar a noção de uma constelação unificada de habilidades que são importantes ou interessantes em um determinado contexto.

Esse novo uso vernacular – alguns diriam profano – do termo "inteligência", antes sacralizado, está causando o desconforto intelectual de muitos na comunidade acadêmica. Alguns dos defensores acadêmicos mais rigorosos da teoria de atribuição de um único QI – o chamado "fator-g" universal – ainda questionam o modelo de Gardner, e a controvérsia quase certamente continuará por décadas. Para o bem ou para o mal, o conceito de inteligência está sendo irreparavelmente secularizado. Esse termo que tradicionalmente conotava um traço fixo, imutável, agora se metamorfoseou em um que sinaliza uma competência passível de aprendizagem. O conceito de "IM" de Gardner alcançou o ponto máximo da aceitação em certos setores, particularmente educação e administração, pelo menos nos Estados Unidos.

Talvez surpreendentemente, levou muito tempo para outros especialistas e praticantes "darem uma mãozinha" e apoiarem a construção do modelo de IM de Gardner em suas partes componentes. A primeira contribuição notável nessa área foi o conhecido livro de Daniel Goleman, *Inteligência emocional*: *Por que ela pode ser mais importante que o QI*, em 1995, que se tornou um *best-seller* e ganhou respeito considerável no setor de negócios.

Em 2005, meu livro *Social Intelligence: The New Science of Success* foi lançado e também obteve uma forte resposta no mercado. Daniel Goleman fez o mesmo com seu próprio livro sobre inteligência social no final de 2006.

Considerando a força continuamente centralizadora do conceito de inteligência múltipla, e a popularidade da *Inteligência emocional* e da *Inteligência social*, a próxima categoria de inteligência "a ser atacada" pareceria ser a *Inteligência prática*: a arte e ciência do bom senso.

Do que eu me lembre – certamente toda minha vida adulta – eu me interessei e fiquei fascinado pelos trabalhos sobre a mente humana. Minha primeira tentativa de cercar o assunto foi em 1980, com meu livro *Brain Power: How to Improve Your Thinking Skills*, que não foi publicado até hoje. Durante vários anos, eu dei o seminário sobre "Poder Cerebral" a executivos e gerentes em organizações de negócio, bem como educadores. Investiguei o conceito de estilos cognitivos e desenvolvi o perfil de auto-avaliação Mindex para permitir que os indivíduos entendam mais claramente como eles e outros organizam e arranjam seus processos mentais.

Durante uma carreira de mais de trinta anos, eu me vi imerso mais de uma vez nesse campo de estudo. Encontrei aplicações em pensamento e planejamento estratégico, liderança de executivos, inteligência organizacional, inovação, cultura organizacional e efetividade de equipe, para citar algumas. E depois de todos esses anos eu continuo convencido de que a matéria cinzenta – o software humano – é o último capital real não explorado que temos nos negócios hoje.

Recentemente organizei o Brain Powert Institute, que é uma comunidade que pretende reunir profissionais nas áreas de administração, educação, saúde mental, pesquisa e desenvolvimento humano, para definir e desenvolver o corpo de conhecimento para a inteligência prática, e ensinar e promover os métodos e conceitos do pensamento competente.

Muitos outros pensadores, escritores e praticantes têm contribuído para o atual estado de conhecimento em inteligência prática, e eu tentarei dar crédito onde ele é merecido neste livro. Minha própria pequena contribuição, espero, pode ser em oferecer uma nova estrutura conceitual para definir e descrever a inteligência prática, inspirada particularmente pela filosofia dos conceitos de MI de Gardner. Sou um "elaborador de modelos bastante competente; adoro o desafio de ligar conceitos em constelações de pensamento que possam servir como ferramentas úteis". Foi isso que eu tentei neste livro, e espero ter tido êxito em certa extensão.

Neste livro, não tentei "embotar" o tratamento do assunto, ou tentar reduzi-lo a um conjunto de slogans motivacionais. Para o bem ou para o mal, estou pedindo aos leitores para se engajarem nessas idéias refletindo, com seriedade e com a intenção de aprender. Espero que os educadores usem este livro como texto ou como material de apoio para cursos sobre inteligência prática.

Acima de tudo, tentei tornar o assunto interessante – esperando transmitir uma noção de respeito e entusiasmo que ele guarda, e sempre teve para mim.

SOBRE O AUTOR

Dr. Karl Albrecht é consultor administrativo, conselheiro executivo, futurista, pesquisador, palestrante, e autor de vários livros. Em seus trinta anos de carreira, trabalhou com diversos tipos de empresas, governo, e organizações sem fins lucrativos em muitos setores. Ele é consultor de executivos seniores e conferencista em diversos países.

Albrecht é autor de mais de vinte livros sobre os múltiplos aspectos do desempenho individual e empresarial, entre eles *Inteligência Social; Brain Power; The Northbound Train; The Power of Minds at Work* e co-autor do best-seller *Service America!,* conhecido por lançar o conceito de "revolução do cliente" nos Estados Unidos e no exterior, sendo traduzido para sete línguas.

Ele dedica muito de seu esforço para encontrar e desenvolver novos conceitos promissores tanto para a vida organizacional quanto para a pessoal. Suas atividades de pesquisa e desenvolvimento abrangem assuntos que vão da criatividade individual até a visão estratégica corporativa. É considerado um líder do pensamento na área de negócios estratégicos.

1 UM PROBLEMA E UMA OPORTUNIDADE

*Deve-se tentar, todo dia, ouvir uma música, ler um bom poema
apreciar uma pintura e, se possível,
dizer algumas palavras que tenham sentido.*

Johann Wolfgang Von Goethe

UMA DAQUELAS HISTÓRIAS adoráveis que circulam pela comunidade de educação de rede pública diz respeito a uma prova dissertativa dada por um professor americano da quinta série. A pergunta pedia aos alunos para nomearem o máximo de partes do corpo humano de que pudessem se lembrar e para dizerem qual a função delas. Uma criança escreveu:

> O corpo humano consiste do Brânio, o Bórax e a Cavidade Abominável. O Brânio contém o cérebro. O Bórax contém os pulmões, o fígado e outras coisas vivas. A cavidade abominável contém os intestinos, dos quais há cinco – a, e, i, o e u. [1]

Esse é o tipo de experiência que leva alguns professores a se aposentarem mais cedo, e outros a indagarem se o processo educacional faz sentido.

No entanto, como o romancista inglês e pensador futurista H. G. Wells observou: "A História se torna cada vez mais uma corrida entre a educação e a catástrofe". Já em 1895, Wells viu o potencial para o extermínio dos seres humanos, e nossas possibilidades só têm se tornado mais numerosas desde essa época. Nós, "seres pensantes", talvez não sejamos inteligentes a ponto de evitar enganar a nós mesmos.

O mundo artificial criado à nossa volta agora parece estar nos pegando pela garganta – ou por várias outras partes de nossa anatomia – e estamos suportando a experiência frustrante de não sermos capazes de controlá-lo. Tanto individual quanto coletiva-

2 ■ Inteligência Prática

mente, parecemos hipnotizados diante do cenário social, político e tecnológico cada vez mais estranho que agora parece estar se desenvolvendo com uma vida própria inexorável. Vivemos em um mundo de informação instantânea, ora perplexos, ora surpresos e assustados com as imagens altamente carregadas que nos bombardeiam constantemente.

O ambiente de informação criado à nossa volta agora nos cria. As imagens, os sons, as histórias, as conversas – tudo se torna parte de uma consciência eletrônica partilhada, uma mentalidade cultural que lembra uma colméia e nos liga a nossas circunstâncias. Nós nos hipnotizamos, e esse transe de mídia coletiva agora modela profundamente nossos processos mentais.

Estamos enfrentando um momento de escolha importante em nossas vidas individuais e coletivas. A maioria pode optar pelo "padrão" sem nunca perceber que *está fazendo uma escolha*. Esta escolha será se seremos criaturas *de* nosso ambiente ou criaturas que vivem *em* nosso ambiente. A primeira opção é a padrão: ela não requer reflexão. A segunda opção requer que acordemos e comecemos a pensar.

Inteligência Acidental: A Suposição Final

"A nata sempre fica por cima."

Parece haver uma suposição profundamente arraigada e raramente questionada na própria base do processo de educação pública em quase todos os países desenvolvidos – uma suposição que agora *deve* ser questionada. É a noção tida como dada, dada por Deus, aprovada por cientistas, de que, quando uma pessoa se torna adulto jovem, ela atinge o nível de inteligência que terá na vida.

A origem dessa "suposição final", como eu a chamei, é a confusão generalizada de QI com a capacidade de pensar. São coisas diferentes e, de fato, a relação entre elas é fraca.

Quando se quer descartar de vez a idéia de que QI corresponde à capacidade mental, é preciso pensar que Ted Kaczynski, vulgo o "Homem-bomba" que assassinou três pessoas e feriu dezenas de outras com bombas enviadas por correio, era professor de matemática, formado pela Harvard.

Muitos alunos mentalmente competentes – inclusive eu – consideram a introdução de testes de QI em redes de ensino público um dos episódios mais destrutivos já testemunhados nesse setor tão relegado de nossa sociedade. Além de enquadrar crianças em um sistema arbitrário de castas – uma prática de valor altamente questionável – há forte pressão para se citar *qualquer* aplicação útil da doutrina de QI para criar ou educar filhos. Além de divertir pesquisadores da universidade, garantir a estabilidade no emprego de psicólogos educacionais e dar uma certa satisfação aos administradores de escola com mentalidade normativa, medir QI parece não ter valor positivo.

Se, como muitos teóricos de QI alegam, a inteligência é uma característica inata, fixa, de seres humanos e não pode ser aprimorada significativamente pela educação, treinamento ou experiência, então por que se tentaria medi-la em crianças? De que forma dizer a uma criança: "Você é mais inteligente que Johnny, mas não é tão inteligente quanto Jenny", ajudaria Johnny, Jenny ou a criança que recebe essa notícia?

Se não se revela o escore de QI às crianças, presumivelmente para não deixá-las inseguras, então quem deveria ter esses dados? Dar esses escores aos professores não aumentaria a probabilidade de eles tratarem certas crianças como estrelas e valorizarem menos as outras? Saber qual é o QI do filho traz algum benefício para os pais? Embora seja reverenciada nos círculos acadêmicos, a teoria do QI parece não ter um valor demonstrável na educação dos filhos, e é provável que tenha um efeito negativo em sua influência.

No entanto, os danos já foram causados; a vasta maioria de educadores e administradores escolares parece ter comprado a idéia de que as crianças são distribuídas com relação a alguma competência mental inata, e há pouca esperança de que elas ultrapassem seu destino numérico. "Mesmo não sabendo o QI real de uma criança", segue o raciocínio consciente ou inconsciente, "sabemos que ele ou ela tem um certo potencial que não pode exceder significativamente".

Considere os efeitos da Suposição Final no pensamento de professores, administradores e elaboradores de currículo que aceitam essa idéia: o software mental da criança é programado por processos misteriosos à medida que ele ou ela cresce e atinge a fase de adulto jovem – um processo não acessível à criança ou àqueles que cuidam dela. Se o software mental é o que é e não pode ser influenciado significativamente, então a única função que resta ao *establishment* educacional é fornecer dados – a informação.

Usando uma analogia primitiva, seria como ter um computador pessoal em sua mesa, mas não poder escolher o software instalado nele. Se se fosse forçado a usar o software que recebesse, só poderia realizar as funções que o software lhe permitisse. Poder-se-ia suprir informações, mas somente da maneira como o computador estivesse programado para processá-las.

Outra analogia: igualar o QI à capacidade de raciocinar é como decidir qual o carro de corrida será o vencedor, com base na comparação do desempenho do motor e ignorando o know-how do corredor. Mesmo que os seres humanos tenham certas características preestabelecidas de seu sistema nervoso, há muito mais variabilidade na forma como empregam suas qualidades do que nas qualidades em si.

Essa Suposição Final, se for aceita pelos educadores – e um número cada vez maior deles a tem rejeitado hoje em dia – leva inevitavelmente à mentalidade de que educação é oferecer informação, ou "conteúdo", como os elaboradores de grades curriculares costumam dizer. Isso leva a projetos de aprendizagem que consideram a criança como um aprendiz: figurativamente nós desatarraxamos a tampa da cabeça de um garoto, despejamos um pouco de história, ou música, ou matemática, ou literatura, colocamos a tampa de volta e, com isso, educamos a criança.

A conseqüência da Suposição Terminal e do modelo do aprendiz contêiner é que as várias habilidades cognitivas tendem a se perder na experiência educacional, e a não ser identificadas conscientemente pelo aprendiz como explicitamente valiosas e merecedoras de estudo em seu próprio direito. Um projeto de estudo em grupo, por exemplo, poderia

4 ■ INTELIGÊNCIA PRÁTICA

apresentar uma oportunidade para aprender habilidades como *brainstorming*, não emitir julgamento, escutar com exatidão, parafrasear, comparar e contrastar pontos de vista, e formular hipóteses. Mas, se for apresentado como exercício em "conteúdo" – datas, reis e guerras, no caso de história, por exemplo — então a oportunidade de entender as habilidades como habilidades, independentemente do conteúdo e do contexto, perde-se no processo de encontrar as respostas "corretas".

> Você deve se ajustar... Esta é a legenda gravada em todo livro escolar, a mensagem invisível em toda lousa. Nossas escolas se tornaram vastas fábricas de robôs.
>
> Robert M. Lindner

Entretanto, mesmo em face do forte apoio institucional dado à doutrina do QI, a idéia de ensinar diretamente habilidades cognitivas às crianças sempre pairou à margem da prática educacional, e muitos professores e escolas se empenharam para estabelecer o QI como uma metodologia aceita. Com algumas exceções, esse compromisso com o "treinamento de habilidades mentais" tendeu a centrar-se em escolas "bem localizadas" vizinhanças, onde recursos, professores talentosos e pais altamente educados com altas expectativas se unem em uma combinação feliz. Entretanto, até agora essa insurreição contra a doutrina da inteligência fixa não atingiu a massa crítica, e ainda aguarda para ter uma influência revolucionária.

A Suposição Final encontrou seu caminho no mundo dos negócios vários anos atrás e ainda se mantém confortavelmente, com algumas exceções notáveis. Como será explicado mais adiante, os executivos, gerentes, especialistas em recursos humanos e treinadores de empresas compraram, em grande parte, a idéia de que os trabalhadores contratados por eles são como estudantes universitários: seu nível de inteligência não mudará ao longo da vida.

Cerca de duas décadas atrás, muitas empresas americanas viam positivamente os cursos de treinamento em pensamento crítico, pensamento criativo, solução de problemas e efetividade de equipe, e tiveram resultados mistos. Algumas empresas conhecidas empregaram recursos significativos com o objetivo de desenvolver pessoas mais brilhantes, e algumas ainda fazem isso. Conferências e seminários em habilidades de raciocínio foram populares, e muitas conferências de comércio e indústria incluíam uma sessão obrigatória sobre criatividade ou algum tópico relacionado.

Entretanto, com o tiro de largada dos executivos na corrida para o "aprimoramento da qualidade", que surgiu como reação à ameaça da competição japonesa em meados da década de 1980, muitas empresas norte-americanas mudaram de idéia, adotando métodos normativos como "gestão da qualidade total", ou TQM [Total Quality Management], que tentavam copiar as práticas extremamente metódicas de empresas japonesas como a Toyota. "Habilidades refinadas" como pensar com clareza e capacidade de inovação foram freqüentemente relegadas à categoria de "talvez mais tarde". Agora, com muitas organizações evoluindo para operações de conhecimento intensivo, enfrentando a falta de trabalhadores com alto nível de habilidades mentais e a competição intensa de empresas estrangeiras, vemos um ressurgimento do interesse pela massa cinzenta.

Muitos executivos que gastaram generosamente em tecnologia de informação para modernizar e aprimorar suas operações, investindo freqüentemente dezenas de milhões de dólares em hardware e software de computador, não viam valor particular em gastar algumas dezenas de milhares de dólares para fazer *upgrade* de "software humano". De fato, essa idéia nem teria ocorrido para a maioria deles.

Estender a Suposição Final da educação para os negócios funcionou como uma faca de dois gumes: o sistema público de ensino via pouco valor em ensinar habilidades de raciocínio, e o setor empresarial supôs que os funcionários que eles estavam recebendo do sistema educacional tivessem uma capacidade de raciocinar tão competente quanto teriam ao longo da vida.

Como veremos em capítulo posterior, atualmente as empresas têm a oportunidade – e cada vez mais a inclinação – para desenvolver funcionários inteligentes. Tendo passado trinta anos de minha vida como consultor de empresas e conselheiro de executivos, sinto-me gratificado de ver essa possibilidade sendo novamente contemplada. À medida que os líderes empresariais rejeitam e refutam cada vez mais a Suposição Final, espera-se que a pressão por esse setor exercida no *establishment* educacional leve à sua rejeição nesse setor também.

A Ampliação da "Defasagem Inteligente"

Durante sua gestão como CEO da monster.com, agência de empregos pioneira na Internet, Jeff Taylor comparou os tipos de vagas que as empresas queriam preencher com os tipos de habilidades que os candidatos ofereciam. O que ele viu causou-lhe surpresa. A comparação de "habilidades oferecidas" com "habilidades procuradas" mostrou um descompasso significativo. As empresas buscavam um nível mais alto de habilidades mentais do que eles estavam encontrando.

Taylor previu que essa "defasagem crescente de pessoas inteligentes" atrapalharia os executivos em seus esforços para desenvolver e fazer crescer seus empreendimentos a inovarem e a implementarem estratégias competitivas renovadoras. De fato, Taylor advertiu: "Cada vez mais, o trabalhador de conhecimento estará no centro do desespero da empresa".

A defasagem de inteligência tornou-se um tópico destacado nas conversas estratégicas em que os líderes empresariais se engajam. A maioria deles parece duvidar que o sistema educacional público começará a oferecer "pessoas inteligentes" ao local de trabalho, em breve. Isso os deixa, como eles consideram, em posição de terem de competir mais agressivamente pelo talento.

"Gestão de talentos" é o novo termo usado pelos diretores de Recursos Humanos e, cada vez mais, para os próprios CEOs. Para muitas empresas, a gestão de talentos degenera para uma aceitação amarga de que eles terão de oferecer salários cada vez mais altos para atrair pessoas capazes de pensar, planejar, organizar, analisar, pesquisar, decidir, projetar, liderar, gerenciar, comunicar, e – acima de tudo – resolver problemas. É cada vez mais fácil encontrar funcionários com capacidade física; funcionários com capacidade *mental*, não.

No entanto, nossas escolas, na maior parte, ainda não parecem "entender isso". Formar alunos no segundo grau que saibam usar computadores e navegar na Internet não é o mesmo que formar *trabalhadores de conhecimento* – pessoas capazes de pensar.

De fato, agora temos que redefinir o termo "trabalhadores de conhecimento". O guru da administração, Peter F. Drucker, cunhou o termo que passou a fazer parte do vocabulário de negócio na década de 1950, quando previu que por volta de 1960 pelo menos a metade da força de trabalho norte-americana estaria fazendo o "trabalho pensante" em vez de o "trabalho-coisa". Entretanto, Drucker não podia ter antecipado a influência generalizada dos computadores e da tecnologia de informação.

O caixa de banco, por exemplo, a quem Drucker classificou como o típico trabalhador de conhecimento, agora precisa ser reclassificado ao status de *trabalhador de dados*. A maioria das grandes empresas agora tem uma "fábrica de dados" funcionando em paralelo às operações normais; é a coleção de pessoas e recursos que processa informação para apoiar e modelar as operações familiares que pensamos tipicamente como "o negócio".

Nesse caso, o jovem trabalhador no restaurante fast-food que pressiona um botão codificado em um teclado ou aperta um ícone em uma tela praticamente não contribui com trabalho de conhecimento. Trata-se de um trabalho que envolve dados e exige poucas qualificações. Com os tipos de tecnologia prontamente disponíveis, o cargo do caixa, por exemplo, na realidade não exige mais conhecimento intensivo que aquele, digamos, de um soldador em uma fábrica. A tecnologia de informação não tornou, necessariamente, as pessoas mais inteligentes; em vez disso, ela facilitou a execução das tarefas para pessoas com capacidade mental limitada.

À medida que os líderes empresariais são forçados a redefinir o conceito de Drucker de trabalho de conhecimento e trabalhadores de conhecimento, torna-se mais evidente que os verdadeiros trabalhadores de conhecimento são raros. Ao mesmo tempo em que as empresas estão usando cada vez mais conhecimento intensivo em suas operações, as escolas não parecem estar formando uma proporção maior de pensadores talentosos.

Como exceções ocasionais, os tipos de experiências educacionais que desafiam e desenvolvem habilidades de conhecimento tendem a se concentrar basicamente nas escolas que atendem a famílias ricas e de classe média alta. A maioria das escolas em áreas economicamente carentes mal pode lidar com sua missão básica, para não mencionar uma verdadeira terceira onda da experiência educacional.

Desde a década de 1990, e acentuadamente a partir de 2000, os líderes empresariais nos Estados Unidos se manifestaram cada vez mais sobre o fracasso geral do sistema escolar em equipar jovens com as habilidades necessárias para terem sucesso nas próximas décadas. Como veremos em uma discussão posterior, muitos deles pararam de reclamar e começaram a corrigir isso, da melhor forma possível.

Em certa medida, as empresas estão se tornando os educadores de último recurso, e estão começando a examinar com cuidado maneiras de desenvolver funcionários inteligentes em vez de tentarem meramente roubá-los umas das outras. Para um número cada vez maior de líderes empresariais, o termo familiar ROI [Return On Investment] se transformou de "retorno sobre investimento" em "retorno sobre inteligência" [Return On Intelligence]. Os trabalhadores não podem mais ser apenas "unidades de produção" individual; as empresas agora devem olhá-las como UPIS – unidades de *pensamento* individual.

O Embotamento da América e a Cultura da Diversão

Karl Marx, o pai do comunismo, teria comentado: "A religião é o ópio do povo". Se estivesse vivo e tentando vender sua teoria política hoje em dia, ele diria, muito provavelmente, "A *televisão* é o ópio do povo".

Um dos programas mais populares de televisão já exibido nos Estados Unidos, "American Idol", provavelmente seja o que melhor exemplifica o que aconteceu com o nível de atividade mental na cultura popular. Durante as eleições em meados de 2006, mais votos foram dados para o concorrente vencedor do programa que para qualquer candidato presidencial na história dos Estados Unidos.

> Ninguém jamais entrou em falência por subestimar o gosto do público americano.
>
> H. L. Mencken

O falecido professor Neil Postman, da Universidade de Nova York, dedicou estudos consideráveis aos efeitos da mídia eletrônica na cultura, e no desenvolvimento de capacidades mentais das crianças. Em seu livro provocativo, *Amusing Ourselves to Death: Public Discourse in the Age of Show Business*, ele afirmou que o aumento da popularidade da televisão coincidiu com uma queda no pensamento racional e discussão na consciência da sociedade americana. Postman distinguiu três fases no desenvolvimento do que chamou "a conversa da cultura consigo mesma".[2]

A fase um, que remonta às nossas próprias origens, foi a fase oral. As pessoas partilhavam conhecimentos, idéias e sua história através de discussões e contando histórias. A fase dois, o aumento da comunicação letrada através da palavra impressa, atingiu seu pico durante o século dezenove, de acordo com Postman. A fase três, com a chegada do que ele chamou de mídia "televisual", iniciou a transição inexorável para uma "cultura do entretenimento" generalizada.

Postman alegava que, enquanto a mídia impressa serviu durante muito tempo como plataforma sólida para a troca de idéias bem elaboradas, a mídia televisual – mais notavelmente a TV comercial – provou ser inadequada para explicar conceitos complexos e gerenciar conversas sobre eles. O filósofo Marshall McLuhan já tinha nos dado o slogan familiar, mas intrigante "O meio é a mensagem"[3], e Postman corroborou com a noção de que todo meio limita, controla e distorce a informação que tentamos passar através dele. "O meio é a metáfora", declarou ele. Assim como uma metáfora é uma figura de linguagem que recodifica uma idéia complexa e abstrata em um exemplo concreto, familiar, a televisão recodifica a informação complexa em sua própria maneira singular e simplificada de apresentá-la.

Por exemplo, seria muito difícil ter uma discussão efetiva de filosofia usando apenas intangíveis; a banda larga daquele meio particular é simplesmente limitada demais. Da mesma forma, a experiência de assistir à televisão envolve a aceitação passiva de um fluxo contínuo de unidades de entretenimento desconectadas – pacotes audiovisuais que são condensados, simplificados e adocicados de modo a se adequarem às limitações do tempo de atenção do meio.

Com exceções mínimas de emissoras públicas como a PBS americana e a BBC da Inglaterra, a estrutura econômica do setor televisivo requer que o conteúdo seja selecionado por seu potencial comercial – o número de olhos ligados na telinha quando passa o comercial. E nos anos recentes, a intensa competição pelos espectadores forçou os produtores de mídia a lutarem cada vez mais agressivamente pela atenção de um público desinteressado, com material cada vez mais apelativo ao sexo, violência, cenas chocantes e *voyeurismo*.

> A América é a única nação na história que passou diretamente do barbarismo para a decadência sem o intervalo usual de civilização.
>
> Georges Clemenceau

No que resta das "notícias", de acordo com Postman, assistimos a um desfile contínuo de "bonecos falantes" que tentam nos enfeitiçar com os últimos segredos sobre as vidas pessoais de celebridades, roubos, tiros, caçadas policiais e difamações de adversários políticos. Vemos segmentos de notícias, clipes de arquivos e fragmentos sonoros de figuras públicas tão breves que só se pode supor que as pessoas que os criam estão convencidas de que temos o tempo de atenção de um mosquito. O produto, evidentemente, é o boneco falante, e não a informação.

Mesmo os websites que servem como extensões da mídia televisiva, como CNN Online e outros, parecem docerias online, com chamadas cuidadosamente elaboradas prometendo vídeos aterrorizantes, fofocas de celebridades, baboseiras pseudocientíficas e notícias digestíveis.

A televisão, de acordo com o professor Postman e outros, é um meio que está fadado ao status de eterno "bobo da corte" – capaz somente de nos distrair e nos entreter.

De fato, Postman perguntou: A televisão poderia realmente nos tornar uma sociedade mais embotada? Por analogia, se nossos músculos corporais atrofiam quando não são utilizados, e se capacidades como praticar esportes, cantar, dançar, tocar instrumentos musicais, desenhar e pintar desaparecem com o desuso, não nos parece que nossas faculdades mentais como pensamento crítico, pensamento comparativo, curiosidade, imaginação, julgamento e lógica também atrofiam com o desuso?

Se não podemos contar com a ajuda da mídia visual para aguçar nossas mentes e apoiar o desenvolvimento mental de nossos filhos, então qual outro meio viável temos para desenvolver e exercitar as faculdades do pensamento claro e do discurso inteligente? E o que dizer do canal literário – o mundo das idéias expressas na forma impressa?

A notícia não é boa. Os americanos lêem menos livros a cada ano que passa, e os editores norte-americanos têm publicado menos títulos. De fato, 2006 marcou a primeira vez em que os Estados Unidos perderam sua liderança na publicação de mais títulos que qualquer outro país. O Reino Unido – com um quinto da população e um sexto da economia dos Estados Unidos – assumiu a liderança na publicação de livros. [4]

A maioria dos jornais nos Estados Unidos tem tido uma queda de leitores, e uma infinidade de revistas populares especializadas não desacelerou a queda no número de leitores. A circulação da *Sports Illustrated*, revista tradicional masculina, ficou estagnada durante anos, até introduzir sua edição anual "de maiô", que a colocou à luz do ramo pornográfico. Para uma revista masculina, ela descobriu o sexo bem tarde, mas acabou tendo que aceitar a realidade do mercado saturado.

PROFISSIONAIS DE MARKETING "Marqueteiros" de grandes marcas estão usando menos publicidade impressa e têm subsidiado a produção de filmes e programas de TV a fim de "colocar" seus produtos no fluxo da atenção do público, em que os clientes potenciais não podem evitá-los, mudando de canal ou desligando a TV. A imensa migração de recursos publicitários para a Internet também testemunha a contínua transição da América de uma cultura baseada na imprensa em uma baseada eletronicamente.

A exposição à tela, definida amplamente como a atenção às informações apresentadas visualmente em telas de vários tipos – TVs, videoplayers, monitores de computador, filmes, celulares, PDAs e jogos eletrônicos – desviou muito da experiência da leitura impressa, em papel. A Academia Americana de Pediatria expressou formalmente sua preocupação sobre a exposição prolongada das crianças à tela, e recomenda que os pais não permitam que crianças menores de dois anos vejam qualquer dispositivo com tela, inclusive a televisão.[5]

O professor Postman, da Universidade de Nova York, ressaltou que a televisão, como o modo televisual menos interativo de informação, desvia a maior parte da energia mental da experiência da cognição ativa – durante horas seguidas. "Goma de mascar para a mente", como ele a chamou. Provavelmente não seja por acaso que a obesidade nas culturas ocidentais, principalmente na América, esteja em constante ascensão desde que a televisão passou a ser a atividade dominante nas horas de lazer.

Pesquisas do cérebro demonstraram claramente que assistir à televisão durante mais de dois ou três minutos induz a um estado de transe quase indistinguível da hipnose. Mensagens publicitárias, nesse sentido, são sugestões pós-hipnóticas e diretivas implícitas: "Da próxima vez que você tiver dor de cabeça... ", ou "A estação do resfriado chegou e... [é hora de se resfriar e comprar nosso remédio]".

10 ■ Inteligência Prática

O destacado historiador David McCullough, amplamente elogiado por fazer a história ganhar vida em seus livros *best-sellers*, preocupa-se com o que ele e outros chamaram de "amnésia cultural", que é a perda de uma noção de história e cultura partilhadas por uma população cada vez mais invadida pelas imagens provocativas que dançam diante de seus olhos. Um número cada vez maior de pessoas, diz McCullough, dedica seu tempo e atenção disponíveis à realidade sintética da mídia de entretenimento e não à cognição ativa decorrente da leitura e da discussão de idéias interessantes. De acordo com McCullough,

> Segundo informações, o americano médio assiste a 28 horas de televisão por semana, ou aproximadamente quatro horas por dia. A pessoa média lê cerca de 250 palavras por minuto.
> Então, com base nesses dados estatísticos, se gastasse aquelas quatro horas por dia com um livro, em vez de assistir à televisão, o americano médio poderia, em uma semana, ler:
>
> - Os poemas completos de T.S. Eliot;
> - Duas peças de Thornton Wilder, inclusive *Our Town*;
> - Os poemas completos de Maya Angelou;
> - *The Sound and the Fury*, de Faulkner;
> - *O Grande Gatsby*, de F. Scott Fitzgerald;
> - *O Livro dos Salmos*.
>
> Tudo isso em uma semana.
> Se o americano médio deixasse de ver televisão durante mais uma semana, ele ou ela poderia ler todo o *Moby Dick*, inclusive a parte sobre baleias, e começar, ainda que não terminasse, *Os irmãos Karamazov*.[6]

Outro desenvolvimento significativo da mídia popular americana, melhor exemplificado pelas entrevistas por rádio e TV, tem sido o padrão cada vez mais estridente, polarizado, antagonista do discurso. Com a mudança dos "noticiários" para um modelo de entretenimento com projeto e produção agora completados virtualmente, e o ambiente cada vez mais saturado da mídia nos Estados Unidos, aqueles que nos vendem nossa mídia fixa são forçados, por pura competição, a apelar para os nossos medos e apetites mais primitivos.

Celebridades da mídia e apresentadores que antes podem ter modelado processos de pensamento como o discurso de mentalidade aberta, tolerância a diferenças e respeito à oposição política honesta, agora são modelos dos níveis mais baixos de grosseria, intolerância, extremismo, distorção de informação, anulação de caráter e polarização, Nossos filhos têm pouca chance de ver modelos de papel de um discurso inteligente em qualquer lugar na mídia popular.

De fato, nenhuma outra revista além da *Time* demonstrou seu pensamento mais dividido com uma capa mostrando a senadora de Nova York, Hillary Clinton, que na época era notícia como possível candidata à presidência de 2008. A capa mostrava seu rosto ladeado por duas urnas, uma intitulada "Ame-a" e a outra, "Odeie-a". Na matéria, os leitores eram convidados a votar: "O que você sente em relação a Hillary Clinton? Escolha uma das urnas na capa desta semana, e escreva para a *Time* Magazine Letters, [endereço]."[7]

Allen Ginsberg, poeta *beat* da década de 1960, comentou:

> Agora estamos vivendo a ficção científica, cara. Quem controla as imagens – a mídia – controla a cultura.

Em um tom mais otimista, entretanto, devemos reconhecer que nem Postman nem Ginsberg, nem outros acadêmicos que aparentemente se desesperaram com o declínio da cultura intelectual na América, poderiam prever o impacto vindo da Internet e da World Wide Web. Parece claro, na época em que este livro foi escrito, que a cultura de idéias agora está migrando rápida e energeticamente para a Internet – um *quarto meio* não reconhecido anteriormente que merece ser incluído na progressão de Postman da conversa cultural.

A página na web, que pode se revelar uma das invenções mais importantes da modernidade, é – pelo menos potencialmente –, *tanto* um meio televisual *quanto* um meio baseado na leitura de texto. Talvez o aspecto mais notável da web seja que pessoas de todos os níveis intelectuais podem encontrar informações adequadas ao nível de consciência que elas escolhem para si. Por outro lado, o aspecto negativo dessa migração da atividade intelectual pode exagerar o impacto da cultura do entretenimento, possivelmente reforçando uma nova polarização, mais preocupante, da sociedade.

Sem tempo para ler?

Excerto de palestra de despedida pelo autor e historiador David McCullough, à Universidade de Connecticut, em 15 de maio de 1999.

"Estamos sendo vendidos à idéia de que informação é aprendizado e estamos sendo vendidos a uma conta de bens.

"Informação não é aprendizado. Informação não é sabedoria. Não é necessariamente bom senso. Não é generosidade. Nem merecedora de confiança. Nem bom julgamento, ou imaginação. Ou uma noção de humor. Ou coragem. Não distingue o certo do errado.

"Saber qual é a área do Estado de Connecticut em quilômetros quadrados, ou a data em que foi assinado o Tratado das Nações Unidas, ou a capacidade de saltar de um inseto pode ser útil ou valioso, mas não é aprendizado.

"Se informação fosse aprendizado, você se tornaria educado, memorizando o Almanaque Mundial. Se você memorizasse o Almanaque Mundial, não seria educado. Você seria esquisito.

"Minha mensagem é para exaltar a maior de todas as vias de acesso à aprendizagem, à sabedoria, à aventura, ao prazer, ao discernimento, ao entendimento

12 ■ INTELIGÊNCIA PRÁTICA

da natureza humana, ao entendimento de nós mesmos e ao nosso mundo e nosso lugar nele.

"Levanto-me nesta bela manhã, aqui neste centro de aprendizagem, para entoar novamente a velha fé nos livros. Em ler livros. Ler para a vida, para toda a sua vida.

"Não há invenção que forneça tal sustento, como a recompensa infinita pelo tempo gasto com um bom livro.

"Thomas Jefferson disse a John Adams que ele não podia viver sem livros. Adams, que através de uma vida longa leu mais e mais profundamente que Jefferson, e que gastou todo seu dinheiro extra em livros, escreveu para Jefferson aos 79 anos sobre uma série de livros que ele queria muito ter sobre as vidas de santos, todos os 47 volumes.

"Uma vez, em meio ao terrível inverno do território de Dakota, com a temperatura bem abaixo de zero, o jovem Theodore Roosevelt saiu num barco de reserva, acompanhado por dois empregados do rancho, pelo rio Little Missouri atrás de dois ladrões que tinham lhe roubado seu valioso barco. Depois de dias no rio, ele os pegou e os fez se renderem sob a mira de sua temida Winchester. Então, depois de encontrar um homem com uma equipe e uma carroça, Roosevelt iniciou uma travessia pelo país, para entregá-los à justiça. Ele deixou seus empregados tomando conta do barco, e andou sozinho atrás da carroça, com o rifle engatilhado e apontado para eles. Eles atravessaram o solo coberto de neve de Bad Lands até o terminal ferroviário em Dickinson, e Roosevelt foi a pé o caminho todo, quarenta milhas. Foi um feito surpreendente, o que poderia ser chamado de o momento determinante de sua vida. Mas o que o torna especialmente memorável é que durante o caminho ele conseguiu ler Anna Karenina inteiro.

"Eu costumo pensar nisso quando ouço as pessoas dizerem que não têm tempo para ler."

O que se Sabe e o que Não se Sabe: A Nova Divisão Social

Durante a fase mais intensa das operações militares dos Estados Unidos no Iraque, a National Geographic Society encomendou um estudo à Roper Public Affairs para descobrir o que os alunos de colégio americanos sabiam sobre o Oriente Médio. A diretoria da Geographic e muitos educadores ficaram chocados com os resultados.[8]

De acordo com o estudo, 63% dos alunos não conseguiram encontrar o Iraque em um mapa que mostrava somente os países do Oriente Médio. Setenta e cinco por cento deles não conseguiram localizar Israel no mesmo mapa. Menos da metade conseguiu apontar a Índia em um mapa do continente asiático.

Muitos estudantes não tiveram mais sucesso com um mapa de seu próprio país. Menos de um ano depois do famoso furacão Katrina ter quase destruído Nova Orleans, 30% dos alunos de segundo grau entrevistados não conseguiram localizar o estado de Louisiana, ou mesmo imaginar a área atingida pelo furacão. Quarenta e oito por cento deles não conseguiram encontrar o estado de Mississippi, que faz fronteira com Louisiana.

A pesquisa também mostrou que 72% dos jovens americanos – entre dezoito e 24 – não consideravam importante saber qualquer coisa sobre outros países. Menos de 10% achavam importante saber outra língua além do inglês, e uma maioria deles estimou equivocadamente que o inglês é a língua mais usada do mundo.

A pesquisa de opinião da Roper/Geographic associa-se a outro fato interessante: *menos de 25% dos americanos têm passaportes.*

Hoje, americanos visitam museus menos ainda do que no passado. Menos assistem a peças de teatro. Menos visitam bibliotecas, fazem compras em livrarias, ou visitam sítios históricos.

O professor Jon Miller da Universidade Estadual do Michigan descobriu que um terço dos americanos entrevistados por ele rejeitou completamente o conceito científico de evolução: eles simplesmente não acreditaram nisso. O único país nas entrevistas comparativas de Miller com uma aceitação menor da evolução foi a Turquia.[9]

Nesse novo mundo de fartura de informação, chamado "A Terceira Onda", notícias 24 horas por dia, e entretenimento contínuo, os americanos parecem, paradoxalmente, estar ficando coletivamente mais embotados – ou pelo menos não estão ficando mais espertos.

Toda sociedade desenvolvida acaba se diferenciando em vários níveis de riqueza, status e poder. Diferenças na capacidade e na ambição humanas mais cedo ou mais tarde aparecem no padrão de vida material. O mesmo acontece com o processo de educação. Toda sociedade desenvolvida também desenvolve uma elite educada, e sua sorte material geralmente tende a se correlacionar com suas capacidades mentais. Durante muitos anos, um artigo de fé na cultura americana sustentou que uma grande classe média seria o destino econômico do país, e que uma classe educada crescente era uma das causas básicas dessa democratização da riqueza. Isso pode não ser verdadeiro indefinidamente.

Em anos recentes, a defasagem econômica entre a classe rica e a média está se ampliando. Se continuar a se ampliar ao ritmo recente, a chamada classe média americana pode começar a se fundir com a classe mais baixa, para formar o que pode, novamente, parecer uma sociedade de duas classes. Alguns futuristas acreditam que o embotamento da cultura popular baseada na mídia, junto à falta de progresso na educação pública, pode levar a uma sociedade com duas classes que apresentam dois níveis de educação – "com instrução" e "sem instrução".

Por volta de 2000, mais da metade dos estudantes formados em ciência e tecnologia nas universidades americanas eram nascidos no exterior. Essa disparidade continua a crescer. Também é interessante notar que embora o número de mulheres inscritas em faculdades e universidades nos Estados Unidos crescesse continuamente, o número de homens inscritos caía. De fato, por volta de 2005, estudantes do sexo feminino superaram os de sexo masculino em diplomas de bacharel, mestre e doutor. Alguns sociólogos acreditam que essa mudança contínua na preparação mental pode levar a uma mudança

14 ■ INTELIGÊNCIA PRÁTICA

significativa no equilíbrio de influência e poder político e, finalmente, talvez a uma "feminização" da liderança em negócios e política.

Quem se Importa? Quem Precisa se Importar?

> Mas as escolas estão aí para ensinar patriotismo; a notícia [mídia] está aí para estimular o entusiasmo; e os políticos estão aí para serem reeleitos. Nenhum dos três, portanto, pode fazer nada para salvar a raça humana da destruição coletiva.
>
> Bertrand Russel (matemático e filósofo)

"E daí?" "Por que eu deveria me importar com isso? Por que esse seria problema meu?" "O que você quer que eu faça?" "O que eu *posso* fazer?" Essas, evidentemente, são perguntas legítimas – variações sobre a mesma pergunta básica, na verdade. Se a pessoa que responde à pergunta responde apenas para ele – ou ela, e somente dentro dos confins de seu interesse imediato, então talvez a resposta seja "Eu *não* me importo. Eu tenho minha própria vida. Não me importam os problemas dos outros".

Mas quando se responde tendo uma visão um pouco mais ampla, digamos que seja a de um pai, ou professor, ou conselheiro, ou profissional de serviços sociais, um empresário ou executivo, um líder político, um ativista social, ou talvez alguém que esteja preocupado com os rumos que o país e a cultura podem estar tomando, então pode ser que haja razão para se importar. Uma pessoa não precisa ser hiper intelectual para se preocupar pelo menos vagamente com a cultura americana amplamente discutida e embotadora.

A inteligência prática, como a definiremos e exploraremos, poderia servir como um conceito unificador, um princípio organizador em torno do qual se estrutura a discussão que alguns ativistas estão chamando de "programa de restauração" americana. A agenda de restauração é um conjunto de prioridades para trazer de volta vários valores, tradições e instituições que muitos acham que se perderam na transição para uma cultura do aqui-e-agora de experiência eletrônica. Esse programa de restauração não é exclusivo da cultura americana; muitas pessoas conscientes, praticamente em todos os países desenvolvidos, estão preocupadas com os mesmos tipos de questões que os americanos.

Uma quantidade cada vez maior de comentaristas tem culpado a cultura do entretenimento, baseada na mídia – o que, talvez, nem sempre seja justo – por diversos erros. Estes incluem a vulgarização do entretenimento público com um uso crescente de sexualização, violência e conteúdo *voyeurista*; a destruição da inocência infantil; a exploração comercial de crianças por métodos de marketing cínicos; e a polarização de discurso político com ataques pessoais antagonistas, mesquinhos, estreitos, feitos por campos ideologicamente conflitantes. Todos esses sintomas e outros, como se poderia argumentar, são indicadores de uma cultura que "se tornou embotada".

Alguns dizem que a batalha já está perdida, que "isso não pode ser feito". Certamente, é demais esperar que várias centenas de milhões de pessoas descobrirão, de repente, as recompensas de pensar claramente, lendo idéias excitantes e trocando opiniões com inteligência. Mas as revoluções não começam com as massas; elas começam com os poucos – aqueles capazes de articular as razões para uma nova maneira de fazer as coisas e que podem mostrar aos outros como chegar lá. As massas aprendem por imitação e pela modelagem social.

Em 1975, o governo da Venezuela criou uma nova posição no gabinete: Ministro do Desenvolvimento da Inteligência Humana. Dr. Luis Machado, destacado acadêmico e ativista, foi indicado para chefiar o departamento. A missão dele era influenciar o máximo de instituições públicas possível em todo o país para dedicar atenção e recursos de modo a dar suporte ao desenvolvimento da inteligência em seus cidadãos, a começar do nascimento – e até antes. Machado lançou uma campanha ambiciosa para educar pais, profissionais de saúde, educadores e cuidadores de todas as variedades imagináveis sobre como a inteligência se desenvolve nas crianças e como apoiar e acelerar seu progresso.

Do que sei, essa iniciativa notável não foi replicada em nível nacional em nenhum país. A iniciativa venezuelana tinha uma falha fatal: o governo deu um pequeno escritório a Machado, um assistente e nenhuma verba. Ele batalhou corajosamente durante vários anos para levar sua missão adiante, mas o comando do governo acabou mudando, e o programa foi eliminado. Há uma demanda ainda maior de carneiros do que de pastores.

Malcolm Gladwell, em seu *best-seller The Tipping Point: How Little Things Can Make a Big Difference*, descreveu o processo como um dominó, pelo qual idéias e ideologias são aceitas entre as culturas. Uma das dinâmicas contagiosas por ele identificadas foi "entusiasmo", o papel das pessoas capazes de defender uma idéia. Os entusiastas, de acordo com Gladwell, são pessoas que captam a atenção de grandes números de pessoas e que podem influenciá-las por meio dos papéis que desempenham. Um entusiasta com interesse pessoal por alguma idéia ou movimento particular pode ter um enorme impacto em trazer a idéia para a atenção dos outros, e torná-la parte da consciência pública.[10]

Quem são os entusiastas potenciais que podem promover o ensino, a aplicação e a apreciação de Inteligência Prática (IP) em nossa cultura?

Pais podem adquirir conhecimentos sobre IP, aprimorar suas próprias capacidades de IP e ensinar seus filhos todos os dias como usar sua mente de modo mais efetivo. A começar pelas crianças mais novas, os pais podem ajudá-las a desenvolver habilidades superiores de linguagem, aprender a amar a leitura, tomar decisões por si mesmas, pensar em termos de opções e possibilidades, desenvolver tolerância à ambigüidade e à complexidade, articular problemas e trabalhar em direção a soluções, repensar idéias originais e partilhá-las com os outros. Os pais podem trabalhar com professores para encorajar as escolas a implementar o ensino de conceitos e habilidades de IP.

Professores podem adquirir conhecimentos sobre a IP, aprimorar suas próprias habilidades de IP e mudar o foco da experiência educacional de ensinar crianças a pensar para ensiná-las *como* pensar. Os professores podem mudar o vocabulário de sua prática para se concentrarem mais na competência e menos no conteúdo. Eles podem trazer conceitos e métodos de IP à tona, em vez de deixá-los ao acaso, misturados na experiência ensino-aprendizagem. Eles podem trabalhar em suas associações profissionais para incentivar as escolas a implementar o ensino de conceitos e habilidades de IP.

Educadores que treinam os professores em faculdades e universidades podem educar a si próprios quanto à IP, aprimorar suas próprias habilidades de IP e mudar o foco do processo professor-educação, de ensinar os garotos o que pensar para ensiná-los *como* pensar. Os educadores podem encorajar os professores a desempenharem um papel mais ativo em incentivar as escolas a implementar o ensino de conceitos e habilidades de IP.

Profissionais da saúde mental podem adquirir conhecimentos sobre a IP, aprimorar suas próprias habilidades de IP e aprender a ver o ajuste humano através do prisma multifacetado da competência mental prática. Um importante aspecto da experiência terapêutica é desaprender para reaprender, e o conceito de "terapia como aprendizado" tem muito a recomendar isso.

Executivos e gerentes em empresas podem adquirir conhecimentos sobre IP, aprimorar suas próprias habilidades de IP e alocar recursos de treinamento para aprimorar as habilidades de raciocínio de seus funcionários – todos eles, e não apenas a elite ou os melhores funcionários obcecados pelo sucesso. Eles podem fazer da *inteligência organizacional*, tanto individual quanto coletiva, uma alta prioridade dentro das culturas de seus empreendimentos. Podem usar suas posições de visibilidade e influência para estimular as escolas a implementar o ensino de conceitos e habilidades de IP.

Consultores de empresas podem adquirir conhecimentos de IP, aprimorar suas próprias habilidades e promover o treinamento e o desenvolvimento de habilidades mentais entre os funcionários como uma via para aumentar a capacidade do empreendimento para competir. Os consultores podem introduzir os métodos de raciocínio e solução de problemas efetivos como parte de sua contribuição no aconselhamento de executivos e ajudando as equipes mais eficientemente.

Legisladores e líderes políticos podem adquirir conhecimentos sobre IP, aprimorar suas próprias habilidades e fornecer a liderança necessária para elevar o nível de discurso preciso para encorajar as escolas a implementar o ensino de conceitos e habilidades de IP.

Celebridades e os líderes da mídia podem adquirir conhecimentos sobre IP, aprimorar suas próprias habilidades de IP, e fornecer a liderança necessária para elevar o nível de discurso na mídia popular, desabonando as práticas de apelar para o medo, a ignorância e o preconceito. Eles podem usar suas posições de visibilidade e influência para incentivar as escolas a implementar o ensino de conceitos e habilidades de IP.

Se minha prescrição parece repetitiva, com o mesmo compromisso exigido dos influenciadores em vários setores de nossa sociedade, então talvez esta seja a mensagem. Para resgatar a cultura de idéias que está presa nas mãos da cultura do entretenimento, teremos de tornar a conversar sobre o "programa de restauração" ainda mais disseminado, intenso e interessante. Uma esperança modesta desse livro é reforçar essa necessidade e fornecer um vocabulário comum que possa informar essa conversa estratégica.

Notas

1 *Reader's Digest*. abril de 1978, p. 132.

2 Postman, Neil. *Amusing Ourselves to Death: Public Discourse in the Age of Show Business*. Nova York: Penguin, 1985.

3 McLuhan, Marshall. *Understangding Media: the Extensions of Man*. Cambridge, MA: MIT Press, 1994 (reeditado). Publicado originalmente em 1964. Ver também McLuhan, Marshall, *The Medium Is the Message*.

4 "U.S. Book Production Plummets 18K in 2005". Release. RR Bowker, 9 de maio de 2006.

5 Um trabalho da política da AAP sobre recomendações do website da associação: "Os pediatras deveriam insistir para que os pais evitassem que crianças com menos de dois anos vissem televisão. Embora certos programas de televisão possam ser promovidos a essa faixa etária, as pesquisas sobre o desenvolvimento cerebral nessa idade mostram que bebês e crianças até dois anos têm uma necessidade crítica de interações diretas com os pais e outras pessoas que cuidam delas (por exemplo, aqueles que cuidam delas em creches) para um crescimento saudável do cérebro e o desenvolvimento de habilidades sociais, emocionais e cognitivas saudáveis. Portanto, expor crianças tão novas a programas de televisão deveria ser desencorajado". Ver http:// aapolicy.aapublications.org/ cgi/content/ full/pediatrics; 104/2/341

6 Excerto do autor e historiador David McCullough para a Universidade de Connecticut, 15 de maio, 1999.

7 Revista *Time*, 28 de agosto de 2006, capa.

8 *National Geographic*-Roper Public Affairs, 2006 Geographic Literacy Study. novembro de 2006. Ver website da *National Geographic* em www.nationalgeopgraphic.com.

9 "Americans Less Likely to Accept Evolution than Europeans." News release, website de Michigan State University, www.msu.edu.

10 Gladwell, Malcolm. *The Tipping Point: How Little Things Can Make a Big Difference*. Nova York: Little, Brown, 2000.

2 INTELIGÊNCIAS MÚLTIPLAS

O humano possível

Um ser humano deveria ser capaz de trocar uma fralda, planejar uma invasão, fatiar um porco, construir um barco, projetar um edifício, escrever um soneto, fazer balanço contábil, erguer uma parede, colar um osso, confortar os agonizantes, receber ordens, dar ordens, cooperar, agir sozinho, resolver equações, analisar um problema novo, preparar adubo, programar um computador, preparar uma refeição saborosa, saber lutar, morrer com galhardia. Especialização é para insetos.

Robert Heinlein (autor de ficção científica)

A DISCREPÂNCIA ENTRE CIÊNCIA E PERCEPÇÃO POPULAR pode ser maior na área do processo mental humano que praticamente em quase qualquer outro assunto – com as exceções possíveis do aquecimento global e da perda de peso. Cientistas e pesquisadores trabalham arduamente em seus laboratórios e clínicas, tentando acumular um corpo de conhecimentos de aceitação geral sobre o biocomputador humano e suas capacidades. Enquanto isso, cabe aos educadores, pais, gerentes de empresas, editores, escritores e conselheiros de todo naipe desenvolver um entendimento de nível básico de como pensamos e como poderíamos pensar melhor. Parece que a troca de conhecimentos entre "intelectuais e leigos" poderia ser muito mais rica e mais útil do que tem sido.

Por exemplo, um dos "fatos científicos" interessantes que parece ter se tornado fortemente arraigado na consciência popular é que nós, humanos, usamos apenas uma pequena parte da capacidade de pensar do cérebro. Isso parece ser bastante razoável – principalmente depois de ter lido ou visto as "notícias" de um dia comum. Entretanto, em algum lugar na zona nebulosa entre ciência e experiência, desenvolvemos um clichê particular: "Bem, os estudos mostram que só usamos 7% de nossa capacidade cerebral".

20 ■ INTELIGÊNCIA PRÁTICA

A percentagem varia, mas é quase invariavelmente baixa. E geralmente é um número ímpar: 5%, 7%, mas às vezes 10%. Da próxima vez que você ouvir alguém – inclusive você mesmo – fazer um pronunciamento tão "científico", poderia parar e perguntar: "A propósito, como os cientistas *medem* a capacidade do cérebro? Eles a medem em pensamentos por segundo? Megabytes? Megahertz? RPM? Duzentos metros por quinzena?". Não há método confiável para medir a capacidade mental; nem sabemos como defini-la. No entanto, esse "fato" foi aceito durante muito tempo.

Infelizmente, a viagem na qual embarcamos neste livro deve, necessariamente, cruzar a zona nebulosa entre a ciência e a experiência. Meus amigos acadêmicos provavelmente já devem estar chocados com minha arrogância em reconhecer a teoria da inteligência múltipla de Gardner, que muitos acreditam ter pouco fundamento em pesquisa. Alguns me criticarão por não ser suficientemente "rigoroso" em minhas asserções e nas evidências que apresentei para apoiá-las. Alguns me chamarão de "tolo" em protesto pelo que vêem como prostituição do conceito de inteligência como um todo, definido tradicionalmente pela comunidade acadêmica – por permitir que os bárbaros invadam o palácio. E alguns ficarão *realmente furiosos* com isso.

Ao mesmo tempo, muitos de meus colegas no setor empresarial, onde eu ganho a vida, parecem convencidos de que mesmo que existam inteligências múltiplas, o que muda com isso? Não importa. O processo competitivo seleciona tudo: a nata fica por cima. Basta contratar os funcionários mais espertos que encontrar ou ter recursos para pagá-los bem. Eles poderão agir com inteligência ainda maior se forem bem tratados, mas além disso, por que se preocupar em tentar torná-los mais inteligentes? Os competentes se destacarão de qualquer maneira. Essa é a mesma lógica que governa o sistema educacional.

A dificuldade apresentada pela discrepância entre ciência e experiência prática, neste caso, reside na confusão de termos como: esperto, inteligente, inteligência, habilidade, talento e capacidade de raciocinar. Claramente, eles não têm todos o mesmo significado no mundo acadêmico, e o mundo secular parece bastante confuso quanto ao sentido deles.

Na discussão a seguir, não pretendo estreitar a distância entre ciência e experiência, mas vejo-me na obrigação de explicar o que quero dizer ao usar esses termos e outros relacionados, e de explicar o que eu acredito ser possível. O melhor que posso esperar é solicitar um armistício tanto com os leigos quanto com os letrados, enquanto tento traçar o que eu acredito poder ser uma estrutura prática para se refletir sobre o pensar: a inteligência prática.

QI NÃO DIZ A HISTÓRIA TODA

Não precisamos prolongar o "debate do QI", considerando que o conceito de inteligência múltipla já goza de ampla aceitação, seja isso bom ou ruim. Para nossos propósitos, só é necessário colocar a dimensão de *inteligência abstrata* – do tipo QI – em perspectiva com outras inteligências.

Ter um QI alto é prova da capacidade de se obter uma pontuação alta em um teste de QI, e possivelmente algumas outras coisas, embora não se saiba exatamente quais seriam elas. A pontuação no teste de QI tende a prever o sucesso na vida, mas *somente em uma pequena extensão e dentro de um intervalo relativamente pequeno de pontos.*

Uma pessoa com uma pontuação muito baixa em teste de QI, digamos, 85 ou menos, muito provavelmente tem dificuldade em lidar com os tipos de tarefas apresentados pela vida em uma sociedade moderna. Uma pessoa com uma pontuação média, digamos, 95 a 120, muito provavelmente terá mais sucesso na vida que pessoas com pontuações muito baixas. Entretanto, as pontuações acima ou em torno de 125 estão apenas vagamente correlacionadas com o sucesso na vida. E mesmo dentro do intervalo "normal" de 95 a 125 pontos, os efeitos das diferenças tendem a desaparecer devido a uma série de outros fatores.

Em outras palavras, não seria razoável esperar que uma diferença de cinco a dez décimos fizesse uma diferença direta e mensurável entre duas pessoas em termos de renda, valor líquido, ou mesmo medidas subjetivas de sucesso. O efeito das diferenças de QI também é fraco demais, e há muitos outros fatores que contribuem para o sucesso na vida. Em ambientes educacionais altamente controlados, diferenças no desempenho em provas escritas podem ser mais notáveis, mas na "vida real" outros fatores atuam de maneiras imprevisíveis.

Muitos pensadores destacados no campo de psicologia do desenvolvimento têm defendido a eliminação definitiva de testes de inteligência nas escolas públicas, mas com sucesso limitado. Mesmo o eminente psicólogo da inteligência, Arthur Jensen, disse: "A realização em si é a principal preocupação da escola. Não vejo necessidade de medir qualquer outra coisa além da realização".

O teste de QI sofre de outra limitação, talvez mais importante – não necessariamente de interesse para pesquisadores, mas certamente importante para os pais, por exemplo, que estão tentando criar crianças que possam usar suas massas cinzentas com sucesso na vida. Essa limitação, ou falha se você preferir, está diretamente implícita no método de testar QI que é usado quase universalmente.

Testes padronizados de QI costumam apresentar perguntas ou problemas de modo dissertativo – de lápis e papel – e com respostas de múltipla escolha. Essa prática provavelmente surgiu em virtude da necessidade de testar grande quantidade de pessoas a um baixo custo; por isso tornou-se necessário eliminar qualquer tipo de desafio relativo à experiência ou ao contexto e dar ao processo de aplicação de testes um formato de múltipla escolha.

A desvantagem do formato de teste de lápis-e-papel é que o teste só pode apresentar perguntas ou problemas que tenham uma resposta "certa". Esse formato facilita testar o que os psicólogos chamam de habilidades de *pensamento convergente* – estreitando muitas possibilidades para se encontrar uma única alternativa correta. Isso torna praticamente impossível testar a habilidade mental complementar do *pensamento divergente*, que é essencial para criatividade, inovação, imaginação e invenção.

Por exemplo, se você dá uma moeda a uma criança e pergunta: "Quantas coisas imagina fazer com esta moeda?", ela provavelmente lhe dará inúmeras possibilidades: usá-la como molde para traçar um círculo; usá-la para tirar um parafuso ou para abrir alguma coisa; usá-la para medir alguma coisa; jogá-la para cima, para tirar "cara ou coroa"; dá-la de presente para alguém; e, evidentemente, usá-la para comprar alguma coisa. Com esse processo de pensamento divergente, o número de opções possíveis é ilimitado e não pode ser reduzido a um conjunto fixo de respostas "certas".

Mostre uma figura para uma criança e peça-lhe para contar uma história. Você terá muitas histórias diferentes de crianças diferentes, e todas estarão "corretas", no sentido de que são todas produtos naturais da "inteligência" da criança. No entanto, os testes convencionais de QI desconsideram toda a gama de processos de pensamento divergente, produtivo, projetivo e inventivo.

Muitos educadores acreditam que a idéia que se tem inconscientemente de que a inteligência está confinada a um processo de pensamento convergente tem levado a abordagens educacionais baseadas em respostas "certas". Muitos deles – e eu concordo com eles – acreditam que as habilidades de "deixar o pensamento voar" são sistematicamente erradicadas à medida que as crianças passam pela experiência educacional, até chegarem à fase adulta.

HÁ PELO MENOS SEIS TIPOS DE "ESPERTOS"

Entra o professor-titular da Harvard, Howard Gardner. Com a noção das inteligências múltiplas de Gardner, a teoria pode ter atingido o senso comum.

Começando aproximadamente em 1980, Gardner interessou-se por algumas questões fundamentais que surgiram da aplicação de testes psicológicos: Por que algumas pessoas com QIs muito altos fracassam lamentavelmente na vida pessoal? Os testes de competência mental não consideram certos aspectos óbvios da capacidade humana, como competência artística, musical, atlética, literária e social?

Gardner chegou à conclusão inevitável: o conceito ultrapassado de "inteligência" como uma medida singular da competência precisa ser abandonado. Ele afirmou que os seres humanos têm toda uma gama de competências primárias – inteligências – e elas existem em várias proporções, em várias pessoas. Seu livro provocativo, *Frames of Mind: The Theory of Multiple Intelligences*, publicado em 1983, tratava de um golpe fatal à noção estabelecida de que o QI define ou controla a capacidade de pensar, e desencadeia uma nova forma de olhar a competência humana.[1]

Colocar a inteligência prática (IP) dentro da estrutura de trabalho de Gardner, de Inteligências Múltiplas, exige uma certa acrobacia conceitual, no sentido de que o próprio Gardner – pelo menos na época em que escreveu o livro – continua a desenvolver suas categorias e definições. O grosso de seu trabalho inicial envolvia cerca de sete inteligências independentes. Ele também afirmou a existência de uma oitava dimensão, definida com menos clareza. Alguns outros pesquisadores têm dividido as macro-inteligências em outras categorias.

Conseqüentemente, para nosso exame, precisaremos nos basear em alguma definição funcional dessas inteligências múltiplas, a fim de colocar a Inteligência Prática (IP) claramente nessa perspectiva. Embora Gardner use rótulos que pareçam científicos para suas categorias – lógico-verbal, simbólico-matemática, espacial, cinestésica, interpessoal, intrapessoal e musical – provavelmente não traremos nenhum prejuízo em recodificá-las para a linguagem leiga e simplificá-las conceitualmente. Com o devido respeito ao professor Gardner e à sua teoria, achei conveniente rearranjar essas "várias inteligências" em seis categorias primárias:

1. Inteligência Abstrata: raciocínio simbólico, matemática e lógica formal.
2. Inteligência Social: entendimento de contextos sociais e convivência com as pessoas.
3. **Inteligência Prática: senso comum (o assunto deste livro).**
4. Inteligência Emocional: consciência e administração da experiência interior.
5. Inteligência Estética: o sentido de forma, design, música, arte e literatura.
6. Inteligência Cinestésica: habilidades corporais como esporte, dança etc.

Outros podem defender um conjunto diferente de subdivisões, mas essas seis categorias funcionam muito bem.

Presumivelmente, o "Renascimento humano", o modelo de sucesso admirado por quase todos nós, teria uma combinação forte e bem integrada de todas essas inteligências.

A noção que Gardner tem de inteligências múltiplas parece se encaixar em nossa experiência comum. Considere a disparidade entre *inteligência abstrata* – o tipo de QI – e *inteligência social*. Conheci muitos membros da Mensa, a sociedade internacional de pessoas com QI's elevados – o único requisito para alguém se associar. Muitas vezes fiquei surpreso ao ver como tantos deles, apesar de credenciais cognitivos impressionantes, pareciam incapazes de se ligar a outras pessoas e, em alguns casos, incapazes de manter um grau razoável de resiliência emocional.

A inteligência associada ao QI não se traduz necessariamente na capacidade de criar filhos, planejar um casamento, dirigir um negócio, gerenciar pessoas ou compor uma canção. Nem, para sermos justos, a capacidade de pilotar um jato de caça – inteligência cinestésica – necessariamente se traduz na capacidade de resolver equações diferenciais.

Presumivelmente, podemos abordar cada uma dessas seis dimensões-chave como uma aventura de aprendizagem em si. Evidências de pesquisas de desenvolvimento sugerem que a base para cada uma das seis inteligências toma forma logo cedo, na vida. Sabemos menos – na verdade, muito pouco – em que medida os adultos podem obter ganhos significativos em todas essas dimensões. Certamente, muitos de nós esperamos que isso seja possível.

DESDOBRAMENTO? APLICANDO TEORIAS À VIDA DIÁRIA

Cada uma das formas primárias de inteligência merece atenção. Especialistas interessados acabarão fazendo um "desdobramento" de cada uma das dimensões com estudos diligentes e conceitualização clara. Este livro tentará efetuar um desdobramento bastante sistemático apenas de uma delas, a dimensão de IP. Para guiar nossa exploração, pode ser válido aprender com o progresso de desdobramento de duas outras dimensões importantes, a inteligência emocional e a inteligência social.

Meus amigos na comunidade acadêmica logo se apressam em me lembrar que o estudo da "inteligência" tem sido realizado há muito tempo, e que muito pouco dos conceitos e teorias fundamentais pode ser atribuído a um único especialista. O conceito de inteligências múltiplas foi sugerido já nas primeiras pesquisas, e certamente as inteligências componentes como emocional e social foram identificadas especificamente no passado. Os pesquisadores têm pelo menos especulado sobre a maioria delas em algum momento ou alguma extensão.

Livros como *Inteligência Emocional* de Daniel Goleman e o meu *Inteligência Social* tornaram esses tópicos acessíveis a um público mais amplo, fora da comunidade acadêmica, mas não avançam, necessariamente, pelas fronteiras teóricas de seu estudo. A contribuição dos "popularizadores", embora nem sempre respeitados pelos pesquisadores acadêmicos, também pode ser a maior clareza, ao reunir inúmeros conceitos desconectados em um corpo útil de conhecimento. É isto, em grande parte, o que eu quero dizer quando me refiro à fase de "desdobramento" no ciclo de vida de um conceito como qualquer uma das inteligências.

DESDOBRAMENTO 1: INTELIGÊNCIA EMOCIONAL

Chegando em 1995, *Inteligência Emocional: Por que ela pode ser mais importante que o QI*,[2] de Daniel Goleman, poderia ser considerado o primeiro passo para fazer o conceito de inteligências múltiplas extrapolar o âmbito acadêmico e levá-lo para a vida de cidadãos comuns. Poderíamos alegar que a maioria da literatura de "auto-ajuda" tem lidado com Inteligência Emocional de alguma forma, mas o livro merece crédito por tornar transparente a idéia de uma "inteligência" como um foco útil de atenção na cultura popular.

O livro de Goleman tornou-se um *best-seller* e ganhou rapidamente seguidores no setor empresarial. Executivos, gerentes de RH, treinadores, consultores, instrutores e toda uma série de profissionais que trabalham com o desempenho humano aderiram e começaram a vender seus serviços para empresas. Conferências, seminários, livros, materiais para treinamento e websites surgiram para impulsionar o desenvolvimento da IE.

As primeiras tentativas de Goleman para esboçar um modelo prático de IE identificaram cinco dimensões de competência:

1. Autoconsciência.
2. Auto-regulação.

3. Motivação.
4. Empatia.
5. Relacionamentos.

Entretanto, uma das cinco dimensões de Goleman – a dimensão de relacionamento – parecia estender o modelo e o conceito para além de seus limites práticos. As quatro competências básicas identificam claramente elementos do cenário emocional interno, que têm uma influência fundamental no comportamento. E certamente, eles influenciam de uma maneira fundamental a capacidade que uma pessoa tem de interagir bem com os outros. Mas tentar forçar/adaptar a competência social em um modelo que já é amplo de competência emocional seria arriscar fazer muito pouco com tanto.

De fato, como explicado anteriormente, o professor Gardner os separa claramente em sua formulação: ele considera uma inteligência intrapessoal (inteligência emocional), para fins práticos, e uma inteligência interpessoal – competência em situações humanas. O valor desse delineamento mais claro de conceitos parece residir na oportunidade de coordenar e relacioná-los – em vez de tentar enfiá-los todos em um único contêiner conceitual.

Goleman e outros acabaram desenvolvendo uma estrutura conceitual para a IE que tentava equilibrar a inteligência emocional e a inteligência social, embora ainda tentasse mantê-las ligadas sob um nome "de marca". Esse arcabouço biconceitual subdividia cada uma das duas dimensões em duas sub-escalas – consciência e controle. A dimensão emocional se dividia em autoconsciência e autocontrole (ou auto-administração), enquanto a social se dividia em consciência social e administração das interações com os outros.

Ao escrever este livro, a maioria dos praticantes de Inteligência Emocional parece aceitar essa visão de quatro quadrantes, insistindo na maior parte que o guarda-chuva da IE incorpora adequadamente o componente social e que não há necessidade de uma dimensão identificada separadamente da inteligência social. Entretanto, o próprio Goleman repensou aparentemente sua abordagem à EI, e os praticantes no campo podem ter de fazer ajustes se quiserem se alinhar à "visão do Vaticano".

DESDOBRAMENTO 2: INTELIGÊNCIA SOCIAL

A Inteligência Social, como as outras dimensões de Inteligências Múltiplas, tem sido discutida pela comunidade acadêmica há vários anos. Os primeiros pesquisadores debatiam se deveriam considerá-la simplesmente uma sub-habilidade, ou um talento, sob o amplo guarda-chuva da inteligência tipo QI, ou se ela merecia uma identidade separada. (Questões como esta, a propósito, são de extrema importância para os pesquisadores, e alguns deles são movidos por essas distinções teóricas.)

Vários livros que tratam de Inteligência Social, seja direta ou tangencialmente, têm aparecido na imprensa acadêmica e na imprensa popular há várias décadas, mas nenhum deles parece ter captado a atenção de um número muito amplo de leitores.

26 ■ Inteligência Prática

Meu livro, *Inteligência Social: A nova ciência do sucesso*[3], chegou no planeta no final de 2005, como uma tentativa de esclarecer o corpo de conhecimentos, ajudar as pessoas a avaliarem seu próprio status de Inteligência Social e prescrever alguns métodos de aprendizagem para aumentar a Inteligência Social do indivíduo. Minha esperança era que a Inteligência Social servisse como uma ponte entre o mundo acadêmico e os mundos do negócio e da vida privada. Minha intenção era não apresentar nem um trabalho acadêmico nem um livro leve de "auto-ajuda"; eu esperava estabelecer uma base conceitual válida e, ao mesmo tempo, apresentar uma abordagem prática que pudesse ser útil aos leitores.

Meu interesse particular em Inteligência Social, de acordo com minhas notas de pesquisa já amareladas, data de 1985, embora só recentemente eu tenha começado a aplicar esse rótulo explicitamente. Eu queria desenvolver novas formas de ajudar empresários a aumentarem sua eficiência pessoal, e parecia que o rótulo de ciência popular em "habilidades pessoais" tendia a desvalorizar o componente de "sabedoria" que eu achava que poderia ser esclarecido e desenvolvido.

Mas, perto de 2000 finalmente eu desenvolvi um modelo ou estrutura descritiva (talvez em certo sentido eu seja um aprendiz lento), que talvez pudesse captar o aspecto "inteligência" da interação humana, enquanto incorporava os aspectos de senso comum das habilidades sociais que sempre entendemos em um nível prático.

Desenvolvi um modelo de IS com cinco componentes, tomando o acrônimo "S.P.A.C.E" [espaço], que significa:

S = Consciência Situacional; "ler" situações, pessoas, interações e contextos.

P = Presença; também conhecida como "relevância"; como uma pessoa se apresenta em situações.

A = Autenticidade; portar-se honestamente, com integridade e com uma noção clara de si mesmo.

C = Clareza; habilidade de perguntar, dizer, persuadir e introduzir as idéias na mente dos outros.

E = Empatia; a habilidade de se conectar às pessoas, em um nível pessoal e significativo; fazê-las se aproximarem de você e caminharem com você em vez de se distanciarem e seguirem o sentido oposto.

Eu também desenvolvi um questionário de auto-avaliação, o *Perfil de Inteligência Social*, para ser usado por educadores, treinadores, instrutores e líderes empresariais, para entenderem suas competências individuais e necessidades de desenvolvimento.[4]

Curiosamente, cerca de um ano depois da publicação de meu livro, *Inteligência Social: A nova ciência do sucesso*, Daniel Goleman lançou seu próprio livro *Inteligência Social: A nova ciência das relações humanas*.[5] (O uso de um título idêntico e de um subtítulo quase idêntico para um livro lançado em um intervalo tão pequeno é uma prática rara no ramo editorial, e suas razões, um pouco misteriosas.)

Goleman pensara na inteligência social possivelmente como uma dimensão separada, paralela à inteligência emocional, em vez de inclusa nela. Essa separação do modelo de Goleman em duas partes distintas causou certa cãibra cerebral teórica, no sentido de que a IE desenvolvida estava atrasada dez anos, e os adeptos da teoria de Goleman trabalharam muito para manter a IE e a IS unidas na mesma estrutura.

Na época em que escrevi este livro, era cedo demais para antecipar o impacto da mudança de posição de Goleman em sua teoria da IE ou prever o desenvolvimento da IE e da IS como resultado do realinhamento conceitual. Minha visão é que o realinhamento ajudará a esclarecer e a simplificar o estudo da IE e da SI, e, possivelmente, muito em breve.

O PRÓXIMO DESDOBRAMENTO: INTELIGÊNCIA PRÁTICA

Agora, com alguns dados históricos e um entendimento do desenvolvimento da IE e da IS como corpos separados, mas relacionados, de conhecimento, temos algumas diretrizes para a próxima inteligência que é candidata a um desdobramento, ou seja, a inteligência prática.

Para construirmos uma estrutura que descreva, ensine e aprenda a inteligência prática, ela precisa ser... bem... prática, acima de tudo. Precisa nos mostrar métodos úteis, fáceis de aprender e hábitos de reflexão. Precisa de um vocabulário definidor que possa nos ajudar a captar e articular seus princípios básicos. Precisa de alguns modelos gráficos e visuais que possam dispor os vários conceitos e idéias fundamentais em pacotes úteis de sentido. E precisa de um "roteiro", uma noção de continuidade que nos leve de um nível de entendimento para outro.

Esse modelo ou estrutura é o que eu espero apresentar neste livro, e só o tempo e as reações dos leitores de todos os tipos dirão em que medida fomos bem-sucedidos nessa tarefa.

Notas

1 Gardner, Howard. *Frames of Mind*. Nova York: Basic Books, 1983. Ver também Gardner, Howard. *Intelligence Reframed*. Nova York: Basic Books, 1999.
2 Goleman, Daniel. *Emotional Intelligence: Why It Can Matter More Than IQ*. Nova York: Bantam, 1995.
3 Albrecht, Karl. *The New Science of Success*. San Francisco: Jossey=Bass, 2005.
4 Karl Albrecht International. *Social Intelligence Profile*. San Diego: 2006. www.KarlAlbrecht.com.
5 Goleman, Daniel. *Social Intelligence: The New Science of Human Relationships*. Nova York: Bantam, 2006.

3 O QUE É INTELIGÊNCIA PRÁTICA?

> ... se começamos a pensar, ninguém pode garantir onde chegaremos – exceto que muitos fins, objetivos e instituições estão fadados ao fracasso. Todo pensador coloca parte de um mundo aparentemente estável em perigo, e ninguém pode prever totalmente o que surgirá em seu lugar.
>
> John Dewey (educador norte-americano)

DE ACORDO COM UMA HISTÓRIA que circulou amplamente e logo se tornou uma parábola da Internet – ou talvez uma lenda – um pedreiro feriu-se enquanto fazia um conserto no topo de um edifício baixo. No formulário do seguro médico, ele tentou minimizar o incidente respondendo à pergunta: "O que causou o acidente?" com uma resposta breve: "Julgamento falho". Quando pressionado a dar uma descrição completa e detalhada do acidente pelo departamento de solicitação de reembolso da empresa, ele contou uma história que poderia, de fato, tentar até o leitor mais despreocupado a questionar o bom senso dele.

De acordo com esse relato do incidente, ele estava consertando uma chaminé de tijolo no telhado de um prédio antigo de quatro andares. Quando terminou, ainda havia um grande número de tijolos não usados, que ele precisava levar para baixo. Para não subir e descer várias vezes a escada de serviço, ele decidiu montar um sistema de corda e roldana.

Notando uma roldana fixada em uma viga que se estendia na beira do telhado, ele pegou um barril de madeira para coletar os tijolos. Passou uma corda pela roldana, amarrou uma ponta ao barril e atirou a outra para baixo. Então desceu e amarrou firmemente a ponta da corda que estava embaixo, a uma bucha presa na parede.

Depois ele voltou, pendurou o barril vazio ao lado da parede e encheu-o de tijolos. Quando estava cheio, ele desceu e começou a baixá-lo até o chão. Ele enrolou a ponta

30 ■ Inteligência Prática

da corda com segurança em volta de sua mão e soltou a corda da bucha. Tarde demais, ele percebeu que o barril pesava muito mais do que ele.

Ele foi lançado para o alto de repente, ficando pendurado pela corda, enquanto o barril desceu rapidamente. Ele bateu no barril em sua trajetória para baixo, ficando gravemente ferido. Quando ele chegou na roldana, o barril bateu no chão. Infelizmente, o peso dos tijolos arrancou a base do barril, que – agora vazio – pesava muito menos que ele. Então, o barril foi arremessado para cima enquanto ele descia rapidamente, ainda preso à corda. Ele bateu mais uma vez no barril, ferindo-se ainda mais.

Ele bateu no chão quando o barril chegou na roldana. Então, soltou-se da corda e, enquanto estava sobre a pilha de tijolos, olhando para cima, viu o barril em sua terceira viagem, agora vindo diretamente em sua direção. Não conseguiu se levantar e desviar, e o barril parou em cima dele, infligindo um último e humilhante insulto.

Não, não é desumano rir desse incidente; estamos rindo da condição humana, e não da condição de qualquer humano. Se você se sente culpado por rir desse incidente, próprio de uma comédia-pastelão, imagine que ele não *poderia* ser verdade. Mas... todos nós sabemos que poderia ser verdade, não é?

Há algo primal e arquetípico em incidentes como este. Eles têm uma coisa de comédia, quadrinhos e piadas. A falta de bom senso é um tema comum em teatro, cinema e até de músicas. E se fomos honestos, temos de admitir que todos nós tivemos lapsos semelhantes de "bom senso".

Um adolescente, filho de meu vizinho, enquanto fazia um furo no pára-lama de sua bicicleta para colocar um farol, perfurou vigorosamente o pára-lama de metal e também o pneu da frente. Isso faz parte da adolescência – vem junto com ela.

> Não há nada tão assustador quanto
> a ignorância em ação.
>
> Johann Wolfang Von Goethe

Sou fã de definições; freqüentemente acho que posso esclarecer como entendo uma questão, um tópico ou um conceito se consigo formulá-lo sucintamente em uma definição concisa. E, às vezes, tentar uma variedade de definições nos ajuda a entender um conceito a partir de vários ângulos. Para esta discussão, uso a seguinte definição:

> *Inteligência Prática: a capacidade mental de lidar*
> *com os desafios e oportunidades da vida.*

O que conta como inteligência prática, bom senso ou sabedoria depende do *contexto* em que esperamos encontrá-lo. É situacional. Uma pessoa poderia ser sábia em várias situações de negócio, mas não tão sábia para lidar com os colegas. Alguém poderia ser considerado sábio na prática de alguma especialidade científica, mas não tão esperto para gerenciar suas finanças pessoais.

A inteligência prática, talvez mais do que outras inteligências dentro da estrutura das Inteligências Múltiplas, requer uma visão através de lentes com ângulos bem abertos. Ela incorpora uma ampla gama de processos mentais, habilidades e hábitos. Entendemos que não é o QI e, de fato, que é *mais do que o QI*, mas: O que é IP?

A partir dessa definição simples, começamos uma investigação bem ampla de competência mental humana, em suas várias dimensões.

PENSAR É UMA FUNÇÃO CORPORAL

Quantas de suas melhores idéias você tem no chuveiro? Enquanto você está escovando os dentes? Andando ou correndo? Quantas vezes você teve imagens estranhas, surreais e criativas quando estava adormecendo ou acordando? Você já teve uma idéia ou percepção importante em um sonho, ou enquanto tirava um cochilo? A solução a um problema apareceu na sua mente enquanto você estava fazendo alguma coisa que não tinha relação nenhuma com o problema?

> Não confie em nenhum pensamento que você
> tenha enquanto está sentado.
>
> Friedrich Nietzsche

O próprio primeiro princípio da inteligência prática a ser entendido é que *você pensa com o corpo todo*, e não com um circuito individual em algum lugar do córtex de seu cérebro. De fato, seu cérebro não é realmente um computador – é uma parte-chave de um grande computador, seu *biocomputador*, que inclui todo o seu sistema nervoso, vários subsistemas de processamento de informação localizados em seus órgãos e músculos, e até mesmo os mensageiros químicos, como sistemas hormonais e o seu sistema imunológico.

Situação: estudos clínicos controlados têm mostrado que, imediatamente depois de testes em que os sujeitos meditavam durante quinze minutos, as concentrações de uma substância do sistema imunológico conhecida como Imunoglobina A (IgA) na saliva registravam um aumento significativo comparado à medição feita antes da meditação. Essas mudanças não foram observadas quando os sujeitos descansavam ou dormiam. A natureza particular de qualquer atividade mental tem, potencialmente, um impacto fisiológico correspondente no corpo.

Situação: estudos clínicos controlados também têm mostrado que ouvir outros ritmos que não a música clássica como hard rock, grunge, rap e outros padrões acústicos estridentes induziam uma *queda* significativa nos níveis de IgA na saliva. Trabalhar em ambientes muito ruidosos tende a ter os mesmos efeitos debilitantes na função imunológica. No capítulo 5, exploraremos mais os efeitos de estressores ambientais na saúde mental e no bem-estar e descobriremos algumas estratégias para gerenciar nosso ambiente sensorial e filtrarmos uma parte importante de elementos tóxicos.

32 ■ Inteligência Prática

Claramente, atividade mental *de qualquer tipo* é expressa em todo o corpo, até o nível celular. Em certo sentido, podemos até dizer que as próprias células têm inteligência – elas "pensam" em nível microscópico. Certamente isso acontece com os órgãos. Uma quantidade enorme de evidências científicas e relatos apóia a conclusão de que a atividade mental pode deixar uma pessoa doente ou saudável, um aspecto que nem precisamos debater aqui. O campo científico emergente da psico-neuro-imunologia relata exemplos espantosos de remissão de câncer e recuperação de uma série de doenças usando-se a meditação, a criação intensiva de imagens e até a oração, quando as estratégias médicas convencionais fracassaram.

Um pensamento – qualquer pensamento – é um evento do corpo todo. Pode surgir de dentro de um órgão, digamos, com uma mudança no nível de glicose do sangue, que você percebe como mudança em um sentimento ou humor. Essa mudança terá um efeito sutil – ou significativo – no aspecto consciente de seu processo mental, que é apenas uma parte daquilo que você está "pensando". O que você decide, o que diz e como percebe o que acontece à sua volta, tudo é moderado por esses eventos de bioinformação que são emitidos continuamente em seu corpo. Seu cérebro geralmente está envolvido, mas pode não necessariamente estar controlando o processo. O que pensamos ser "humores", por exemplo, na verdade são estados bioinformacionais que se espalham pelo corpo.

A fim de esclarecer nosso vocabulário desde o início, vamos concordar com uma definição funcional simples da palavra *pensar*:

> *Pensar: um processo infinito, de vários níveis de fluxo de informação, que evolui ou afeta todas as células do corpo humano.*

Por extensão, podemos definir um *pensamento* como:

> *Pensamento: um evento de informação do corpo todo que estabelece novo padrão da estrutura bioinformacional do corpo.*

Você pensa – no sentido mais amplo do termo – mesmo enquanto está dormindo. Mesmo no nível mais profundo do sono, classificado como Estágio 4, você ainda pode reagir a sinais do seu ambiente. Como o biocomputador de uma mãe que dorme diferencia ruídos de tráfego, latidos de cachorros e um companheiro que ronca e, no entanto, acorda imediatamente quando seu bebê chora? O que lhe permite acordar cinco minutos antes de o alarme tocar?

Os pesquisadores do sono relatam incidentes de *sonho lúcido*, um estado de sonho em que o sonhador de alguma forma "sabe" que está sonhando. Este parece ser um estado paradoxal de consciência que incorpora aspectos do pensamento durante a vigília e imagens vívidas de sonho.

Todos aqueles incontáveis pensamentos transmitidos continuamente pelo nosso corpo nos tornam uma pessoa diferente – do ponto de vista fisiológico, psicológico e informacional. Podemos ter consciência de alguns desses eventos bioinformacionais, aos quais nos referimos especificamente como "pensamentos", ter vaga percepção de outros e ser incapazes de perceber outros em nível consciente. No entanto, estamos "pensando" continuamente.

CONHEÇA SEU BIOCOMPUTADOR

O propósito de seu corpo é transportar seu cérebro.

Thomas Edison

Imagine construir um computador capaz de armazenar informações de uma centena de anos ou mais; analisar e combinar perfeitamente dados de multimídia – imagens, sons, números, palavras e até sensações e cheiros; reconhecer e relembrar padrões complexos; gerar seus próprios dados do nada; e até escrever seu próprio software.

Torne-o capaz de controlar complexos processos mecânicos, elétricos e químicos equivalentes àqueles de uma pequena fábrica, e garanta sua conexão instantânea a qualquer um dos bilhões de computadores iguais a ele.

Torne-o portátil, mantenha-o menor que uma toranja de tamanho médio, mantenha seu peso abaixo de um quilo e meio, faça-o operar sem bateria e sem ventilador, com menos energia que uma lâmpada de 25W e ter-se-á algo como o cérebro humano.

O *seu* cérebro. É a estrutura biológica mais avançada encontrada em toda a natureza.

Você já considerou que dom fenomenal existe nesse computador biológico? Vamos dar uma olhada melhor nesse notável sistema e entender mais plenamente o potencial que ele oferece para se viver de modo mais inteligente e com mais alegria.

Observando a Figura 3.1, vemos a estrutura física geral do cérebro e da espinha dorsal, que formam o processador central e o eixo de comunicação primário para o biocomputador geral.

Embora não fique visível no diagrama simplificado, seu cérebro flutua dentro de uma caixa à prova de choque – seu crânio. Três camadas de tecido duro, a meninge, protegem-no e o revestem, impedindo-o de bater contra o crânio. É o órgão mais bem-protegido de seu corpo, e tem prioridade quando sangue, oxigênio e nutrientes são distribuídos. Ele produz e flutua em seu próprio *fluido cérebro-espinhal*, em que circulam nutrientes, e flui para baixo, para o corpo, transportando produtos excretados com ele.

O diagrama também não mostra o sistema todo de artérias e veias, o qual supre o cérebro com sangue. A ausência de suprimento sangüíneo adequadamente oxigenado para o cérebro por mais de cerca de quatro minutos geralmente causa lesão cerebral irreversível ou morte.

Seu cérebro consome cerca de 20% do suprimento de glicose do corpo e uma quantidade similar de seu oxigênio. Ele consome energia a uma taxa aproximadamente igual a uma lâmpada de 25W. (Vamos omitir as piadas óbvias sobre pessoas cujas lâmpadas são mais fracas que outras.)

Figura 3.1 Arquitetura do Cérebro

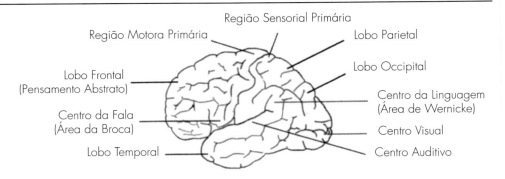

Hemisfério Esquerdo – Visão Externa (Vista da Esquerda)

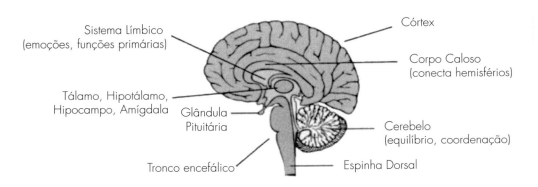

Hemisfério Direito – Visão Interna (Vista da Esquerda)

Hemisférios, lobos e funções

À primeira vista, nota-se que a parte externa do cérebro é fracionada nas metades esquerda e direita, anterior e posterior, ou *hemisférios cerebrais*. Os dois hemisférios são fisicamente separados, mas estão unidos por uma espessa banda de fibras nervosas chamadas de *corpus callosum* ("corpo caloso" em latim), como ilustrado pela visão interna na figura. O corpo caloso transmite sinais entre os hemisférios, permitindo que eles partilhem informações constantemente.

A parte externa da superfície convoluta do cérebro – o córtex – é demarcada por fissuras profundas, cada uma referida pelos cientistas como um sulco, separando várias protuberâncias ou elevações, cada uma chamada giro. Essa formação de sulcos e giros tende a maximizar a área da superfície da *matéria cinzenta* do córtex, onde os bilhões de neurônios fazem o trabalho pesado em nossos processos de pensamento.

Também se sabe que o hemisfério esquerdo do cérebro controla o lado direito do corpo, e *vice-versa*. Da mesma forma, os sinais sensoriais que vêm do cérebro dos dois lados de seu corpo cruzam para os hemisférios opostos, onde são processados.

De modo bastante peculiar, os neurônios visuais, que emergem das retinas dos olhos, são segmentados em "campos" esquerdo e direito. Ou seja, os nervos da metade esquerda da retina esquerda e a metade esquerda da retina direita vão, ambos, para o centro de processamento visual do hemisfério direito, localizado no lobo occipital na parte posterior de seu cérebro. Da mesma forma, os nervos da metade direita de cada retina vão para o centro visual no lobo occipital de seu hemisfério esquerdo.

Os *nervos ópticos*, que emergem do fundo de cada globo ocular, fundem-se em uma junção chamada de *quiasma óptico* e voltam a se separar imediatamente, e cada ramo de nervos que sai liga-se ao hemisfério oposto.

Esse efeito "cruzado", em que o controle motor e o processamento sensorial são trocados entre os dois lados do corpo e os dois hemisférios cerebrais, permanece um mistério para os cientistas. O valor funcional dessa conformação é um aspecto aberto à especulação.

Muito do que sabemos sobre as funções do cérebro vem do estudo de pessoas com lesão cerebral. Cientistas e médicos têm, há muito, associado vários comprometimentos cognitivos, comportamentais e motores a traumas específicos no cérebro e no sistema nervoso. Por outro lado, eles podem diagnosticar lesões cerebrais específicas testando o comprometimento dessas funções específicas. Incidentalmente, seu cérebro não pode perceber diretamente os efeitos de trauma para si mesmo. Ele não tem nervos sensoriais próprios.

Em meio à convolução de protuberâncias e fissuras visíveis na superfície de cada hemisfério, pode-se distinguir quatro subdivisões gerais ou *lobos*: o *lobo frontal*, localizado atrás de sua testa; o *lobo temporal*, localizado na lateral; o *lobo parietal*, que ocupa o topo de seu cérebro; e o *lobo occipital*, localizado na parte posterior do seu crânio. Cada lobo é responsável por certos aspectos específicos do processo de pensamento. O hemisfério esquerdo e o direito têm, cada um, os mesmos quatro lobos, embora a atribuição das funções difira um pouco entre os dois. Entre duas pessoas, essas divisões funcionais de atividade são muito parecidas, embora certas áreas possam variar um pouco de uma pessoa para outra.

As duas áreas funcionais que parecem variar um pouco de uma pessoa para outra são os centros da fala e da linguagem. Para cerca de 70 a 95% de nós, essas funções residem provavelmente no hemisfério esquerdo, como ilustrado na figura. Ligeiramente acima e atrás da orelha esquerda, a *área de Wernicke*, assim chamada em homenagem ao cientista alemão Carl Wernicke (em ciência, seu nome denomina uma parte do corpo quando se foi o primeiro a descobri-la), lida com o processo complexo de codificar idéias em linguagem e interpretar o sentido de informações verbais recebidas. Logo à frente de sua orelha esquerda, a *área de Broca* (nome em homenagem ao cientista Paul Broca) controla seu aparato vocal. Esses dois centros devem funcionar intimamente juntos para você entender e usar linguagem.

"A dominância lateral" – a preferência em usar a mão esquerda ou a direita – não é tão simples como se poderia pensar, a princípio. Os primeiros pesquisadores acreditavam que a dominância lateral e a fala fossem basicamente *contra-laterais* – os destros

36 ■ INTELIGÊNCIA PRÁTICA

teriam seus centros de fala localizados no hemisfério esquerdo e, portanto, os sinistros deveriam ter a fala no hemisfério direito. Pesquisas mais recentes indicam que os sinistros não são simplesmente o oposto dos destros – em termos da fala. Aparentemente, alguns deles têm o lado direito do cérebro para a linguagem e outros não. Os ambidestros complicam ainda mais a questão. É difícil para os cientistas esclarecer este ponto, porque isso exigiria que abríssemos os crânios de um grande número de pessoas e explorássemos seus cérebros – uma abordagem nada humana à pesquisa.

O cérebro recebe informação das várias partes do corpo e envia vários tipos de instruções de volta, por meio de doze pares de nervos cranianos, ou feixes nervosos (não mostrados na figura), que emergem da base de seu crânio e se ligam à espinha dorsal. Cada nervo craniano coordena uma série de funções. Alguns deles só transmitem informação *para* o cérebro – os *nervos sensoriais*; alguns só transmitem comandos *do* cérebro – os *nervos motores*; e alguns têm ambas as funções.

Os neurônios – tem-se mais de duzentos tipos diferentes deles no córtex, dispostos em seis camadas – são células especializadas que parecem estar destinadas a se comunicarem umas com as outras e com outras células do corpo. Um neurônio típico tem um corpo central como um tubo com milhares de conexões receptoras semelhantes a fios, ou *dendritos*. O axônio ramifica-se do corpo celular e é uma longa cauda, com uma bainha gordurosa, a *mielina*, da qual se irradiam muitos outros conectores chamados *terminais axionais*. Esses axônios e terminais compõem a estrutura espessa, gordurosa, conhecida como a *matéria branca* do cérebro. O tecido cerebral, no geral, é altamente concentrado em gordura, e as pessoas em certas culturas consideram vários cérebros animais um requinte culinário.

Cada neurônio recebe informação através de seus dendritos e a passa pelos seus terminais axionais. Esses axônios podem variar no comprimento geral de uma pequena fração de milímetros a vários centímetros. Ao contrário de outras células corporais, os neurônios não podem ser substituídos, com algumas exceções interessantes.

Os neurônios enviam continuamente estímulos uns aos outros, a uma velocidade de cerca de 320 quilômetros por hora. O número astronômico dessas conexões potenciais entre neurônios torna possível ao cérebro armazenar vastas quantidades de informação. As conhecidas *ondas cerebrais,* medidas pelo *eletrencefalógrafo*, registram um tipo de "música" elétrica criada pela descarga rítmica simultânea de milhões de neurônios.

> ... um tear encantado onde milhões de estímulos elétricos formam um padrão que se dissolve, sendo sempre um padrão significativo embora nunca permanente.
>
> Sir Charles Sherrington

Na realidade, os neurônios só respondem por cerca de 10% da contagem celular de seu cérebro. Há outro tipo de célula, a *célula glial* muito mais abundante (da palavra latina que significa "cola"), que não carrega impulsos nervosos, mas dá suporte aos neurônios de várias formas. Os cientistas pensavam que as células gliais fossem um tipo de "pudim" passivo que envolve e dá suporte aos neurônios. Novos achados, no entanto, sugerem que as células gliais se comunicam quimicamente umas com as outras e podem agir em conjunto para ajudarem a transmitir informação para todo o cérebro. Eles também transportam nutrientes, digerem os corpos de neurônios mortos, guiam o desenvolvimento de neurônios na infância e fabricam a *mielina* gordurosa, que envolve os axônios dos neurônios.

A parte do cérebro que vimos de fora – o *cérebro* – é apenas uma das três divisões principais que refletem a história evolucionária do desenvolvimento humano. Esse chamado *córtex* do cérebro (do latim que significa "casca de árvore") é a mais recente das três estruturas primárias e é o que nos torna essencialmente humanos. Para ver os outros níveis mais primitivos de nosso biocomputador, precisamos espiar o interior do cérebro, como é mostrado no segundo diagrama da Figura 3.1.

As três estruturas primárias do cérebro às vezes são chamadas de região basal, cérebro médio e córtex cerebral. (Nota: os cientistas diferem quanto ao uso desses rótulos e subdivisões, mas essas três parecem representar a arquitetura amplamente aceita.)

A região basal: seu cérebro reptiliano

Na *região basal* de seu cérebro, sua espinha dorsal se alarga para formar a *medula oblonga*, e acima dela uma estrutura bulbosa chamada *ponte*, duas estruturas que regulam e controlam os aspectos mais primitivos da vida: respiração, batimento cardíaco, estado de alerta e controle motor primário. Essa porção do sistema às vezes é chamada de tronco encefálico, considerada pelos cientistas como a parte mais antiga do cérebro, em termos evolucionários. Dividimos esse tipo primário de estrutura com répteis, pássaros e provavelmente com dinossauros.

Sua espinha dorsal em si é como uma miniatura de computador, em que alguns processos primitivos são controlados por *reflexos espinhais* natos. Estes incluem o conhecido reflexo patelar do joelho, que os médicos examinam com um pequeno martelo, e respostas automáticas de retração a fortes dores, calor ou frio. Quando se apóia o peso sobre os pés ao levantar-se da cama ou de uma cadeira, os reflexos espinhais ativam automaticamente os músculos que levantam os arcos dos pés de modo que eles apóiem adequadamente. Esse *reflexo de estiramento* é uma característica da espinha que serve à maioria dos músculos no corpo. O orgasmo sexual também se qualifica como reflexo espinhal, embora seja mediado de maneiras complexas pela atividade cortical e uma dúzia ou mais de hormônios e neurotransmissores.

Nesse nível basal, várias outras estruturas especializadas controlam suas funções *autonômicas*, ou involuntárias, como fome, sede, sono e vigília, impulsos sexuais, vários processos orgânicos, pressão sangüínea e o nível geral de atividade de todo o seu sistema nervoso. O *reflexo da pupila* – a dilatação e a constrição automática das pupilas de seus olhos em resposta à luz – é um indicador bastante confiável dessas funções autonômicas, que os profissionais de atendimento de emergências médicas testam para avaliar lesão cerebral.

38 ■ INTELIGÊNCIA PRÁTICA

Curiosamente, os processos de adormecer e acordar não são controlados pelas principais regiões do cérebro, mas por um pequeno aglomerado de células no tronco encefálico conhecidas como *sistema de ativação reticular* (RAS). Por meios ainda não compreendidos, o RAS aparentemente "liga" seu córtex quando você acorda e o "desliga" para que você durma. Embora possamos resistir a dormir, está comprovado que um ser humano não pode ficar acordado voluntariamente, por tempo indefinido. Os anestésicos gerais costumam fazer efeito no RAS. Embora o RAS não "cause" a consciência, parece ser necessário para a atividade mental consciente ocorrer. Ele também pode ser implicado no *distúrbio de déficit de atenção* e possivelmente no *distúrbio da hiperatividade*.

O tronco encefálico contém células especializadas que secretam neurotransmissores, os mensageiros químicos que permitem a comunicação entre os neurônios. Estes incluem a *serotonina*, a *dopamina*, a *acetilcolina* e inúmeros outros. As concentrações relativas dessas moléculas mensageiras no cérebro tendem a refletir o estado corrente da atividade cerebral. Alguns pesquisadores alegam que a paixão, por exemplo, é sinalizada pelo aumento da concentração de dopamina.

Essa mesma região basal tem outra estrutura especial que se qualifica facilmente como computador – ou pelo menos como um subcomputador. Este é o *cerebelo*, do tamanho de uma ameixa, de tecido nervoso especial que lida com suas funções motoras habituais, como equilíbrio e coordenação, andar, movimentos rotineiros das mãos e braços, fala, movimentos oculares e outros processos motores aprendidos como o balanço no golfe ou o serviço no tênis, digitar em computador ou dançar.

O cerebelo (do latin *cerebellum*, "cérebro pequeno") também é dividido em hemisférios esquerdo e direito. Seus neurônios, conhecidos como células granulares, são muito pequenos, e, embora ele ocupe apenas cerca de 10% de seu volume cerebral, o cerebelo tem quase 50% de todos os neurônios no cérebro. Ele recebe cerca de 200 milhões de fibras, comparado, digamos, ao nervo óptico, que contém cerca de um milhão de fibras.

A função do cerebelo é reduzir a carga de processamento de informação no córtex cerebral, livrando-o para atividades mentais mais abstratas. Embora a região do *controle motor do córtex* possa enviar comandos para vários músculos em todo o corpo, ela costuma delegar responsabilidade para o cerebelo para atividades tão "aprendidas" que se tornam uma "segunda natureza".

À medida que se aprende qualquer atividade motora nova, como escrever, cantar uma música ou recitar tabuadas, o cerebelo se afina com a atividade neural no córtex e começa a imitar os padrões em seus próprios neurônios. Depois de inúmeras repetições, o cerebelo gravou um tipo de script, que pode convocar o controle da atividade em si. Uma vez que a função foi plenamente aprendida, o cerebelo assume o controle e torna-se realmente difícil para o córtex controlá-lo.

Como experimento, tente assumir o controle consciente do processo de andar por um quarto ou subir escadas. Note como o piloto automático cerebelar parece operar quase independentemente de seu esforço, ficando difícil controlá-lo por intenção consciente. Esses scripts aprendidos respondem realmente por uma grande proporção da atividade cerebral.

O cérebro médio: o piloto automático

Da região basal, os canais nervosos se ramificam para a região média do cérebro, que tem um conjunto de sistemas de controle secundários. Os cientistas também referem a essa coleção de estruturas como *sistema límbico*. A área média do cérebro produz vários hormônios, ou "moléculas mensageiras". Estas incluem hormônios como o hormônio de crescimento da glândula *pituitária* e ativadores químicos que levam as glândulas adrenais a secretarem o hormônio da excitação, mais conhecido como *adrenalina*. Outras estruturas estimulam a *glândula tireóide* a secretar a *tiroxina*, que controla o ritmo geral dos processos de combustão celular de seu corpo, mais conhecido como *metabolismo*.

A *pituitária*, ou *hipófise*, é uma pequena glândula de atividade intensa. Com o tamanho de uma ervilha, situa-se em uma cápsula própria, uma pequena cavidade oca na caixa craniana, logo acima do céu da boca. Essa minúscula estrutura cerebral se divide em dois lóbulos anterior e posterior. Operando em grande parte sob a supervisão do *hipotálamo*, a pituitária ajuda a regular a pressão sangüínea, a retenção de água; a função da glândula tireóide; certos aspectos da função sexual; aspectos da gravidez, nascimento e lactação; o crescimento e o tamanho geral do corpo; e a conversão de alimento em energia.

Outros componentes neste sistema límbico ou da parte média do cérebro incluem o *tálamo*, que atende como o ponto central de coleção para quase todos os dados sensoriais que sobem até seu córtex. A única exceção a essa centralização de dados no tálamo são os dados *olfativos*, ou o sentido do olfato, que vão diretamente para o seu próprio centro de processamento no córtex. O sentido do olfato é tão antigo, em termos evolucionários, que os nervos olfativos passam por cima do *sinus*, através do *platô cribriforme* – o assoalho da caixa craniana – e vão para o bulbo olfativo, um subcomputador sensorial que envia seus dados diretamente para uma área de processamento especial do córtex.

O *hipotálamo* media a vigília e a emoção (e supervisiona a pituitária). O *hipocampo* transforma a memória de curto prazo na memória de longo prazo. Uma estrutura próxima, a amígdala, serve como um sensor de advertência, detectando padrões no fluxo de dados sensoriais que entram, que podem implicar ameaças à sobrevivência ou bem-estar.

Muitos neurocientistas acreditam que essa constelação de estruturas no sistema límbico, provavelmente coordenado pelo hipotálamo, tenha um papel na doença e na cura psicossomática. Por algum processo ainda não descoberto, parece que o hipotálamo e seus padrões transformam nossos vários níveis conscientes e não conscientes de criação de idéias em conseqüências fisiológicas diretas, como exploraremos em mais detalhes num capítulo posterior. Como aprenderemos, o campo da *psico-neuro-imunologia*, em desenvolvimento, busca entender as conexões causais entre a atividade mental consciente e a função imunológica, conforme mediação desses processos primitivos, não conscientes.

40 ■ INTELIGÊNCIA PRÁTICA

O córtex: seu piloto mental

Cérebro, *s.m.* Um aparato com o qual pensamos o que pensamos.

Ambrose Bierce

O terceiro, e o mais alto nível evolucionário da hierarquia do cérebro é o *córtex cerebral*. Essa região gerencia os processos mentais mais complexos, abstratos, relacionais e experimentados conscientemente. Interage constante e intimamente com os outros dois níveis, como descrito anteriormente.

Como já observamos, pensar não é meramente uma função do cérebro todo – é uma função do *corpo todo*. Quase todos os processos do corpo, e particularmente aqueles processos aos quais nos referimos como pensamento, se interligam intimamente.

Para ilustrar a natureza intimamente integrada desses vários elementos do cérebro e do corpo, considere o que ocorre quando explicamos uma idéia complicada durante uma conversa. Deve-se começar formando o conceito na mente; então encontram-se as palavras para expressá-lo; depois liga-se o aparato de fala; modulam-se o tom, a velocidade e o volume de sua voz para transmitir o significado não verbal; pode-se fazer expressões faciais ou gestos com a mão para pontuar a mensagem; estudam-se as reações da outra pessoa para ter pistas que indiquem como se está indo; e sente-se o tom emocional – o "sentimento" – da situação. As próprias *respostas* emocionais e não conscientes registram as reações à situação, e o que a outra pessoa pode estar dizendo.

Outra experiência familiar da íntima integração dessas regiões do cérebro é a chamada reação "lute ou fuja", que mobiliza o corpo em resposta a um evento estressante. A atividade mental consciente desencadeia rotinas automáticas na região límbica ou mesencéfalo, que por sua vez mobilizam várias respostas primitivas na região basal. A resposta do corpo todo a uma provocação repentina, ou a uma experiência crônica do estresse, forma uma síndrome bem orquestrada, na qual muitas partes do biocomputador participam.

Provavelmente há muito mais sobre o córtex que ainda precisa ser aprendido além do que já sabemos. Ainda entendemos muito pouco sobre como o cérebro sonha ou por que ele sonha. Ainda não temos uma teoria sólida de como o cérebro armazena suas memórias. E, evidentemente, toda a noção de consciência continua sendo, em grande parte, um mistério para os neurocientistas.

Acho que eu sou, portanto eu sou. Acho.

George Carlin (comediante norte-americano)

Dois cérebros em um: os hemisférios

Como resultado de uma série de experimentos cirúrgicos em meados da década de 1960, os neurocientistas descobriram um fato surpreendente sobre os hemisférios do cérebro: eles operam como dois computadores separados, independentes, com duas formas singularmente diferentes de processar dados.

Os cirurgiões Joseph E. Bogen e Philip J. Vogel, trabalhando em CalTech, começaram a desempenhar uma técnica cirúrgica controversa, de último recurso, em pacientes que sofriam de epilepsia grave. Eles teorizaram que, cortando a maior parte do corpo caloso, a faixa espessa das fibras nervosas que conectam os dois hemisférios, eles poderiam evitar que ataques epilépticos se espalhassem por todo o cérebro, ou pelo menos limitar sua gravidade.

A maioria dos cirurgiões acreditava anteriormente que tal insulto extremo à estrutura do cérebro incapacitaria totalmente o paciente, ou pelo menos prejudicaria gravemente suas funções mentais gerais. Mas experimentos dos neurocientistas Roger Sperry e Ronald Myers com gatos e macacos não indicaram comprometimento observável. Bogen e Vogel aplicaram o procedimento em inúmeros casos, com resultados positivos para a epilepsia e sem comprometimento notável na função mental.

Além de oferecer um último recurso como tratamento de epilepsia incurável, que acabou se mostrando desnecessário com tratamentos mais efetivos com drogas, a transecção cirúrgica do *corpo caloso* produzia uma pequena população de seres humanos muito incomuns. *Todos eles tinham cérebros divididos.* Sperry, Myers e seu colega Michael Gazzaniga realizaram uma ampla gama de experimentos cognitivos com essas pessoas especiais com cérebros divididos, durante vários anos. Segue o que eles descobriram.

Em humanos normais (sem incluir a população de cérebro dividido), cada hemisfério sabe o que o outro hemisfério sabe, como resultado da troca constante de informação através do corpo caloso. Mas cada hemisfério "sabe" de uma forma diferente.

O hemisfério esquerdo, ou "cérebro esquerdo" como os fãs da psicologia popular gostam de chamá-lo, reage muito mais prontamente a certos aspectos do fluxo de dados que a outros. Por outro lado, o "cérebro direito" reage a seus próprios aspectos preferidos dos dados. Trabalhando juntos eles realizam a tarefa do pensamento, mas cada um dá um tipo de contribuição diferente.

O hemisfério esquerdo – vamos chamá-lo "HE" – está mais atento a *elementos* de dados – palavras, frases, sentenças, números, partes repetitivas de padrões, procedimentos, seqüências, intervalos de tempo e progressões lógicas de idéias "se-então". Ele se especializa em notar, reagir a, e pensar com os "pedaços" de informação que fluem através dele. Lógica, matemática e estrutura são o território familiar do pensamento do HE.

O hemisfério direito – o "HD" – é mais atento e mais hábil no processamento de *padrões* nos dados. Estes incluem reconhecer formas e estruturas espaciais, cores, padrões de sons como melodias musicais e os padrões de entonação de fala. Seu HD cria sua *imagem corporal* subjetiva – a noção de sua própria estrutura física, limites corporais e a localização e o movimento de seus membros no espaço, também conhecido como *propriocepção*. O HD também parece ser muito mais atento aos significados sociais e emocionais do que ele está percebendo. E, evidentemente, costumamos associar o termo *intuição* com o estilo do HD de processar.

Para simplificar e formar slogans das diferenças por conveniência: o HE é especializado em "partes", e o HD é especializado em "padrões".

Na maioria das pessoas normais, os dois hemisférios cooperam tão intimamente que essas diferenças profundas costumam ser omitidas. Isso provavelmente explica por que os cientistas só descobriram o fenômeno da lateralização hemi-esférica na década de

42 ■ Inteligência Prática

1960, quando cirurgias da divisão do cérebro revelaram intensa integração do cérebro e da sinergia cerebral.

Considere a experiência muito comum de cantar uma música. Muito provavelmente, o HD evoca a melodia e fornece as pistas para altura, entonação e a melodia, enquanto seu HE recupera a letra (as palavras). Toda essa informação fluiria para seu aparelho vocal através do centro da fala do HE, o centro motor do lobo parietal, e provavelmente o cerebelo também. Não é de admirar que a maioria de nós tenha de praticar com afinco para aprender a cantar bem. Há muita coisa acontecendo na cabeça quando se canta.

Desde a descoberta da lateralização do cérebro, muitos cientistas e muitos divulgadores da ciência têm se interessado pelas implicações dessa descoberta para o crescimento pessoal e a efetividade individual. Infelizmente, o mito e a imaginação têm tomado o lugar da ciência em algumas áreas, e vários mitos populares, que gostaríamos que fossem verdadeiros, têm surgido. Por exemplo, estudos fisiológicos indicam certas variações na estrutura cerebral e na lateralização entre homens e mulheres, e diferentes padrões de aprendizagem e competência durante a infância. Entretanto, a interpretação desse domínio de pesquisa é tão repleta de controvérsia sociopolítica que é impossível fazer jus a ela dentro do escopo deste livro. Em conseqüência, preferi limitar covardemente esta discussão e dar referências a leitores interessados da abundante literatura de pesquisa que pode ser encontrada na Internet.

Qual é nosso potencial real?

Um aspecto do biocomputador humano que parece fascinar a todos nós é a existência de um pequeno número de pessoas com cérebros com competência excepcional, muitas das quais são, ao mesmo tempo, perturbadas por funções cerebrais subdesenvolvidas. Em toda a história da medicina, cientistas têm estudado essas pessoas incomuns, freqüentemente com imensa curiosidade, mas com pouco resultado prático.

Freqüentemente referido como *idiots savants* (do francês "idiota sábio"), ou às vezes apenas como *savants*, eles demonstram uma combinação de capacidades de processamento de informação notável e faculdades básicas comprometidas. Uma dessas pessoas, Kim Peek, é *savant* com uma memória "fotográfica" ou *eidética*, combinada com várias incapacidades de desenvolvimento.

Nascido com a cabeça aumentada, uma encefalocele (protusão do tecido cerebral através de uma fissura no crânio), cerebelo comprometido e ausência de corpo caloso, ele apresentava notáveis habilidades de memorização e processamento de informação antes dos cinco anos. Embora digam que ele tenha resultados bem abaixo da média em testes padronizados de QI e tenha dificuldade para interpretar conceitos abstratos como provérbios e metáforas, ele supera de longe a maioria dos humanos "normais" em tarefas de processamento de dados.

Conhecido carinhosamente pelos amigos como "Kimputer", ele leu mais de sete mil livros – costuma terminar um livro em cerca de uma hora – e é capaz de fazer extensas citações deles. Ele fala atropeladamente placares de beisebol, informações geográficas, mapas de rodovias, códigos de endereçamento postal, calendários, particularidades de filmes populares, livros, eventos históricos, eventos atuais de notícias e os detalhes da música clássica.

Peek foi inspiração para o filme *Rain Man*, estrelado por Dustin Hoffman. Ele mantém um emprego de escriturário que lhe permite usar suas capacidades de cálculo mental, e também viaja e fala sobre incapacidades enquanto demonstra suas próprias capacidades incomuns.

Conforme me foi possível determinar, os neurocientistas e psicólogos aprenderam pouco ou nada dos estudos de *savants* notáveis que poderiam ser usados para ajudar a nós, os "normais", a usarmos nossos biocomputadores mais efetivamente. O paradoxo irônico de uma pessoa que possui habilidades mentais fenomenais que todos nós gostaríamos de ter, combinado com grave comprometimento que nenhum de nós quer, oferece um contraponto agudo ao nosso conceito de "inteligência" ordinária. Mas podemos ter esperança e lutar para compreender.

No capítulo 10, exploraremos inúmeras aplicações práticas desse conhecimento da operação de nosso biocomputador, particularmente a laterização hemisférica, inclusive o conceito de estilos de pensar, que modelam a forma como percebemos, reagimos, ouvimos, aprendemos, decidimos e nos comunicamos.

CICLOS CEREBRAIS, ONDAS CEREBRAIS, ESTADOS CEREBRAIS E O TRANSE DIÁRIO

Sabemos muito sobre o biocomputador humano e, no entanto, sabemos tão pouco. E fazemos uso de muito pouco do que sabemos. Embora não precisemos saber tanto quanto os neurocientistas, talvez devêssemos saber pelo menos tanto sobre nossos cérebros quanto sabemos sobre nossos carros e computadores. Esse conhecimento simples pode se traduzir diretamente em maior efetividade pessoal, sucesso de carreira e maiores contribuições para nossas organizações. Vamos começar com um entendimento melhor dos padrões de processo mental. Na discussão a seguir, quando nos referimos ao cérebro, vamos lembrar que geralmente estamos nos referindo a todo o biocomputador, do qual o cérebro é o processador central.

Ciclos cerebrais

Há muito, os ciclos cerebrais são do conhecimento de cientistas, mas poucas pessoas do público geral parecem entendê-los ou usar esse conhecimento, exceto talvez intuitivamente ou inadvertidamente. Os ciclos cerebrais são variações no foco de atenção do cérebro, em um período aproximado de noventa minutos. Em uma parte do ciclo, o cérebro presta atenção ao mundo exterior, ou seja, os "dados" que entram através de nossos sentidos. Durante essa fase, está-se conscientemente envolvido em interagir com o ambiente, como quando se lê ou ouve atentamente ao que alguém está dizendo.

Durante a outra fase do ciclo cerebral, o cérebro retira sua atenção do fluxo de dados sensoriais e volta-se para dentro, processando suas próprias imagens armazenadas, sensa-

44 ■ Inteligência Prática

ções, devaneios, pensamentos e contemplações. Na linguagem do dia-a-dia, dizemos que a mente está "divagando". Esse estado cerebral em geral é facilmente notado em outra pessoa, observando-se seu movimento ocular, expressão facial e atividade motora diminuída.

Pode-se pensar imediatamente nas aplicações práticas desse aspecto simples, embora importante da função cerebral. Por exemplo, pode-se observar que o chefe parece estar distante e desligado da conversa, indicando que o cérebro dele ou dela está temporariamente "off-line" (para usar uma analogia com a Internet). Poder-se-ia decidir esperar até outro momento, para tratar de uma questão complexa ou de importância crítica que exija a total concentração dela – um aumento, por exemplo – um momento em que o cérebro esteja de volta "on-line".

Outro exemplo seria considerar que há certos momentos em que se parece estar a fim de realizar um trabalho que exija extrema atenção e concentração, e outras vezes tem-se mais dificuldade para focar os detalhes. Na medida em que se pode escolher, poder-se-á realizar certas tarefas quando o ciclo cerebral estiver na fase certa para o trabalho.

Podemos aplicar diretamente achados como esses à gestão do desempenho humano. Quantos erros de entrada de dados, clientes mal-atendidos, acidentes industriais, acidentes de carros, erros cirúrgicos e talvez até acidentes aéreos poderiam estar associados aos ciclos cerebrais? Podemos prover recursos no emprego e treinamento de habilidades para reduzir esses efeitos?[1]

Este *ciclo de atenção* – a mudança de atenção entre fases on-line e off-line, é apenas um dos muitos padrões cíclicos exibidos pelo biocomputador. Quando consideramos o número e a variedade de outros ciclos, podemos ver que o sistema é como uma coleção de osciladores, ou talvez como uma coleção de instrumentos musicais, cada um tocando sua própria melodia.

Os cientistas referem-se aos padrões cíclicos diários como ritmos *circadianos* – de origem latina, que significa "cerca de um dia". Talvez o padrão circadiano mais óbvio seja o do sono e da vigília. Os pesquisadores também identificam os ciclos *ultradianos*, ou padrões que se repetem várias vezes durante um dia, e os ciclos *infradianos*, que duram vários dias.

Entre os padrões ultradianos temos os ciclos óbvios, dados como normais, do batimento cardíaco e da respiração. Em algum lugar no biocomputador, ou talvez em vários pontos, temos osciladores que mantêm nossos processos vitais funcionando. Nossa temperatura corporal tende a subir e cair durante o período de 24 horas. A composição química de nosso sangue e vários outros fluidos corporais tende a ter um ciclo durante todo o dia. Apetite e digestão seguem seus próprios ciclos. O desejo sexual e a liberação seguem seu próprio ciclo. O ciclo de atenção, descrito acima, também é um padrão ultradiano primário.

Um padrão ultradiano particularmente curioso é o chamado ciclo nasal, que parece variar num período de cerca de noventa minutos. Em vários momentos do ciclo, uma narina ou a outra estará mais dilatada, com um fluxo mais livre de ar – contanto que nossas vias não estejam congestionadas – e a outra estará menos aberta. Às vezes durante o ciclo, elas estarão iguais. Para testar isso, pressione uma narina, fechando-a com a

O Que é Inteligência Prática? ■ 45

ponta do dedo e note o volume de ar que inala através da outra. Então pressione o outro lado e compare os fluxos de ar. Alguns pesquisadores especularam que esse ciclo nasal está ligado a um ciclo de atividade cerebral em que o hemisfério cerebral esquerdo ou o direito está mais ativo, embora pareça haver certa controvérsia a respeito dessa ligação.

Um dos padrões *infradiano*s mais notáveis é o ciclo menstrual feminino de cerca de 25 dias. Em um período muito mais longo, o período gestacional para as mulheres é de cerca de 280 dias. Entre eles, parece haver ciclos humanos de adaptação com base em mudanças em estações, o clima e a quantidade de luz do dia.

Temos muitos outros ciclos inseridos em nossos biocomputadores. Considere várias atividades físicas rítmicas como andar, que são controladas pelo cerebelo. Manter o ritmo para música, cantar, dançar e marchar, tudo isso envolve osciladores embutidos. Mesmo atividades motoras comuns como bater à porta, escovar os dentes e lavar as mãos envolvem padrões rítmicos. O ritmo contundente do intercurso sexual responde a osciladores profundamente programados no biocomputador.

Considere também a cadência da fala ordinária. Os usuários nativos de qualquer língua particular tendem a seguir um ritmo distintivo, ou padrão alternado de ênfase. Leia o trecho a seguir de um poema de A. E. Housman e perceba o padrão rítmico da língua, marcada pelas sílabas que rimam:

> And how am I face the odds
> Oh man's bedevilment, and God's?
> I, a stranger and afraid
> In a world I never made.
> [E como devo enfrentar as chances
> do mal do homem, e de Deus?
> Eu, um estranho e temente
> em um mundo que não fiz.]

Ondas cerebrais

Em nenhum lugar, vemos o padrão rítmico, cíclico da atividade do biocomputador ilustrado de modo tão contundente como nos sinais elétricos vindos do cérebro. Por volta de 1920, o médico alemão Hans Berger demonstrou que eletrodos presos ao escalpo podiam detectar as diferenças mínimas de voltagem entre diferentes áreas do cérebro e podiam monitorar as oscilações de voltagem causadas pela descarga simultânea de milhões de neurônios. Ele se referiu a esse aparelho como um eletrencefalograma. Pesquisadores e médicos agora usam essas "ondas cerebrais" para estudar a operação do cérebro e diagnosticar e tratar uma ampla variedade de distúrbios neurológicos.

Os neurocientistas dividiram freqüências de ondas cerebrais em uma série de faixas, como notas musicais em uma escala. Ajustando seu equipamento para selecionar somente certas freqüências, eles podem ver a parte relativa de energia que entra em cada uma. Se uma freqüência está obtendo muito mais energia que as outras, os pesquisadores dizem que essa faixa particular – ou onda cerebral – é predominante no momento, e eles são capazes de associar o estado mental relatado do indivíduo com a onda cerebral mais proeminente. Embora não haja acordo preciso quanto à freqüência exata, as identificadas mais comumente (em ciclos por segundo, ou Hertz, abrevia-se "Hz".) são:

- *Ondas Beta*. O intervalo de freqüências de 12 a 16 Hz para cima geralmente associa-se ao pensamento consciente, ativo, à concentração, à solução de problemas e à formação de idéias na preparação para a fala. A zona beta é o estado "alerta" da atividade mental, possivelmente o estado "padrão" mais usado. Se você fica ansioso, altamente vigilante ou expectante, sua atividade beta geralmente aumentará.
- *Ondas Alfa*. O intervalo de freqüências de 8 Hz a 12 até 16, aproximadamente, em geral é associado a um estado de alerta, relaxado, de consciência. Quando se fecham os olhos, a atividade alfa geralmente aumenta. O processo mental no estado alfa em geral é menos proposital, um tanto desligado, possivelmente parecido a uma contemplação, mas não necessariamente "desligado". A atividade alfa diminui com o início do sono, quando se abrem os olhos, e com o movimento físico, ou a intenção de se mover.
- *Ondas Teta*. O intervalo de freqüências de 4 Hz a aproximadamente 8 Hz geralmente associado ao adormecimento, à contemplação e a vários estados como transe, hipnose, devaneio profundo, sonhar acordado e cochilar, e ao estado pré-consciente ao acordar e antes de dormir. A atividade teta tende a ser mais alta em crianças pequenas, diminuindo no adulto jovem. Curiosamente, o padrão teta às vezes pode aumentar significativamente pela hiperventilação.
- *Ondas Delta*. O intervalo de freqüências de 0,5 Hz até cerca de 4 Hz geralmente está associado ao sono profundo, a estados de transe profundo atingidos por meditadores experientes e às vezes por drogas, medicamento ou disfunções neurológicas. Crianças muito pequenas tendem a exibir proporções mais altas de atividade delta que crianças mais velhas ou adultos.

Além dessas quatro zonas primárias de atividade das ondas cerebrais, os cientistas estudam outros padrões para evidências de atividade cerebral anormal. Energias das ondas cerebrais também mudam devido aos efeitos de drogas, demência, anestesia geral e lesões do cérebro.[2]

Como veremos em uma discussão posterior, variações nessas ondas cerebrais – particularmente sua freqüência de oscilação – estão associadas a tipos particulares de atividade mental, que variam do pensamento intencional, consciente, à excitação emocional, à meditação, à contemplação, à sonolência, e ao sono. E a razão mais importante para saber dessas ondas cerebrais e estados do cérebro, ou zonas mentais, é perceber que podemos escolher o estado em que queremos estar em um determinado momento. Podemos usar esse conhecimento de estados cerebrais para reduzir o estresse, melhorar nossa concentração, aumentar nossa produção de idéias criativas e resolver problemas mais efetivamente.

Por exemplo, veja um método simples para se entrar no estado alfa, que pode ajudá-lo a relaxar, e se tornar mais centrado em si mesmo:

> Sente-se, pare de se mexer, feche os olhos, suspenda toda intenção e comece a ouvir. Imagine que você está ouvindo um determinado som – digamos, o tilintar de um pequeno sino – e que, paradoxalmente, você sabe que não acontecerá. Imagine como seria o som do sino se ele não batesse, mas ao mesmo tempo imagine que ele não bate e não baterá. Em certo sentido, está-se meditando sobre a idéia do sino. À medida que se realiza esse procedimento mental simples, o biocomputador mudará para o estado alfa, as freqüências alfa do córtex cerebral aumentarão, e o estado de consciência mudará. Alguns minutos gastos nesse estado diariamente ajudarão a ficar mais calmo, mais centrado e a reagir menos a qualquer estresse ou conflito que aconteça ao redor.

Estados cerebrais

Todos nós reconhecemos, pelo menos ocasionalmente, que nosso "estado mental" – a configuração momentânea de humor, criação de idéias, atenção, intenção e expectativa – pode assumir várias formas. Nossa atividade mental pode variar do sono profundo até o sono leve; sonolência; contemplação; desatenção; atenção concentrada; atenção reativa; atenção pró-ativa; engajamento; excitação; agitação e estresse; medo e apreensão; e até mesmo histeria. Cada um desses estados cerebrais – mais exatamente pensamento como um estado do biocomputador como um todo – tem seu próprio arranjo singular de programas no biocomputador.

O pesquisador Charles T. Tart, um dos pioneiros no estudo da consciência, identifica uma ampla variedade de estados cerebrais, cada um com diferenças sutis. O livro dele, *States of Consciousness*, tornou-se um trabalho fundamental para o estudo da consciência, e o que alguns praticantes referem como "estados alterados da consciência". Por exemplo, Tart contrasta o estado associado a entrar no sono, que ele rotula como estado *hipnogógico*, do estado associado a sair do sono, que ele chama de estado *hipnopômpico*. "Microssonhos", aquelas imagens momentâneas – como video clips ou excertos de sonhos – que surgem durante o estado de "meio-sono", podem ser muito vívidos, mas freqüentemente não fazem sentido claro quando se retorna deles.[3]

Percebo freqüentemente que novas idéias, fragmentos de idéias, expressões verbais estranhas e conceitos meio-formados surgem durante meus sonhos ou enquanto estou entrando ou saindo do sono. É por isso que eu deixo uma pilha de fichas e uma caneta no criado-mudo, ao lado de minha cama.

Os estados cerebrais como apreensão, medo, forte intenção, raiva, concentração intensa, surpresa, diversão, desapontamento, suspeita, culpa, vergonha, euforia e muitos outros têm interesse científico para os pesquisadores. Para nós, cidadãos comuns, eles são significativos porque fazem parte de nosso software mental.

Herbert Benson, professor-titular de Harvard, psicólogo e pesquisador, uma autoridade em meditação e seus efeitos biocognitivos, viajou para mosteiros tibetanos distan-

48 ■ Inteligência Prática

tes nas montanhas do Himalaia para estudar monges que viviam lá. Eles, que praticavam um método conhecido como meditação g Tum-mo, conseguiam elevar a temperatura dos dedos dos pés e das mãos em até 17°F acima de sua temperatura corporal média.

Medidas similares naqueles que praticam meditação avançada em Sikkim, Índia, constataram que os monges lá podiam reduzir seu metabolismo em até 64%. Para entender o significado dessa descoberta, considere que o metabolismo, ou o consumo de oxigênio, costuma cair em cerca de 10 a 15% durante o sono, e ligeiramente mais que isso durante os estados mais simples de meditação. Esses praticantes podiam reduzir seu funcionamento metabólico a níveis abaixo do que os pesquisadores consideravam previamente necessário para a sobrevivência.

Benson e seus pesquisadores captaram a atenção da cultura popular fazendo um vídeo de monges quase nus em estados de profunda meditação, secando tecido molhado, frio, com o calor corporal, em quartos com temperatura controlada de 5°C.

De acordo com um relato em *Harvard Gazette*:

> Em um mosteiro no norte da Índia, monges tibetanos estavam sentados em um recinto onde a temperatura era de 5°C. Usando uma técnica de Yoga conhecida como g Tum-mo, eles entraram em um estado de profunda meditação. Outros monges mergulharam tecidos de 1X2 metros em água fria (8°C) e as colocaram sobre os ombros dos meditadores. Para pessoas não treinadas, tecidos tão frios produziriam um tremor incontrolável.
>
> Se as temperaturas corporais continuam a cair sob essas condições, pode resultar a morte. Mas não demorou muito para o vapor começar a subir dos lençóis. Como resultado do calor corporal produzido pelos monges durante a meditação, os lençóis secaram em cerca de uma hora.
>
> Atendentes removeram os lençóis, e então cobriram os meditadores com um outro tecido molhado, frio. Pediu-se a cada monge para secar três lençóis em um período de várias horas.[4]

Benson e seus colegas também fizeram videoteipe de monges dormindo ao ar livre durante uma noite de inverno, a uma altitude de 15 mil pés no Himalaia. O evento aconteceu em fevereiro, na noite de lua cheia de inverno, com temperaturas caindo a -17°C. O documentário de vídeo não mostrou indicação de sintomas de hipertermia, nem de tremor normal.

Relatos de capacidades sobre-humanas associadas a estados especiais de consciência são tão bem documentados e comprovados que podemos considerá-los como prova. A pergunta que procuramos fazer agora é: Esses métodos avançados podem ser acessíveis a seres humanos "normais" que não passam suas vidas estudando e meditando? É possível que todos nós tenhamos a possibilidade de aumentar nossas funções mentais a níveis muito mais altos do que sonhamos ter? Talvez não sejamos capazes de encontrar uma pílula mágica que faça isso, mas há a esperança de que, ao aprendermos mais sobre o biocomputador humano e seu software, podemos ser capazes de transformar a nós e a nossos estilos de vida de maneiras antes inimagináveis.

O transe diário

Você já se viu em uma sala de sua casa e não conseguiu se lembrar por que estava lá? É como se você recobrasse a consciência depois de ter passado por um tipo de terra do nunca mental. Você luta para se re-orientar. Perdeu a *continuidade* – o sentido normal de ligação e progressão de experiências de um para outro. Embora aqueles que abusem de substâncias e pessoas com comprometimento cognitivo passem por esse estado mental com freqüência, pessoas mentalmente saudáveis também passam. É uma característica normal da maneira como o biocomputador opera.

A descrição mais simples da experiência é que se entrou em *transe*. Infelizmente, a palavra "transe" tende a trazer idéias e imagens de experiências estranhas e sobrenaturais. Mitos folclóricos sobre hipnose, muitas vezes perpetuados pela mídia popular e pelo estágio de hipnose, tendem a colorir o sentido do termo.

O simples fato é que *todos nós entramos e saímos de estados de transe muitas vezes, em um dia comum*. Por isso, se os transes são meramente um tipo específico de estado mental normal, podemos aprender a entender e a desmistificá-los.

Todos nós temos uma noção geral do que seja um transe, ou um estado como um transe. No entanto, psicólogos e neurocientistas não parecem concordar com uma definição funcional. Parece haver uma variedade de estados de transe, que variam do estado especializado de hipnose aos tipos de transes religiosos e ritualistas experimentados por várias culturas nativas, a várias experiências meditativas que são diferentes da consciência "normal" da vigília.

Deixando de lado o "transe diário" normal, como poderíamos rotulá-lo, os estados de transe podem ser causados por inúmeras experiências. A hipnose, evidentemente, é a indução deliberada de um estado de transe por meio da concentração hiper-focada. A meditação e a reza também podem induzir estados semelhantes a transes. Pessoas em algumas culturas entoam, cantam e dançam para se colocarem em estados de transe.

Mas transes acidentais, momentâneos também são bastante comuns. Um truque mágico, ou praticamente qualquer experiência surpreendente parecida, fará muitas mentes entrarem em estado fixado, pelo menos por uma questão de segundos. O medo repentino, a ansiedade extrema e outros estados patológicos também podem causar transe.

Um exemplo corriqueiro de transe diário é a experiência de assistir à televisão. Depois de cerca de cinco minutos, uma pessoa que esteja assistindo à televisão costuma entrar em um estado de transe leve.

Uma característica importante praticamente de todos os estados de transe, inclusive o transe diário normal, é uma condição a que os psicólogos se referem como *dissociação*. Em nossos processos mentais normais de vigília, nossa mente – ou mentes – estão continuamente tecendo nossas percepções e pensamentos em padrões coerentes. Esses padrões *associativos* são o que armazenamos em nossa memória, e é deles que relembramos quando acessamos qualquer elemento de uma experiência. Em uma condição de dissociação, entretanto, o processo dissociativo pára temporariamente. O cérebro já não tece mais os elementos da percepção.

50 ■ Inteligência Prática

O efeito da dissociação poderia explicar em certa extensão a *síndrome da memória reprimida*, em que vítimas de trauma não podem acessar certas partes da experiência que causaram o trauma. A explicação psicológica convencional é "defesa do ego", a noção que uma de nossas mentes está nos protegendo da experiência insuportável de relembrar o material desagradável. Mas outra explicação, baseada na dissociação, é que a informação se tornou desintegrada, ou despadronizada, e os elementos da memória perderam suas conexões associativas. Tipicamente, um terapeuta treinado pode ajudar uma pessoa a recuperar essas memórias perdidas por um processo de recordação guiada, em que elas são trazidas à consciência e então reassociadas adequadamente, podendo ser relembradas depois disso.

Os transes diários em que entramos e saímos muita vezes em um dia comum parecem ser uma parte normal e necessária da operação do biocomputador. Neurocientistas não sabem ao certo por que eles acontecem, ou exatamente qual é a função deles.

É concebível, embora não comprovado, que possa aprender a gerenciar nossas energias mentais e sair do microtranse típico por um procedimento consciente. Presumindo que o biocomputador entre em transe tantas vezes quantas precisa no decorrer de um dia, aproximadamente, podemos recapturar nossa atenção e redirecioná-la para as atividades mentais que preferimos e para as coisas que queremos realizar?

Aqui está um método que você pode usar para trazer sua mente de volta para um estado consciente e concentrar sua atenção mais claramente. Ele envolve três etapas ou "exames" de atenção:

- *O exame do corpo*. Quando você se torna ciente de que sua mente tem divagado – o que implica que ela parou de divagar por um momento – traga a atenção para o corpo. Feche os olhos se quiser, e entre em sintonia com o máximo de sinais que puder detectar que estão vindo de seu corpo. Perceba a sensação das roupas na pele. Alguma coisa coça ou pinica? Pode sentir qualquer atividade em seu estômago ou trato digestivo? Qual é o nível geral de energia? Pode sentir a pressão da cadeira, do sofá, da cama, chão ou onde estiver sentado ou deitado? Esfregue a ponta dos dedos contra o dedão e sinta a sensação. Gire a cabeça e sinta a sensação de movimento. Receba as mensagens do número máximo de partes de seu corpo que puder.
- *O exame da "bolha"*. Em seguida, estenda a atenção ao ambiente físico imediato – a bolha imaginária que estende de um metro a um metro e meio para fora de seu corpo. O que há nela? Há alguém perto o suficiente para ter contato físico? Quais são os movimentos, cores, texturas e padrões que se pode sentir? O que se ouve? O que se está fazendo com as mãos? Está segurando alguma coisa? Quais são as várias coisas em volta: uma caneta e algumas fichas; o teclado do computador, o mouse, ou a tela; papéis e outros itens sobre a mesa; se estiver em um carro, o arranjo do compartimento onde se está sentado; se estiver em um avião, as pessoas, assentos e outros itens à sua volta. Sintonize-se o mais intensamente possível à medida que se possa examinar o ambiente próximo.

- *O exame do "campo"*. Em seguida, estenda sua atenção para fora, para o ambiente mais amplo em volta. Quem e o que se vê? O que as pessoas estão fazendo? Quais são os sons que se ouvem, e de onde eles estão vindo? Se estiver fora de casa, até onde se consegue enxergar e o que se vê? Sente e cheira a brisa? Como se parece o céu? Sente o sol? De que cores e padrões se torna ciente? Se estiver em um ambiente fechado, estude o arranjo da sala ou do espaço onde se encontra. Como ele é projetado? Como as pessoas se movem à volta dele? Que materiais, texturas e padrões se vêem? Entre em sintonia com o "significado" do que está acontecendo no espaço estendido em volta.

Com esse exame simples, de três etapas, basicamente o que se fez foi ativar seu sistema sensorial. Encaminhou-se o biocomputador para fora da contemplação dissociada, como um transe, e lhe deu uma tarefa. Se fizer desse método de três etapas um hábito, usando-o ocasionalmente durante um dia, poderá descobrir que se sente mais focado, mais presente, com a mente mais clara e mais conectado ao que está fazendo.

Pode-se usá-lo em várias situações. Enquanto está esperando alguém; no carro enquanto aguarda o farol abrir; enquanto faz compras ou faz as tarefas de rotina; pode-se fazer um exame triplo rápido, e trazer a mente de volta à consciência.

É claro que provavelmente não é aconselhável tentar evitar os micro-transes diário de uma vez, mesmo que pudéssemos. Muito provavelmente, o biocomputador encontrará o tempo de transe que solicita, e poder-se-á usar o resto como achar mais adequado.

MÓDULOS MENTAIS: VOCÊ TEM MUITAS "MENTES"

Outro princípio-chave da inteligência prática é que *se tem mais de uma "mente"*. De fato, tem-se muitas mentes. A divisão costumeira das duas mentes – o "consciente" e o "inconsciente" – possivelmente não possa fazer justiça à rica constelação de *processos mentais simultâneos* que nos fazem ser o que somos. Há muitos níveis de consciência e "inconsciência", como veremos quando explorarmos as dimensões fundamentais do processo mental em capítulos posteriores.

Em seu livro provocativo *Multimind: A New Way of Looking at Human Behavior*, o psicólogo e pesquisador Robert Ornstein apresentou uma defesa contundente para pensar o biocomputador humano como um *verdadeiro multiprocessador*.[5] A maioria dos computadores eletrônicos com os quais estamos nos familiarizando cada vez mais nos dá a impressão de fazermos muitas coisas ao mesmo tempo – pode-se estar lendo uma página da web, esperando um documento para imprimir e recebendo e-mail – mas de fato a maioria dos computadores não pode realmente multiprocessar. Eles só fazem uma coisa por vez. O que eles realmente fazem é chamado "fatiar o tempo": eles pulam rapidamente de uma tarefa para outra, fazendo um pouco aqui e um pouco ali, e geralmente fazem isso com tanta rapidez que pensamos estar acontecendo tudo de uma só vez.

52 ■ Inteligência Prática

Em seu biocomputador, entretanto, muitas coisas estão acontecendo realmente ao mesmo tempo. De acordo com Ornstein, o biocomputador usa um sistema para selecionar prioridades e resolver o que pensar em seguida. Está fazendo, constantemente, uma amostragem dos inputs sensoriais que vêm pelos canais da visão, audição, olfato, paladar e sensações corporais, verificando qualquer mensagem de "emergência". Se você tropeça e começa a cair enquanto está andando e conversando, seu biocomputador redirecionará instantaneamente sua atenção e seus "ciclos processadores" – para emprestar um termo da comunidade *techie* – para lidar com essa ameaça à segurança física. Ruídos repentinos, dores agudas e rápidos movimentos de coisas no campo visual captarão primeiro o processador, até que ele perceba que não há nada a se preocupar. Só depois de avaliar aqueles sinais primais é que ele aloca recursos aos chamados processos de raciocínio de "nível superior".

Expressões comuns de nossa linguagem cotidiana refletem nosso entendimento intuitivo desses vários níveis de pensamento: "Estou dividido quanto a isso". "Algo me diz...", "Meu instinto me diz...", "Meu coração me diz..." Cientificamente falando, o coração realmente tem "mente".

O sistema digestivo humano é organizado em torno de seu próprio subcomputador embutido, que controla a maior parte de seus processos complexos localmente, sem a necessidade de ordens do cérebro. O coração tem seu próprio computador interno, e toda célula cardíaca tem o potencial para agir como uma célula que marca o ritmo, desencadeando o batimento cardíaco por conta própria.

O cerebelo, descrito anteriormente, é um subcomputador notável. Controla toda atividade motora que é "aprendida e automatizada", ou seja, tão bem aprendida que não precisa de atenção consciente. Andar, conversar, falar e recitar informações familiares são ações executadas pelo cerebelo, deixando o cérebro livre para gerenciar outras atividades mais complexas.

O cerebelo aprende a lidar com atividades motoras coordenadas imitando os padrões elétricos que ocorrem no córtex cerebral quando se aprende a rebater uma bola de tênis, a tocar uma corda de violão ou a cantar uma música. Uma vez aprendido o procedimento plenamente, o córtex cerebral "delega" a tarefa para o cerebelo, que geralmente se encarrega dela dali em diante.

Podem surgir problemas quando alguém se torna ansioso com seu desempenho, como com um ponto crítico em uma partida de tênis ou apresentando dados detalhados de memória. Em situação de ansiedade, o córtex cerebral tenta assumir a atividade, não confiando que o cerebelo a executará com perfeição. Bolas mal rebatidas, maus arremessos de beisebol, bolas fora e más tacadas de golfe, palavras esquecidas nas letras de música, piadas esquecidas e muitos outros "furos" ocorrem nesse instante de conflito entre o cérebro e o cerebelo.

Atletas de sucesso aprendem a confiar sem seus corpos bem treinados – ou no cerebelo – e a impedir que suas mentes conscientes tentem assumir em momentos críticos. Timothy Gallwey, psicólogo dos esportes, explicou bem esse aspecto da função cerebral em seu livro essencial *The Inner Game of Tennis*, em que prescreve técnicas mentais para evitar que os processos superiores do cérebro interfiram nas habilidades aprendidas e instintivas.[6]

Podemos até pensar no sistema imunológico do corpo como uma "mente", ou um subcomputador. Ele recebe informação sobre o status do corpo, avalia o que é e o que não é parte do "self" e mobiliza um exército de células defensoras para atacar intrusos. Quando o software da "mente imune" funciona mal, contrai-se uma doença *auto-imune* como artrite reumatóide, lupus ou doença de Addison, em que o sistema imune ataca equivocadamente o próprio corpo.

Podemos definir uma *mente* de modo muito simples, como:

Mente: uma coleção de funções mentais.

Com essas definições simples – pensar, pensamentos e mentes – faz sentido pensar em termos de muitas mentes e muitos pensamentos interagindo de modo orquestrado para nos permitir funcionar ao nível biológico, vários níveis inconscientes e vários níveis conscientes. Essas várias mentes, ou módulos, como Ornstein as identifica, todas colaboram – ou não – para fazer de nós o que somos.

Um terceiro princípio-chave a ser lembrado é que essas várias mentes *estão sempre funcionando*, fazendo suas tarefas simultaneamente. Enquanto estamos pensando "conscientemente" – em geral verbal ou logicamente – nossos processos de pensamento consciente estão alimentando informações de todos os níveis, oferecendo-as aos módulos receptores que admitem novas informações em nossa consciência.

De onde vêm os palpites? De onde vêm novas idéias incríveis quando elas aparecem em nossas telas mentais? O conceito de pensamento criativo de *incubação*, por exemplo, depende dessa atividade mental "por trás das cenas"; pensamos conscientemente sobre um problema ou uma situação durante uma certa quantidade de tempo, e então passamos a pensar em outras coisas. Mas outros módulos mentais podem ir trabalhar no problema abaixo do nível de nossa consciência. Então, de repente, aparentemente sem convite, uma idéia surge em nossa consciência, dando-nos a solução que estávamos buscando.

Estudo cuidadoso das variedades do processo mental sugere cada vez mais enfaticamente que o que chamamos de "mente consciente" – ou apenas "a mente" para a maioria das pessoas – é mais como uma tela de projeção que um computador em funcionamento. Tanto de nosso pensamento real acontece em níveis *pré-cognitivos* e *não conscientes* que freqüentemente parece que ver a tela da consciência simplesmente mostra os resultados do que as outras mentes estão fazendo a qualquer momento dado.

Se pensamos em uma mente ou um módulo mental como uma coleção de funções mentais e reconhecemos que temos muitos módulos mentais processando informação para nós ao mesmo tempo em vários níveis, é intrigante imaginar como esses módulos conseguem conviver. Quem é o responsável?

De acordo com o psicólogo e pesquisador Michael Gazzaniga, nenhum deles. Gazzaniga e outros pesquisadores alegam – para a surpresa e consternação de muitos de seus colegas – que o biocomputador humano pode não ter realmente um "módulo executivo".

Pode não haver um único programa máster no controle de nossos processos mentais. Em sua pesquisa com pacientes com cérebro dividido, descrita anteriormente, Gazzaniga apresentou tarefas que colocavam os dois hemisférios separados em competição.

Por exemplo, ao mostrar uma imagem à metade esquerda de cada campo visual dos olhos do sujeito (usando um dispositivo para ver dividido), ele podia dar essa informação ao hemisfério direito sem permitir que o hemisfério esquerdo saiba o que era. Em pessoas normais, não divididas, a informação atravessaria imediatamente para o hemisfério esquerdo, através do corpo caloso, e o hemisfério esquerdo ativaria seu centro de fala para nomear o objeto.

Com os sujeitos com cérebro dividido, entretanto, o hemisfério direito reconheceria o objeto, mas a informação não poderia passar para o hemisfério esquerdo. Conseqüentemente, o hemisfério esquerdo do sujeito, tendo controle da fala e acreditando que ele fosse o cérebro "real", alegaria não saber qual seria o objeto.

Mas, e se a imagem fosse apresentada à metade direita do campo visual, viajando através do circuito óptico cruzado para o hemisfério esquerdo, o sujeito poderia nomeá-lo facilmente, porque o mesmo hemisfério que controlava a fala recebera a informação.[7]

De sua pesquisa com sujeitos de cérebro dividido durante cerca de uma década, Gazzaniga chegou a uma proposição muito provocativa e começou a promovê-la dentro da comunidade científica. Ele alegou que nossos sistemas mentais do cérebro são compostos de inúmeros módulos de processamento, e não há "módulo máster" e nenhuma "mente executiva".

Além disso, afirmou, nossos cérebros esquerdos abrigam um módulo especializado que ele chamou de "intérprete", o que também poderia ser chamado de "explicador". A função do módulo intérprete, de acordo com Gazzaniga, é simplesmente explicar por que nos comportamos de determinada maneira. A teoria dele detonou uma explosão de discussões e teorizações entre pesquisadores do cérebro, como seria de esperar.

A proposição de Gazzaniga tem quatro partes, todas elas angustiantes ao modelo convencional de "livre arbítrio" do processo mental humano:

1. Que não temos módulo executivo – "Não há um responsável", como ele diz:
2. Que nosso comportamento surge de impulsos não conhecidos à consciência;
3. Que nosso módulo "explicador" simplesmente inventa razões para nosso comportamento, depois de ocorrido, digamos; e
4. Que o que chamamos de "valores" são simplesmente explicações que damos para nosso comportamento, e não para as causas dele.

A proposição de Gazzaniga tem sido tema de debates e teorizações na comunidade psicológica há quase duas décadas, e o discurso se torna cada vez mais complexo e intrincado. Certamente não podemos resolvê-lo aqui, mas parece que o conceito modular, de várias mentes, da organização do biocomputador tem mérito.

Nos capítulos posteriores, referiremo-nos freqüentemente a esse aspecto modular do processo mental humano e capitalizaremos fortemente a idéia de módulos mentais como componentes normais de nosso biossistema de processamento de informação.

MODELOS MENTAIS: SUA REALIDADE PORTÁTIL

Muitos anos atrás, circulou na comunidade psiquiátrica uma história sobre um homem que veio visitar um psiquiatra, alegando estar morto. Ele dizia a seus amigos e conhecidos que estava morto, e habituou-se a referir-se a si no passado. O psiquiatra foi incapaz, usando procedimentos comuns de aconselhamento, de conseguir que ele perdesse sua ligação com a idéia mórbida de que estava morto.

O psiquiatra decidiu prover ao paciente uma experiência emocional muito poderosa que desconfirmaria seu conceito falho de ser uma pessoa morta. Ele pediu ao homem para ficar de pé em frente a um espelho, arregaçar as mangas, fechar o punho e dizer com ênfase: "Homens mortos não sangram". Ele pediu-lhe para praticar esse procedimento dezenas de vezes todos os dias e voltar no mesmo horário na semana seguinte.

O homem executou as instruções cegamente, praticou com afinco e voltou na semana seguinte. O psiquiatra pediu-lhe para ficar em frente ao espelho, arregaçar as mangas e repetir o procedimento. A razão para fazê-lo cerrar os punhos era para que as veias no antebraço se distendessem. Enquanto repetia a sentença "Homens mortos não sangram", o psiquiatra fez uma pequena incisão com bisturi em uma veia no braço dele.

O sangue jorrou da veia. O paciente olhou para o sangue escorrendo pelo antebraço e, surpreso, exclamou: "Por Deus! Homens Mortos Sangram, sim!".

Nós, seres humanos, carregamos nas cabeças nossas próprias versões portáteis da realidade – um *modelo*, ou na realidade um imenso inventário de modelos, que representam as partes do mundo que experimentamos até aqui. O fato de cada um de nós ter nossa mente cheia de memórias parece ser tão evidente que não merece mais reflexões. No entanto, é um dos fatos mais significativos e fundamentais sobre nossa existência como espécie.

Sem nossas memórias – nossos modelos mentais das partes da realidade que vivemos –, não poderíamos funcionar mesmo da forma mais primitiva. Nossos ancestrais das cavernas nunca poderiam ter sobrevivido para dar origem às gerações que levaram a nós se não fossem capazes de lembrar quais animais eram sua presa e quais eram seus predadores, e inúmeros outros fatos sobre seu ambiente e seu funcionamento dentro dele.

Se você não tivesse modelo de memória de sua casa, por exemplo, como encontraria seu caminho de volta para casa sempre que saísse? Como você poderia reconhecer seu carro, seu local de trabalho, o café onde você encontra seus amigos, sua esposa, seus filhos, seus parentes? As pessoas com perda profunda da memória de longo prazo freqüentemente não conseguem se lembrar nem mesmo dos modelos mentais padronizados que consideramos dados.

Estamos acumulando constantemente esses modelos mentais à medida que continuamos a viver. Algumas pessoas continuam a acumulá-los – é a chamada *aprendizagem* – durante a vida, enquanto outras tendem a desacelerar e a perder sua curiosidade e vontade de aprender. Nossa capacidade de pensar e lidar com nossas experiências depende do tamanho e da riqueza do inventário de modelos mentais que acumulamos e podemos usar conforme precisarmos deles.

Sabemos, evidentemente, que cada um de nossos modelos mentais é uma réplica muito limitada da realidade – um substituto do que entendemos serem algumas amostras da realidade. Todos os modelos mentais são limitados, falhos, distorcidos e contaminados. A maioria deles funciona bem para serem usados em nossas vidas. Mas quando eles não representam mais a realidade de uma maneira suficientemente significativa, afetam nosso desempenho mental.

Muito do que reconhecemos como desajustamento humano, que varia da excentricidade leve à loucura completa, é causado por "modelos desfigurados" – *versões distorcidas da realidade* a partir das quais pensamos e reagimos. Pessoas com dificuldades para se ajustar costumam construir uma coleção particular de modelos mentais que representam muito mal a realidade, e isso as leva a perceber, raciocinar, concluir, decidir e comportar-se de maneiras disfuncionais.

Podemos pensar que os seres humanos funcionam mentalmente em vários pontos ao longo de um espectro, ou contínuo de competência mental, que é basicamente a inteligência prática, como ilustrado na Figura 3.2.

Para fins de discussão, poderíamos dividir ainda mais os seres humanos – nós inclusive – em três campos amplos, em termos de seus níveis de inteligência prática (que não deve ser confundida com inteligência do tipo "QI").

As insanas. Em um extremo da curva representativa da mentalidade humana, temos as pessoas classificadas como comprovadamente "loucas". Algumas pessoas não gostam de usar o termo "louco", mas é uma palavra popular, nós sabemos qual é seu significado em termos gerais, e funciona. Pessoas loucas – as insanas, se você preferir – têm um processo mental *perturbado*: seus modelos confusos as impedem de atuar com sucesso nos ambientes típicos que a maioria dos seres humanos tem de lidar. Quando elas se tornam suficientemente loucas, o resto de nós as prende, para nosso próprio bem.

As sãs. No extremo direito da curva representativa, encontramos as pessoas bastante sãs, aquelas que de algum modo aprenderam a lidar como um nível muito alto de eficiência e que aprenderam a não ser cooptadas na loucura na sociedade que as circunda. Elas são meta-pensadoras: pensam em pensar e são mais conscientes de seus próprios modelos mentais, e isso lhes permite pensar mais efetivamente do que outros.

Figura 3.2. Curva da Competência Mental

As "não-sãs". No amplo meio da curva, encontramos a maioria da sociedade – a maioria "normalmente mal ajustada". Elas funcionam suficientemente bem para conviver no mundo; crescem, encontram seus companheiros, conseguem empregos, constituem famílias. Economizam para sua aposentadoria e geralmente estão convencidas de que "sabem pensar sozinhas". Pensam *por reflexo*: pensam mais como modelos "padrões", padrões arcaicos preestabelecidos que aprenderam cedo na vida.

Os modelos que carregamos em nossas cabeças dominam nosso pensamento incessantemente. A qualquer instante, formamos nossos pensamentos a partir de duas fontes, em geral simultaneamente: o que estamos recebendo através de nossos sentidos, e o que estamos chamando de memória – nossos modelos. Combinamos automaticamente esses dois canais de informação à medida que decidimos o que fazer. Apelamos para nossos modelos mentais com tanta regularidade, tão rotineira e habitualmente que às vezes eles fornecem a maior parcela da matéria-prima sobre a qual pensamos.

Ilusões visuais fornecem uma forma contundente de ilustrar os efeitos dominantes de nossos modelos aprendidos sobre nossas percepções, reações e conclusões. Considere o arranjo de elementos na Figura 3.3. Você "vê" uma estrela?

Evidentemente, não há estrela aí. O que se "vê" é um modelo de memória que seu cérebro impõe sobre essa figura ambígua. Os cinco círculos pretos com as bordas removidas oferecem o que os psicólogos chamam de contorno subjetivo: a sugestão de uma figura que seu cérebro capta para formar uma figura real – pelo menos suficientemente "real" para que ele conclua que conhece aquilo que está olhando.

Figura 3.3.   "Star" Illusion

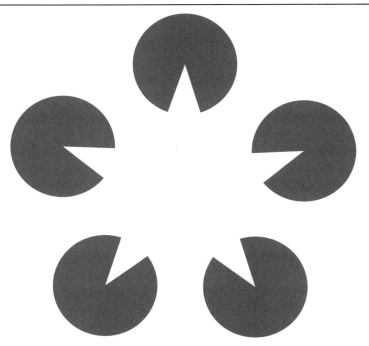

58 ■ INTELIGÊNCIA PRÁTICA

Considere o seguinte: *Não vemos realmente a realidade*. O que vemos são as retinas de nossos olhos. Nossos cérebros estão olhando para nossas retinas durante tanto tempo que eles acreditam que as retinas sejam realidade. Considere, entretanto, que as pessoas daltônicas vêem uma realidade diferente daquelas que percebem todas as cores.

Em poucas ocasiões em que eu peço um filé em um restaurante que não é especializado em filés, acho divertido observar como aqueles que servem os pratos às vezes ficam presos aos modelos padrões que aprenderam. Quando eles perguntam: "Como o senhor gostaria do filé? ", geralmente respondo: "Eu gostaria que ele fosse ligeiramente rosado no centro". Quase invariavelmente, o atendente oferecerá uma das categorias padrões de servir do filé: "No ponto?", ele ou ela perguntará, expectante. Presumivelmente, devo ratificar a conversão de meu modelo de filé para o modelo do restaurante.

Minha resposta usual é: "Você pode chamar do que quiser, mas eu digo que é ligeiramente rosado no centro". Nesse momento, a sobrancelha arqueada e o olhar confuso levam a outra tentativa: "Que tal *no ponto?*". Eu respondo: "Você pode chamar como quiser, mas eu digo que é ligeiramente rosado no centro".

Consigo imaginar a mente dele girando ao tentar encaixar meu modelo no modelo padrão de preparar filés. Também posso relembrar educadamente o garçom: "Posso presumir que se não for ligeiramente rosado no centro, o cozinheiro estará disposto a fritar outro filé?". Quase invariavelmente, o garçom anotará uma das categorias padrões.

Então, evidentemente, o cozinheiro transforma o modelo do atendente, que foi transformado a partir de meu modelo, no modelo do preparo. O filé costuma passar do ponto, em geral bem passado.

Esses são exemplos simples e comuns, escolhidos por seu valor ilustrativo. Mas em vários outros níveis de comportamento e interação social, nossos modelos mentais operam da mesma forma que nossos circuitos de reconhecimento que vêem a estrela, ou o filé "no ponto". Tendemos a ver, em pessoas e situações, o que programamos nossos cérebros para ver.

Forçar pessoas e situações a seguir modelos mentais é o mecanismo básico do preconceito, do fanatismo e da intolerância. Quando uma pessoa ou grupo de pessoas critica outra, acusando-a de estar difamando-a, há uma forte tendência a perceber seletivamente. O antagonista tende a perceber e a relembrar evidências que reforçam o estereótipo e tende a desprezar ou minimizar evidências que o contradizem.

Uma reportagem interessante alguns anos atrás descreveu um incidente em um tribunal, em que um advogado estava acusando dois médicos em um processo por imperícia. Logo antes de terminar sua caracterização deles como incompetentes, de agirem em benefício próprio, por ganância, de repente ele teve um sério ataque cardíaco – um infarto agudo do miocárdio. O ataque teria sido fatal se os médicos não tivessem corrido para salvá-lo, administrando primeiros socorros e pedindo assistência médica.

Quando o advogado saiu do hospital, solicitou o arquivamento do processo.

QUATRO HÁBITOS QUE DESTRAVAM SUA CAPACIDADE MENTAL

Se você leu até aqui, eu gostaria de agradecê-lo por sua paciência e reconhecer que você pode estar querendo saber mais sobre "como" desenvolver a inteligência prática. Pelo menos, eu estaria me sentindo assim nesse ponto. Temos o inventário necessário de conceitos básicos para entender a IP, e agora precisamos ser específicos. Como isto funciona? Como aprendemos isto? Como passamos a usar os métodos no dia-a-dia?

Começaremos "limpando o sótão" – afinando quatro aspectos-chave da maneira como processamos informações que influenciam profundamente quase todos os nossos outros processos mentais. Esses quatro hábitos mentais – aspectos de nosso "software" mental – nos permitem usar efetivamente nossa gama natural, existente de habilidades mentais. Vamos revê-los brevemente, e então explorar cada um mais profundamente nos capítulos a seguir.

1. *Flexibilidade mental* – a ausência de rigidez mental. Quando você se livra da mentalidade estreita, da intolerância, de pensamento dogmático e julgamentos, da "opinionite", da fuga baseada no medo de novas idéias e experiências, e aprende a viver com a ambigüidade e a complexidade, torna-se mais flexível mentalmente. A flexibilidade mental está na base de sua capacidade de perceber claramente, pensar claramente, resolver problemas, persuadir outros, aprender e crescer como pessoa.

2. *Pensamento positivo* – o hábito de perceber, pensar, falar e comportar-se de maneiras que apóiem um estado emocional saudável em si mesmo e nos outros. Isto inclui decidir consciente e continuamente o que você aceitará em sua mente, ao que irá e não dedicar sua atenção, e quais pessoas e mensagens você permitirá que influenciem seu pensamento e suas reações emocionais. Iremos além de slogans de "pensamento positivo" e dos clichês "copo meio cheio", para explorar como o funcionamento afirmativo funciona *realmente*.

3. *Sanidade semântica* – o hábito de usar linguagem de modo consciente e cuidadoso a fim de promover sua própria flexibilidade mental e o pensamento afirmativo, pensar de forma mais clara e menos dogmaticamente, e persuadir os outros de modo muito mais efetivo que usando os métodos costumeiros de discutir e do combate verbal. Revisar a maneira como falamos nos força a rever a maneira como pensamos; portanto, adotar hábitos de linguagem que sejam "semanticamente sãos" contribui para a saúde mental e o bem-estar emocional bem como para o pensamento mais inteligente, para a solução de problemas e a comunicação.

4. *Valorizar idéias* – o hábito de tentar dizer um "sim" a *todas* as idéias novas ao primeiro instante de percepção – apesar de ser estranho, não familiar, ou diferente da sua idéia – em vez de derrubá-las pela reflexão. Valorizar idéias

significa deixar as idéias de outros viverem tempo suficiente para apresentar suas possibilidades, captando suas próprias idéias fugazes com uma caneta e fichas, pensar muitas idéias novas – "pensar em opções" – e encorajar os outros a fazer o mesmo. E iremos além dos slogans usuais sobre "pensar de modo não quadrado, não convencional", para aprender sobre caixas mentais e o pensamento "metaconvencional".

Uma vez que começamos a trabalhar nesses quatro aperfeiçoamentos ao nosso software mental, e percebendo que precisamos aperfeiçoá-los continuamente, podemos, então, entender muito mais claramente como fazer bom uso das quatro "megacapacidades" para pensar de que todos nós dispomos.

QUATRO DIMENSÕES DA IP: SUAS MEGACAPACIDADES

Muito de nossa exploração dos conceitos, práticas e habilidades de inteligência prática envolverá quatro dimensões básicas do pensar – poderíamos chamá-las de "sub-inteligentes". Cada uma dessas quatro dimensões contribui de sua forma singular para a nossa capacidade total de lidar com nossos ambientes. Podemos pensar nelas como polaridades – contrastando processos mentais que vão juntos – com ambas alternativas a serem usadas ao máximo, em vez de ser pensado como uma escolha ou/ou.

As quatro megacapacidades, ou polaridades de competência, são:

1. A gama de **pensamento divergente e convergente**, o eixo "C-D", a que referiremos como "pensamento bivergente", em termos da capacidade de escolher livremente entre ambos os modos. O pensamento divergente, como mencionado previamente, é o padrão de derivar a partir de uma idéia inicial para explorar várias idéias relacionadas – como traçar as várias ramificações de uma árvore; é como elaboramos novas idéias geniais. O pensamento convergente, em contrapartida, é o padrão de " eliminar as ramificações" – estreitar a partir das várias idéias e opções até ficar com poucas idéias fundamentais; é assim que tomamos decisões efetivas.

2. A gama de **pensamento abstrato e concreto**, o eixo "A-C", a que nos referimos como "pensamento helicóptero", de passarmos de um para outro. O pensamento concreto é pensar em termos da capacidade sobre o que podemos perceber – ver, ouvir, sentir, cheirar ou provar. Quanto mais concreta for uma idéia, mais perto ela estará de alguma coisa que experimentamos diretamente. O pensamento abstrato é pensar sobre conceitos e não em coisas – entender coisas em geral em vez de uma coisa em particular. Quando pensamos e falamos em um humano particular que tem um rosto e um nome, por exemplo, estamos mais próximos da extremidade concreta da escala. Quando falamos de "humanidade", estamos mais perto da extremidade abstrata da escala. A fluência conceitual envolve

sermos capazes de manobrar ao longo de toda a gama de possibilidades do concreto ao abstrato, como pilotar um helicóptero figurado de seu local de aterrissagem no solo até uma altitude da qual podemos ver muito mais do terreno.

3. A gama de **pensamento lógico e intuitivo**, o eixo "L-I", a que iremos nos referir como "pensamento intulógico", em termos da capacidade de usar qualquer padrão livremente e até mesmo de integrar os dois em um único processo quando adequado. O pensamento lógico é o pensamento por etapas sensatas; é procedimental, sistemático e progride de uma idéia para outra; impõe ordem à informação. O pensamento intuitivo é o pensamento "tudo de uma só vez"; parece originar-se pré-conscientemente, lidando com a matéria-prima do pensamento, antes que a mente consciente o desafie e tente aplicar a lógica para ele. A capacidade de respeitar ambos os padrões de pensamento e de usá-los em uma combinação compatível é uma das marcas registradas de solucionadores efetivos de problemas.

4. A gama de **pensamento racional e emotivo**, o eixo "R-E", a que iremos nos referir como pensamento "viscerracional" (uma contração de "visceral" e "racional"), em termos da capacidade de nutrir e respeitar a experiência emocional enquanto o torna compatível com o chamado pensamento racional ou "não-emocional". Embora muitas pessoas tendam a pensar em "ser racionais" e "serem emocionais", como dois padrões opostos de pensamento, uma consideração mais cuidadosa nos convida a tratá-los como compatíveis e, em alguma extensão, até simultâneos. Por exemplo, os valores podem ser considerados um aspecto emocional do pensamento; queremos que nossas soluções e decisões reflitam nossos valores e ética. A compaixão também é uma emoção válida para guiar nossas decisões racionais e nossas estratégias de solução de problemas. Também podemos aprender a temperar a influência de nossas emoções sobre nossas reações e escolhas.

Como mostra a Figura 3.4, podemos pensar nessas quatro polaridades-chave como aquelas que nos oferecem uma combinação rica de processos mentais, adequados às várias situações e problemas que encontramos. A qualquer momento, podemos encontrar uma das quatro mega-habilidades especialmente úteis e, de fato, podemos escolher ficar em uma polaridade ou outra dentro de uma determinada mega-habilidade. À medida que nos tornamos fluentes e versáteis em usar esses vários padrões como quisermos, conseguimos entender melhor as situações que enfrentamos, nos comunicar com os outros, resolver problemas e administrar nossas vidas.

Figura 3.4. Dimensões IP

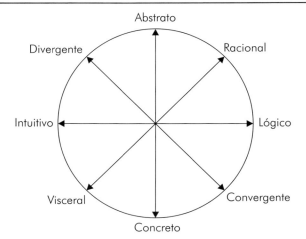

INICIANDO: APERFEIÇOANDO SEU "SOFTWARE" MENTAL

É hora de ligar nossos biocomputadores e fazermos um "aperfeiçoamento de software". Nos próximos quatro capítulos, exploraremos os quatro hábitos fundamentais de pensar e reagir – *Flexibilidade Mental, Pensamento Afirmativo, Linguagem Sã* e *Valorizar Idéias* – que estabelecem os fundamentos para a utilização de todas as nossas capacidades mentais.

Então, exploraremos cada uma das quatro mega-habilidades principais – *pensamento bivergente, pensamento helicóptero, pensamento intulógico* e *pensamento viscerracional* – e veremos como eles fornecem a alavanca para ativar os níveis naturais de nossa inteligência e bom senso.

Notas

1 Adaptado de um artigo no website do autor, "Brain Training: New Research, New Models, New methods". http://karlalbrecht.com/articles/braintraining.shtml.
2 Para saber mais sobre brainwares, ver http:// em.wikipedia.org/wiki/Eletroencephalography.
3 Tart, Charles T. *States of Consciousness*. Nova York: E. P. Dutton & Company, 1975.
4 William J. Cromie, "Meditation changes temperatures: Mind controls body in extreme experiments". *Harvard Gazette*, archived.
5 Ornstein, Robert. *Multimind: A New Way of Looking at Human Behavior*. Nova York: Anchor, 1989.
6 Gallwey, W. Timothy. *The Inner Game of Tennis* (ed.rev). Nova York: Random House, 1997.
7 Ver "'The Social Brain: It's a Case of the Left Brain Not Knowing What the Right Is Doing. And Therein Lies Our Capacity for Belief", de Michael S. Gazzaniga. *Psychology Today*, novembro de 1985.

4

UPGRADE 1
DO SOFTWARE MENTAL

Desenvolvendo a flexibilidade mental

Tenho medo de ouvir, pois ao ouvir eu poderia entender,
e ser modificado por esse entendimento.

Carl Rogers (psicólogo norte-americano)

FLEXIBILIDADE MENTAL É A DISPOSIÇÃO para mudar por meio de suas experiências – por meio de novas idéias, novos pontos de vista, opiniões e crenças que são diferentes dos seus, situações e experiências que podem tirá-lo de seus padrões familiares e convidá-lo a crescer.

VOCÊ É UM PRODUTO ACABADO?

Como vimos neste exame sobre a dimensão da Inteligência Prática nas inteligências múltiplas, começamos levantando uma pergunta básica, um desafio a cada um de nós como indivíduos:

Sou um produto acabado – ou um projeto em andamento?

Há três opções principais para uma resposta a essa pergunta: "Sim, eu sou um produto acabado"; "Não, eu não sou um produto acabado. Sou um projeto em andamento"; e "Hum... Eu nunca pensei muito nisso".

Na realidade, seu comportamento responde à pergunta diariamente.

64 ■ Inteligência Prática

De acordo com o falecido pesquisador de Física e Biomecânica, Moshe Feldenkrais, que se tornou um dos pioneiros da cura do corpo-mente, "a maioria dos seres humanos no início da vida desenvolve apenas o necessário para lidar adequadamente com seus ambientes". Um número menor, provavelmente menos de 20% das pessoas, continua aprendendo e crescendo mais do que o necessário – durante a fase adulta. São pessoas que se consideram "projeto em andamento", com uma noção de crescimento e de transformação que traz alegria às suas vidas.[1]

Como Feldenkrais explicou, todos os seres humanos são forçados a adquirir uma gama surpreendente de capacidades nos primeiros anos de vida, apenas para sobreviver como criaturas viventes. À medida que passamos pela adolescência, continuamos a aprender e a crescer, mas menos rapidamente que nos primeiros anos. Então nos tornamos adolescentes e começamos a formar nossas identidades – quem somos, o que queremos e precisamos, e o que acreditamos ser possível para nossa vida.

Quando concluímos nossa principal experiência educacional, que é alguma versão da escola para a maioria das pessoas nas sociedades desenvolvidas, começamos a "endurecer" nas pessoas que vamos ser. Evoluímos em direção a uma definição de nós mesmos em termos de nosso valor, capacidades e estratégias para termos nossas necessidades atendidas. Tendemos a nos definir muito a partir do que não somos, tanto quanto do que somos; do que não faremos tanto do que faremos; do que não somos capazes tanto quanto do que somos capazes.

Para a maioria das pessoas, o processo de endurecimento segue seu curso no início da vida adulta, mas nem todos sucumbem completamente a isso. A capacidade de *continuar se transformando* – pensar em si como um trabalho em andamento e portar-se de acordo – é algo que podemos aprender ou reaprender.

John Gardner foi um homem do Renascimento tanto no mundo acadêmico quanto no governo. Em 1965, ele foi indicado como Secretário da Saúde, Educação e Bem-estar e trabalhou como conselheiro em direitos civis e reformas sociais para o Presidente Johnson. Fundou a organização Common Cause e ajudou a desenvolver a televisão pública com sua criação da Corporation for Public Broadcasting. Como professor titular da Universidade de Stanford, onde trabalhou e lecionou até deixar o planeta em 2002, aos 89 anos, ele recebeu o maior prêmio por sua realização, dado pela universidade.

Em seu livro breve e esclarecedor, *Self-Renewal: The Individual and the Innovative Society*, Gardner escreveu sobre a necessidade de as pessoas darem chances em suas vidas, romperem com velhos hábitos, verem as coisas de novas maneiras em vez de contarem sempre com o que é certo e confortável:

> À medida que amadurecemos, definimos progressivamente o objetivo e a variedade de nossas vidas. De todos os interesses que poderíamos perseguir, ficamos com alguns. De todas as pessoas com quem poderíamos nos associar, selecionamos um pequeno número. Ficamos presos a uma rede de relacionamentos fixos. Desenvolvemos formas estabelecidas de fazer as coisas.

Com o passar dos anos vemos o que nos é familiar e nos cerca com uma percepção cada vez menos renovada. Deixamos de olhar atentamente, de forma perceptiva, para as faces das pessoas que vemos todos os dias e para qualquer outro aspecto de nosso mundo cotidiano.

Não é incomum descobrir que as principais mudanças na vida – um casamento, mudança para uma nova cidade, mudança de emprego ou emergência nacional – quebrem os padrões de nossas vidas e nos revelem de repente o quanto ficamos aprisionados pela confortável rede que tecemos à nossa volta.

Uma das razões pelas quais pessoas amadurecidas estão menos aptas para aprender que os jovens é que elas se dispõem a arriscar menos. Aprender é um negócio arriscado, e elas não gostam do fracasso. Na infância, quando a criança está aprendendo a um ritmo verdadeiramente fenomenal – um ritmo que ele ou ela nunca atingirá de novo – ele ou ela também está experimentando uma quantidade arrasadora de fracassos. Observe [qualquer criança]. Veja as incontáveis coisas que ele ou ela experimenta e fracassa. E veja como os fracassos desencorajam pouco.

A cada ano que passa, [a criança] ficará menos tolerante ao fracasso. Na adolescência, a disposição de jovens arriscarem o fracasso já diminui imensamente. E com muita freqüência os pais os empurram para adiante, instilando medo, punindo o fracasso ou fazendo o sucesso parecer precioso demais.

Na meia idade a maioria de nós carrega na cabeça um catálogo enorme de coisas que não temos a intenção de tentar novamente porque já tentamos uma vez e fracassamos – ou tentamos uma vez e não fomos tão bem quanto nossa auto-estima exigia.

Na vida adulta, a maioria de nós realizou fugas de nós mesmos.[2]
[Grifo nosso]

Podemos chamar de artrite mental; "mentalpausa"; ou "endurecimento das categorias". É um estreitamento típico – mas não inevitável – da gama e da profundidade de nossos processos de pensamento, e uma redução progressiva em nossa flexibilidade mental, assim como a falta de exercício e movimento leva a um enrijecimento e à redução da mobilidade em nossas juntas.

> A denúncia dos jovens é uma parte necessária da higiene das pessoas mais velhas, e auxilia imensamente na circulação de seu sangue.
>
> Logan Pearsall

Como Gardner sugere, uma das primeiras ocorrências do processo de endurecimento mental é a perda da *curiosidade*: o passar dos anos tende a tornar as pessoas mais seguras de suas opiniões e menos abertas a conhecerem outras visões. Como notamos anteriormente, uma fração relativamente pequena dos americanos, por exemplo, responde

66 ■ Inteligência Prática

por grande parte dos livros vendidos e lidos, bem como por uma grande parte das visitas a museus, livrarias, sítios históricos e de peças de teatro vistas. Menos de 25% dos americanos viajam para o exterior.

Assumir riscos, como Gardner ressalta, está relacionado a um fator que os psicólogos chamam de *tolerância à ambigüidade*, que é a capacidade de funcionar quando as coisas não são necessariamente claras e simples. Relacionada à tolerância à ambigüidade está a *tolerância à complexidade*. As pessoas que continuam a aprender e a crescer durante suas vidas tendem a encarar a ambigüidade e a complexidade como desafios estimulantes às suas habilidades de adaptação em vez de ameaças à estabilidade de seu ego.

Mas as pessoas que se dão bem com o processo de endurecimento tendem a reagir à ambigüidade e à complexidade com desconforto. Este, freqüentemente enraizado no medo, tende a exibir um comportamento de intolerância, radicalismo, tendência a discordar e "opinionite". Pode envolver também uma perda gradual do senso de humor, um processo mental intimamente ligado à criatividade, à inovação, à inventividade e à capacidade de ver o mundo através de várias lentes. Eles esperam menos de si mesmos e menos de seus processos de pensamento. Para muitas pessoas nessa fase da vida, "ser suficientemente bom" basta.

Essa visão inspiradora do *self* como um trabalho em andamento, e não como um produto acabado, servirá como um princípio norteador fundamental para nossa jornada pelos domínios da IP, e será um lembrete freqüente da importância da humildade.

> *Talvez possamos começar a pensar em nós mesmos não como*
> *"seres humanos", mas como "transformáveis humanos".*

PENSAMENTO DINÂMICO E PENSAMENTO ARCAICO

Talvez a expressão mais clara da diferença entre pessoas que desenvolveram um alto nível de pensamento prático e aquelas que não desenvolveram reside na distinção entre *pensamento arcaico* e *pensamento dinâmico*. Esta é a distinção que estudaremos e aplicaremos muitas vezes em toda essa exploração.

Pensamento arcaico é o pensamento automático. É um reflexo e não é uma reflexão; opera a partir das decisões tomadas e conclusões tiradas no passado; é controlado por regras, políticas e limites preestabelecidos; costuma ser judicioso; é expresso em slogans, clichês e dogmas; teme e resiste ao novo, à novidade e ao ambíguo; busca preservar o que é familiar e confortável; é contaminado freqüentemente por emoções não reconhecidas; e filtra, seleciona, distorce e racionaliza informações para reforçar crenças existentes.

Pensamento dinâmico é o pensamento original. É fruto da reflexão e não de um reflexo; responde à realidade corrente, a informações aqui-e-agora, e a possibilidades; respeita evidências e está aberto à "história" que emerge da exploração cuidadosa; analisa informações, particularmente na forma verbal, para detectar nuanças e complexidades que possam dar forma ao seu significado; é capaz de julgar e voltar atrás; valoriza idéias como forma de riqueza; valoriza originalidade da linguagem e expressões inovadoras de idéias; busca e valoriza o novo, a novidade, o sutil e ambíguo; é evolucionário e aberto à auto-atualização; é ciente das fontes emocionais que o influencia e as reconhece; e respeita todas as formas de saber.

Como veremos nos capítulos a seguir, muitos dos hábitos mentais autolimitantes adquiridos por tantas pessoas em suas vidas são formas de pensamento arcaico. A viagem para a inteligência prática é de *desaprendizagem* e também de aprendizagem. Precisamos reconhecer e desaprender os aspectos arcaicos de nosso processo mental, e nos mover em direção a uma expressão mais dinâmica de nossa inteligência natural.

VOCÊ PODERIA SER UM JECA MENTAL...

Antes de estudar os hábitos mentais fundamentais e mega-habilidades da IP, vamos examinar nosso bom senso.

O comediante americano Jeff Foxworthy aproveita experiências de sua infância no Sul, convidando os ouvintes a considerarem se "Você poderia ser um jeca". Ele apresenta vários comportamentos hipotéticos para seu público fazer uma checagem e detectar a jequice".

- "Se você tem um conjunto completo de saladeiras e todas elas são imitação de uma boa marca", ele avisa: "você poderia ser um jeca".
- "Se você está usando um vestido tomara-que-caia e um sutiã com alças, poderia ser uma jeca."
- "Se você se casou três vezes e ainda mantém vínculos com os mesmos parentes não sangüíneos, poderia ser um jeca."

Um jeca costuma ser uma pessoa grosseira, de educação limitada – típica da zona rural no Sul dos Estados Unidos –, com um desenvolvimento social incipiente, pouca experiência cultural e estética, atitudes e reações conservadoras, e preferências auto-indulgentes pela experiência. Os jecas têm armas, dirigem caminhonetes ou carros caindo aos pedaços e gostam de pescar e caçar.

Eles respondem bem a apelos simples como patriotismo ou fundamentalismo religioso e se ofendem facilmente quando percebem atos depreciativos contra grupos políticos ou sociais com os quais se identificam. Supõe-se que sejam amigáveis, modestos e descomplicados – "uma ausência gloriosa de sofisticação", como Foxworthy os descreve afetuosamente. No extremo, um jeca é um obtuso, intolerante, chato e ressentido dos outros que agem como "esnobes".

Algumas pessoas são "jecas mentais". Elas podem não se vestir como os jecas estereotipados, nem falar como eles falam, mas, no entanto, pensam como jecas. O pensamento jeca é bastante prevalente, incluindo pessoas que, supostamente, têm "berço", podem ter curso universitário, empregos bem-remunerados e estilos de vida confortáveis. É um padrão de incompetência aprendida.

68 ■ Inteligência Prática

A jequice mental é um pensamento estreito, rígido, intolerante, resistente à mudança, que não aceita outras perspectivas, e é motivada pela necessidade de respostas simples e por uma noção confortável da "lei e da ordem". Os jecas mentais geralmente não se consideram jecas, é claro. Eles costumam achar que controlam bem os problemas e desafios da vida, mas paradoxalmente é o medo que eles têm de perder o controle, a estrutura e a ordem – de não ter respostas e soluções simples – que os leva a agirem usando padrões que evitem a ambigüidade.

> Elvis está morto. Encare isto.
>
> Camiseta vista na Califórnia

O pensamento jeca com freqüência é seletivo: uma pessoa poderia pensar como um jeca sobre um assunto como política e, no entanto, pensar de forma mais aberta ou criativa sobre outros assuntos. As pessoas abertas a idéias em uma área podem adotar um padrão automático, intolerante quando a conversa muda para seu *hobby*, de criar cavalos.

Como você sabe se é um jeca mental – ou um "cabeça de bagre"? Pegando a deixa do comediante Foxworthy, veja como seria uma checagem da jequice mental:

- Se reúne o máximo de informações sobre a sociedade onde vive em programas de televisão, pode ser um jeca mental.
- Se se orgulha de ter fortes opiniões e de defendê-las firmemente, e não tem paciência com os covardes que não fazem isso, pode ser um jeca mental.
- Se diz com freqüência: "Não ligo para o que dizem, esta é a minha opinião", pode ser um jeca mental.
- Se concorda com três ou mais teorias conspiracionais sobre quem está por trás das coisas ruins que estão acontecendo no mundo atual, pode ser um jeca mental.
- Se o seu carro tem mais de um adesivo de mais de uma bandeira, religioso ou slogan político, pode ser um jeca mental.
- Se não foi à livraria (nem comprou um livro on-line) no ano passado, pode ser um jeca mental.
- Se as revistas que lê são *People*, *Cosmopolitan* e *Sports Illustrated*, ou *Playboy*, pode ser um jeca mental.
- Se sabe o nome de todos os personagens da maioria dos programas populares de TV, mas não é capaz de dizer o nome do chefe de estado de qualquer país estrangeiro, pode ser um jeca mental.
- Se sabe mais sobre a vida pessoal de estrelas de cinema, esportistas famosos ou criminosos conhecidos do que sobre as qualificações das pessoas em quem se vota, pode ser um jeca mental.
- Se vota para todos os candidatos que pertencem a um único partido político, pode ser um jeca mental.

- Se alega enfaticamente: "Eu não voto para nenhum partido, voto para o indivíduo", e então vota em todos os candidatos nas eleições que pertencem a um único partido político, poderia ser um jeca mental.
- Se pega todos os argumentos para discutir política com amigos e conhecidos de um apresentador de programa de entrevista, pode ser um jeca mental.
- Se reduziu suas visões e julgamentos sobre questões sociais e políticas a um conjunto de slogans padrões que costuma usar nas conversas, pode ser um jeca mental.
- Se está convencido de que qualquer um está fadado a queimar no inferno, pode ser um jeca mental.
- Se está convencido de que aquele que não concorda com as mesmas opiniões políticas é mentalmente incompetente, moralmente corrupto ou tem algum fonte outro defeito, pode ser um jeca mental.

Há muitas outras pistas, mas presume-se que essa lista breve deixe a idéia clara. Supondo que uma pessoa tenha alguns hábitos de pensamento jeca – a maioria de nós tem – como se refaz o modo de pensar e se assume uma inteligência prática? Como, quando se quer, é possível se curar disso? Esta é uma das perguntas que exploraremos em nossa jornada para a inteligência prática.

O PARADOXO CRIATIVO

Ainda posso relembrar claramente uma experiência de muitos anos atrás quando eu estava na terceira série. Eu freqüentava uma escola na zona rural do oeste de Maryland. A professora nos deu um projeto: ela tinha coletado vários copos de papelão para sorvete da sorveteria da cidade. Deu um a cada um de nós e nos instruiu para fazermos um porta-lápis e presentearmos nossos pais.

Era um projeto muito simples, mesmo para crianças de terceira série. Nós tínhamos que decorar a coisa de determinado modo, colorindo com lápis ou colando papel colorido na parte externa. Acho que tínhamos cerca de meia hora para fazer isso. (Mais tarde percebi que o principal desafio de uma professora em uma escola elementar é encontrar formas de manter os pequeninos ocupados.)

Sendo o pequeno empreendedor que eu era, e raramente inclinado a interpretar instruções de forma literal demais, eu reconsiderei o projeto de uma visão "ampla". Meus pais tinham muito pouca instrução, e eu não me lembrava de ver muitas canetas ou lápis em minha casa. Meu pai sempre tinha alguns lápis de carpinteiro que ele usava em sua ocupação, mas acho que não tínhamos canetas-tinteiro ou outros implementos sofisticados para escrever. Se é que tínhamos livros, eram muito poucos, que eu me lembre.

Achei que se o propósito da tarefa era fazer alguma coisa que nossos pais gostassem e apreciassem (que eu logo descobri não ser o caso), um porta-lápis não era realmente a melhor escolha. Estudei o contêiner cilíndrico, que tinha cerca de 8 cm de diâmetro por 12 cm de altura. Eu o girei em ângulos diferentes e finalmente decidi que poderia fazer uma casinha dele. Então eu o virei de ponta-cabeça, desenhei uma porta e algumas janelas no lado de fora do cilindro, esbocei um padrão de tijolos e algumas cortinas, e construí um telhado com papel. Eu ia cortar a portinha com meu canivete para fazê-la abrir e fechar quando... *ela me pegou*!

Inclinando-se sobre minha carteira, ela me perguntou em voz alta: "O que você está fazendo?!". Eu olhei para minha criação e tentei explicar minha razão para sair dos limites do que me fora pedido. Desesperada, ela pegou meu trabalho, me deu outro copinho, e disse irritada: "Você *deveria fazer* um porta-lápis. Agora faça!".

Então eu fiz o porta-lápis.

Criatividade e conformidade geralmente não andam juntas. *No entanto, nós, seres humanos, precisamos muito de ambas.* Em um nível, o biocomputador humano quer rotina, estrutura, ordem e previsibilidade. É um formador de padrões, um reconhecedor de padrões, um seguidor de padrões, e um seguidor de regras. Freqüentemente entra em estresse quando padrões familiares, confiáveis são violados ou deixam de funcionar. Gostamos da estrutura e da ordem em nossas vidas, gostamos dela em nosso ambiente social e gostamos dela em nosso processo de pensar.

No entanto, em cada um de nós, em níveis variáveis de profundidade e acessibilidade, há um apetite por algo diferente; algo novo; renovadoramente desconhecido; algo que expresse nossa singularidade; a empolgação de criar alguma coisa que o mundo – ou pelo menos nós – nunca viu antes. Precisamos expressar nossa individualidade.

Com a ajuda das pessoas e ambientes, navegamos à medida que crescemos, cada um de nós se acomoda com uma proporção de conformidade e criatividade. Alguns de nós aprendem a enterrar nossos apetites criativos profundamente e a aceitar a previsibilidade confortável de uma vida cheia de rotinas. Alguns de nós investem tanta energia em expressar a individualidade que podemos ter dificuldade para lidar com a "lei e a ordem" dos ambientes pelos quais passamos. A maioria de nós talvez se situe em algum ponto desse contínuo.

Com a ajuda das primeiras experiências escolares, muitas pessoas concluem que não têm talento nem vontade de criar, e adotam um padrão de pensar e se comportar que reforce essa convicção. Outras podem ter mais sorte. Em meu caso, eu acho que o "aprendizado" que tive da experiência em sala de aula descrita não foi que "Eu não sou criativo" ou "Não tente fazer as coisas de um modo diferente". Acho que o que eu captei – felizmente – foi "Faça o que o professor diz".

Esse paradoxo criativo há muito tem sido um tópico que me fascina: como o biocomputador entra em equilíbrio entre criatividade e conformidade? Hábitos, estruturas e padrões mentais afinal têm efeitos bem poderosos.

Do ponto de vista social, parecemos estar altamente programados. Penso com freqüência nas semelhanças cômicas entre nossos comportamentos sociais automáticos e aqueles dos "animais inferiores". O biólogo Edward O. Wilson, amplamente considerado uma das maiores autoridades do mundo em formigas, diz ter descoberto que depois de morrer seus corpos secretam uma substância hormonal mensageira – uma de uma classe de químicos conhecidos como feromônios – que as outras formigas detectam e interpretam como sinal de morte. Quando elas detectam o feromônio no corpo de uma formiga, várias delas carregam a formiga para fora do formigueiro e a jogam em um tipo de pilha de refugos.

Wilson conseguiu sintetizar o feromônio da morte e – em um daqueles episódios cômicos e, ao mesmo tempo, perversos da ciência – capturou uma formiga viva e espalhou um pouco daquele agente no corpo dela. Então colocou-a de novo entre as formigas. Imediatamente, várias formigas a carregaram para fora e a colocaram no monte. A formiga, desgostosa, levantou-se e voltou para o formigueiro. Várias outras formigas, alheias aos protestos e à luta dela, a pegaram e, de novo, a arrastaram para fora, colocando-a na pilha.

A formiga mal entendida continuou a protestar e a afirmar seu direito de se juntar ao grupo, e viu-se sempre retirada para fora e descartada. Não sei se Wilson se sentiu culpado em infligir tal destino a uma formiga inocente, ou se ele considerou isso necessário para o avanço da ciência.

Nós, os humanos, somos tão inteligentes e cientes quanto as formigas?

Em minha ocupação como consultor gerencial e conselheiro executivo, observo o comportamento condicionado socialmente funcionando quase todos os dias – em nível individual, da equipe de trabalho, dos gerentes, e de toda a organização. A maioria das energias criativas nunca é liberada, porque as pressões conformistas as mantêm aprisionadas.

Acho que precisamos aprender a respeitar e a apreciar nossa loucura. Quando perdemos a ilusão de que somos sempre criaturas lógicas e sensíveis que sempre pensam e fazem as coisas certas, a vida realmente se torna mais divertida. E, de uma maneira estranha, isso faz parte da psicologia da criatividade.

> Você só tem uma centelha de loucura.
> Você não deve perdê-la.
>
> Robin Williams (comediante)

A "MENTE INICIANTE": INOCÊNCIA E HUMILDADE

Uma expressão atribuída freqüentemente a vários mestres Zen é:

> O maior obstáculo para se aprender alguma coisa
> é a crença de que você já sabe aquilo.

Os praticantes do zen falam da "mente do iniciante", que é um estado de consciência aberto à aprendizagem, ao entendimento e à percepção de idéias e situações de novas maneiras. Como explica o mestre zen Suzuki Roshi:

72 ■ Inteligência Prática

> Na mente do iniciante há várias possibilidades.
> Na mente do especialista há poucas.

Uma quantidade notável de invenções importantes foi criada por pessoas que não eram "especialistas" nas áreas em que deram contribuições. Muitos delas eram iniciantes, operando freqüentemente fora dos limites da prática aceita. Muitos foram ridicularizados pelos especialistas reconhecidos e pelos mantenedores do *establishment*.

Exemplo: o processo de cópias "Xerox", que afeta a vida da maioria das pessoas educadas quase diariamente, foi uma invenção saída das mãos de um amador, um homem chamado Chester Carlson. Trabalhando na mesa de sua cozinha, Carlson conseguiu duplicar uma imagem em uma peça de vidro, usando um aparato artificial desengonçado. Ele viu o enorme potencial dessa técnica, mas sabia que precisaria de muito dinheiro para desenvolvê-la e viabilizá-la comercialmente. A oferta de Carlson foi recusada praticamente por todas as grandes empresas – mais de vinte empresas que teriam sido as candidatas lógicas para introduzi-la no mercado, incluindo a IBM e a General Electric, bem como a U.S. Army Signal Corps. Carlson começou seu trabalho em 1938, e finalmente em 1959 viu sua criação intelectual se tornar a copiadora Xerox 914, um produto que fundou a Xerox Corporation, fez história no mundo empresarial e tornou-o um homem muito rico.

Exemplo: Dois jovens que abandonaram a faculdade, ambos fascinados por bugigangas eletrônicas, foram os pioneiros do computador pessoal. Em uma história agora lendária, Steve Jobs e Steve Wozniak, trabalhando na garagem dos pais de Job, criaram o protótipo do primeiro "PC" comercial, que na época era apenas um amontoado de peças e fios. Jobs promoveu a idéia em todo norte da Califórnia – que ainda não era conhecido como Vale do Silício, mas acabaria sendo, em grande parte como resultado de seus esforços pioneiros. Ele foi recusado por todas as empresas importantes na área de eletrônicos, inclusive a IBM, a Hewlett-Packard, e a fabricante do jogo Atari. Finalmente eles encontraram um financiador em Mike Markkula, um executivo que recentemente saíra da Fairchild Semiconductor Corporation, e em pouco tempo eles criaram o primeiro computador "Apple".

É axiomático no mundo dos negócios que as empresas que dominam qualquer área particular de negócio quase nunca sejam aquelas a "reinventar" o negócio quando os tempos mudam drasticamente. Os executivos da IBM, líder indisputável no setor de computadores mainframe, nunca consideraram o PC um produto importante. A Kodak, que dominou totalmente o ramo da fotografia durante décadas, chegou atrasada na revolução digital, enquanto outras empresas foram pioneiras em câmeras digitais e outros aparelhos populares. Empresas gigantes de telefonia como a AT&T e outras podiam ter desenvolvido a Internet, mas não o fizeram.

Muitos anos atrás, as ferrovias americanas estavam entre as empresas mais lucrativas do país; elas podiam ter se metamorfoseado em companhias aéreas quando o motor a jato tornou a viagem aérea comercialmente viável, mas nenhuma delas fez isso. As fabricantes de máquinas de escrever estavam fechando enquanto a impressora de com-

Upgrade 1   Do Software Mental   ■   73

putador tornou-se um produto fenomenal, campeão de vendas; a Hewlett-Packard, antes uma fabricante de equipamentos eletrônicos de laboratório, tornou isso realidade. Nenhuma das empresas dominantes de corretagem da Wall Street – as tradicionais "wire houses" – lideraram os investimentos on-line. A lista é longa.

Muitos de nós são especialistas em vários aspectos do que fazemos.

*A coisa mais importante que todo especialista precisa
aprender é a pensar como um iniciante.*

A humildade é um estado paradoxal de pensamento: é necessário um ego saudável para ser humilde. As pessoas que achamos ter "grandes egos" na realidade têm pequenos egos, e continuam tentando aumentá-los, exibindo-se. Evidentemente, nem todas as pessoas que são quietas e acanhadas são humildes; algumas delas têm apenas egos minguados. A humildade é a zona central entre ser inflado e minguado. É uma expressão da essência da flexibilidade mental.

A ESCALA DE "PLEXIDADE"

Em seu romance *The Broken God*, David Zindell nos introduz ao conceito de "plexidade", conforme explicado pelos idosos de Fravashi, uma cultura sábia e altamente evoluída:

> ... o ideal e a prática da arte da plexura. Essa arte – às vezes chamada *plexidade* – visa a mover o estudante através de quatro estágios de liberação. No primeiro, do *simplex* (simples), fica-se dentro dos limites de uma única visão de mundo. Esta é a realidade de uma criança ou de um caçador alaloi [uma raça neandertalóide], que pode nem mesmo ter ciência de que existem outras formas de perceber a realidade.
>
> Convencer-se de que sua visão de mundo, não importa o quanto seja improvável ou bizarra, de alguma forma é mais sã, natural, pragmática, sagrada ou verdadeira que qualquer outra é a maior, e fatal, vaidade dos seres humanos. Sem opção – ou por covardia – a maioria das pessoas nunca rompe com esse estágio *simplex* de ver o mundo através de uma única lente, e esta é sua ruína.
>
> Evidentemente, todos os alunos do Velho Pai, pelo próprio ato de adotar o sistema Fravashi, passaram para o estágio complexo de crença. Ser *complexo* é manter pelo menos duas realidades diferentes, talvez em dois momentos diferentes da vida. A mulher ou o homem complexo descartará crenças como se fossem roupas velhas, quando estas se tornam desgastadas ou inadequadas.
>
> O terceiro estágio da plexidade é o *multiplex*. Se a complexidade é a capacidade de suspender e adotar diferentes crenças na medida em que são úteis ou apropriadas, uma após outra, então a multiplexidade é manter mais de uma realidade ao mesmo tempo. Essas realidades podem ser tão diferentes – ou mesmo contraditórias – quanto a velha ciência e o pensamento mágico de uma criança.

74 ■ INTELIGÊNCIA PRÁTICA

"A verdade é múltipla", como dizem os Anciãos. Não se pode tornar-se *multiplex* temendo o paradoxo ou sem se deixar escravizar pelo deus da coerência. A visão *multiplex* é a visão paradoxal, nova lógica, o término repentino de padrões surpreendentes. O domínio da multiplexidade torna possível ver o mundo em várias dimensões; é como examinar uma jóia que tem mil faces diferentes.[3]

Tomando a pista dos "Anciãos" de Fravashi – e a mente fértil de David Zindell – podemos adaptar esses níveis de plexidade para nosso próprio estudo. Podemos construir uma janela maior do mundo para nós mesmos. Modificando ligeiramente os rótulos, acho que eles descrevem quatro tipos de pensadores:

- *Pensadores simplex* – pessoas que, tipicamente por medo e ignorância, desejam respostas, visões de mundo, explicações, opiniões e soluções simples. Elas podem ser supersticiosas, achar que as coisas são "mágicas", ser ultra-religiosas e hostis com os outros que não se parecem a elas e que não andam e conversam e pensam como elas. Tendem a seguir líderes poderosos que prometem soluções para suas vidas sem exigir nada de sua massa cinzenta. Nas sociedades primitivas, os pensadores *simplex* seguem, sem questionar, as crenças e mitos antigos, e relegam ao ostracismo ou até matam outros que diferem de suas crenças e valores. Nas sociedades avançadas, eles buscam impor suas visões de mundo ou crenças religiosas aos outros, ficando absolutamente convencidos de que estão "certos". Sua hostilidade costuma surgir de um medo latente, suprimido, de que poderia haver diversas explanações para a realidade e que seus mundos pessoais poderiam se desintegrar se eles começassem a considerar opções complexas. Eles podem ser facilmente manipulados por demagogos, apelos ao patriotismo, intolerância religiosa e medo. Querem saber o que é certo e o que é errado, quem está certo ou errado, quem tem as respostas certas e a quem eles devem odiar.

- *Pensadores duplex* – pessoas que adquiriram certa sofisticação social, mas que detêm seu desenvolvimento mental ao nível do pensamento baseado em valores opostos. Os pensadores duplex tendem a dicotomizar situações, questões e ideologias em termos de distinções contrárias, simples: certo ou errado, bom ou mau, normal ou anormal, moral ou imoral, sucesso ou fracasso, liberal ou conservador, amigo ou inimigo, nós e eles, do nosso lado ou contra nós. A educação formal nem sempre sana esse distúrbio, provavelmente porque origina um tipo parecido de medo que atinge os pensadores *simplex*. Os pensadores *duplex* gostam de dizer, intencionalmente, coisas como "Bem, toda história tem dois lados", sem entender que qualquer história pode ter muitos "lados". Muitos jornalistas parecem incuravelmente viciados ao padrão duplo de apresentação de reportagens, o que leva a interpretar praticamente toda questão política em termos de conflito entre dois lados opostos. Os políticos americanos têm se apoiado no modelo de pensamento *duplex* há tantas décadas, em grande parte por haver apenas dois partidos políticos viáveis, que poucos americanos parecem ser capazes de pensar além das duas ideologias opostas.

- *Pensadores multiplex* – pessoas que desenvolveram alta tolerância – e mesmo preferência – pela ambigüidade e a complexidade. Tendem a ver "mais de uma resposta" aos problemas. Pensam, reagem e expressam suas idéias respeitosamente e levando em consideração os direitos que os outros têm de se manifestarem em uma conversa. Os pensadores *multiplex* entendem intuitiva e conscientemente que o que é verdadeiro e certo depende totalmente de quem está "comprando a idéia". Eles reconhecem outros pontos de vista como válidos para aqueles que os sustentam, mesmo pontos de vista que contradigam os seus. Valorizam mais a própria aprendizagem e crescimento que sua necessidade de estarem "certos". Respeitam a razão, evidências, a honestidade e o jogo honesto, por isso tentam evitar a tentação de usar seu intelecto para influenciar os outros de formas desonestas. Os pensadores *multiplex* se consideram "trabalho em andamento" – miniaturas de projetos de construção que tomam forma e evoluem à medida que sua aprendizagem e entendimento evoluem. Eles separam suas opiniões de seus egos e vêem as opiniões como idéias meramente impessoais que organizam o que eles sabem em um determinado momento. Os pensadores *multiplex* sabem como convencer os outros conduzindo suas idéias de formas não agressivas e dão pouco valor à confrontação como um meio geral de mudar a mentalidade dos outros. O biólogo Thomas Huxley disse: "O importante não é quem está certo, mas o que é certo".
- *Pensadores omniplex* – pessoas que não só se tornaram tolerantes à ambigüidade e à complexidade, mas que parecem gostar delas. Apreciam a estimulação mental de perceber que os seres humanos só conhecem uma fração infinitesimal do que pode ser conhecido; acham a idéia estranhamente empolgante em vez de amedrontadora e, no entanto, procuram entender o que podem entender. Reagem ao paradoxo com fascínio e entusiasmo, e não com frustração. Eles vêem, com freqüência, muito além dos limites que os outros aplicam a situações, questões e problemas. Enquanto os pensadores *multiplex* talvez sejam hábeis em "ligar os pontos", os pensadores omniplex tendem a notar os pontos que os outros não enxergam, porque vêem com lentes maiores. São abertos, pelo menos em princípio, à maioria das idéias aparentemente ousadas, conceitos insustentáveis e opções disparatadas. Entendem que as idéias, como as coisas vivas, estão parcialmente formadas quando passam a existir; que são abandonadas rapidamente se não forem protegidas e, com o tempo, serão comprovadas ou não conseguirão provar a si mesmas pelos seus méritos. Os pensadores *omniplex* reverenciam o conhecimento, as idéias e a honestidade intelectual. Um dos modelos de papel mais inspiradores do pensamento *omniplex* que passou por este planeta vários séculos atrás foi R. Buckminster Fuller, que disse para si mesmo: "Eu pareço ser um verbo".

76 ■ INTELIGÊNCIA PRÁTICA

No ensino de tradições da cultura mística Sufi, histórias e fábulas simples podem exemplificar os temas de pensamento paradoxal ou *omniplex*. Muitos deles retratam o que costumamos achar estupidez e sabedoria ao mesmo tempo, como este, um de meus preferidos:

> Um dia o Mullah Nasruddin estava adjudicando uma disputa entre dois vizinhos. Depois de ouvir os argumentos do primeiro, ele disse: "Acho que você está certo". Mas então o outro vizinho apresentou suas razões, de forma muito convincente. Ao terminar, Nasruddin disse: "Acho que você está certo". Um passante, perplexo com as respostas dele, protestou: "Espere um pouco! Não é possível os dois estarem certos!". O mestre olhou para ele, passou a mão na barba e disse: "Acho que você está certo".

NÃO HÁ VERDADE – APENAS A SUA VERDADE, A VERDADE DELE, A VERDADE DELA, A VERDADE DELES...

Pergunte a qualquer pessoa que tenha nascido e se criado nos Estados Unidos: "Quem foi Betsy Ross, e o que ela fez que a tornou famosa?". A maioria lhe dirá, provavelmente, alguma coisa como "Betsy Ross costurou a primeira bandeira oficial americana para George Washington".

Esse "fato", essa "verdade", é repetido inúmeras vezes nas salas de aula, nos livros didáticos e em websites por todo o país. Entretanto, provavelmente não seja verdade.

De acordo com um verbete no website *www.USFlag.org*:

> Elizabeth Griscom Ross (1752-1836) foi uma costureira da Filadélfia, casada com John Ross, um tapeceiro morto em uma explosão de munições em 1776. Ela manteve a oficina de tapeçaria e morava em Arch Street, não muito longe do Palácio do Governo em Chestnut, onde a história se fazia quase que diariamente. De acordo com a maioria dos historiadores, deu-se a ela, indevidamente, o crédito de ter desenhado as primeiras Estrelas e Listras. A história tem uma popularidade enorme; no entanto, os fatos não a comprovam.
>
> Esse relato da criação de nossa primeira bandeira foi o primeiro divulgado em 1870 por um dos netos dela, William J. Canby, em uma reunião da Historical Society of Pennsylvania. Isso aconteceu *94 anos depois de o evento ter [supostamente] acontecido*. O Sr. Candy era um menino de onze anos quando a Senhora Ross morreu em sua casa.

Algumas outras "verdades" da história americana são igualmente incertas. O poeta Henry Wadsworth Longfellow escreveu um poema que ficou famoso, intitulado: "The Midnight Ride of Paul Revere". Retratava a volta heróica de Paul Revere pelo interior de Nova Inglaterra, quando ele advertiu os cidadãos sobre a aproximação das forças britânicas. Os visitantes da área de Boston descobrem rapidamente que, apesar da história admirável de Longfellow, Revere nunca completou sua missão. De acordo com os registros históricos, ele se encontrou acidentalmente com a patrulha inglesa fora da cidade de Lexington; eles levaram seu cavalo e o fizeram voltar a pé para Boston.

De acordo com os registros, dois outros homens, William Dawes e Samuel Prescott, completaram a volta. *Noventa anos depois*, o poeta Longfellow, em um ato de licença literária, provavelmente tenha decidido que Paul Revere, um prateiro – que, embora fosse um patriota dedicado, não merecia nenhum destaque na história – era a figura mais interessante dos três. E, possivelmente tendo mais dificuldade para chegar às palavras que rimavam com "Dawes", ou "Prescott", decidiu que "Revere" contribuía para um poema melhor. Gerações de crianças americanas têm lido e recitado a versão "ajustada" da história.

> Todas as verdades são meias verdades.
>
> Alfred North Whitehead

A propósito, a famosa "Batalha de Bunker Hill", também uma parte lendária da história americana, não foi travada em Bunker's Hill, de acordo com os registros históricos. E a maioria dos "Fundadores" não era cristã, como se costuma acreditar até hoje. Como um exercício de aprendizado Zen, você poderia fazer uma busca na Internet e explorar essas "verdades" sozinho. Ou questionar sua crença no que você sabe, lendo o livro esclarecedor de Tom Burnham, *The Dictionary of Misinformation*, que questiona um grande número de "verdades" aceitas.[4]

Um exercício

Olhe intencionalmente para a palavra a seguir durante um longo tempo – o suficiente para gravá-la em sua memória visual.

"verdade"

Note o aspecto mais importante da palavra conforme apresentada: ela é cercada por aspas, o que costuma indicar que uma palavra está sendo usada de modo qualificado, ou em sentido figurativo, e não literalmente.

Repita esse exercício várias vezes, fechando os olhos e vendo-a da forma mais vívida possível em sua mente. Vire a cabeça em diferentes ângulos e olhe para ela. Trace-a com o dedo indicador de cada mão. Imagine vê-la em cores diferentes. Imagine vê-la sublinhada. Diga-a repetidamente, silenciosamente e em voz alta, até ela começar a parecer estranha e muito peculiar. Pegue a caneta e escreva-a várias vezes, cuidando para incluir as aspas.

Eu lhe peço para fazer esse treinamento, da forma que achar mais efetiva, de modo que sempre que ouvi-la, disser e ler ou escrever a palavra verdade, tenha uma imagem

78 ■ Inteligência Prática

mental imediata e vívida da palavra entre aspas, na página anterior. Se você pensar na verdade como "verdade", garantirá um importante seguro de sua sanidade.

Os pensadores simplex tendem a carregar uma noção falha da verdade. Nos níveis mais profundos de convicção – suas crenças religiosas –, eles estão absolutamente convencidos de que sua verdade deve ser verdadeira para todos. Eles não entendem que suas crenças religiosas, códigos morais, valores sociais e freqüentemente suas convicções políticas são, em grande parte, um acidente de tempo e espaço.

Toda "verdade" é local para os cérebros onde ela reside.

Se o fundamentalista cristão que está morando em Kansas tivesse nascido em Jakarta ou Karachi, ele ou ela muito provavelmente seria um fundamentalista muçulmano. Se o fundamentalista muçulmano em Teerã ou Riyadh tivesse nascido na zona rural do Tennessee, ele ou ela muito provavelmente seria um fundamentalista cristão, aderindo a uma denominação particular que ele ou ela aprenderia ser o sistema "correto" de crença religiosa. Se algum deles tivesse nascido em uma família judia, ele ou ela muito provavelmente veria o mundo através das lentes ideológicas do judaísmo. Se eles tivessem nascido em partes da China ou do Japão... bem, você provavelmente já entendeu.

*Quando você abandona sua necessidade de
estar com a razão em tudo, libera sua inteligência natural,
em todos os níveis.*

As pessoas que torturam e assassinam umas às outras em nome da religião, basicamente estão lutando para ver quem tem a verdade "real". Presumivelmente, a última que sobrar terá a razão. Como o líder da guerrilha palestina Yassir Arafat observou: "Vocês estão basicamente matando uns aos outros para ver quem tem o melhor amigo imaginário".

Que o senhor de sua escolha o abençoe.

Kinky Friedman (escritor, músico,
aspirante a político)

Há outro grande problema com a "verdade": provar que *qualquer coisa* é verdade. Nós, seres humanos, tendemos a ser muito, muito descuidados com fatos, evidências e as coisas que acreditamos como resultado deles, ou em muitos casos apesar deles. Os psicólogos que estudam essas coisas têm mostrado repetidamente em experimentos que muitas pessoas não podem distinguir confiavelmente entre um fato concreto, como relatado, e uma inferência ou uma suposição baseada naquele fato, particularmente quando o relato do fato usa linguagem um tanto sugestiva.

Uma vez que suas mentes formam uma associação com um fato relatado, eles tratam freqüentemente a inferência, ou a suposição, ou a conclusão, como factual em si.

Advogados, consultores políticos e redatores de propaganda sabem que colocar simplesmente dois fatos juntos em seqüência, ou associá-los de alguma forma, levará muitas pessoas a uma conclusão apressada que não necessariamente será apoiada por nenhum dos fatos. Iremos explorar a síndrome da conclusão-observação-inferência no capítulo 6.

A árvore do conhecimento: quando um fato não é um fato?

Outro princípio fundamental da inteligência prática é: *nem todos os fatos são criados iguais*. As pessoas que não têm capacidade para o pensamento dinâmico, multiplex, e que ficam presas ao nível simplex e duplex, não entendem claramente que alguns fatos são menos "fatuais" que outros, que algumas verdades são menos "verdadeiras" que outras. Para elas, uma coisa é verdade ou não, em vez de "verdade para mim", "verdade em alguma extensão", ou "verdade em algumas circunstâncias".

Vamos explorar esse conceito muito importante e bastante sutil usando a analogia de uma árvore – a "árvore do conhecimento", como mostrada na Figura 4.1.

A maneira mais direta, íntima e fundamental de podermos "saber" alguma coisa é de nossa própria *experiência sensorial*, pessoal, que ocorre antes de dizermos qualquer coisa sobre ela ou como nos lembramos dela. Nós a sentimos, antes de começarmos a pensar nela em termos categóricos. Quando você experimenta um sundae de banana

Figura 4.1 A Árvore de Conhecimento

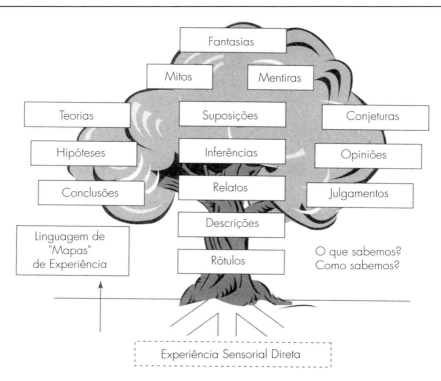

80 ■ Inteligência Prática

com calda de caramelo, "conhece-o" em um nível sensorial direto. Você poderia falar a respeito, maravilhar-se com o sabor ou o que a boca sente dele, tentar descrevê-lo para alguém, e até escrever um poema sobre ele, mas nunca será capaz de captar a essência da experiência sensorial em palavras. Outra pessoa que também provou uma sobremesa dessas pode sentir o mesmo entusiasmo, mas nunca saberá qual é a experiência *que você tem* dela. Os outros podem descrever a experiência que tiveram ao tomarem *sundaes*, mas você nunca a captará como eles.

Como sugere a árvore do conhecimento, as descrições verbais são apenas mapas fracos, ou réplicas, ou a realidade sensorial que uma pessoa experimentou, e algumas são muito mais fracas que outras. Talvez a primeira parte da árvore de descrição verbal – o tronco – esteja ligando um rótulo à experiência – dando um nome a ela. As *descrições* ficam mais distantes da realidade original percebida, à medida que começamos a aplicar adjetivos, julgamentos e implicações.

Um *relato*, como sugerido pelo diagrama da árvore, é alguma coisa além do mapa verbal, ou descrição de sua experiência, ou talvez até mesmo uma descrição de segunda mão baseada na descrição de uma terceira pessoa.

Pode-se sentir, intuitivamente, que essa progressão de níveis nos leva na direção de conhecimento que é cada vez mais incerta – ou seja, torna-se cada vez mais difícil verificar ou validá-la em nossa experiência?

Por exemplo, suposições e inferências são diferentes de relatos de segunda mão, que são diferentes dos relatos em primeira mão, que são diferentes de experiências sensoriais diretas. Conclusões, julgamentos, opiniões, hipóteses – esses são rótulos que usamos para caracterizar informações de acordo com sua "distância" da experiência pessoal direta.

Teorias e conjecturas oferecem verdades *potenciais*, e elas podem ser expressas em linguagem tão abstrata que nunca poderão ser comprovadas. Mitos, mentiras e fantasias são conhecimentos que crescem muito além dos ramos da árvore do conhecimento.

O valor mais importante desse conceito de árvore do conhecimento é o entendimento que preserva a sanidade, segundo o qual a verdade não só é local ao cérebro onde reside, mas também é relativa à experiência sensorial original sobre a qual ela se baseia supostamente.

Podemos colocar isso em linguagem informal, com um verso da música de Creedence Clearwater Revival:

> As pessoas dizem, "Acredite na metade do que você vê, filho, e em nada do que você ouve".

Aqui está outro aspecto peculiar da flexibilidade mental: *percepção de causa e efeito*. Costumamos perguntar: "Por quê?", "Por que tal coisa aconteceu?", "Por que o país A atacou o país B?", "Por que esta espécie de peixe está desaparecendo?", "Por que meninos em localidades carentes juntam-se a gangues?".

Nós seres humanos buscamos compulsivamente "razões" para o que observamos. "A *causa* B". Se não queremos que B aconteça, temos que ter certeza de que A não acontecerá. A tentação na qual caímos, com tanta freqüência, é perceber apenas aquelas relações de causa e efeito que podemos entender facilmente. Não queremos sobrecarregar nossos cérebros com relações complexas, por isso procuramos freqüentemente – e encontramos – relações simples "A causa B". Mas muito do que acontece no imenso mundo à nossa volta é *multicausal*: A afeta B, que afeta C, que afeta J, que afeta B, que afeta R, que afeta A.

O físico David Bohm escreveu e lecionou sobre o que ele chamou de *ordem implicada* – uma cascata de relações que se desenvolvem continuamente entre matéria, energia e informação, que ele acreditava modelarem toda a realidade. Ele preferiu à *ordem explicada* como a "aparência" da causa e efeito que percebemos e acreditamos ser "verdadeira". Ele e outros têm alegado que o cérebro humano, incapaz de captar até mesmo o conceito da ordem implicada, para não mencionar entendê-lo, impõe voluntariamente sua percepção da causa e efeito sobre o que pensa entender.

Outra das histórias Sufi encantadoras ilustra a sutileza da causa-e-efeito:

> Um dos alunos de Mullah Nasruddin perguntou: "O que é destino?". Nasruddin respondeu: "Uma sucessão infinita de eventos interligados, cada um influenciando o outro". "Esta dificilmente é uma resposta satisfatória. Acredito na causa e efeito", retorquiu o aluno. "Muito bem", respondeu Mullah, "olhe isso", apontando para uma procissão que passava na rua. "Esse homem está sendo levado para a forca. Será porque alguém lhe deu um pedaço de prata e com este ele pôde comprar a faca com a qual ele cometeu o assassinato; ou porque alguém lhe vendeu a faca; ou porque alguém viu-o fazer isso; ou porque ninguém o impediu?"

COMO EU APRENDI A PARAR DE DISCUTIR COM AS PESSOAS

Durante a faculdade aprendi muito bem a discutir. E nunca participei de uma aula para debater nem participei de um debate formal. Mas participava de debates informais quase todo dia. Um grupo de colegas se reunia toda manhã em uma dada mesa na cafeteria do grêmio estudantil. A conversa que rolava continuamente junto com o café e pães doces era um tipo de "parada para discussão intelectual". Alguns apareciam depois da aula e outros saíam para as próximas aulas. E alguns deixavam de assistir à aula se achassem o discurso mais atraente que a perspectiva de assistir a uma aula expositiva de cálculo ou de física.

Vim de uma escola de uma pequena cidade no interior onde tive pouca oportunidade de me engajar em conversas estratosféricas sobre o significado da vida, mas logo me tornei um dos debatedores mais habilidosos. Lembre-se, nunca chamamos isso de debate; nós o considerávamos um lugar para estarmos juntos. Mas a maioria das vezes era uma disputa de inteligência, ego e testosterona.

82 ■ Inteligência Prática

> Conversação, *s.f.* Um evento para se expor pequenas coisas mentais, em que cada expositor está envolvido demais em organizar as próprias ondas cerebrais para observar as de seu vizinho.
>
> Ambrose Bierce, *The Devil's Dictionary*

Examinando o passado muitos anos mais tarde, percebi que não consegui aprender algumas coisas além de argumentar com habilidade:

- Saía ganhando nas discussões, mas raramente percebia que tinha mudado realmente a mente de alguém. Fazer a outra pessoa parecer tola, ou mal informada, ou mentalmente incompetente, podia melhorar o conceito que os observadores ou aqueles colegas que defendiam a mesma posição tinham de você, mas isso só deixava a outra pessoa irritada e querendo vingança.
- Sempre que eu percebia que estava perdendo um debate, minhas prioridades mudavam de vencer para não perder. Mesmo que eu percebesse em algum nível que as opiniões de meu oponente faziam mais sentido do que a minha, eu não podia lhe dar o prazer de me ver derrotado. Podia rever minhas opiniões mais tarde, quando quisesse ou sem a presença dos outros, mas geralmente eu me sentia compelido a defendê-las a todo custo. Imagino que meus oponentes fizeram o mesmo com freqüência.

Pense em sua própria experiência com discussões.

Você já passou pela experiência de descobrir, de repente, em meio a um debate acalorado com outra pessoa, ou pior ainda, um grupo de pessoas, que você *estava errado* – e de fato completamente errado? Alguém educadamente lhe apresenta um dado ou uma questão que derruba toda a posição que você estava defendendo agressivamente, e você sabe disso.

É uma experiência bem desconcertante, não é? É como se o seu cérebro ficasse bloqueado: seus pensamentos ficam caóticos, você tem aquela sensação de "ter caído na armadilha", e fica temporariamente chocado. Perde o raciocínio. De repente, você é transformado de um guerreiro valente em um fugitivo em desespero.

O que se faz em seguida diz muito sobre alguém, e muito sobre a maneira como se aprendeu a usar sua inteligência natural. Têm-se várias opções: pode blefar e se gabar – tentando desviar a atenção da verdade inconveniente. Pode-se pode ignorar e continuar conversando; e pode gritar para a pessoa que disse isso; pode alegar que não é verdade ou relevante; ou pode atacar a credibilidade da pessoa que disse isso, ou a fonte de onde isso veio. Geralmente, nesse tipo de situação, o melhor resultado que você pode esperar é um empate, e é muito provável que o "público" ainda perceba a disputa como uma perda.

Uma segunda estratégia é a "você me pegou". Pode-se parar, admitir que a história que esteve tramando não se sustenta e aceitar as críticas. Muito provavelmente, a outra parte, ou o público se houver, apreciará vê-lo aceitar a derrota. Eles se divertirão com seu constrangimento. Você fornece "serviço grátis" ao ser alvo das piadas que seguem. Depois do episódio humilhante, a vida continua.

Há também uma terceira estratégia, altamente recomendada:

*Não se envolva em embates com as pessoas para
ver quem sai perdendo ou ganhando.*

Em algum momento de minha carreira profissional, comecei a perceber que entrar em discussão com as pessoas não parecia me interessar. Suponho que inconscientemente captei pistas de algumas pessoas que encontrei e que pareciam mais "disponíveis", mais inclinadas a ouvir atentamente e mais aptas a redirecionar os pensamentos dos outros. Comecei a perceber alternativas à abordagem da força bruta.

Acabei percebendo uma evolução profunda em minha forma de entender as pessoas e as idéias. Comecei a perceber cada vez mais claramente, e a acreditar com convicção cada vez maior, que discutir com as pessoas com muita freqüência me desviava dos objetivos que eu queria atingir.

> Um homem convencido contra sua vontade mantém a mesma opinião.
>
> William Blake, "Auguries of Innocence"

Em meu livro *Inteligência Social: A Nova Ciência do Sucesso*, descrevi um episódio que pode ter sido decisivo para o meu entendimento.

Você está errado. Está errado e eu lhe direi por quê.

Esta afirmação e algumas outras que vieram depois podem ter causado a perda de vários milhões de dólares em negócios para uma empresa onde você trabalhou durante muitos anos.

A pessoa na recepção era técnico especializado e trabalhava para o Ministério da Defesa. A pessoa na recepção era meu funcionário, Jack (não é seu nome verdadeiro), um jovem com conhecimentos técnicos consideráveis, mas com poucas habilidades sociais discerníveis.

Ele e eu estávamos nos reunindo com o especialista do governo pela primeira vez. Nossa missão era começar a construir um relacionamento que nos permitiria conhecer a ele e a seus colegas com nossas capacidades técnicas como empresa, e por meio disso criar nossa vantagem competitiva para nossa empresa como contratante para negócios da Defesa.

O especialista do governo tinha expressado uma opinião forte – e que não se sustentava – sobre as futuras perspectivas de um determinado tipo de tecnologia. Meu colega Jack, aparentemente cego ao contexto maior da conversa, não pôde deixar esse ato de blasfêmia técnica passar sem resposta. Ele teve de pôr esse homem em seu lugar. Em suma, eles começaram uma discussão acalorada.

84 ■ Inteligência Prática

Longe de atingir nosso objetivo de iniciar um relacionamento de sucesso, logo chegamos exatamente ao oposto. Antes de conseguir voltar a uma discussão neutra, o estrago já tinha sido feito. Nunca conseguimos outra reunião com ele ou qualquer colega dele.[5]

Comecei a perceber, no início vagamente e então com mais clareza, que os *resultados são importantes*. Percebi que posso abordar qualquer conversa, com um estranho em um ponto de ônibus, um colega de trabalho, um cliente em potencial ou existente, ou um parceiro íntimo, com uma opção de possíveis intenções:

- *Como performance* – uma forma de se exibir; podemos procurar impressionar os outros com o quanto sabemos, como somos sábios e o quanto podemos nos expressar bem.
- *Como esporte* – uma guerra de intelecto em que procuramos dominar ou derrotar os outros com nossas habilidades de debate; provar a eles ou aos observadores que somos mentalmente superiores a eles.
- *Como forma de vender* – podemos procurar induzir os outros a mudar suas visões e aceitar uma idéia, um ponto de vista, ou um curso de ação que queremos promover.
- *Como forma de aprender* – através do discurso, podemos procurar descobrir informações úteis, novas idéias, novos pontos de vista ou novas possibilidades que poderiam ser pessoalmente benéficos para nós.
- *Como forma de conectar* – podemos simplesmente procurar aproveitar o sentido de comunidade que vem da afirmação de nossos interesses comuns e visões partilhadas, em vez de enfatizar nossas diferenças. "Conversa fiada", por exemplo, é fiada porque evita o conflito e a controvérsia em favor de um acordo ritualizado, que preserva a empatia, o bom relacionamento e sentimentos de camaradagem.

Os debatedores crônicos – pessoas que transformam a maioria das conversas em argumentos para ver quem ganha e quem perde – freqüentemente se derrotam ao confundirem os meios e os fins. Percebi que foi isso que eu estava fazendo muitas vezes.

> O melhor capitão não avança à frente dos outros,
> nem é o melhor soldado um colega que deseja lutar.
> O maior vencedor ganha sem a batalha...
>
> Lao Tse

Os pensadores *simplex* e *duplex* tendem, com freqüência, a tratarem uma conversa como um evento esportivo. Eles podem expressar uma forte opinião sobre um tópico e verificar para ver se conseguem adeptos. Muitas vezes, outro pensador simplex ou duplex pode discordar parcial ou integralmente. Então eles tomam suas posições e passam a discutir. E para muitos deles, *é* realmente um esporte. Eles adoram – ou acreditam adorar – a estimulação do combate simulado.

Qualquer um, evidentemente, tem o direito de tratar uma conversa como uma disputa de habilidades para debater. Ao mesmo tempo, eles não podem se desvencilhar da responsabilidade para as conseqüências – o resultado que eles obtêm. Muitos debatedores crônicos dirão: "Acredito que as melhores idéias vêm quando as pessoas têm de defender suas opiniões. Elas têm de explicitar o que acreditam". É mais provável, em minha opinião, que as trocas de opiniões entre as partes tendam a encorajar o pensamento desonesto e distorcido, na medida em que as pessoas produzem argumentos para apoiar suas posições fixas. E freqüentemente, acredito eu, essa racionalização é uma história usada para justificar sua agressão social.

Novamente, tudo leva aos resultados. Se o resultado que eu quero é uma "venda" – convidar alguém para concordar com minha "verdade" – então apresentar minha "verdade" de uma maneira agressiva, coerciva, não parece ser uma escolha efetiva. Se eu sinto satisfação emocional em me exibir ou em derrotar os outros, preciso me perguntar: "Que déficit em minha própria noção de self me leva a querer menosprezar ou derrotar os outros?". E "Este comportamento está me levando mais perto, ou me distanciando do resultado que estou buscando?".

No capítulo 6, exploraremos várias estratégias e técnicas verbais para influenciar os outros sem que eles se tornem resistentes.

UMA NOVA FORMA DE PENSAR SOBRE OPINIÕES

Em um determinado episódio de *Star Trek*, a série de TV que passou durante muito tempo, Mr. Spock, interpretado pelo ator Leonard Nimoy, observou calmamente: "Mudança é o processo essencial de toda a existência".

De fato, é. E se cada um de nós pudesse ficar em contato, o tempo todo, e em todos os níveis de nossa consciência, com essa verdade profundamente simples, seríamos criaturas muito mais sadias do que somos. A indisposição para reconhecer, aceitar e adotar que tudo o que chamamos de "realidade" está em um estado de constante evolução é a base da maioria das formas de loucura. Vamos parar um momento para nos religarmos a essa verdade simples e suas implicações.

Seu corpo cria cerca de 2,5 milhões de células sangüíneas vermelhas por segundo, que vivem, em média, 120 dias. A maioria das outras células do corpo morre e é substituída aproximadamente depois do mesmo período de tempo. Com esse raciocínio, não se é a mesma pessoa que foi três ou quatro meses atrás.

De fato, não se é a mesma pessoa que foi um segundo atrás; só parece ser "si mesmo". Considere que milhões de células do seu cérebro tenham acabado de mudar como resultado da leitura dos últimos parágrafos deste livro. Novas informações alteraram os padrões químicos, conexões e sinais que fluem entre as células de seu cérebro e as outras células de seu corpo.

86 ■ Inteligência Prática

"Não se pode pisar duas vezes no mesmo rio."

Heráclito

Do nível de moléculas e partículas subatômicas, até as estrelas e galáxias, as trocas de energia refazem constantemente toda a matéria. O movimento é uma constante de todo o universo. A casa na infância mudou desde que crescemos lá. O núcleo de amizade que tínhamos na infância se alastrou, provavelmente em várias direções. Alguns amigos e familiares talvez tenham deixado o planeta. Os artistas prediletos do cinema estão envelhecendo. Mudamos todo dia, esperamos que para melhor, mas possivelmente também de formas que não gostaríamos.

A ilusão de ser a mesma pessoa de alguns segundos atrás, e talvez que "sempre" fomos, existe somente por causa da memória. As células do cérebro não morrem nem são substituídas (com algumas exceções interessantes), por isso as memórias se ligam à experiência do presente com a experiência do passado.

Aqui está o engraçado desta discussão: se todas as coisas no universo estão mudando constantemente, *por que tantas pessoas parecem sentir que suas opiniões devem ser fixas, permanentes e finais?* Por que as opiniões não deveriam ser transitórias, assim como nós humanos estamos "em processo"? Por que não nos permitimos ser imperfeitos?

As opiniões tendem a afastar nossa curiosidade. "Chegar" a uma opinião põe fim a uma jornada mental. Afinal, por que continuar procurando possíveis respostas quando você já encontrou a resposta?

Por outro lado (e não do outro lado", como os pensadores duplex costumam dizer), pôr suas opiniões perpetuamente à prova tende a manter sua curiosidade mais aberta.

Curar-se da *opinionite* requer abrir mão da necessidade de estar certo. Significa distanciar o ego de suas idéias. Significa permitir que as idéias afirmem ou neguem seus méritos, em vez de tê-las e defendê-las emocionalmente. Significa ter confiança suficiente nos processos de pensamento para poder conviver com a ambigüidade e a complexidade.

Aqui está uma recomendação que promove a sanidade:

Retire a palavra "opinião" de seu vocabulário.

Se pensamos que a palavra "opinião" sinaliza um ponto final, uma conclusão final que responde por todos os "fatos" em uma situação, então chamar alguma coisa de opinião tende a indicar que você parou de pensar sobre o assunto, a questão, a proposição, ou o tópico.

O termo alternativo "posição" também tende a implicar o mesmo "fechamento do livro". Dizer "minha posição sobre isso é..." parece ser adotar uma posição militar fortificada e estar preparado para repelir todos os atacantes. Em contrapartida, usar um termo que sugere que esse pensamento ainda está a caminho serve como pista para si mesmo e para os outros de que há sempre mais para saber e mais a considerar.

Tente substituir "opinião" ou "posição" por outros termos, como "meu ponto de vista", "meu ângulo", "meu entendimento atual", ou "minha impressão".

Nesse ponto, algumas pessoas dirão: "Mas você não pode ser indeciso. Você precisa defender alguma coisa. Como você não tem opinião?". Não é questão de não ter opinião – é de *não sermos escravos de nossas opiniões*. É tratar suas opiniões como trabalho em andamento, assim como você se considera um trabalho em andamento. Retirar a palavra "opinião" de seu vocabulário não o impede de formar pontos de vista "em andamento" que podem atender aos seus processos de pensamento; isso só dificulta mais para você ligá-los à sua noção do self. E pode tender a torná-lo diretamente consciente da opinião que você forma e de concluir processos, à medida que exige buscar formas originais de descrever o que está fazendo com sua mente.

TRÊS FRASES QUE PODEM MANTER SUA MENTE ABERTA

Como veremos mais claramente no capítulo 6, a linguagem é uma forma de software mental, e mudar sua linguagem pode levá-lo a mudar sua maneira de pensar.

Para iniciar um projeto de revisão radical de nossos hábitos de linguagem, vamos considerar apenas três estratégias verbais simples mas poderosas que apóiam e reforçam o hábito mental fundamental da Flexibilidade Mental:

Três chaves para a Flexibilidade Mental:

> *"Não sei."*
> *"Eu errei."*
> *"Mudei de idéia."*

Pense cuidadosamente nas implicações de cada uma dessas afirmações-chave. Eles transmitem para nós, e também aos outros, que temos a coragem de mudar, de aprender e crescer. Usá-las fluentemente, habilmente – e adequadamente – livra-nos de defender o ego. Elas nos permitem afirmar nosso direito de sermos humanos.

"Eu Não Sei"

Por exemplo, como se reage quando alguém faz uma pergunta: "Você está familiarizado com a teoria da psicocosmese?", "Você comeu naquele lugar incrível, o Gizzardi's?", "Você sabe como calibrar um Franostat?", "Você fica alarmado quando percebe que não tem resposta para uma pergunta, ou talvez que nem sabe do que estão falando?".

Uma voz interior, de algum lugar abaixo do nível de consciência, diz que se "deveria" saber – e que não se deve deixar ninguém descobrir que não sabe? Tem o impulso de fingir – dar uma resposta evasiva ou inventar uma resposta aproximada? Ou quando se informa àquele que perguntou, que não se sabe a resposta, a pessoa se sente inadequada, constrangida ou ligeiramente inapta?

Do ponto de vista de saúde mental e do hábito liberador da flexibilidade mental, é irrelevante se alguém deveria saber ou não. O simples fato é que não se sabe. E ao treinar para dizer: "Eu não sei", simplesmente, sem se desculpar, sem vergonha, com um tom normal de voz, evita-se transformar a energia mental positiva em energia negativa. Ao fazer isso, reserva-se e redireciona-se a energia mental para as possibilidades que a situação oferece.

Neste ponto, certamente algumas pessoas protestarão: "Mas e se eu disser "Eu não sei' o tempo todo, as pessoas não vão pensar que eu sou incompetente?". Provavelmente sim. Não há necessidade de levar isso ao extremo. Podemos simplesmente começar parando de nos retrair – a síndrome "eu devo saber tudo" – e afirmar verbalmente nosso direito de não saber, pelo menos naquelas situações em que não saber é razoável.

> Não sei um milionésimo de 1% do nada.
>
> Thomas A. Edison

"Eu errei"

Um valor similar se aplica à frase-chave "Eu errei". Para algumas pessoas, reconhecer que tomaram uma decisão errada ou fizeram uma escolha inadequada equivale a confessar que elas também são humanas. Se elas investiram muito da energia mental para reprimir suas dúvidas subconscientes sobre sua competência, podem ser tentadas a tentar falsificá-las bem como falsificar outras que elas consideram estar passando algum julgamento sobre elas.

Novamente, é útil praticar o uso da frase – quando adequado – com uma atitude normal, de quem está revelando algo simples. Só está se dizendo que agora pode ver alternativas à decisão que tomou e que agora lhe agradam mais. Não se é uma má pessoa, nem foi quando se tomou a decisão que agora gostaria de ter tomado diferente. Isolando o ego da decisão, tem-se direito a ter uma "média de acertos" ou um "registro de desempenho". Ninguém precisa estar "certo" o tempo todo; só é preciso acertar em uma grande percentagem de tentativas.

> Os erros são parte dos tributos que se paga para a vida toda.
>
> Sophia Loren

"Mudei de idéia"

Da mesma forma, a expressão, "Mudei de idéia" afirma o direito de mudar, aprender e crescer. Muitas de nossas mensagens e sinais culturais parecem transmitir a idéia de que se deve ter certeza sobre as coisas e, além disso, que se deve sempre fazer o julgamento "certo" na primeira tentativa. Mudar de idéia, particularmente em uma situação envolvendo argumento e relações adversárias, é freqüentemente condenado como uma indicação de incompetência ou da fraqueza de caráter. Uma das piores acusações feitas a contestadores políticos contra seus adversários é a inconsistência – não ter opiniões e posições firmes sobre todo assunto, ou até pior, mudar de posição.

Não confunda mudar de idéia com não tomar boas decisões – não são a mesma coisa. O que pode ter sido uma decisão ou ponto de vista efetivo e adequado em algum momento pode não ser mais efetivo ou adequado se as evidências mudam ou quando se descobre uma conclusão melhor com base nas evidências originais. Se não se parece chegar a conclusões seguras sobre qualquer coisa, então provavelmente seja preciso trabalhar as habilidades de tomar decisão. Mas se não se pode "voltar atrás na decisão quando existem evidências melhores ou uma razão melhor, está-se confundindo rigidez com competência.

> Diante da escolha entre mudar de idéia e provar
> que não há necessidade de fazer isso, a maioria
> das pessoas se ocupa da prova.
>
> John Kenneth Galbraith

Se as pessoas com as quais alguém costuma lidar provavelmente percebem a mudança de idéia como uma fraqueza ou incompetência, pode-se achar útil explicá-la a ela de modo que possa tolerá-la e aceitá-la. Por exemplo, poder-se-ia dizer: "Eu examinei essa questão de novo, e passei a vê-la de um modo novo", ou "A situação mudou; talvez seja hora de repensar a decisão", ou "essa decisão não foi tomada da forma que esperávamos; acho que é hora de seguir uma abordagem melhor".

A razão para usar essas afirmações mentalmente flexíveis não é levar os outros a considerarem a pessoa incompetente, mas lembrar dos "direitos mentais como cidadão" – o direito de ser humano, o direito de aprender, de se adaptar e crescer, e o direito de atualizar continuamente seu pensamento. Escolhendo a linguagem efetivamente, não só se fica livre para pensar com mais clareza, mas provavelmente faz-se com que os outros considerem-na mentalmente flexível e confiante em sua própria inteligência prática.

Notas

1   Feldenkrais, Moshe. *Awareness Through Movement*. San Francisco: Harper, 1991.
2   Gardner, John. *Self-Renewal: The Individual in the Innovative Society*. Nova York: Norton, 1995 (reedição).
3   Zindell, David. *The Broken God*. Nova York: Bantam, 1994 (p. 110). Usado com permissão. Modifiquei ligeiramente a seqüência dos parágrafos para apoiar o fluxo de idéias neste capítulo.
4   Burnham, Tom. *The Dictionary of Misinformation*. Nova York: HarperCollins, 2005.
5   Albrecht, Karl. *Social Intelligence: The New Science of Success*. San Francisco: Jossey-Bass, 2006.

5 UPGRADE 2 DO SOFTWARE MENTAL

Adotando o pensamento afirmativo

Três grandes requisitos para uma vida feliz são algo para fazer, algo para amar, e algo para esperar.

Joseph Addison

"Sou apenas uma velha de quarenta anos."

Então disse uma mulher ao se apresentar para cerca de trinta outras pessoas na primeira sessão de um curso noturno que eu ministrei anos atrás. As sessões exploravam uma variedade de habilidades de vida, e tínhamos acabado de nos preparar para começar. Cada pessoa dava seu nome e alguma informação pessoal que ele ou ela julgasse apropriado.

A maior parte de seus colegas riu de sua caracterização inteligente, mas o subtexto do comentário não se perdeu. A maneira como nos descrevemos aos outros em geral reflete como nos definimos internamente.

Não seria surpreendente descobrir que ela usou a mesma autodescrição em várias outras conversas. De fato, aquilo provavelmente se tornou um slogan em suas conversas. Poderia ter servido a vários propósitos: como um gesto social de humildade; como uma tentativa de ter empatia do grupo; como uma mensagem de auto-resignação; ou para suscitar pena.

Talvez ela não "quisesse" realmente dizer isso. Talvez fosse apenas "algo que ela disse" – apenas uma forma bem-humorada de iniciar uma conversa com estranhos.

92 ■ INTELIGÊNCIA PRÁTICA

Seja qual for a explicação, permanece um fato importante: *ela disse isso*. Isto significa que *o resto dela ouviu isso*.

LIMPANDO O SÓTÃO: DESCONTAMINAÇÃO MENTAL

A frase "pensamento positivo" tem sido usada há muitas décadas. Tornou-se tão comum, creio eu, que perdeu a maior parte de seu sentido. Slogans como "Pense Positivamente", "Tenha uma atitude mental positiva" e "Seja um pensador positivo" perderam a força. As pessoas tendem a pensar nas frases "como coisas de Norman Vincent Peale", slogans e recitações baseados no famoso livro *O poder do Pensamento Positivo,*[1], de Peale. De fato, Peale dramatizou os conceitos habilmente – pelo menos na sua época e para o ambiente social para o qual ele estava escrevendo – e é difícil refutar qualquer um dos pontos fundamentais de seu livro. No entanto, parece muito claro que mais pessoas falam sobre "pensamento positivo" do que o praticam realmente.

Esta é a principal razão pela qual eu escolhi uma frase mais contemporânea em favor do termo mais antigo, comum, "pensamento positivo". Algumas pessoas podem estar firmemente coladas a essa frase, e se preferem continuar usando-a, não faço objeção. Durante todo o livro, entretanto, preferi substituir por uma frase que me parece mais descritiva, mais focada, contemporânea e praticável: *pensamento afirmativo*. Sua definição funcional é:

> *Pensamento afirmativo: Um padrão de atenção seletiva e ideação que apóia um alto nível de saúde mental.*

No capítulo 6, aprofundaremo-nos no papel desempenhado pela linguagem em nos tornar mentalmente bem ou mal, e estudaremos algumas estratégias e padrões verbais que ajudam a criar e a manter um estado saudável da experiência interna. Uma vez que muito de nossa criação consciente de idéias encontra expressão na linguagem, podemos aprimorar a natureza dessa ideação usando nossa linguagem de modo mais inteligente. Neste capítulo, começaremos nos concentrando mais no primeiro elemento da definição: a atenção seletiva.

Conforme descrito na definição acima, o pensamento afirmativo envolve dois padrões primários de atividade mental: a *atenção seletiva* e o *pensamento seletivo*. A atenção seletiva envolve ativamente "censurar" o que é permitido na mente e escolher pró-ativamente a que dirige sua atenção. O pensamento seletivo envolve concentrar-se intencionalmente nos tipos de idéias, nos processos de raciocínio, conclusões e intenções que mais provavelmente tragam, em sua vida, mais resultados positivos que negativos.

> Mude seus pensamentos e você mudará seu mundo.
>
> Norman Vincent Peale

"SENSORSHIP": ESCOLHA O QUE VOCÊ PERMITIRÁ ENTRAR EM SUA MENTE

Um ano após a morte de Marilyn Monroe, os índices de suicídio nos Estados Unidos aumentaram em 12% e em 10% na Inglaterra e no País de Gales.

Estudos de padrões de suicidas adolescentes na América entre 1973 e 1979 mostraram um aumento de uma média de cerca de 7% nos sete dias após a apresentação na TV de trinta e oito histórias de suicídio. Em 1933 – antes da televisão – uma estudante japonesa de dezenove anos, Kiyoko Matsumoto, cometeu suicídio saltando em uma cratera de 300 metros de um vulcão na ilha de Oshima. A notícia da morte dela e a história de seu desespero espalharam uma moda bizarra no Japão: nos meses seguintes, trezentas crianças fizeram a mesma coisa.

Cada dia, cerca de 86 americanos tiram suas vidas (não os mesmos 86, é claro) e mais de 1.500 tentam fazer isso. O índice de suicídio no Japão é de mais de cem por dia, em um país com menos da metade da população dos Estados Unidos.

Embora poucos sejam impelidos a cometer suicídio – o ato final de autodesaprovação – quase todos nós somos muito mais suscetíveis do que pensamos ser às mensagens da programação que recebemos da cultura que nos cerca todos os dias. Parece haver pouca dúvida de que os menos ajustados entre nós captam suas pistas do ambiente de entretenimento. Vários adolescentes que cometem chacinas modelaram o drama de suas vidas em notícias sobre outras pessoas de seu tipo. *Modelagem social* é uma base primária para aprender como se portar em vários contextos, e a cobertura da mídia fornece muitos dos modelos para aqueles poucos indivíduos perturbados que querem dar sua declaração final.

Mas o restante de nós também não está imune.

Inúmeros dados de pesquisa agora mostram que aqueles que assistem muito à TV, por exemplo, tendem a ter uma percepção geralmente distorcida de vida e da sociedade que se alinha mais com a realidade sintética do meio de TV do que com a cultura como ela é. Eles estimam que os índices de criminalidade sejam muito mais altos do que são; estimam que suas próprias chances de serem assaltados ou vitimizados são muito mais altas do que são; tendem a expressar uma visão de vida mais pessimista e cínica; e tendem a relatar níveis mais altos de depressão, ansiedade e idéias suicidas.

Estudantes que assistem muito à TV tendem a ter menos sucessos nos estudos do que aqueles que assistem pouco à TV, ou não assistem; tendem a relatar que colam mais; e tendem a expressar níveis mais baixos de inteligência social do que suas contrapartes livres de mídia.

O vício em televisão, ou mais amplamente na mídia, é cada vez mais reconhecida pelos psicólogos e sociólogos como um problema sério que prejudica a saúde mental e efetividade social de um número cada vez maior de pessoas.

Pense em seu cérebro como muito similar ao browser em seu computador – o software que se usa para navegar na Internet. A única diferença é que se está sempre co-

94 ■ INTELIGÊNCIA PRÁTICA

nectado ao seu ambiente perceptual; não se pode desligar o biocomputador da mesma forma como se desliga o computador em sua mesa ou seu lap. O "browser mental" está recebendo informação do ambiente, mesmo em certa extensão enquanto se dorme. E *tudo o que entra tem um efeito.*

Pode-se, entretanto, escolher a que presta atenção. Favorecendo informação, imagens, visões, sons, experiências e pessoas que apóiem o pensamento afirmativo, pode-se aumentar as chances de se sentir melhor, de ser mais saudável e viver mais. Assim como pode-se "apontar" seu browser de computador em qualquer recurso da Internet que escolher e, portanto, "descartar todos os outros, você também pode empregar seu browser mental para o seu próprio bem. Vamos cunhar um termo e chamá-lo de *"sensorship"*.

Sensorship: A prática de escolher consciente e consistentemente o que você permitirá entrar em sua mente.

Quase todos nós somos continuamente bombardeados pelas mensagens influenciadoras de nosso ambiente diário que é difícil parar e se tornar ciente deles e considerar seus efeitos em nosso pensamento inconsciente.

Entendemos que a "notícia" tende a retratar uma visão mórbida da vida, mas há muitas outras mensagens, inclusive algumas que nem pensamos transmitindo influências positivas ou negativas. Considere um de inúmeros exemplos mais sutis de mensagens ambientais. Aqui está um que geralmente não é considerado particularmente importante, no entanto, tende a penetrar no pensamento, e talvez até mesmo nossas atitudes sobre nós mesmos e a vida. Para se lembrar de como a cultura da mídia é penetrante, considere, por exemplo, a letra de algumas das canções mais populares da cultura ocidental.

"Você Não é Ninguém Até que Alguém o Ame", que ficou popular pelo famoso cantor americano Dean Martin, transmite uma mensagem interessante. Tomada literalmente, essa música deva significar que seu sentido de valor próprio depende de ter uma relação romântica adequada com um parceiro adequado.

Outra canção popular: "Quando alguém o ama, de nada adianta se ela não amá-lo *o tempo todo"*. Presumivelmente, pode-se se tornar alguém se for amado, mas não se ela não amá-lo o tempo todo. Se alguém o ama muito, mas não realmente o tempo todo, então presume-se que você seja um alguém parcial – ou talvez você seja um ninguém parcial. Se várias pessoas o amam um pouco, isso seria o suficiente para torná-lo alguém?

Outro clássico, de mais de cinqüenta anos, é "Você pertence a mim". ("Veja as pirâmides ao longo do Nilo"..., etc.) O companheiro dessa música, suponho, é "Eu Sou Teu". ("Sou teu, coração e alma, sou seu...") Quando nós seres humanos pensamos – e cantamos – em termos dos direitos de propriedade, somos realmente capazes de amar e ser amados incondicionalmente? Para você amar os outros significa tê-los ou ser deles?

A música western americana há muito tem sido objeto de piadas por seu interesse pela dor, a autocomiseração, o fracasso, a infidelidade e o amor não correspondido. Um clássico popular há muitas décadas foi "The Tennessee Waltz", sobre uma mulher que apresentou sua melhor amiga ao namorado e eles fugiram juntos. "Tom Dooley", uma canção imensamente popular na década de 1950, disse de um homem que matou uma bela mulher e estava prestes a ser enforcada. Em "Folsom Prison Blues", de Johnny Cash, o protagonista – sentenciado a prisão perpétua por assassinato – está triste, não por ter remorso, mas simplesmente porque nunca sairá da prisão.

Títulos satíricos de canções country testemunham os temas prevalentes de desespero, auto-desvalorização e alienação. Títulos como "Eu Sinto Muita Falta de Você, Mas Minha Mira Está Melhorando", "Ela Conseguiu a Mina de Ouro e Eu Consegui um Poço", "Se o Telefone Não Tocar, Sou Eu" e "Se eu Tivesse Atirado em Você Mais Cedo, Estaria Fora da Prisão Agora", jogam com a raiva agridoce do caipira e a música western.

Um website até ofereceu algumas baladas clássicas western-country-judias:[2]

- "Mamas Don't Let Your Ungrateful Sons Grow Up to Be Cowboys (When You Could Very Easily Have Taken Over the Family Hardware Business That My Own Father Broke His Back to Start and Your Father Sweated Over for Forty-Five Years, Which /apparently Doesn't Mean Anything to You Now That You're Turning Yor Back on Such a Gift to Ride Around All Day On Some Meshuggenah Horse)"; [Mães não deixem seus filhos ingratos crescer para serem cowboys (Quando você poderia facilmente assumir o negócio de materiais de construção da família que meu próprio pai ralou pra começar e seu pai suou durante quarenta e cinco anos, o que aparentemente não significa nada para você agora que você está dando as costas a tal presente para sair cavalgando o dia todo em um cavalo doido)]
- "I Was One of the Chosen People ('Til She Chose Somebody Else)" (Eu era um dos escolhidos até que ela escolheu outro);
- E, é claro, a sempre popular "Stand by Your Mensch".

Certamente, é irrealista sugerir que a saúde mental de qualquer um possa ser seriamente abalada pela letra de uma música – isto seria, no máximo, um caso raro – e nós seres humanos às vezes achamos um tipo de divertimento perverso em lamentar nosso destino na vida. De vez em quando gostamos de ficar apavorados ao andarmos em montanhas russas e vermos filmes assustadores, e às vezes o mal-estar parece nos fazer bem. Podemos nos identificar com os temas e letras de músicas tristes. De certo modo, talvez elas validem nossas experiências pessoais e nos ajudem a levá-las menos a sério.

O ponto mais amplo, entretanto, com respeito à política de *sensorship*, é lembrar que nosso estado emocional e nossos processos inconscientes podem ser influenciados por tudo o que recebemos. Esse simples fato explica a preferência por processos de pensamento positivos, afirmativos, otimistas que promovem o moral e a esperança – e as mensagens que tendem a estimulá-los – muito mais do que preferimos pensamentos e mensagens negativas.

Não estou sugerindo que todos parem de ouvir a todas as músicas tristes ou de ler poesia triste e romances trágicos. Estou sugerindo, entretanto, que cada um de nós pode fazer um inventário consciente, várias vezes por dia, do que estamos aceitando em nossas mentes. E mesmo as contribuições aparentemente mundanas como música e entretenimento merecem ser examinadas.

Vamos dar um passo adiante. *Sensorship* inclui não só o ambiente de informação, mas as *pessoas* em seu mundo também. Muitas das pessoas que habitam sua "bolha" social estão lá por convite seu, ou pelo menos como resultado de sua aquiescência. Algumas delas podem não merecer estar lá. Pode-se estar partilhando o espaço social com pessoas que minam seus esforços para manter um estado mental positivo.

Em *Inteligência Social: A Nova Ciência do Sucesso*, defino comportamento *tóxico* e *nutritivo* como:

> Comportamento tóxico: um padrão consistente de comportamento que faz os outros se sentirem desvalorizados, inadequados, irritados, frustrados ou culpados.

> Comportamento nutritivo: um padrão consistente de comportamento que faz os outros se sentirem valorizados, capazes, amados, respeitados e apreciados.[3]

Temos o direito, até onde as circunstâncias permitem, de preferir a companhia de pessoas que nos nutrem e descartar as pessoas tóxicas de nossas vidas. Veja uma verdade simples e importante:

> *Você pode "queimar" qualquer um em sua vida que considere tóxica*
> *e desestabilize sua condição como pessoa.*

Algumas pessoas permitem que seus ambientes pessoais se tornem cheios de indivíduos tóxicos, que minam consistentemente sua noção de bem-estar emocional. Elas podem reclamar das atrocidades que os outros cometem contra sua individualidade, e no entanto não conseguem pensar em "dispensar" àqueles que não pertencem a suas vidas.

"Não posso 'riscar' minha mãe!" eles podem dizer. Por que não? Que obrigação se tem com os parentes, a quem, afinal, só estamos ligados por acidente genético? Alguém tem obrigação ou responsabilidade de sofrer nas mãos de pais, mães, irmãos, irmãs, e ainda de tias e tios, ou primos que não percebe serem pessoas nocivas e com as quais não se tem ligação genética?

É claro que freqüentemente temos de fazer trocas para lidar com indivíduos tóxicos. Sair de um emprego, um casamento, ou um relacionamento importante raramente é tão simples quanto ser demitido; pode haver outras conseqüências a considerar. Mas "riscar" uma pessoa talvez, não signifique necessariamente nunca mais vê-la; pode-se decidir limitar ou reduzir suas interações com ela, ou estabelecer um contexto limitado para interagir que dificulta um pouco para ela drenar sua energia física.

Talvez seja aconselhável tentar aprimorar relacionamentos ou convencer pessoas tóxicas a tratá-lo humanamente. Assim como um chefe seria aconselhado a fazer um "funcionário problema" a mudar suas maneiras, e a eliminar a pessoa somente como último recurso, podemos fazer a mesma coisa com pessoas em nossas vidas que são um "problema". Presumivelmente quase todos – funcionários ou amigos – merecem uma "advertência justa" antes de receberem "a demissão". Mas cada um de nós faz escolhas sobre as pessoas e experiências que permitirá influenciar suas vidas, e em conseqüência, influenciar seus pensamentos e estado mental.

Um exercício

Desenhe um esboço de seu corpo no centro de uma folha de papel (faça um desenho esquemático, se quiser; não é um exercício artístico), e então desenhe a constelação de pessoas com quem você convive, pelo menos ocasionalmente, durante alguns meses de vida normal. Escreva o nome de cada pessoa ao lado de sua figura correspondente.

Agora escreva uma pontuação numérica ao lado de cada pessoa, que varie de 1 a 5, para codificar que influência aquela pessoa tem em sua vida e no seu estado mental. Use um 5 para as pessoas que em sua opinião sempre a alimentam, lhe dão apoio, são afirmativas, encorajadoras e ligadas afetivamente. Dê uma pontuação de 1 para qualquer pessoa que você considere consistentemente negativa, crítica, argumentativa, não generosa ou fria. Atribua pontos aos outros dentro dessa escala, conforme adequado.

Enquanto você está fazendo isso, acrescente a seu diagrama qualquer experiência ou atividade particular em que você está engajado; então dê pontos a cada uma delas em termos de seu valor à sua saúde mental e bem-estar. Adicione seu emprego, grupos de pessoas com quem você costuma se encontrar e qualquer organização a que você pertença.

Você pode fazer várias coisas com este diagrama. Pode canalizar suas energias para apreciar pessoas que você acha afirmativas e que o alimentam. Mostre através de seu comportamento que você é grato por tê-las em sua vida. E lembre-se de valorizar, pelo menos mentalmente, as atividades e oportunidades que apóiam sua saúde mental e bem-estar.

Segundo, pode-se pensar cuidadosamente nas compensações que está tendo continuamente por suportar as pessoas, experiências ou situações tóxicas em sua vida. Tirar algumas delas de seu browser social poderia ser difícil – seu chefe ou sua esposa, por exemplo. Em última instância, existem três opções para lidar com um relacionamento ou uma situação tóxica: mudá-la, aceitá-la e ajustá-la o melhor possível; ou deixá-la.

Cortar uma pessoa de sua vida não precisa ser um ato hostil nem agressivo. Pode ser feito com calma, educação e até afetuosamente. Se você não foi capaz de melhorar a situação o suficiente, e acredita que seu sistema imune esteja em risco, pode simplesmente dizer algo como "Estive pensando em minha vida ultimamente e decidi quais são realmente minhas prioridades pessoais. Decidi que só quero relacionamentos positivos com pessoas positivas. Não sei como construir um relacionamento positivo com você que atenda às minhas necessidades, por isso decidi não vê-lo mais. Não guardo nenhuma animosidade, só acho que não há mais lugar na minha vida para esse relacionamento".

98 ■ INTELIGÊNCIA PRÁTICA

Pode-se aplicar essa política de censura à vida como um todo. O primeiro requisito, evidentemente, é nos tornarmos mais plenamente conscientes do que estamos realmente recebendo em nossas mentes. Então podemos fazer escolhas que tragam resultados melhores em nossas vidas.

RESISTÊNCIA À ENCULTURAÇÃO, VULGO "DETECTANDO BOBAGENS"

Em seu livro provocativo, *Teaching as a Subversive Activity*[4], o professor titular da Universidade de Nova York, Neil Postman, citou declaração do escritor Ernest Hemingway: "Para ser um bom escritor você precisa ter um bom *detector de porcarias* embutido, à prova de choque". Colocando em termos mais educados, o psicólogo Abraham Maslow citou a habilidade necessária de *resistência à enculturação*.

Postman, presumivelmente atirando no meio entre a versão vulgar e a polida, cunhou o termo "detectando bobagens". Acho esse termo estimulantemente ofensivo e muito útil.

Hemingway, Maslow e Postman – e muitos dos maiores pensadores em toda a história – defenderam a importância da capacidade do indivíduo de ver através da cortina da cultura. Eles acreditavam que cada um de nós é responsável por nós mesmos, e pelos outros seres humanos, para recusar interpretar o que vemos e ouvimos literalmente.

É fácil tornar-se hipnotizado com o redemoinho de mensagens que nos cercam: faça isso, mas não faça aquilo; compre isto, adquira aquilo, use isto, dirija aquele; coma isto; tome aquilo, fume isto; não acredite neles – acredite em nós; não tome o partido deles – tome o nosso partido; odeie esta pessoa e idolatre aquela; venere esta ou aquela celebridade. *Somos muito mais os produtos de nosso ambiente cultural do que queremos acreditar.*

Saber detectar bobagens significa não ser crédulo, mas não significa ser cínico. Nem todos querem enganá-lo – mas algumas pessoas querem, e se você estiver consciente das possibilidades, poderá perceber e reagir adequadamente.

Talvez uma definição prática de detectar bobagem fosse:

> *Detectar bobagem: Um hábito não crédulo e não cínico de considerar os motivos e propósitos potenciais por trás do que as pessoas nos dizem.*

A tentação dos seres humanos de enganarem e manipularem uns aos outros provavelmente existe desde nossa capacidade de usar a linguagem – e talvez até de desenhar. As pessoas foram incitadas a guerrear, recolheram-se de medo e foram separadas de suas raízes fixadas a custo por indivíduos desonrados que aprenderam a dominar seus impulsos inconscientes e emoções.

Hermann Goering, o segundo homem de Hitler no comando e chefe do *Luftwaffe* alemão, falava confiantemente da facilidade com a qual as pessoas podem ser induzidas a ir para a guerra. Entrevistado em sua cela durante os julgamentos de Nuremberg por Gustave Gilbert, um oficial da inteligência e psicólogo, Goering foi bem franco sobre seus métodos. Gilbert mantinha um diário de suas observações dos procedimentos e conversas com os prisioneiros, que ele publicou em seu livro *Nuremberg Diary* (Diário de Nuremberg). Ele relata parte de uma conversa com Goering em sua cela na noite de 18 de abril de 1946:

> Começamos a falar novamente sobre a guerra e eu disse que, ao contrário da atitude dele, eu não achava que as pessoas comuns eram muito gratas aos líderes que as levaram para a guerra e a destruição.
>
> "Porque, evidentemente, as *pessoas não querem guerrear*", Goering encolheu os ombros. "Por que alguns pobres miseráveis desejariam arriscar sua vida em uma guerra quando o melhor que eles podem tirar dela é voltar para seu 'trabalho na terra' inteiros? Naturalmente, as pessoas comuns não querem guerra; nem na Rússia nem na Inglaterra nem na América, nem, nesse sentido, na Alemanha. Isto está claro. Mas, afinal, são os dirigentes do país que determinam a política e é sempre simples conduzir as pessoas, seja numa democracia ou numa ditadura fascista, num Parlamento ou numa ditadura comunista."
>
> "Há uma diferença", eu ressaltei. "Em uma democracia as pessoas têm voz através dos representantes que elegeram, e nos Estados Unidos somente o Congresso pode declarar guerras".
>
> "Ah, tudo isso é muito bom, mas com ou sem voz, as pessoas sempre podem ser levadas a acatar os líderes. Isto é fácil. Você só precisa dizer que elas estão sendo atacadas e denunciar os pacifistas pela falta de patriotismo e expor o país ao perigo. *Isto funciona da mesma forma em qualquer país.*"[5]

Provavelmente ele estivesse certo.

Em toda cultura, há alguns "sérios pensadores" e um grande número de "pensadores seguidores". Esta pode parecer uma avaliação não generosa da condição humana, mas dificilmente parece argumentável no esquema geral. Os líderes do totalitarismo sabem que seus inimigos mais perigosos são os grandes pensadores. Não só eles podem pensar claramente, mas podem encorajar, com freqüência, os seguidores a acionarem seus detectores de bobagens e repensarem o que lhes disseram. É por isso que praticamente todos os ditadores e demagogos tentam silenciar a *intelligentsia* e inibir a expressão da oposição política na mídia.

> Os homens que o povo americano mais admira são extravagantemente os mentirosos mais descarados; os homens que eles mais detestam são aqueles que tentam lhes dizer a verdade.
>
> H. L. Mencken

100 ■ INTELIGÊNCIA PRÁTICA

O que torna os pensadores seguidores tão fáceis de manipular, como Goering observou, é o fato de que eles gostam de ter respostas claras e simples, valorizar opiniões firmes e estar totalmente convencidos de que "pensam por si mesmos". Eles formam praticamente suas opiniões e visões do mundo a partir das fontes "oficiais" no ambiente circundante. Quem controla aqueles meios controla suas opiniões, na maior parte.

A lavagem cerebral funciona melhor quando os sujeitos estão convencidos de que seus cérebros não foram lavados.

Exemplo: todo ano, o Presidente dos Estados Unidos é obrigado, por lei, a comparecer a uma sessão do Congresso e apresentar um relatório do "Estado da União". E todo ano, praticamente sem falha, as classificações de aprovação pública do Presidente aumentam em 5 a 10 pontos percentuais nas pesquisas de opinião feitas durante as duas semanas seguintes. As agências de pesquisas sabem que as pesquisas de opinião, nas culturas modernas baseadas na mídia, medem basicamente o impacto dos noticiários, e não os processos mentais das massas.

A resistência à enculturação também inclui o que pensamos como coragem intelectual, ou "ter a coragem de nossas convicções".

Outro exemplo: Gugliemo Marconi, um inventor italiano e um dos primeiros pioneiros do rádio e da eletrônica, acreditava que fosse possível enviar sinais de rádio por longas distâncias, de modo que as pessoas fossem capazes de se comunicar entre continentes. O peso praticamente de toda opinião científica respeitável estava contra ele; os cientistas em 1900 acreditavam que as ondas de rádio que viajavam em linhas retas nunca poderiam ser usadas em longas distâncias devido às limitações impostas pela curvatura da Terra. Mesmo assim Marconi decidiu fazer uma tentativa. Em 12 de dezembro de 1901, ele instalou um receptor sem fim especialmente projetado em Newfoundland, Canadá, e recebeu um sinal em código Morse – a letra "S", representada por três pulsos, ou "pontos" – de Poldhu, Cornwall, na Inglaterra. Um ano depois, em 18 de janeiro de 1903, ele enviou uma mensagem de congratulações do Presidente Theodore Roosevelt para o Rei Edward VII, que lhe mandou resposta. Vários anos mais tarde, os cientistas descobriram a *ionosfera,* a camada de partículas carregadas na atmosfera da Terra que têm o efeito de refratar ou "curvar" os sinais de rádio de ondas curtas, fazendo com que elas sigam os contornos da Terra. A coragem intelectual de Marconi foi recompensada: ele recebeu o Prêmio Nobel de Física em 1909.

Parte da coragem intelectual é saber quando ouvir o conselho dos outros e quando confiar em seus próprios julgamentos.

LIMPE SUA MENTE FAZENDO UM "JEJUM DE MÍDIA"

Mohandas Gandhi, um dos pensadores e líderes mais reverenciados na História, habituou-se a passar um dia por semana em silêncio. Em geral às segundas-feiras ele não falava, nem falavam com ele. Ele usava o tempo para refletir, ler e ouvir sua própria mente. Embora fosse um trabalho silencioso, meditação e exercício, ele tentava redescobrir o centro de sua inteligência. Muitos de nós poderíamos nos beneficiar ao encontrarmos a sabedoria de nosso próprio silêncio.

Embora muitos de nós pensemos que tal prática seria completamente impossível no mundo atual, sobrecarregado de experiências sensoriais, considere que, na maturidade, Gandhi reunia-se freqüentemente com organizadores políticos, jornalistas e autoridades de estado, bem como com estudantes em seu *ashram*. A atenção dele era muito solicitada, e, no entanto, ele encontrava tempo para meditar, fiar com sua primitiva máquina de fiar e estudar os clássicos da literatura religiosa. Se Gandhi podia fazer isso, nós também podemos – se pensarmos que isso é muito importante. Os desafios são diferentes para nós, mas não são maiores que aqueles enfrentados por Gandhi.

É admissível que muito conspire contra nossa paz mental, tranqüilidade e privacidade. Quase em todo lugar para onde vamos, na moderna cultura comercializada, imagens e sons exigem nossa atenção. O CD player no carro; nas mãos de adolescentes que estão andando ou do carro de outro adolescente; a televisão na sala de embarque do aeroporto e os incansáveis anúncios de segurança no sistema de amplificação sonora; o filme ou o vídeo de notícias durante o vôo; o rock que toca no sistema de som do café ou restaurante; a pessoa que está conversando pelo telefone na mesa ao lado; as imagens e sons irritantes do noticiário de TV; os ataques exaltados dos programas de entrevistas políticas em emissoras de rádio; e, evidentemente, a incansável martelação do aparelho de TV em casa.

Muitos de nós podemos passar grande parte de nosso tempo aprisionados em ambientes que incluem imagens e sons feitos quase exclusivamente pelo homem. Quantas vezes fixamos os olhos em cenas que não contêm evidência de atividade humana e aqueles sons e cheiros são da natureza e não da "civilização"?

A poluição audiovisual tornou-se tão comum que muitos de nós perdemos toda noção de nosso direito à paz e ao silêncio. A "notícia" em particular, aquela estranha combinação de ansiedade e surpresa, tornou-se cada vez mais irreal, irrealista e surreal. Em meu livro *Social Intelligence: The New Science of Success*, descrevi as "Dez Únicas Reportagens Básicas":[6]

1. *Choque e horror* – assassinato na escola, por exemplo.

2. *Tragédia* – furacões e outros desastres são excelentes para essa categoria.

3. *Sexo* – celebridades pornô sempre dão uma boa matéria.

4. *Escândalo* – adoramos ver os malandros serem descobertos.

5. *A Queda dos Poderosos* – mostra-nos os ricos e poderosos sendo derrubados de seus pedestais.

6. *Conflito* – sempre deixa uma notícia "mais saborosa"; as pessoas adoram ver uma briga, mesmo que seja apenas uma troca de insultos.

102 ■ INTELIGÊNCIA PRÁTICA

7. Preocupação – diga-me o que deverá ser preocupação esta semana: Furacões? Preço da gasolina? Crime?

8. *Voyeurismo* – mostre-me algo bizarro, doente, distorcido, ou chocante.

9. *Dilemas* – aborto, pena de morte, eutanásia, casamento gay; conflitos insolúveis são fáceis de disfarçar como reportagens "equilibradas".

10. Histórias "fantásticas" (mudança de ritmo) – dê-me uma coisa atraente ou divertida de vez em quando, para que eu não pense que as notícias são sempre negativas: a competição de soletrar palavras [*spelling bee*], por exemplo, ou o cachorro que resgata a senhora idosa do incêndio.

Andrew Weil, um dos praticantes mais respeitados de saúde holística, recomenda um "jejum de notícias" de uma semana como parte de seu plano de "Oito Semanas para a Saúde Excelente". Weil aconselha:

> Quero que você descubra e use o fato de ter opção quanto à quantidade de notícias que você admite em sua consciência, principalmente se ela perturbar seu equilíbrio emocional e espiritual.

Pode-se reduzir o nível de ruído cultural que entra na mente em etapas. Considere ter um dia por semana sem TV. "Este é um movimento que está ganhando aceitação nos Estados Unidos e em outras culturas baseadas na mídia.) Deixe o aparelho de TV desligado da meia-noite até meia-noite do dia seguinte. Pode-se precisar negociar com sua família – ou usar sua autoridade pessoal – para que eles colaborem. Ficar fora da sala enquanto a TV está ligada não ajuda muito a livrar sua mente se você ainda puder ouvi-la.

Uma vez que se consegue ficar um dia inteiro livre da TV por semana, regularmente, começa-se a destravar outros canais de mídia da consciência. Não veja material gravado em vídeo e não vá ao cinema no dia em que está livre da mídia.

A partir daí prossiga, deixando todos os rádios desligados no dia sem mídia. Isso inclui transmissões de rádio enquanto se dirige e principalmente notícias de rádio. Deixe o aparelho desligado enquanto dirige. Faça um esforço consciente para escolher as atividades de modo que raramente seja exposto à poluição de mídia das outras pessoas.

Uma vez que já se habituou a desligar todos os meios de transmissão e televisuais, passe a deixar jornais e revistas no seu dia livre de mídia. Nem leia material de propaganda que chegar por e-mail naquele dia.

Então: nada de TV, cinema, nada de ver vídeo digital ou gravação de vídeo, nada de rádio, música, jornais e revistas. Para o próximo desafio, não ligue a Internet durante as 24 horas do dia sem mídia. Uma vez que se consegue fazer isso, deixe o celular desligado.

Nas primeiras vezes que se fizer jejum de mídia um dia inteiro, pode-se sentir meio estranho, possivelmente um pouco desorientado, talvez carente. Começar-se-á a se tornar ciente do quanto o tempo e a atenção são confiscados involuntariamente pelo consumo passivo de lixo cultural. Pode-se sentir que algo está faltando – um ritual familiar que está sendo tirado. A noção de tempo pode parecer menos compartimentalizada e menos incremental.

Eventualmente, é provável que se sinta mais calma, tenha uma noção menos frenética do que está acontecendo em volta, e alívio da noção pendente, ruim, de urgência. Não se terá escolha senão ouvir o próprio monólogo interior. Sem as várias distrações impostas à sua consciência, pode-se ter o prazer de passar mais tempo com seus pensamentos. Pergunte-se: "O que eu estou aprendendo enquanto limpo minha mente da poluição midiática, e como esse estado especial de atenção pode me ajudar?".

Depois que removi todos os sinais de transmissão de TV de minha casa cerca de cinco anos atrás, experimentei uma mudança notável em meu estado mental. Eu me sentia mais plácido, mais otimista, mais aberto a novas experiências e mais generoso comigo mesmo e com os outros. Não é exagero dizer que senti a mente higienizada, em certa extensão. Ainda assisto a filmes selecionados de vez em quando – principalmente aos clássicos, musicais e comédias, e não sinto perda por não ter material de vídeo transmitido em meu ambiente pessoal.

RE-ENGENHARIA DE SUAS ATITUDES

Lembre-se do princípio fundamental: *pensamos com o corpo todo*. Isto significa que o que chamamos de "atitude" é um padrão de informação do corpo todo. A ideação consciente liga-se à ideação inconsciente, bem como aos padrões emocionais e até aos padrões somáticos, ou viscerais. Atitudes afirmativas são padrões de informação positivos e atitudes negativas são padrões de informação negativos – eles têm efeitos desejáveis ou indesejáveis em todo o corpo.

Nossa história cultural está repleta de histórias que codificam uma crença básica: atitudes podem curar e podem matar. Um bruxo ou praticante de vudu aponta um osso ameaçadoramente para alguém, e essa pessoa cai de cama e não sai mais, até morrer. Uma pessoa com câncer em fase terminal sofre uma transformação emocional e há remissão da doença. Uma pessoa que parece ter muito a viver tira a própria vida, enquanto uma pessoa que está gravemente incapacitada decide que vale a pena viver e alcança um grande sucesso e alegria.

Entre as atitudes que matam e aquelas que curam, há atitudes que modelam nossa saúde e o bem-estar diariamente. Considere atitudes como ciúme, inveja ou ressentimento. Elas podem nos predispor a reagir e a nos portarmos de um modo antagônico com os outros, e freqüentemente para nossa própria desvantagem.

Atitudes são opções. Os oradores e escritores motivacionais nos dizem que "a diferença entre sucesso e fracasso (e felicidade e infelicidade, a propósito) pode ser resumida em uma palavra: *atitude*". Clichê ou não, eles estão basicamente certos. A palavra "atitude", e os conceitos por trás dela, pode parecer um tanto vaga à primeira vista, mas quanto mais se pensa nela mais claro o conceito se torna.

Veja uma definição simples:

*Atitude: Um estado mental que predispõe uma pessoa a pensar,
a reagir e a portar-se de certas maneiras.*

Esta definição é como uma forma de os pilotos descreverem a atitude de um avião em vôo. A atitude de uma aeronave ou nave espacial é sua orientação em qualquer instante: sua localização em um ponto no espaço e no tempo, a direção para a qual seu nariz está apontando, o ângulo de suas asas na horizontal e o ângulo de sua fuselagem – planando, subindo, descendo. Sua atitude está mudando constantemente – ela deve mudar, ou o avião cairá – e para onde ele vai no próximo segundo é previsto por sua atitude nesse momento.

Nós, humanos, somos muito parecidos com o avião. O que pensamos, dizemos e fazemos no próximo momento depende em grande parte da atitude que carregamos em nossas mentes nesse momento. Uma atitude "desafiadora" pode nos predispor a discutir, a fazer oposição às intenções dos outros, ou a rejeitar ofertas de colaboração. Uma atitude "aplacadora" pode nos predispor a tentarmos a paz; é claro que ela poderia funcionar contra nossos interesses em algumas situações. Uma atitude de "desprezo" pode nos predispor a descontar o que alguém diz ou a nos recusar a reconhecer seus direitos ou interesses em uma dada situação.

Algumas de nossas atitudes são transitórias, pois reagimos a várias situações. Outras podem ser mais duráveis, ter efeitos mais prolongados em nossos pensamentos, reações e ações. Outro termo para uma atitude dominante, duradoura, é a *mentalidade*. Uma mentalidade é uma gestão fixa de idéias, crenças, valores e conclusões que modelam a maneira como percebemos, reagimos e nos comportamos. Assim como uma mesa posta afeta a maneira como as pessoas partilham uma refeição, uma mentalidade afeta a maneira como pensamos. Algumas de nossas mentalidades podem não nos servir bem.

Exemplo: considere a atitude de *vingança*. Na forma de adjetivo, é descrita como ser vingativo, querendo vingança. Também nos referimos a ela como carregar ressentimentos, querer retaliar, ou "ficar quites". O efeito de uma mentalidade vingativa é duplo: *leva-nos* a nos portarmos de outras maneiras. Situações de conflito podem levar facilmente pessoas a atitude vingativa. Um divórcio amargamente contestado, a falência de uma iniciativa de risco, ou uma disputa política pelo controle de uma corporação podem fazer freqüentemente as pessoas se tornarem vingativas. Infelizmente, agir por vingança pode levar exatamente ao oposto do que se propõe. Muitas pessoas que se vêem em meio a um divórcio amargo são tentadas a usar procedimentos legais na esperança de prejudicar a outra parte. Os advogados que fazem divórcios sabem que um divórcio litigioso é muito mais lucrativo que um amigável; muitos deles são tentados a ajudar os protagonistas a lutar em vez de colaborar. A vingança é, muitas vezes, mais onerosa, no longo prazo, para aquele que a busca do que para o inimigo presumido.

Aqui está um dos fatos mais importantes da vida que se pode aprender:

*Atitudes agressivas são ligações – elas nos prendem às pessoas
ou objetos sobre os quais nos voltamos.*

Outro exemplo: alguém dirige o carro em um tráfego intenso, quando um motorista agressivo corta a frente, e é preciso brecar de repente. Dependendo do estado mental – a atitude ou mentalidade no momento – a pessoa poderia se irritar com essa injustiça não provocada. Buzina para aquele motorista delinqüente, como se o punisse pelo mau comportamento. Segue-o e o encara, esperando que ele olhe pelo retrovisor. O coração dispara, a pressão sangüínea sobe, os hormônios começam a bombear, e os pensamentos agradáveis de segundos atrás são esquecidos. Os circuitos reptilianos do cérebro entram em ação e agora ela está inclinada a se vingar. Nota que o tráfego em sua pista está mais lento, e a pista adjacente está mais rápida. Rapidamente muda para a pista mais rápida. Quando ele aumenta a velocidade para tentar ficar na sua frente novamente, acelera para ultrapassá-lo e o mantém preso. Quando o carro na frente dele aumenta a velocidade, aproxima-se do carro à sua frente, para que ele fique preso. Deixa de lado temporariamente a sanidade para se engajar em uma batalha de egos com um estranho. E não há nada a vencer; o melhor que se pode esperar é negociar uma emoção negativa – raiva – por outra emoção negativa – o prazer sórdido que vem em se fazer alguém mais ficar irritado. E o sistema imune registrará os efeitos do estresse.

Parece adequado referirmos freqüentemente a ficar irritado como "ficar louco". E é louco mesmo.

Se você já tivesse passado pela situação que acabamos de rever, ou alguma coisa parecida, considere que foi permitido que a outra pessoa infligisse desconforto psicológico, e não uma, mas duas vezes. O primeiro evento é quando alguém se irrita como resultado de mau comportamento dele. O segundo é quando quer se vingar. A pessoa tornou-se *disfuncionalmente ligada* a esse estranho. Enquanto está tentando "empatar", está psicologicamente preso a ele – ele se tornou a alma gêmea do mal. Embora ele possa não saber, e provavelmente não pense nisso dessa forma, ele tem a permissão de determinar como o outro está se sentindo.

Suponha que se pudesse treinar – e de fato se pode – a diminuir a força de reação a essa provocação, e a todas as provocações semelhantes? Suponha que alguém breque, reaja com raiva moderada por um ou dois segundos, e então deixe o incidente passar. O evento foi esquecido. Reconhecendo que nenhum resultado valioso seja possível, continuando a interagir com a pessoa que se portou mal, está-se simplesmente abstendo de culpar, criticar e retaliar. Leva-se a vida em frente. O estado emocional volta em nível positivo saudável dentro de alguns segundos ou, quando muito, em menos de um minuto.

Esta pode parecer uma reação humana anormal, mas na verdade é bastante sensata, e bem eficiente. Sem se irritar e querer se vingar, fica-se livre realmente da influência da outra pessoa muito mais cedo do que se faria. Não é preciso condenar nem perdoar: apenas não se envolve emocionalmente com o evento. Pense da seguinte forma:

A melhor vingança é não precisar se vingar.

Em todos os casos, emoções negativas nos levam a nos tornarmos *descentrados*: nós nos desconectamos da origem autêntica de nossas idéias e reações, e começamos a "orbitar" figurativamente a pessoa ou circunstância com a qual nos preocupamos. Considere o efeito liberador de deixar passar uma variedade de atitudes negativas, agressivas que nós, seres humanos, construímos em nossas mentes nos vários milhares de anos de nossa existência:

- *Inveja*: quando invejamos os outros, nossa atenção se torna negativa em vez de afirmativa, e a dirigimos para eles em vez de manter a atitude otimista e afirmativa e deixá-la fluir para as coisas que desejamos e merecemos.
- *Ciúme*: quando sentimos ciúme diminuímos nosso próprio valor; tentamos competir com os outros pela aprovação daqueles que fortalecem a noção que temos de nosso self.
- *Ganância*: quando queremos adquirir *coisas* – inclusive dinheiro, que nos dá a capacidade para adquirir coisas – nos deixamos escravizar por nossos bens materiais; tornamos nosso valor próprio contingente à aquisição em vez de sermos autenticamente quem somos.
- *Culpa*: quando aceitamos a culpa, permitimos que a desaprovação dos outros controle nosso estado emocional; quando nos portamos de maneiras que nos comprometam para evitar a culpa que os outros imporiam sobre nós, barganhamos nossa auto-estima.
- *Desprezo*: quando desprezamos os outros, nossas percepções a respeito deles nos despertam emoções negativas; nós nos vinculamos a eles desnecessariamente por meio da energia negativa que flui de nós para eles.

Em todos os casos, a liberação de atitudes negativas a pessoas e experiências acontece quando abandonamos nossas ligações emocionais negativas com elas, percebendo-as de uma maneira emocionalmente neutra – mesmo que estejamos engajados em interações adversárias com elas – voltamos a nosso ponto central natural, e reclamamos nossa energia de modo que possamos "reciclá-la" em forma positiva e a redirecioná-la para os fins positivos.

A ATITUDE DA GRATIDÃO

Anos atrás tive o enorme prazer de conhecer Dr. Hans Selye, que foi um dos pesquisadores pioneiros no estudo médico de estresse e seus efeitos sobre seres humanos.

Foi em meu quarto de hotel em Monterey, Califórnia, enquanto me preparava para sair e andar um quarteirão até um centro de conferência onde Selye faria uma apresentação em um grande encontro de especialistas em serviço social e saúde mental. Ele tinha concordado em escrever uma mensagem de abertura – um prólogo – para meu livro *Stress and the Manager*, que deveria ser publicado em breve. Eu o havia informado por carta que planejava ir à conferência e esperava cumprimentá-lo e expressar meus agradecimentos por sua contribuição.

O telefone tocou; era Dr. Selye me convidando para pegá-lo em seu quarto e para irmos andando até o centro de conferência. Bati à porta do quarto dele e apareceu um pequeno gnomo – ele estava com quase setenta anos na época – que estava envolvido em fazer um furo a mais no cinto com um canivete suíço. Elegante, compenetrado, elegantemente humilde e brilho nos olhos, ele levou alguns minutos para elogiar meu livro e trocar idéias em um nível filosófico.

Uma coisa que ele me disse ficou guardada durante vários anos desde aquele encontro, e acredito ter sido capaz de entender a profundidade de seu significado, talvez um pouco mais a cada dia. Era uma idéia muito simples, mas profunda.

"Karl", ele disse [vou parafraseá-lo aqui, com licença literária], sabemos que nosso estado mental tem um efeito inevitável em nossa saúde e bem-estar. Por enquanto esse achado é irrefutável, e inescapável. O que eu concluí até aqui é que a melhor forma de ficar mental e fisicamente saudável é viver a vida com uma *atitude de gratidão*".

Não havia tempo para ele elaborar muito mais sobre a idéia; ao completarmos os poucos 30 metros até o centro de conferência, ele foi cercado por admiradores. "O senhor é Dr. Selye?", a pergunta se repetia. Com esse brilho nos olhos como marca registrada e um sorriso maroto, ele diria, com seu charmoso sotaque húngaro: "Esta é minha tragédia". Suponho que os fãs assumissem que eu era seu guarda-costas ou segurança, considerando que eu não era uma pessoa muito conhecida na época.

Uma *atitude de gratidão*: aquela frase poética, simples e sutil, começou a me fazer pensar mais séria e ativamente sobre toda a conexão "corpo-mente", e a desejar saber se nós, seres humanos, poderíamos realmente aprender a encontrar voluntariamente e a sustentar estados mentais especiais que conduzissem à cura e à manutenção da saúde física e mental.

Combinando o conselho de Selye com achados de muitas outras fontes, particularmente pesquisa do cérebro, hipnoterapia e sistemas de informação, comecei a refletir sobre a natureza dos "humores". Nós usamos o termo "humor" para descrever um estado emocional, geralmente ligado a um determinado conjunto de idéias e reações, o que muda de um momento para outro. É possível, perguntei, controlar nossos humores voluntária e deliberadamente, em vez de simplesmente permitir que elas sejam desencadeadas e controladas por nossas experiências?

Passei a acreditar e a aplicar em minha própria vida a noção de encontrar um humor particular que conduz à saúde mental e ao bem-estar.

Hans Selye e muitos outros pesquisadores têm especulado que a configuração especial de idéias, sentimentos, reações e intenções, que estão associados a certos estados mentais, causa uma seqüência de reações em todo o corpo que apóia a cura.

Como veremos no capítulo 11, o sistema imune está ouvindo constantemente durante o processo de pensamento. Todo pensamento que se tem é expresso como um conjunto de mensagens químicas e padrões do sistema nervoso que se irradiam para todo o seu corpo. Pesquisas respeitadas mostram claramente que o *status* do sistema imune, inclusive o número e os tipos de células imunes e a concentração de várias imunoproteínas, sobe e desce em relação direta com o processo mental permanente. O trabalho dos

Dr. Carl e Stephanie Simonton com pacientes com câncer terminal apóia a idéia de que os estados mentais podem causar, agravar, melhorar – e até curar – câncer e outras doenças que ameaçam a vida.

A ATITUDE DA ABUNDÂNCIA

Um dos velhos clichês do "pensamento positivo" refere-se a "ver a garrafa de vinho como meio cheia *versus* vê-la como meio vazia". O comediante George Carlin tem uma resposta: "A #*$! da garrafa é grande demais!". Minha opinião é: "Depende de quem está tomando o vinho. Se for meu, a outra metade está na minha barriga". Na verdade, eu tomo vinho ocasionalmente, então meia garrafa é o bastante para mim.

Neste "improviso mental" estamos jogando com o conceito de *abundância*. Cada pessoa, através do labirinto complexo e único de experiências pessoais que modelam sua visão do self e do mundo, desenvolve uma noção do que requer para sobreviver e prosperar na vida. Cada um de nós constrói um inconsciente complexo – uma constelação de padrões e reações mentais, como o psicólogo Carl Jung definiu – associados à escassez e à abundância.

Uma pessoa poderia desenvolver uma estrutura de crença inconsciente em torno de uma noção de risco, perda, privação e impermanência. "Você não pode confiar em ninguém." "Você tem de lutar pelo que você quer." "A vida é uma batalha; há vencedores e perdedores." No extremo, pessoas preocupadas com a escassez podem se tornar excessivamente conservadoras, irrealisticamente econômicas, pessimistas, não generosas, medrosas, avessas a risco, invejosas, fechadas, desconfiadas e, às vezes, altamente competitivas. Muitos terapeutas acreditam que a obesidade e o superaquecimento crônico em geral estão freqüentemente ligados a uma noção inconsciente de escassez e perda, às vezes adquirida na infância.

Recebemos muitos sinais culturais que parecem vender uma visão de escassez. Muitas de nossas normas culturais sugerem que as pessoas que competem agressivamente merecem mais admiração que aquelas que colaboram. A guerra é muito mais popular que a paz. Nos anos recentes, o pensamento empresarial no Ocidente parece ter se movido para uma mentalidade baseada na escassez, com a hiper competição evoluindo para uma mentalidade "soma zero". "Negócio é guerra", os conhecidos escritores da área de negócios nos dizem. O slogan de camiseta "Quem chega em segundo lugar é o primeiro perdedor" nos envia um princípio de vida em que se ganha ou se perde, de soma zero, ancorado na escassez.

Pessoas preocupadas com a abundância têm menos probabilidade de ver a vida por uma lente de risco, ganhar *versus* perder, e mais através de uma lente de destino partilhado e crença em conseqüências não esperadas. Elas tendem a ter menos medo, a ser menos ansiosas, menos agressivas, mais otimistas, mais generosas, e mais dispostas a acreditar que "as coisas acabam dando certo se você sabe como aproveitar a melhor forma de elas acontecerem". Tendem a não reagir com inveja ou ressentimento ao sucesso ou à boa sorte dos outros. Podem elogiar, apreciar e reforçar os outros sem sentir que estão se diminuindo. Podem dar-se generosamente *sem esperar nada em troca*.

É interessante que tanto as pessoas preocupadas com a abundância quanto aquelas que pensam na escassez tendem a encontrar evidências no cotidiano que justificam suas crenças.

Parte do pensamento da abundância é abandonar a ligação desesperada aos resultados individuais. Se eu quero ter A, mas na realidade tenho B, posso lamentar e me irritar por não ter A, mas posso muito bem achar que B também pode ser um resultado feliz. Se eu fico esperando A, posso não apreciar a satisfação que não ter A me deu.

O ensinamento budista afirma que a maior parte da miséria humana é causada pela emoção que o desejo incita. Abrir mão do desejo com ansiedade não significa desistir de obter os resultados que se quer – ou pelo menos obter os resultados que podem ser viáveis em um determinado conjunto de circunstâncias. Significa meramente não se ligar emocionalmente a um determinado resultado. Abrir mão da ligação ansiosa dá poder para trabalhar sem ansiedade para alcançar o resultado desejado, e também ajustar o pensamento e estratégias à experiência, à medida que vai se realizando.

ALTRUÍSMO PRÁTICO

Uma boa forma de juntar diversas atitudes de afirmação da vida em uma só – uma mega atitude – é pensar em termos de *altruísmo*. É uma palavra familiar, mas não muito usada nas conversas. Para algumas pessoas, parece sugerir uma tendência ingênua de fazer o bem para as pessoas sacrificando seus próprios interesses. Os seres humanos realmente nobres, os verdadeiros humanitários, podem ser capazes de pensar e se portar de modo altruísta, mas para nós, os "normais", isto parece ser um pouco exagerado. Um traço admirável, talvez, mas não é uma forma realista de viver e funcionar.

Certamente, nem todos são fáceis de serem amados; de fato, algumas pessoas parecem se especializar em dificultar isso. As situações podem colocar freqüentemente as pessoas em conflito umas com as outras. Vizinhos podem se tornar inimigos. Pessoas ou departamentos de uma empresa podem se envolver em competição. A história, a tradição, precedentes e hábitos podem alimentar conflitos e feudos por muito tempo. E, evidentemente, há pessoas que gostam de trapacear, manipular e usar os outros com propósitos egoístas. Por que deveríamos ser altruístas quando os outros estão se portando com egoísmo?

A resposta é profundamente simples: não são os outros – somos nós. É preciso controlar totalmente o estado emocional, a mentalidade, atitudes e reações. Encontrar o centro e desligá-lo das provocações de pessoas e situações e portar-se de forma não agressiva, com otimismo e até mesmo com generosidade.

Em nossos momentos mais sãos, percebemos nossa tendência a termos resultados melhores ao lidarmos com a maioria das pessoas e a maioria das situações se nos aproximarmos delas de uma maneira positiva, colaboradora, e não com antagonismo. Mas quantas vezes nos esquecemos dessa simples verdade? Vamos pensar nela como altruísmo prático – menos idealista e mais realista.

110 ■ INTELIGÊNCIA PRÁTICA

> Você pode pegar mais mosquitos com uma gota de mel que com um galão de bile.
>
> Abraham Lincoln

Se alguém aceita o princípio do carma, como foi ocidentalizado, pode pensar em termos do "*loop* cármico", que é a conexão infinita entre as ações e as conseqüências. Algumas ações têm conseqüências imediatas depois que saímos do planeta. Se alguém insiste que os bons atos são recompensados imediatamente, ou pelo menos antes até de se esquecer de tê-los praticado, isso não é altruísmo – é psicologia do retorno.

Dr. Albert Schweitzer, o médico e humanitário reverenciado que dedicou sua vida a ajudar os outros, disse:

> Nenhum raio da luz do sol se perde, mas o verde que ele desperta na existência precisa de tempo para crescer, e nem sempre o lavrador consegue ver a colheita. Todo o trabalho de valor é feito pela fé.

Dr. Milton H. Erickson, amplamente considerado um dos hipnoterapeutas mais talentosos da história, tratou milhares de pessoas em sua longa carreira e ensinou muitos terapeutas a facilitarem a ligação entre estado mental e bem-estar. Ele e outros acreditavam que um padrão distintivo de ideação, possivelmente diferente para cada indivíduo, poderia ser a influência facilitadora para praticamente toda a autocura.

A pesquisa e a prática clínica dos doutores Carl e Stephanie Simonton residem nesse conceito de "estado mental de cura". Durante muitos anos, os Simontons trataram as pessoas diagnosticadas com câncer terminal em suas instalações no Texas. No início de seu trabalho, eles concluíram que uma maioria de pacientes com câncer terminal carregava consigo um complexo inconsciente distintivo – um sistema de crença e uma constelação de idéias associadas que poderiam realmente enfraquecer suas respostas imunes e predispô-los a desenvolver tumores ou a não serem capazes de rejeitá-los.

Os Simontons discerniram em seus pacientes o que descreveram como uma mentalidade de "vítimas". Além das implicações de seus problemas de saúde, eles pareciam se ver como fracassos impotentes na vida. Em outras palavras: eles se consideravam eternamente efeitos, e não causas. Não achavam que faziam as coisas acontecerem em suas vidas, mas que eram vítimas perpétuas de coisas que aconteciam. Essa passividade e sua ideação associada de medo, dúvida e impotência, os deixavam vulneráveis à doença.

Um elemento básico da intervenção abrangente e terapêutica do câncer desenvolvida pelos Simontons foi um processo de reeducação intensiva por parte dos pacientes. Eles aprenderam, pela terapia cognitiva, aconselhamento e treinamento em meditação e visualização, a se reafirmarem como agentes causativos em suas vidas. Seguindo a reengenharia de suas atitudes, eles aprenderam a usar imagens mentais vívidas para contra-atacar o desenvolvimento de seus cânceres. Essa combinação de atitude e imagens tornou-se um aspecto-chave de inúmeras escolas modernas de terapia e crescimento pessoal.

Em minha investigação de vários conceitos terapêuticos, particularmente a hipnoterapia e o campo em desenvolvimento da *psiconeuroimunologia*, acredito ter começado a perceber as características de um estado mental mais ou menos genérico que poderia estar associado à cura e ao bem-estar. Como está implícito nessa discussão, esse estado ideacional parece merecer um rótulo parecido com o altruísmo. O altruísmo prático parece ser sua encarnação quando interagimos com o mundo. Quando aprendemos a adquirir e a nos apegar a um determinado estado de ideação – um complexo de pensamento que envolve todo o corpo –, o altruísmo em geral parece ser um rótulo adequado para captar o sentido dele.

Uma antiga canção explica como "o osso do joelho está ligado ao da coxa, e o osso da coxa está ligado ao dos quadris", e assim seguem muitos e muitos versos. As atitudes são como partes dessa música: a atitude de gratidão está ligada à atitude de generosidade, que está ligada à atitude de abundância, que está ligada à atitude de otimismo, e assim segue a canção da atitude. Continuando a refletir e apreciando as várias atitudes positivas que dispomos, e abandonando as atitudes disfuncionais que não nos servem bem, podemos limpar realmente nossas mentes.

MEDITAÇÃO, MENTALIZAÇÃO E AFIRMAÇÕES

No capítulo 13, exploraremos alguns dos métodos mais avançados de programação mental e pensamento afirmativo, particularmente o uso da meditação e da visualização. Exploraremos tanto a *meditação silenciosa*, que é usar uma "palavra-mantra" para aquietar a mente e liberar os processos de relaxamento e cura; e a *meditação ativa*, que usa mensagens mentais de autoprogramação que contribuem para processos mentais mais saudáveis e o maior bem-estar.

Exploraremos também o uso efetivo de *afirmações* e *recitações*, que são automensagens verbais que traduzem nossas intenções em mensagens dos níveis inconscientes do biocomputador. Como veremos, muitos dos slogans populares de "pensamento positivo" têm eficácia limitada porque não correspondem às funções de software do processo de subconsciente. Quando lhes adicionamos componentes audiovisuais – linguagem emocionalmente influente, pistas auditivas que engajam em níveis mais profundos de ideação, e imagens mentais que correspondem à maneira como queremos que as coisas sejam – nossas afirmações e recitações podem se tornar poderosas pistas para reforçar o pensamento afirmativo, a motivação e a iniciativa para perseguimos nossos objetivos.

Também exploraremos a mentalização, que são ensaios mentais multissensoriais do que queremos fazer acontecer. Construindo um "script" claro e contundente dos resultados que queremos, e experimentando repetidamente a seqüência desejada de eventos em nossa imaginação, temos uma chance maior de obter os resultados que desejamos do que se esperarmos por eles.

Meditações, mentalizações e afirmações são elementos importantes de uma mentalidade orientada para o sucesso. O autor e orador motivacional Richard Israel afirma:

112 ■ Inteligência Prática

"Na vida, não há sucesso e não há fracasso:
Você tem o que programa."

Notas

1 Peale, Norman, Vincent. *The Power of Positive Thinking*. Nova York: Ballantine, 1996.
2 Website de Pete Levin. www.PeteLevin.com.
3 Albrecht, Karl. *Social Intelligence: The New Science of Success*. São Francisco: Jossey-Bass, 2006 (p. 12).
4 Postman, Neil. *Teaching as a Subversive Activity*. Nova York: Delacorte, 1969.
5 Gilbert, G. M. *Nuremberg Diary*. Nova York: Farrar, Straus and Company, 1947 (pp. 278-279).
6 Albrecht, Karl. *Social Intelligence: The New Science of Success*. São Francisco: Jossey-Bass, 2006 (p. 12).

6

UPGRADE 3 DO SOFTWARE MENTAL

Adotando Hábitos Sadios de Linguagem

> "'Quando uso uma palavra',
> Humpty Dumpty disse em um tom bastante satírico,
> 'significa simplesmente o que eu escolho que esta signifique,
> nem mais nem menos.'
> 'A questão é', disse Alice,
> 'se você pode fazer as palavras significarem tantas coisas diferentes.'
> 'A questão é', disse Humpty Dumpty,
> quem é que deve mandar – é isso.'"
>
> Lewis Carroll, *Alice através do Espelho*

ABRAHAM LINCOLN ADORAVA PROPOR UMA CHARADA a seus funcionários: "Se você disser que o rabo do cachorro é uma perna, quantas pernas ele tem?" A maioria deles respondia "Cinco". Lincoln respondia: "Não, ele tem quatro pernas. Chamar a cauda de perna não quer dizer que ela seja uma perna".

Qual é a diferença entre um "clube de moto" e uma "gangue de moto"? Qual é a diferença entre um "terrorista" e aquele que luta em "defesa da liberdade"? Ativistas anti-aborto dizem que defendem a vida, enquanto ativistas pró-aborto dizem que são defensores da escolha. Qual está "certo"? Estamos dizendo algo diferente se descrevemos uma pessoa como um "político" em vez de um "membro do Parlamento" ou um "membro do Congresso"?

114 ■ INTELIGÊNCIA PRÁTICA

Vamos pensar em palavras – *realmente* pensar em palavras. Palavras são muito mais que simples símbolos inanimados – apenas "dados" verbais. No biocomputador humano, elas têm enorme poder. Invocam significados e associações emocionais naqueles que as usam e naqueles que as ouvem. Palavras podem ser armas, ferramentas e arte. Elas podem inspirar, incitar, inflamar, apaziguar, informar, educar, enganar, manipular e confundir.

Muitos líderes famosos entenderam e capitalizaram a psicologia da linguagem, e usaram esse conhecimento para alarmar e mobilizar as pessoas, tanto para o bem quanto para o mal. Poesia, literatura, slogans populares, metáforas e canções patrióticas têm o poder de mover as pessoas de maneira profunda.

O estudo da *retórica*, por exemplo, lida com os padrões primários da linguagem e como eles transmitem sentido além dos mesmos dados simbólicos das palavras. Por exemplo, no momento da Declaração da Independência Americana da Inglaterra, Benjamin Franklin, de acordo com relatos, fez um dos discursos mais memoráveis da época. Quando, após a Declaração da Independência, um de seus líderes companheiros disse: "Agora senhores, devemos todos nos unir", Franklin respondeu "De fato, devemos, ou certamente, seremos todos enforcados, separadamente."

LINGUAGEM COMO SOFTWARE MENTAL: O QUE VOCÊ DIZ É O QUE VOCÊ PENSA

Alfred Korzybski, um respeitado acadêmico e pesquisador que estudou a psicologia da linguagem, propôs um tipo de "teoria da relatividade" do conhecimento, em seu livro *Science and Sanity* [*Ciência e Sanidade*], publicado em 1933. Ele cunhou o termo *semântica geral* para descrever sua teoria de como a estrutura da linguagem modela o pensamento humano, e particularmente como certos hábitos de linguagem contribuem para o conflito, desentendimentos e até mesmo para o desajuste psicológico.[1]

Korzybski afirmou que não existe "verdade universal" ou "conhecimento universal", e em contradição aos ensinamentos de uma longa linha de filósofos a começar por Sócrates, Platão e Aristóteles, ele acreditava que a estrutura e a psicologia da linguagem tornavam impossível para duas mentes saberem exatamente a mesma "realidade". Segundo ele, aqueles que falam inglês não elaboram os mesmos modelos de realidade com suas palavras – "mapas verbais", como ele os chamou – que aqueles que falam japonês, swahili ou espanhol. Visto que diferentes línguas representam conceitos em formas distintas, as diferenças estruturais daquelas linguagens impõem diferenças inevitáveis em nossos modelos mentais de realidade.

Korzybski acreditava que Aristóteles, embora fosse imensamente respeitado como figura histórica, ficou preso em uma caixa mental que não podia detectar: a estrutura de sua própria língua nativa. Suas tentativas de definir conceitos universais, abstratos como: verdade, virtude, responsabilidade e a relação do homem com a natureza e Deus estavam, alegava Korzybski, fadadas ao fracasso. Eles sempre estariam restritos pela estrutura da visão de mundo da Grécia Antiga, conforme codificada pela língua grega. Ele se referiu a essa visão, disparatadamente, como "pensamento aristotélico".

O filósofo renascentista René Descartes tornou o problema mais complexo, na visão de Korzybski, convencendo acadêmicos durante gerações a chegarem à idéia de uma realidade bipartida, baseada em dualismos verbais. Korzybski referiu-se a esse dualismo compulsivo como "pensamento cartesiano".

Ainda pior, Korzybski afirma que dois falantes quaisquer da mesma língua nem sempre dividem exatamente a mesma realidade, porque cada pessoa cresce aprendendo seus próprios significados para as mesmas palavras em sua língua nativa. "Os significados", ele ressaltava, "não estão nas *palavras*; mas nas *pessoas.*"

Definindo a teoria da semântica geral em seus termos mais simples: dois cérebros não contêm exatamente o mesmo "sentido" para qualquer palavra, expressão, ou conceito; portanto, não pode haver sentido universal, verdadeiro para todos, de qualquer "mapa verbal".

Questões sérias podem surgir da influência dominante da linguagem no pensamento e no comportamento. Por exemplo, os argumentos sobre os significados de abstrações como "democracia", "capitalismo" e "justiça" são inúteis, porque eles têm significados pessoais divergentes para pessoas diferentes. Guerras e conflitos étnicos começam freqüentemente como resultado do, ou devido ao, uso descuidado de linguagem altamente carregada.

O uso "mágico" da linguagem em algumas culturas, inclusive supostamente as modernas, indica um estado primitivo de desenvolvimento psico-semântico. Interjeições, xingamentos, pragas, orações e cantos têm feito parte praticamente de todas as culturas humanas.

Mesmo os números podem assumir um significado e um poder mágico para algumas pessoas. Pode-se ainda encontrar hotéis em grandes cidades no mundo sem o 13º andar. O fato de o chamado 14º andar ser, na realidade, o décimo terceiro, não importa. O que importa é não ter o número 13 em qualquer botão do elevador, nem em placas de quarto.

Em algumas culturas, depois que uma pessoa morre, falar o nome dela é tabu, por várias razões. Essa proibição pode estar relacionada a um medo supersticioso da morte e de pessoas mortas; ou pode refletir a crença de que o nome tem poder mágico de convocar o espírito dos falecidos, desviando-o de sua jornada para o outro mundo.

> Oração, s.f. Pedido para que as leis do universo sejam anuladas em nome de um único solicitante, confessamente indigno.
>
> Ambrose Bierce, "The Devil's Dictionary"

Uma forma mais branda da palavra mágica, freqüentemente levada a extremos cômicos, é proibir o uso de certas palavras ou expressões para evitar que as pessoas falem sobre – e presumivelmente pensem sobre – tópicos "não autorizados". No século XIX,

116 ■ INTELIGÊNCIA PRÁTICA

figuras públicas referiam-se a graves problemas econômicos como "depressões", mas na década de 1930 o termo "recessão" passou a ser usado para abrandar as conotações angustiantes.

Na década de 1970, o presidente Jimmy Carter criticou seu principal conselheiro econômico, Alfred Kahn, por assustar o público sobre a possibilidade de uma recessão, e proibiu-o de usar o termo. Daí em diante, em seus discursos e entrevistas à imprensa Kahn substituiu "recessão" pela palavra "banana". "Bem, se temos *mesmo* uma "banana", acho ..." Quase todos que o ouviam sabiam sobre o que ele falava, mas ele seguiu à risca a diretiva de Carter, chamando realmente a atenção para a tentativa comicamente inadequada de tranqüilizar o público.

Uma das habilidades fundamentais da inteligência prática é a consciência desses fenômenos psicológicos mais profundos da linguagem, que envolve a capacidade de monitorar o uso dos próprios padrões da língua e dos padrões dos outros, e a evitar certas patologias verbais que podem causar mal-entendido, conflito e até mesmo desajuste psicológico, tanto individual quanto coletivo.

> Ninguém mais vai à Waikiki Beach;
> está lotada demais.
> Ouvido por acaso em um avião que ia para o Havaí

O terapeuta Wendell Johnson aplicou muitos dos princípios da semântica geral de Alfred Korzybski em seu trabalho com pessoas problemáticas. Em seu livro *People in Quandaries*, ele afirmou que muito do que chamamos de insanidade é, na verdade, uma cabeça cheia de modelos mentais confusos, a maioria deles contaminados pelo uso irracional da linguagem. Johnson relatou que ele raramente conhecia um novo paciente que fosse capaz de articular claramente o que estava errado com sua vida. Johnson concluiu que esse bloqueio inarticulado era tanto uma conseqüência quanto *uma causa* do desajustamento.[2]

Da mesma forma, Johnson descobriu que sempre que um paciente chegava a ponto de poder articular claramente os dilemas que causam a angústia, essa pessoa quase sempre progrediria rapidamente para uma solução em um tempo relativamente curto. De acordo com Johnson, muitas pessoas loucas não são realmente loucas; elas falam como malucas, o que as leva a pensar de formas malucas.

Em conseqüência, Johnson dedicou muito de sua prática terapêutica à *reeducação semântica*, um processo para ajudar as pessoas a reformular e a restabelecer suas situações de vida em linguagem mais condutiva à sanidade e à solução efetiva de problemas. Em anos recentes, os métodos de *Programação Neurolingüística* capitalizaram os princípios primários da teoria Geral da Semântica de Korzybski.

O terapeuta Albert Ellis, cujas idéias exploraremos melhor no capítulo 11, também aplicou essa abordagem da sanidade semântica em sua *Teoria do Comportamento Emotivo-Racional* [REBT, do inglês Rational-Emotive Behavior Therapy]. Freqüentemente referida como a terapia de Lenny Bruce", por usar com freqüência apelos profanos que lembram o comediante iconoclasta e trágico da década de 1950, Ellis ensinava seus pacientes a reformular seus problemas, seus mundos e suas idéias de si mesmos no que chamou de *linguagem da sanidade*.

A idéia básica por trás da semântica geral e sua utilidade para o crescimento pessoal e a terapia são tão simples que ela foge da mente. O que Korzybski e seus descendentes estavam dizendo é: a linguagem expressa tanto nossos pensamentos quanto os cria.

Outra forma de colocar isso é dizer que *não só dizemos o que pensamos, pensamos o que dizemos*. A escolha das palavras que temos disponíveis – mapas mentais, como Korzybski os chamou – predetermina como podemos construir os conceitos que processamos em nossas mentes e os conceitos que usamos para nos comunicar com os outros. Uma mudança sutil na escolha da linguagem pode representar uma mudança importante no significado que surge em nossas próprias mentes, e nos significados que evocamos nas mentes dos outros.

A psicodinâmica da linguagem pode ser muito sutil. Considere o comportamento verbal de *deslocamento*, em que uma pessoa muda da primeira pessoa "eu" para a segunda ou terceira – "tu" ou "você". Pode-se identificar essa manobra semântica com freqüência se estiver atento a isso.

Exemplo: Julian Bond, que foi um membro muito ativo do grupo de líderes "new black" que encabeçaram o movimento americano dos direitos civis nas décadas de 1960 e 1970, fez um comentário público sem restrições, deixando implícito que os proprietários de empresas asiáticas em cidades do interior estavam enganando e explorando negros. Quando confrontado com as implicações de seu comentário, ele se desculpou publicamente. Note a mudança do pronome na primeira pessoa "eu" para a forma impessoal enquanto ele se eximiu sutilmente da responsabilidade pelo comentário:

> É contra tudo o que eu acreditei, e tudo o que eu defendi.
> *Isso nunca deveria ter sido dito.*

Note que ele não disse: "Eu nunca deveria ter dito isso". Mas, o máximo que ele pôde fazer foi condenar a afirmação ofensiva, usando uma sentença que não determina quem teria sido o autor de tal declaração.

Padrões verbais como o deslocamento desempenham com freqüência um papel na *racionalização*, o processo de explicar o comportamento ignorável de alguém em termos de razões socialmente aceitáveis.

COMO A LINGUAGEM "EMPACOTA" SEUS PENSAMENTOS

Em aulas de desenho no ensino fundamental, os professores de artes às vezes ajudam os alunos a aprenderem a ver com mais exatidão, para que desenhem com mais precisão, fazendo-os sobrepor um padrão quadriculado a uma foto existente. Cada quadrado do

118 ■ Inteligência Prática

quadriculado contém uma pequena parte do total e se torna uma miniatura da foto, que é mais fácil de estudar e copiar. Os alunos só precisam copiar o que vêem em cada quadradinho, colocar todos os quadradinhos juntos e a figura toda se compõe.

Assim como os quadrados no quadriculado servem para subdividir a imagem em partes separadas, as linguagens humanas subdividem a "realidade" que percebemos com nossos sentidos em *pacotes verbais*. Os nomes que damos às coisas, os nomes que damos a categorias de coisas, e aqueles dados a categorias de classes têm o efeito de subdividir nosso entendimento.

> Os homens imaginam que suas mentes têm o comando da linguagem, mas freqüentemente acontece que as dificuldades de linguagem comandam suas mentes.
>
> Francis Bacon

O fato é que nossas palavras não descrevem realmente "o mundo". O melhor que podemos fazer é descrever nossa *experiência sensorial individual* do mundo – nossas percepções – e mesmo nisso somos forçados a escolher de uma paleta limitada de etiquetas verbais que servem como um substituto mental de nossa experiência sensorial. Visualmente, por exemplo, pensamos "ver" o mundo, mas o que vemos é o padrão de neurônios emitidos nas retinas de nossos olhos. Aplicamos "etiquetas" a esses padrões: "carro verde", "céu nublado" ou "corredor estreito", e aceitamos esses padrões da retina e suas etiquetas como indistinguíveis da realidade.

Os antropólogos e outros cientistas que estudam as sociedades humanas referem às *comunidades lingüísticas*, que são grupos distintivos de pessoas que compartilham um conjunto de mapas verbais necessários para que participem de um grupo cultural comum. Os falantes de língua inglesa em vários países pertencem a culturas de linguagem similares, as quais diferem umas das outras em vários graus. As culturas de língua asiática diferem ainda mais amplamente umas das outras, e das culturas de língua inglesa. A língua expressa a comunidade e a cria.

Certos padrões lingüísticos como uma gíria ou figuras de linguagem comuns podem indicar a auto-identificação de uma pessoa com uma comunidade que usa determinada linguagem, um grupo social ou nível escolar. Americanos adolescentes, em certa extensão, formam uma comunidade lingüística, unida pelo vocabulário padrão de adolescentes de dezessete anos – "a linguagem adolescente". Com o uso repetitivo de termos ou expressões como: "tipo assim", "cara", "meu", "demais", "tudo", "legal" etc. dependendo de estarem descrevendo uma coisa ou uma pessoa – eles sinalizam sua identificação com seu grupo de companheiros.

Uma pessoa pode, ao mesmo tempo, pertencer a diversas comunidades lingüísticas. Pode acontecer de tempos em tempos que o comportamento verbal esperado de uma pessoa no contexto de uma comunidade lingüística entre em conflito com o comportamento verbal costumeiro que ela aprendeu como parte de uma comunidade lingüística diferente. Em tal caso, ela deve ajustar seus padrões verbais para adequar a situação empregando aqueles hábitos de linguagem característicos de uma determinada comunidade.

Crianças em idade escolar que vêm de comunidades de minoria étnica, por exemplo, aprenderam certos padrões de linguagem, figuras de linguagem, e formas gramaticais exclusivas a suas culturas paternas. Nos Estados Unidos, crianças negras podem ter aprendido uma versão do "inglês de gueto", também conhecido pejorativamente como "Blacklish" ou "Ebonics", que é considerado inferior e não culto pela maioria da comunidade branca. Crianças latinas freqüentemente aprendem hábitos de linguagem exclusivos de suas culturas. Quando professores brancos ou de origem inglesa criticam essas crianças por usarem inglês "inadequado", elas podem perceber que suas formas de língua nativa foram mais ou menos banidas pelo sistema escolar e sua cultura. Algumas delas ficam inseguras e relutantes para se expressar fora de suas culturas privadas. Algumas pessoas negras até acusam os outros de "falar branco" quando tentam usar as formas padrões de inglês que são aceitas e obrigatórias pela cultura dominante.

> If the people don´t wanna come out to the ballpark, how ya gonna stop ´em?
>
> Yogi Berra (jogador de beisebol americano)

Como entendidos de nossa língua, nós nos tornamos tão fluentes e automáticos no processo de traduzir idéias em palavras – mapas verbais, como Korzybski os chamou – que raramente temos consciência de que nossos mapas verbais *representam* a realidade; eles não são, em si, a realidade em que estamos tentando pensar. Os fãs de Korzybski no campo da semântica geral gostam de citar a declaração que é sua assinatura: "O mapa não é o território".

Às vezes o biocomputador humano funciona mal ao tentar formar uma idéia verbalmente, principalmente quando dois processos de pensamento competem por sua atenção limitada. Por exemplo, eu estava em uma caixa registradora de uma loja de eletrônicos, pagando a compra. No caixa ao meu lado, o funcionário preenchia um formulário de devolução para uma mulher que devolvia um item. Uma fração de segundo depois de o funcionário do meu caixa pedir: "Seu cartão de crédito, por favor," a supervisora de caixa dele lhe pediu o CEP dela. Aparentemente o biocomputador combinou a parte da frase que ele tinha acabado de ouvir com a frase que ele estava montando na mente dele, e ele disse: "Qual é seu cartão postal?".

Lapsos da língua – às vezes referidos em discussão popular como "lapsos freudianos" – oferecem visões interessantes sobre o software processador de linguagem do biocomputador. Por exemplo, um locutor de rádio na Califórnia, ao ler o noticiário, depois de ler um artigo que relatava um estudo de governo estimando que 12 milhões de norte-americanos têm sérios problemas com bebida, prosseguiu dizendo: "E no noticiário local, a cidade de Escondido ganhou uma *garrafa* com... éeee, ah...travou a batalha com o estado da Califórnia sobre a liberação dos recursos da Proposição 13".

120 ■ Inteligência Prática

Poderíamos considerar a divisão e a subdivisão de um período em orações e palavras como recursos para percebermos a realidade em fragmentos gerenciáveis, comparável a quebrar um biscoito em pedaços. As categorias descritivas, ou "os pedaços do biscoito", que um usuário de linguagem aprende a aplicar têm um efeito profundo na maneira como seu biocomputador processa sua realidade única.

Outro exemplo: em seu livro provocador, *One, Two, Three... Infinity*, o físico e cientista George Gamow relatou que os hottentot do sul da África usavam um sistema de contagem com apenas quatro números. Eles usavam palavras para um, dois e três, mas não tinham como distinguir números maiores, usando uma palavra genérica que significa "um grande número". Aparentemente, para os hottentot, "quatro" e "infinito" significam aproximadamente a mesma coisa. Esse fato curioso foi, aparentemente, a premissa metafórica do interesse de Gamow por curiosidades científicas e culturais.[3]

Outro exemplo: Na cultura lingüística japonesa, usa-se uma variedade de diferentes vocabulários de contagem para referir a vários tipos de objetos em grupos, enquanto o inglês costuma usar uma única forma padrão. Por exemplo, quando um nativo que fala – ou pensa em – inglês compra ingressos, ele costuma dizer "Dois, por favor", para o caixa. Entretanto, um japonês provavelmente diria: "Nimai, kudasai", usando o vocabulário especial de contagem para itens de papel como selos de postagem, folhas de papel ou ingressos. Contar coisas líquidas que vêm em contêineres, como garrafas de leite ou de suco, ou latas de sopa, poderia exigir a série de contagem *ippai, nihai, sanbai, yonhai* e assim por diante. Os japoneses costumam usar a série *ikko, niko, sonko, yonko* e assim por diante para enumerar pequenos objetos arredondados, como ovos. Para contar objetos cilíndricos como varetas, canetas ou lápis, os cortadores de biscoito preferidos provavelmente seriam *ippon, nihon, sanbon, yonhon* e assim por diante. A tradição lingüística japonesa tem conjuntos únicos de palavras para livros; para alimentos pequenos e redondos como feijão, ervilha ou bagos de uva; e ainda outro para coisas que vêm em maços, como rabanete, cenoura ou salsa. Pareceria estranho aos japoneses que o inglês só tenha um conjunto genérico de palavras de contagem, enquanto os pensadores ingleses poderiam considerar o cliente japonês desnecessariamente complicado.

Outro exemplo: Culturas lingüísticas modernizadas parecem fazer distinções mais sutis ao descreverem – e perceberem – cores do que as chamadas culturas primitivas. O povo shona do Zimbabwe (antes Rodésia) nomeia apenas quatro cores, ou gamas de cores, no espectro visível. Algumas tribos em Nova Guiné usam apenas dois termos para cores, aproximadamente o equivalente a "mais escuro" e "mais claro".

Exemplo: A terminologia relativa a relações de parentesco, em particular, revela os tipos de diferenças perceptuais que tornam várias culturas lingüísticas singulares. Enquanto os falantes de língua inglesa tendem a usar certos termos genéricos como *tio* e *primo* para se referir a membros de uma família ou clã, muitas outras culturas têm termos mais específicos para identificar o gênero da pessoa que está sendo descrita. Para algumas culturas, parece peculiar e inadequado referir-se genericamente a um primo sem especificar se a pessoa que está sendo descrita é homem ou mulher, e se esse primo genérico é filho ou filha do irmão ou irmã do pai ou do irmão ou irmã da mãe. Como se pode entender uma referência ao tio de uma pessoa sem saber se ele é o irmão do pai ou da mãe? Pessoas que falam a língua jinghpaw de Northern Burma (também conhecido como Myanmar) usam dezoito termos básicos para descrever as categorias de parentesco, e nenhum deles é traduzível diretamente para o inglês.

Tentar traduzir uma idéia de uma língua humana para outra é análogo a tentar converter a informação em um tipo de mapa – digamos, um mapa de ruas – para outro tipo, como uma foto aérea ou um mapa geográfico. Cada tipo de mapa faz uma coisa diferente com os aspectos da realidade que deve representar. Nem um tipo de mapa está errado, e, no entanto, nenhum deles está completamente certo. Korzybski enfatizou que todo mapa é uma distorção da realidade, e mapas verbais em particular são conceitualmente distorcidos.

"O que há em um nome?" perguntou a jovem Julieta na famosa peça de Shakespeare, *Romeu e Julieta*. "O que chamamos de rosa, com qualquer outro nome teria o doce perfume", disse ela. Bem, não é bem assim. Os vendedores, anunciantes e profissionais de marketing, os líderes políticos e os farsantes têm aprendido, ao longo da história, que o nome que se liga a uma pessoa ou uma idéia pode ter um efeito enorme na maneira como as pessoas pensam sobre ela ou reagem a ela.

Anúncios repetitivos de marca, por exemplo, buscam comunicar uma expressão, um slogan ou um jingle ao maior número de pessoas possível, de modo a desencadear as associações desejadas com a experiência do produto. Essa reação de "desejo inconsciente" é tão efetiva e tão comum na cultura comercial ocidental que poucas pessoas a notam ou fazem objeção consciente a ela.

Uma pessoa que é fã do astro de cinema Tom Cruise, por exemplo, teria o mesmo interesse em conhecer alguém chamado Thomas Mapother, o nome real dele?

Talvez você gostasse de filmes clássicos estrelados por Norma Jean MacDonald, cujo nome artístico escolhido pelos profissionais de Hollywood é Marilyn Monroe.

Você pagaria para ver um filme estrelado por Marion Morrison? Você pagou, se já assistiu a um filme de John Wayne.

Você é fã de filmes antigos de faroeste, muitos estrelados por Leonard, Slye – desculpe, Roy Rogers?

Você adora os filmes produzidos por Allen Konigsberg, vulgo Woody Allen?

Você gostava do estilo vaudeville de comédia de Nathan Birnbaum, conhecido como George Burns?

Os nomes têm poder psicológico. Em algumas culturas nativas, é proibido falar o nome de um membro falecido da tribo, temendo-se que a jornada de sua alma para o outro mundo seja impedida. Os líderes municipais na Índia reafirmaram a identidade local substituindo os nomes britânicos de sua época colonial por nomes originais: Bombay voltou a ser Mumbai; Bangalore voltou a ser Bengalooru ("a cidade do feijão cozido"); Madras mudou para Chennai. Na África do Sul, a nova liderança política negra está substituindo alguns nomes *afrikaaner* de cidade por nomes tribais originais: Pietersburg tornou-se Polokwane. Alguns líderes têm defendido uma mudança no nome da capital nacional de Pretoria, nome dado em homenagem a um herói *afrikaaner*, para Tshwane, o nome de um chefe local da época pré-colonial.

A inadequação da linguagem como meio para codificar pensamentos tornou-se frustrantemente óbvia aos primeiros pesquisadores que trabalham no problema de tradução por programas informatizados de uma língua para outra. De acordo com um dos primeiros artigos, eles apresentavam uma frase em inglês, "The spirit is strong but the flesh is weak", que significa, "O espírito é forte, mas a carne é fraca" e que seria traduzida em russo como "A vodka está boa, mas o bife está ruim". Na ida e volta, é verificado o grau de precisão do programa.

Os modernos programas de tradução eletrônica fazem um trabalho razoavelmente bom de tradução de línguas, mas os programadores ainda lutam com formas idiomáticas como estas: *out of breath*, que significa sem ar, ofegante, e "não fora de ar" ou *after a fashion*, de algum modo, mas não muito bem, e não "depois de uma moda", *find your feet*, acostume-se a uma situação ou saiba lidar com ela, e não "encontre seus pés".

SALTANDO PARA CONFUSÕES: INFERÊNCIAS

O professor Wiliam V. Haney da Universidade de Northwestern dedicou atenção e pesquisa consideráveis a um dado mau funcionamento semântico, que ele acreditava desempenhar um papel importante no pensamento falho, na tomada de decisão incompetente e no desentendimento humano e conflito em geral. Haney estudou o fenômeno chamado *inferência-observação-confusão*, que é a incapacidade de separar claramente conclusões das informações sobre as quais estão baseadas. [4]

O teste de consciência da inferência

Aqui está um pequeno teste de consciência da inferência. O relato a seguir dá algumas informações que são aceitas como verdadeiras. Leia o relato da situação cuidadosamente. Então leia as afirmações que seguem o relato. Decida se cada afirmação é Verdadeira, Falsa ou Inverificável a partir das informações dadas na história. Circule "V" se é possível *provar* que as afirmações são verdadeiras, com base na história; circule "F" se é possível *provar* que são falsas. Se uma sentença não é *totalmente* verdadeira nem totalmente falsa, circule "?" para classificá-la como inverificável. Uma vez que respondeu uma pergunta, *não mude a resposta*. Pode-se consultar a história quantas vezes quiser. Depois de classificar todas as afirmações, consulte o Apêndice A para discutir a solução.

O INCIDENTE

O cofre no escritório do café da Apollo Company foi encontrado aberto. O segurança da empresa questionou três funcionários que tinham acesso a uma soma de 1500 dólares que está faltando ou desapareceu. Todos os três funcionários interrogados sabiam a combinação do cofre. Foi determinado que um desses funcionários, Joe A, estava de férias durante toda a semana durante a qual ocorreu o incidente. Outra funcionária, Jane B, recusou-se a fazer qualquer declaração e insistiu em conversar com um advogado. O terceiro, Jim C, se dispôs a fazer um teste com detector de mentiras. O segurança da empresa está pensando em chamar a polícia.

Afirmações sobre o incidente

1. Os três funcionários interrogados sabiam a combinação do cofre. V F ?
2. Os três funcionários interrogados negaram ter tirado o dinheiro. V F ?
3. Joe A não tirou o dinheiro. V F ?
4. Jane B recusou-se a colaborar com a investigação. V F ?
5. Joe A se dispôs a fazer teste com detector de mentiras. V F ?
6. Somente Joe A, Jane B e Jim C sabiam como abrir o cofre do escritório. V F ?
7. Foram roubados 1.500 dólares do cofre. V F ?
8. Quem roubou o cofre deixou-o aberto. V F ?
9. O ladrão ainda não foi identificado. V F ?
10. Joe A, Jane B ou Jim C roubou 1.500 dólares do cofre do café na Apollo Company. V F ?

Agora verifique o Apêndice A para uma discussão da solução.[5]

Texto e subtexto: ouvindo quatro canais de uma vez

Roteiristas, romancistas e outros profissionais que lidam com a criação de textos costumam manipular o que chamam de *subtexto* de uma história. Subtexto é o texto que não está lá: é a mensagem implícita, o que está "nas entrelinhas", o que poderia ser dito que "não é". É a parte que devemos preencher com nossas mentes quando assistimos ou lemos. Em muitas cenas dramáticas, o subtexto transmite mais informações, mais poderosamente, que o texto.

No filme *O violinista no telhado*, por exemplo, Chaim Topol faz o papel do filosofante leiteiro Tevye, que tem freqüentes conversas insubordinadas com seu Deus. Em uma cena trágica, depois que os soldados russos invadem a vila, destruindo lares e propriedades para levar uma mensagem aos judeus que moravam lá, Tevye anda pela vila olhando à sua volta os efeitos da destruição sem sentido. Ele pára, olha para o céu, levanta ligeiramente as mãos para cima e encolhe os ombros dolorosamente, nós podemos interpretar a expressão dele como de confusão, descrença e questionamento. Ele não diz nada, mas comunicou o que precisamos saber através do subtexto de seu gesto.

Texto e subtexto não são uma dinâmica especializada, reservada ao teatro. Eles estão presentes em nossas vidas o tempo todo. Sempre queremos dizer algo mais – e às vezes algo diferente – daquilo que podemos dizer com palavras. Todos nós usamos subtexto, e estamos todos influenciados por ele à medida que falamos com, para, em, e em volta dos outros.

Sempre que uma pessoa diz alguma coisa, ele ou ela na verdade está transmitindo mensagens em quatro canais-chave de uma só vez, como ilustrado na Figura 6.1. Esses canais são:

1. *Fatos*: o conteúdo, informação ou evidência verificável oferecida por ele ou ela. Suposições, inferências e especulação, se identificadas claramente como tal, podem se qualificar como parte do conteúdo "factual", porque são oferecidas explicitamente em vez de obscurecidas ou disfarçadas por linguagem manipuladora.
2. *Sentimentos*: a orientação emocional (raiva, agressão, domínio, medo, culpa e assim por diante) que o falante transmite ou busca induzi-lo a sentir. Mensagens publicitárias, por exemplo, despertam com freqüência certas respostas emocionais ligadas a atributos de um produto. Apelos a patriotismo, fervor religioso ou identidade de classe podem nublar e contaminar os sentidos do que está sendo dito.
3. *Valores*: julgamentos ou avaliações que o falante está fazendo ou busca induzi-lo a fazer. O uso de *linguagem altamente afetiva*, ou seja, termos com fortes associações emocionais, pode implicar julgamentos de valor. A linguagem sarcástica sinaliza uma tentativa de vender um julgamento de valor.
4. *Opiniões*: decisões sobre como interpretar as informações que o falante está oferecendo e que conclusões "deveria" ser alcançada sobre o que precisa ser feito em uma certa situação.

Na medida em que a mensagem vem fortemente carregada de sentimentos, valores e opiniões, é razoável suspeitar que o falante escolhe os "fatos" cuidadosamente para

Figura 6.1   Ouvindo Quatro Canais

apoiar as mensagens nos outros três canais. Decodificando o que se ouve na mídia, editoriais, programas de entrevista, discurso político, propaganda e todas as formas de conversa persuasiva em negócios, geralmente pode-se separar as mensagens nesses quatro canais principais. Lembre-se também que vários padrões não verbais, como tom de voz, expressão facial e outras pistas sutis podem apoiar ou diminuir o impacto das mensagens em qualquer um dos canais.

> Se os cachorros pudessem falar, provavelmente teríamos muito mais dificuldade para conviver com eles do que com as pessoas.
>
> Karel Capek

Também pode-se contribuir para a maior clareza de entendimento em situações de negócio, treinando-se para apresentar as visões mais honestamente, com menos manipulação, e identificando claramente os próprios sentimentos, valores e opiniões.

LINGUAGEM "LIMPA" E "SUJA": ESTRATÉGIAS PARA SANIDADE SEMÂNTICA

Podemos pensar na diferença entre linguagem semanticamente primitiva, que com freqüência sinaliza pensamento arcaico, e linguagem semanticamente sofisticada, que tende a sinalizar pensamento dinâmico, adaptativo, em termos da metáfora de linguagem "limpa" e linguagem "suja". Não estamos nos referindo à obscenidade quando nos referimos à linguagem "suja". O que queremos dizer é linguagem que tende a contaminar, corromper, poluir e obscurecer o entendimento e a colaboração. A linguagem limpa, evidentemente, é o padrão alternativo à linguagem suja.

Linguagem "suja": os sete erros semânticos

A linguagem suja tende a expressar certas disfunções semânticas, que surgem de disfunções no pensamento, como exemplificado por estes Sete Erros Semânticos:

1. *Generalização* – declarar as opiniões, crenças ou julgamentos como se eles fossem verdadeiros para todos, sem reconhecer que pertencem àquele que fala ou que os outros têm o direito de ter outras opiniões. Exemplo: "O melhor restaurante italiano nas cidade é X". Alternativa: "Meu restaurante italiano preferido nesta cidade é X."

2. *Agressão* – diminuir uma pessoa descrevendo-a em linguagem degradante, crítica, judiciosa, acusativa ou sarcástica, normalmente com o objetivo de diminuir o valor que os outros percebem em seu caráter ou idéias. Exemplo: "Ele é um liberal babaca com tendências neo-comunistas e um vício por

chocolate". Alternativa: "Discordo de sua ideologia política geral; não acredito que as idéias defendidas por ele funcionarão muito bem nesta situação".

3. *Diretividade* – pressionar uma pessoa indiretamente com linguagem "deveria", que pode soar coercitiva e fazer a pessoa sentir que sua autonomia está sendo violada. Exemplo: "Se você é esperto, diversificará seus investimentos" ou "Você deveria entrar para tal associação profissional". Alternativa: "Acho que é importante diversificar investimentos hoje em dia" ou "Tal associação profissional poderia atender às suas necessidades".

4. *Atribuição* – vincular uma motivação, freqüentemente ignóbil, ao comportamento de uma pessoa, o que implica que descobrimos as razões menosprezíveis dela para discordar de nós. Exemplo: "Você está sendo obstinado porque não quer que esse projeto dê certo". Alternativa: "Não sei se você concorda com o curso de ação com o qual a equipe está comprometida. Poderia explicar sua visão do projeto?".

5. *Inclusão* – generalizar a ponto de obscurecer diferenças, variações ou alternativas importantes que poderiam ser relevantes à interpretação ou conclusão oferecida. Exemplo: "As pessoas não gostam de mudar". Alternativa: "Algumas pessoas acham a mudança desconfortável, mas outras a preferem. Como podemos fazer as mudanças planejadas para torná-las atraentes para o máximo de pessoas possível?".

6. *Dogmatismo* – uma afirmação forte, incondicional, declarativa ou julgamento de valor que não reconhece a validade das visões alternativas. Exemplo: "As crianças hoje em dia têm eletrônicos demais". Alternativa: "Algumas crianças parecem ter muitos eletrônicos. Acho que há efeitos negativos para algumas delas".

7. *Polarização* – formular uma questão, problema ou discordância em termos apenas de suas possibilidades mutuamente exclusivas, também conhecidas como questões *dicotomizantes*. Exemplo: "Ou você está do nosso lado, ou está contra nós. Alternativa: "Em que medida você está disposto a nos apoiar nesta iniciativa?".

Linguagem "limpa": atualizando seus hábitos de linguagem

O antídoto para a linguagem "suja" é, naturalmente, a linguagem limpa. Linguagem limpa é um padrão psicológico neutro de discurso, que dá aos outros o direito de pensar e falar por si mesmos.

Ponto a ponto, nós podemos substituir os padrões da linguagem limpa pelos sete erros semânticos, como segue:

1. Pistas verbais como "para mim", "na minha opinião" e "até onde eu sei" lembram a nós e aos outros que reconhecemos a nossa "verdade" em nós mesmos.

2. Nós podemos substituir a *agressão* pela *não-agressão*. Descartar termos críticos, judiciosos, sarcásticos ou acusativos de nossas sentenças pode dificultar a expressão de nossa raiva, mas isso também tende a minimizar as respostas hostis aos outros.

3. Nós podemos substituir a *diretiva* pela não-*diretiva*. Restringir o uso de "linguagem impositiva" com termos como "deveria", "deve". A coerção implícita faz com que as pessoas acatem mais as nossas idéias e sintam-se mais dispostas a aceitar nossas sugestões.

4. Podemos substituir a *atribuição* pela não-*atribuição*. Limitar o uso da linguagem acusativa ou condenatória, reconhecendo que nós não podemos saber realmente as motivações de outra pessoa e o *comportamento* que consideramos intratável ao invés de presumir as motivações, pode ajudar a resolver os conflitos respeitosamente.

5. Podemos substituir a *generalização* pela não-generalização. Pistas verbais como qualificadores e limitadores – "É possível que...", "Em algumas situações... " e "Em alguma medida... " lembram a nós e aos outros das limitações que a generalização em excesso pode impor em nosso pensamento.

6. Podemos substituir o *dogmatismo* pelo não-*dogmatismo*. As pistas verbais que reconhecem a relatividade da verdade e que nos lembram de considerar várias opções, causas e possibilidades múltiplas podem ajudar aos outros a expressar suas idéias sem a necessidade de combater as nossas.

7. Podemos substituir a *polarização* pela não-*polarização*. Restringir o uso de declarações dicotomizantes como "ganhar ou perder", "sucesso ou fracasso", e "nós e eles" tende a expandir o pensamento e a discussão, e a admitir mais opções e possibilidades em nosso raciocínio.

Um código de discurso inteligente

O Apêndice D fornece, para consulta fácil, um Código de Discurso Inteligente que incorpora essas estratégias semanticamente saudáveis.

Abane mais o rabo, lata menos.

Frase escrita num pára-choque

EXPRESSÕES QUE VOCÊ PODE RETIRAR DE SEU VOCABULÁRIO

Se, a esta altura, você se ligou ao conceito de sanidade semântica, pode estar pronto para selecionar seu kit de ferramentas semânticas: eliminando certos termos, expressões e figuras de linguagem de seu vocabulário.

Pense em como o vocabulário é usado – as palavras que se empregam comumente – como consistindo de três subconjuntos de palavras, conforme ilustrado na Figura 6.2.

Há muitos termos no vocabulário que são emocionalmente *neutros*. Eles têm pouca ou nenhuma carga emocional: palavras para itens comuns, de todo dia; experiências, artigos e preposições, números e várias outras palavras "úteis".

Então há termos basicamente com influência emocional *positiva*: palavras como amor, paz, amizade, alegria e chocolate.

E existem termos que tendem a produzir associações emocionais relativamente negativas: como ódio, inimigo, dor, doente, câncer, e impostos.

A teoria da *filtragem semântica* é muito simples: você se condiciona a minimizar ou eliminar o uso de palavras emocionalmente negativas com a maior extensão prática, deixando as palavras, frases e figuras de linguagem emocionalmente positivas definirem a maneira como pensa e expressa suas idéias.

Em meu seminário "Brain Power" [Poder Cerebral], profissionais e pessoas de negócio aprendem a "ouvir antecipadamente" o que vão dizer, e a escolher maneiras mais positivas de expressar suas idéias. Aqui está uma lista inicial de expressões que você pode desejar eliminar de seu vocabulário, à medida que idéias são formadas na mente e que se fala mentalmente com os outros:[6]

1. Eu nunca faço nada certo.
2. Eu não consigo (fazer um intervalo, encontrar emprego, me preparar para...).
3. Tenho pavor de (uma experiência, um evento, resultado iminente).
4. Odeio (você, ele, ela, isto, aquilo, fazer...).
5. Se não fosse por você (minha saúde, minhas crianças, minha mãe, meu emprego), eu poderia (ter certo sucesso).
6. Se eu (qualquer sentença que remeta preocupação com o passado).
7. Sou (estúpido, preguiçoso – qualquer adjetivo negativo).

Figura 6.2. Conotações de Palavras do Vocabulário

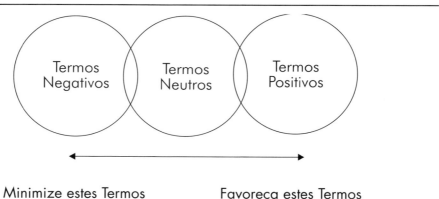

8. Sou um (fracasso, perdedor – qualquer rótulo negativo).

9. Tenho receio (daquilo, de – qualquer coisa que possa acontecer ou ser verdade).

10. Estou morto (cansado, sozinho, confuso etc.)

11. Estou desesperado para (saber, conhecer, tentar).

12. Estou farto de, cansado e cheio de (qualquer experiência desagradável).

13. Estou destruído.

14. Ninguém gosta de mim.

15. Isso acaba comigo.

16. Aquilo me deixa louco.

17. Aquilo me mata.

18. Isto é horrível (terrível, estupidez etc.).

19. Por que essas coisas sempre acontecem comigo?

20. Com sorte, provavelmente eu (predição negativa).

Você poderia pensar em outras e acrescentar à minha lista. Revise sua lista completa cuidadosamente: há coisas que costuma dizer – ou pensar? Quando começa a monitorar seus padrões habituais de fala, poderia ficar surpreso ao perceber quantos deles são usados. Inicialmente, poderia achar que uma parte ou partes de você, um módulo mental não consciente de algum tipo, resiste em abrir mão do privilégio de expressar seus sentimentos em termos negativos, autocríticos, derrotistas ou cínicos. Talvez pareça "bom demais". Mas com o tempo e a prática, aposto que os padrões de fala interna, bem como a linguagem que usada com outros, migrarão ainda mais para o extremo afirmativo do espectro.

A CONVERSA INTERIOR: LIMPANDO SEU DIÁLOGO INTERNO

O filósofo e cartunista da década de 60, Ashley Brilliant, apresentou uma frase que era quintessência da auto-sabotagem em um de seus vários quadrinhos que comentava sobre os desafios de viver. Ele retratou um indivíduo que parecia muito estressado, com a chamada: "Antes eu queria a alegria total; agora me contento com um pouco menos de dor".

A conversa interna inclui qualquer coisa que se diga para si mesmo sobre si, seja em voz alta ou mentalmente. Assim como o vocabulário geral é composto dos três subvocabulários mostrados na Figura 6.2 – positivos, neutros e negativos – pode-se considerar as mesmas três categorias na conversa interior. Tente fazer uma revisão cuidadosa das coisas que se diz para si mesmo. Comece acompanhando suas conversas silenciosas, bem como as coisas murmuradas para si de vez em quando. Ouça termos como aqueles listados na secção anterior. Também anote coisas que sempre diz ao se descrever para os outros, seja seriamente ou por brincadeira.

130 ■ Inteligência Prática

Aqui estão algumas expressões que poderiam ser banidas da conversa interna:

- Substantivos negativos, como palerma, covarde, burro, irracional, bobalhão, João-bobo, fracasso, bobo, idiota, asno, grosseiro, perdedor, pateta, desagradável, inútil, maltrapilho, e qualquer outro que você poderia adotar. Adjetivos negativos, como desajeitado, louco, desorganizado, embotado, gordo, inepto, grosseiro, preguiçoso, neurótico, velho (quando dito com conotação negativa), esquisito, distraído, tenso, estúpido, feio e qualquer outro que você poderia adotar.
- Palavras emocionais "que não levam a nada", que podem derivar o pensamento com emoções negativas ou pessimistas, como: isto é horrível, isto é terrível, eu odeio quando isto acontece, não sei o que fazer, estou ferrado outra vez, não tenho escolha, a culpa é sua, não é culpa minha, você me deixou louco, você não pode combater a burocracia, pelo menos se..., veja o que você me fez fazer, e qualquer outra que você poderia adotar.

Filtrar estes e outros tipos de conversa interna negativa do vocabulário mental e verbalizado pode parecer um desafio, principalmente se foram usados durante muitos anos. E alguns dos módulos mentais poderiam ser desapontados se forem privados de seu direito a sentir-se derrotado, vitimizado e tiver pena de si. Entretanto, se uma pessoa se esforçar, poderá se surpreender em descobrir o quanto é capaz de mudar o padrão de discurso, e quanto se sente melhor.

JOGO DE PALAVRAS:
A VOLTA DA LINGUAGEM ENGRAÇADA

Na adorável comédia *Cheers* que passou durante muito tempo na TV americana, um dos personagens que se sentava no bar, Norm Peterson, tinha um talento para dar respostas interessantes, baseadas no jogo inteligente de palavras. Considere os excertos a seguir de vários programas, em que o barman da noite o cumprimentava assim que ele se sentava em seu banquinho costumeiro.

Woody: "Ei, Sr. Peterson, o que deseja?".
Norm: "A garantia de meu fígado".

Coach: "Que tal uma cerveja, Normie, o que você diria?".
Norm: "O papai aqui adora você, loirinha".

Coach: "Posso tirar um chope, Norm?".
Norm: "Não, eu sei como eles são. Você me traz um?".

Depois que você curtiu a graça – supondo que achou engraçado – pergunte-se qual é a base para cada um desses gracejos fundamentados no uso inteligente das palavras? Procure uma premissa de comédia que seja comum a elas.

Encontrou? É muito simples: em cada caso o barman formula sua pergunta com uma figura de linguagem comum ou uma metáfora familiar, e Norm responde considerando o sentido literal, e não *figurativo*.

Por exemplo, "Que tal uma cerveja, Normie, o que você diria?" costuma ser entendido como "Posso abrir a tampa e servir cerveja em seu copo?". A resposta não convencional de Norm leva a frase ao pé da letra, sugerindo, humoristicamente, que Coach estivesse lhe perguntando o que ele diria para a cerveja, ao lhe mostrar a garrafa.

Outra reversão que Norm poderia ter usado em resposta à pergunta "Posso tirar um chope, Norm?" é: "Espero que sim, estou com sede". Esta seria uma interpretação "errada" do termo "Posso", que é uma variação comum de "Eu preciso ter sua permissão para isso".

Adoro colecionar e criar "jogos de palavra engraçados" – pequenas tiradas humorísticas baseadas no uso inteligente de palavras ou em conceitos não convencionais que tiram sua mente dos eixos. Veja alguns exemplos de tiradas humorísticas usadas pelo comediante Steven Wright:

Fui a uma livraria e perguntei à vendedora: "Onde está a seção de auto-ajuda?". Ela me disse que se me desse a informação, anularia esse propósito.
Se alguém com várias personalidades ameaça se matar, esta é considerada uma situação de refém?
Se você atirasse em um mímico, precisaria usar silenciador?
Existe outra palavra para sinônimo?

E algumas contribuições do comediante George Carlin:

Por que há prazo de validade para seu creme azedo?
Por que o alfabeto está naquela ordem? Será por causa daquela música?
Se você tentar fracassar e tiver sucesso, o que você fez?
Na Califórnia, há uma linha direta para pessoas sem crédito. Até agora ninguém ligou.

Aqueles que pesquisam a criatividade relatam uma relação tripla entre senso de humor, o uso extremamente inteligente da linguagem; pensamento positivo e a capacidade de pensar criativamente e gerar novas idéias. Teste isso na própria experiência: você acha que pessoas amargas, desanimadas, letárgicas e pessimistas parecem ter menos idéias interessantes e uma imagem menos excitante da vida que aquelas que riem, sorriem e gostam de uma boa piada? E o que dizer de seus próprios hábitos mentais: você mantém uma mentalidade positiva, aprecia o humor e tem novas idéias?

Notas

1 Korzybski, Alfred. *Science and Sanity: An Introduction to Non-Aristotelian Systems and General Semantics*, Boston, MA: Colonial Press, 1933.

2 Johnson, Wendell. *People in Quandaries*. San Francisco: International Society for General Semantics, Reimpress 2000.

3 Gamow, George. *One. Two, Three... Infinity: Facts and Speculations of Science*. Nova York: Dover, 1988.

4 Haney, William V. *Communication and Interpersonal Relations*. 5 ed. Homewood, IL: Richard D. Irwin, 1986.

5 Inference Awareness Test é adaptado de materiais de seminário incluídos no seminário "Poder Cerebral", desenvolvido por Karl Albrecht International; usado com permissão.

6 Este inventário de termos a ser minimizado é adaptado de materiais de seminário incluídos no seminário "Poder Cerebral", desenvolvido por Karl Albrecht International; usado com permissão.

7

UPGRADE 4
DO SOFTWARE MENTAL

Valorizando Idéias

*Há uma coisa mais forte que todos os exércitos do mundo,
e é uma idéia de que o tempo chegou.*

Victor Hugo

CHARLES F. KETTERING FOI UM INVENTOR, um engenheiro, um professor e um defensor da mudança social cujo impacto foi significativo no desenvolvimento da sociedade americana na primeira parte do século xx. Nascido em 1876, Kettering partiu deste mundo com mais de 140 patentes reconhecidas, além de ter defendido teses de doutorado com honra em quase trinta universidades.

Kettering e seu colaborador Edward Deeds desenvolveram uma bateria para automóveis, chamado "Delco". Eles também foram pioneiros na auto-ignição elétrica e no motor de arranque para automóveis, que apareceu pela primeira vez no Cadillac, em 1912. Mais tarde, Kettering desenvolveu a chave de ignição. A Delco tornou-se uma empresa, foi adquirida pela General Motors, transformando-se em uma das principais fabricantes de peças e sistemas elétricos para automóveis.

Outras invenções de Kettering incluíram a caixa registradora elétrica, Freon como o sistema de refrigeração para geladeiras e aparelhos de ar condicionado, gasolina com chumbo, tinta automotiva de secagem rápida, vidros elétricos, gerador elétrico portátil, freios nas quatro rodas, transmissão automática, a cancela eletrônica nas ferrovias, o primeiro combustível sintético para aviões, o "torpedo aéreo" na Primeira Guerra Mundial, uma incubadora para bebês prematuros, e aplicativos de campos magnéticos para diagnóstico médico.

134 ■ Inteligência Prática

Sua residência em Dayton, Ohio, teria sido a primeira casa com ar condicionado na América.

Kettering tornou-se vice-presidente da General Motors Research Corporation em 1920 e manteve o cargo de chefe de pesquisa da GM durante 27 anos. A organização mais tarde recebeu o nome de Kettering University como tributo à sua liderança criativa.

Em 1945, Kettering e Alfred Sloan estabeleceram o Sloan-Kettering Institute for Cancer Research na cidade de Nova York, que continua um dos centros médicos mais destacados do mundo.

Kettering disse o seguinte sobre o destino das idéias:

> Os seres humanos são constituídos de modo a ver o que há de errado com uma coisa nova, e não o que está certo. Para verificar isso basta ter de apresentar uma idéia nova a um comitê. Eles ignoram 90% do que está correto em nome dos 10% de erro. As possibilidades abertas por uma nova idéia não são apreciadas, porque nem uma pessoa em mil, tem imaginação."

Acredito que Kettering tenha sido rigoroso demais. Estimo que cerca de uma pessoa em cem tenha imaginação. Dependendo do dia, eu defenderia a idéia de uma em dez.

VOCÊ TEM MUITAS IDÉIAS BOAS? (QUASE TODOS TÊM)

Quando dou palestras a grupos de empresários, gosto de dizer: "Quantos de vocês têm muitas idéias boas?". Então eu espero alguns segundos para ver quantos deles levantam as mãos em reconhecimento à sua produtividade mental. Normalmente, cerca de 40 a 50% do público levantará a mão. Em geral, eu também noto que cerca da metade daqueles que levantam a mão parece ter dificuldade em decidir fazer isso. Provavelmente eles não pensaram nisso, porque nunca lhe fizeram essa pergunta. Geralmente ela põe suas cabeças para funcionar.

Então, em geral, eu os treino com a resposta "correta". "Realmente", eu posso dizer: "existe uma resposta 'correta' para essa pergunta: todos vocês têm muitas idéias boas, todos os dias. Então vamos repetir a pergunta para conferir se todos respondem corretamente – vamos ver 100% das mãos erguidas, por favor". A maioria dos participantes me atenderá gentilmente e levantará a mão.

Qualquer um que tenha cérebro e sistema nervoso normais tem muitas idéias, e geralmente algumas muito boas, todos os dias. A principal razão para muitas pessoas não apreciarem sua capacidade de ter idéias é que *elas permitem que suas idéias escapem de suas mentes*, evaporando com o tempo enquanto os eventos passam.

Idéias são como borboletas – são transitórias, fugazes e freqüentemente não se formam completamente. A não ser que as convidemos a ficar, elas tendem a desaparecer.

"Pessoas que pensam" tendem a ser muito possessivas com suas idéias; não que elas queiram guardá-las ou impedir que os outros as tenham – ao contrário. Elas querem ter certeza de que as idéias não lhes escapem. Em conseqüência, costumam ter algum tipo de sistema pessoal que lhes permite captar idéias fugazes assim que elas aparecem. Algumas pessoas escrevem notas para si mesmas, algumas recitam uma idéia várias vezes com a esperança de gravá-la na memória, algumas carregam um dispositivo para captá-las como um gravador de voz. Mas muito poucos dos pensadores mais produtivos à nossa volta contam com suas memórias para impedir que as idéias escapem.

Quando Albert Einstein morreu em 1955, aos 76 anos, ele deixou para trás, além dos volumes de trabalhos publicados e ensaios científicos, uma coleção de mais de 2 mil páginas de notas pessoais, idéias desconexas, cálculos e pensamentos.

Há quem possa protestar: "Mas eu não sou um Einstein. Sou um pobre mortal; não tenho o poder mental que ele e outros gênios tinham". Aqui vai a réplica a essa réplica: Se alguém tão brilhante quanto Albert Einstein achasse necessário registrar as idéias no papel, isso não serve como dica para nós?

"SUMIU DA MINHA CABEÇA..." (QUASE TUDO SOME)

A maioria das pessoas acha que tem muito boa memória. Já participei de incontáveis reuniões de executivos, de planejamento e de avaliação operacional, em que ouvi uma pessoa pedir ou incumbir outra para encarregar-se de alguma tarefa. "Tudo bem, claro. Vou cuidar disso." A pessoa que está se comprometendo não anota nada; ele ou ela apenas "toma nota mentalmente".

Na realidade, esta é uma figura de linguagem curiosa: uma *anotação mental*. Parece implicar que o cérebro tem um tipo de "bloco de notas" na memória, no qual é possível fazer anotações e mais tarde procurá-las. Na realidade, esse bloco de anotações *é* imaginário; não existe. Talvez a pessoa que esteja se comprometendo realmente anote atrás de uma pasta de arquivo, em cima de um memorando, ou na margem inferior da agenda. Então ela se esquece da idéia imediatamente. É possível que essa anotação se perca no meio de tantas outras informações.

Duas semanas depois, a pessoa que fez a solicitação pergunta: "Você cuidou da questão 'X' para mim?". Então naquele momento ela se lembra: "Ih, perdão! Sumiu da minha cabeça. Vou fazer isso agora". Esse pequeno episódio provavelmente se repita milhões de vezes por dia nas interações humanas do mundo todo.

Eu "guardei mentalmente", mas depois "me fugiu". Chamo isso de Ilusão de Memória no Curto Prazo. O importante é que:

Não existe anotação mental.

136 ■ Inteligência Prática

Esse conceito falho de anotação mental denuncia um mal-entendido quase universal da maneira como o biocomputador humano organiza suas memórias. Veja como ele funciona realmente.

Como já ouvimos inúmeras vezes, o sistema de memória tem dois departamentos separados – a *memória de curto prazo* e a *memória de longo prazo*. Sua memória de curto prazo guarda informações durante segundos até alguns minutos – raramente mais que isso. Uma pessoa conhece alguém em uma festa, uma reunião de negócio ou uma atividade social. Alguém lhe diz o nome da pessoa, você pode-se repeti-lo ao se apresentar, e então provavelmente se esqueça do nome em segundos – a não ser que você tenha uma motivação suficientemente forte para se lembrar dele. Um amigo recomenda um livro que você poderia gostar de ler. Você faz uma anotação mental do título e, em poucos minutos, se esquece completamente. Além disso, se esquece de que se esqueceu.

Você pede para alguém cuidar de uma coisa pequena; a pessoa concorda solicitamente e promete fazer isso. Alguns minutos depois é provável que já tenha se esquecido completamente – a não ser que tenha sido motivado a se lembrar. Mais tarde, ambos podem ter se esquecido de que um pediu e o outro prometeu. Se um evento faz com que você se concentre na ação desejada ou considere-a importante novamente, você pode se lembrar dela. O que pode ser mais frustrante é se mais tarde a pessoa se lembrar que lhe prometeram fazer um favor, mas a outra pessoa não se lembra de ter prometido.

A chamada anotação mental está fadada ao fracasso: a única forma de ela sobreviver nos próximos minutos é se for copiada *na memória de longo prazo*. A memória de longo prazo é o banco de dados do computador: o conjunto de idéias, fatos, cifras, experiências, emoções, visões, sons, movimentos, ritmos, sensações corporais, slogans, habilidades e conhecimento que o diferenciam. E é muito inconfiável, assim como a memória de curto prazo não é confiável.

A maior parte de nossas idéias e intenções nunca deu o salto entre a memória de curto prazo e o armazenamento de longo prazo. Se você gosta de analogias de computador, imagine que criou um documento de algum tipo em seu computador e o desliga sem salvá-lo em um arquivo. Você se esqueceu de dizer ao computador para se lembrar dele. Agora imagine que o computador às vezes deixa de salvar os produtos de trabalho, mesmo que lhe seja dito para fazer isso. Por alguma razão desconhecida, ele poderia salvar alguns arquivos e não outros, mesmo que se clique o comando "salvar" toda vez.

Na realidade, o biocomputador assemelha-se ao computador eletrônico que se comporta mal nesse sentido. Às vezes, ele se lembra e outras não. E mais freqüentemente ele se lembra de parte da mensagem, mas não dela toda.

O biocomputador até tem um botão tipo "salve", embora não se possa "clicá-lo" diretamente. Em uma área primitiva do cérebro conhecida como o *sistema límbico*, localizada acima do céu da boca, um minúsculo pedaço de tecido cerebral chamado *hipocampo* desempenha um papel fundamental em mudar as memórias de curto prazo para o armazenamento de longo prazo. O hipocampo parece atuar como um agente – possivelmente entre vários – salvando aquelas memórias que, segundo ele, merecem ser guardadas. Aparentemente, ele lê o nível geral de alerta ligado a vários pensamentos à medida que eles fluem, e segue aqueles que têm altas implicações de sobrevivência ou alta importância emocional ao dono do cérebro.

A influência do hipocampo e das estruturas neurológicas relacionadas ajuda a explicar por que podemos gravar rapidamente uma experiência chocante ou prazerosa em nossas memórias de longo prazo sem tentar, enquanto lutamos fortemente para lembrar das equações matemáticas que precisamos saber para a prova. Choque, medo e alegria têm valor de alerta. Em termos simples:

Nós nos lembramos melhor das coisas que mais nos estimulam.

Esta é uma verdade simples e familiar, que a maioria de nós não consegue capitalizar na maior parte das vezes. Experiências empolgantes, notícias interessantes, idéias interessantes tendem a ser guardadas porque o hipocampo – o botão "Salve" de nosso cérebro – detecta o sinal de alerta e copia a mensagem no armazenamento de longo prazo.

Neste sentido, a maior parte de nossa memória é acidental e involuntária. Quando pretendemos fortemente nos lembrar de alguma coisa, podemos ou não criar um estado de alerta suficiente para desencadear a função de salvar do hipocampo. Recitar informações repetidamente, dizer a nós mesmos que ela é importante, e querer lembrar-se dela são coisas que com freqüência conseguimos. E freqüentemente não conseguimos.

Especialistas nos dizem que podemos controlar nosso hipocampo – ou hipocampos – de forma a aprimorar nosso armazenamento e lembrança. Um truque simples ensinado por eles é ativar o maior número de sentidos possível, o que aumenta o estímulo ao hipocampo. Veja-o, diga, toque-o, ouça-o, desenhe-o, explique-o a alguém, relacione-o a mais alguma coisa que você conheça. Todos esses métodos podem nos ajudar a guardar as coisas importantes que queremos nos lembrar.

Outros truques de memória incluem criar uma imagem mental vívida ou escolher uma metáfora visual, possivelmente com um tom bem-humorado, e associar a idéia que queremos nos lembrar com ela. Os famosos oradores gregos da Idade Clássica podiam discursar de improviso durante horas, depois de memorizar uma série de objetos familiares ou imagens associadas aos tópicos que eles queriam explicar. Um método típico era formar uma imagem mental de um lugar familiar, como uma praça pública, que tinha muitas paredes, degraus, pedestais ou outras plataformas, nos quais eles imaginavam colocar os objetos associados. Ao discursarem, eles "andavam" mentalmente pelo local em uma seqüência fixa, vendo o objeto simbólico que tinham colocado lá e usando-o como um desencadeador do próximo tópico.

Um "marcador" para a memória

Aqui vai um método simples e fácil de manter uma informação importante circulando na memória de curto prazo por mais tempo do que aconteceria normalmente. Suponha que você esteja numa conversa animada com várias pessoas e estejam trocando idéias rapidamente. Um ponto importante ou uma boa idéia ou pergunta aparece em sua consciência, e você gostaria de dividi-la com os outros. Entretanto, quando você abre a boca para falar, alguém mais começa a falar e a conversa muda rapidamente. Você ainda acredita que vale a pena expor a idéia, a pergunta ou contribuição factual, e não quer que ela " fuja da mente" antes de ter chance de falar. Se a pessoa estiver fortemente envolvida na discussão, sabe que quando conseguir falar, poderá ter esquecido do que queria dizer. É comum acontecer isso em conversas.

Sugiro a técnica: enquanto você acompanha o fluxo da conversa com sua mente consciente, usa sua memória motora para criar um "marcador" que o lembrará mais tarde de que tem alguma coisa a dizer. Deixe seu cérebro "off-line" por cerca de três segundos, e cruze os dedos ao mesmo tempo em que foca sua mente atentamente na idéia da qual quer se lembrar. Ligue a sensação física de cruzar os dedos com a imagem mental de partilhar a idéia com os outros quando chegar sua vez de falar.

Se possível, mantenha os dedos cruzados até chegar a sua vez. (Se não, cruze-os novamente quando estiver preparado.) Quando conseguir a atenção do grupo e eles olharem, você sentirá os dedos cruzados e usará a sensação como uma pista de memória para se lembrar do que queria dizer.

Então você pode, realmente, melhorar a capacidade de se lembrar do que é importante por vários meios. Entretanto, desejo apresentar uma maneira muito mais simples e poderosa de você captar e valorizar idéias.

A MAIOR FERRAMENTA PARA PENSAR JÁ INVENTADA

Ok, talvez o título para este tópico seja um pouco exagerado, mas não muito. Apenas estou um pouco apreensivo em pensar que essa ferramenta pensante que descreverei seja tão simples que você possa subestimar seu valor e sua importância, a não ser que eu a apresente com as pompas adequadas. Acho que ela precisa ser promovida – eu preciso "posicioná-la em toda a sua importância; criar uma noção de antecipação, quase uma ânsia em saber o que é. Você está ficando curioso? Está?

Essa ferramenta pensante é elegantemente simples, fácil de usar, barata de adquirir e repor, versátil, muito portátil, e altamente efetiva. Não tem peças móveis, não usa bateria, nunca quebra, não exige treinamento e geralmente não vale a pena roubar.

Essa ferramenta de raciocínio resolve totalmente os problemas de esquecer suas melhores idéias, esquecer informações fundamentais, esquecer de fazer coisas, esquecer de fazer *follow-up* com os outros, e acreditar que você "nunca tem boas idéias".

O que é esta ferramenta mágica? É *a ficha de arquivo.*

O primeiro homem das cavernas que fez algumas marcas em uma parede começou a longa marcha da humanidade até a ficha de arquivo e o bloco de notas Post-it. O cérebro humano parece ser deliberadamente preparado para a linguagem – tanto falar quanto escrever. A vasta maioria das pessoas em países desenvolvidos pode escrever com facilidade e fluência; *no entanto, muito poucas escrevem na hora certa*. Em razão da Ilusão de Memória no Curto Prazo, a maioria das pessoas permite que suas melhores idéias, fatos ou informações importantes e "coisas a fazer", evaporem de suas cabeças.

Absolutamente convencidas de que são capazes de se lembrar do que acabou de surgir em suas mentes, elas refutam isso inúmeras vezes todo dia e, no entanto, nunca reconsideram a fé inabalável em sua memória de curto prazo. Pode-se chamar de preguiça mental, enganar-se, ou simplesmente falta de interesse, elas se confundem, permitindo que suas idéias voem como borboletas, uma atrás da outra.

Considero a ficha de arquivo – ou a ficha 7,5 por 12,5 como elas são conhecidas nos Estados Unidos e em outros países que usam o chamado sistema "inglês" de medida – como o sistema quase perfeito de captar idéias.

Se você se interessa por fatos históricos curiosos, poderia gostar de saber que Mevil Dewey, o inventor do respeitado "Sistema Decimal Dewey", usado por bibliotecas, inventou a ficha para arquivo em torno de 1876. Ele padronizou as dimensões da ficha em 75 milímetros por 125 milímetros. Sua invenção simples é usada desde então.

Falando tecnicamente, devemos considerar a ficha de arquivo como parte de um sistema de captar idéias. Também é preciso lápis, caneta ou alguma coisa similar para escrever as idéias nela. Então vamos pensar na caneta e na ficha como uma combinação sagrada – uma forma ideal de convidar aquelas idéias que voam como borboletas a ficarem por perto.

Nunca estou a mais de três metros de distância de fichas de arquivo e uma caneta. Eu as tenho no carro, na cozinha, na sala de estar, na sala de jantar, em todos os banheiros e na garagem. À noite elas estão no meu criado-mudo. Estão em minha mesa, na minha mesa de conferência e em minha pasta. Meu *staff* todo sabe que eu espero ter fichas e canetas ao meu alcance em qualquer lugar do escritório. E, evidentemente, em geral eu uso camisa com bolso, então posso ter fichas em branco, guardar as fichas-idéia que escrevi e pensar nelas mais tarde.

Uso uma média de cerca de cem fichas em uma semana normal, a não ser que eu esteja rascunhando um livro, um artigo para revista, um relatório ou uma proposta a um cliente, ou um plano de projeto. Então eu posso usar muito mais. Quando estou caminhando, fazendo uma refeição, conversando com amigos, dirigindo meu carro, no banheiro, no avião, esperando um vôo, em um táxi, em um hotel – praticamente qualquer atividade acordado – estou "ouvindo" constantemente ao fluxo de idéias que passam pela minha cabeça. Ouço as coisas que as outras pessoas dizem para pegar fragmentos de uma nova idéia, talvez associando com as palavras, frases ou figuras de linguagem que elas usam. Quando leio revistas, procuro idéias ou elementos "desencadeadores" que tragam novas idéias. Quando assisto a um filme ou a vídeos, procuro idéias ou fragmentos, sejam ou não pretendidos pelos produtores.

140 ■ INTELIGÊNCIA PRÁTICA

Também estou acostumado ao método de *planejamento de fichas*, ou *diagramação de afinidades*, há muitos anos; é um procedimento simples de separar por itens todas as tarefas ou atividades em um projeto, uma por ficha, e então fixá-las em uma parede grande com fita. É fácil descolar para formar grupos lógicos de fichas relacionadas – daí o nome diagrama de afinidades. Quando vejo o quadro geral do projeto que estou planejando, o design de um livro que estou escrevendo, ou o layout de um relatório ou proposta que estou preparando, posso organizá-lo mais efetivamente. Às vezes, ajuda manter as fichas na parede e referir a elas como plano de projeto vivo. Em outros casos pode ser necessário ou conveniente transcrever o plano em um esquema escrito.

Sempre que eu penso em alguma tarefa que preciso fazer ou pedir a um membro do staff para fazer, tiro a caneta e a ficha. Escrevo uma anotação rápida e coloco-a de volta no bolso. Quando chego no meu escritório de manhã, a primeira coisa que eu faço depois de ligar meu computador é tirar as fichas do bolso de minha camisa e ver quais precisam de ação imediata. Posso atribuir algumas delas a um membro do *staff*; outras, já me comprometi a resolver. Se há muitas, eu as organizo por ordem de prioridade e as coloco na minha mesa.

Passei a entender que não se pode confiar na memória de curto prazo.

Se você quer que as idéias que voam como borboletas fiquem como você, precisa anotá-las.

Este sistema não é perfeito, evidentemente, como nenhum sistema. Uma vez eu acordei no meio da noite com uma idéia incrível que me veio em um sonho. Parecia ser uma idéia muito interessante para um livro. Eu tateei no escuro para achar uma caneta e as fichas, e anotei a idéia o melhor que pude em meu torpor soporífico. De manhã, lembrei que tinha tido uma excelente idéia para um livro, e – sem lembrar do que era – fui pegar a ficha imediatamente e ela dizia. "Excelente idéia para um novo livro".

Estou tentando fazer uma venda aqui. Estou tentando convencê-lo, leitor deste livro, a manter fichas de arquivo à mão e fazer anotações. Acho que provavelmente cheguei ao seguinte:

- Cinco por cento de vocês já fazem anotações ativamente, usando fichas de arquivo, blocos Post-it ou similares, ou pedaços de papel. Provavelmente reforcei sua convicção do valor do hábito.
- Vinte por cento de vocês provavelmente escrevem coisas de vez em quando. Aproximadamente a metade de vocês pode ser induzida por este livro a fazer disso uma prática mais constante.
- Cinqüenta por cento de vocês provavelmente estejam pensando: "Talvez seja ser uma boa idéia habituar-se a fazer anotações". Possivelmente um em cada cinco de vocês adotará realmente a prática. Os outros provavelmente "farão uma anotação mental dela" e se esquecerão assim que guardarem o livro.

- Os 25 restantes provavelmente pensarão: "Não tenho problema algum em me lembrar das coisas – não preciso anotar tudo", ou mesmo "eu não tenho realmente muito a lembrar". Você continuará a acreditar que sua memória de curto prazo funciona bem, e então suas idéias que voam como borboletas continuarão a escapar. Para algumas pessoas, "ser suficientemente bom" já é o suficiente.

É intrigante quantos adultos, inclusive profissionais em ocupações de conhecimento, vivendo na sociedade moderna de hoje, não têm uma caneta esferográfica quando precisam. Se estou em um aeroporto, na fila para mostrar o passaporte, alguém pergunta: "Pode me emprestar sua caneta?". Por menos de um dólar, essa pessoa poderia ter em seu bolso ou na bolsa uma das invenções mais importantes da raça humana, e preferiu não tê-la.

PENSANDO EM FIGURAS

Veja um pequeno exercício de *pensamento visual*.

Etapa Um: primeiro tente resolver o problema a seguir em sua mente, sem anotar nada, e antes de seguir a leitura. Então passe para a Etapa Dois.

Três volumes de história estão numa prateleira, tendo sido colocados da maneira costumeira, dispostos por ordem de volume da esquerda para a direita. Uma traça começa na primeira página do primeiro volume e come até a última página do último volume. Todos os três livros têm o mesmo tamanho: as capas da frente e de trás têm 3 mm de espessura e cada "miolo" – o conjunto de páginas do livro – tem 2,5 cm cada. Sua tarefa é calcular a distância que a traça percorre.

Quando achar que sabe a resposta, anote-a em uma ficha. (É importante anotar, caso contrário provavelmente você se esquecerá quando terminar a segunda parte do exercício.)

Etapa Dois: agora verifique o processo de raciocínio usando a caneta e uma ficha para traçar um esboço dos livros como eles estariam dispostos na prateleira.

Desenhe os três livros como os veria olhando de cima. O Volume um está à esquerda, seguido do volume dois, seguido do volume três. Coloque uma marca onde a traça começou, na primeira página do volume um. Então trace uma reta de lá até a última página do volume três. A seguir, adicione a espessura das partes dos livros que a traça comeu para ter a distância total do percurso.

Quando tiver certeza da resposta correta, verifique as soluções no Apêndice A para ver se está certo.

142 ■ Inteligência Prática

Etapa Três: compare o resultado que você obteve trabalhando o problema apenas mentalmente com o resultado que você obteve desenhando o diagrama.

Talvez você tenha chegado à resposta certa das duas maneiras. Ou não conseguiu visualizar os três livros como eles seriam dispostos normalmente. Você permitiu que a descrição verbal do problema – ir da primeira página do primeiro livro até a última página do último livro – criasse um *cenário mental*: a expectativa de que a traça teria passado por todos os três livros e por todas as capas, menos duas?

Uma característica muito útil da ferramenta caneta e ficha, como demonstrado aqui, é que ela permite trazer o raciocínio para fora da cabeça, captar os resultados enquanto você está resolvendo um problema e organizar todas as informações em um esquema. E, obviamente, ela fornece um dispositivo útil de comunicação quando você está discutindo a solução de um problema com outra pessoa.

VOCÊ É UMA PESSOA QUE DIZ SIM OU QUE DIZ NÃO?

Várias pessoas estão sentadas em torno de uma mesa de conferência, em uma reunião para discutir um problema de procedimento que tem causado frustração em seu departamento. A conversa torna-se uma busca de possíveis soluções. Susan diz: "Talvez nós poderíamos pedir para os membros do *staff* darem idéias. Eles podem chegar a algumas possibilidades que não pensamos".

Ao que John responde imediatamente: "Não, não vamos passar por tudo isso. É nossa responsabilidade resolver o problema. Vamos refletir e chegar a algo que possamos levar para o chefe". Os outros membros do grupo reagem com silêncio, os olhos atentos em John e Susan. Alguns deles acenam vagamente, e a conversa vai em frente. Susan senta-se na cadeira, cruza as mãos no colo e desliga. Ela pensa: "Se eles não querem minhas idéias, que vão para o diabo. Vou deixar que façam o que quiserem".

Mais adiante, na reunião, John oferece uma opção para resolver o problema: "Acho que poderíamos criar um formulário para isto. [A pessoa A] pode preencher parte dele e passá-lo para a [Pessoa B]. Então...". Susan inclina-se para frente, levanta a mão em um gesto de "pare" e diz: "Outro formulário não! Já temos formulários demais – eles estão saindo por todos os lados. Precisamos de menos papel, e não mais". No fundo ela está pensando, "Agora empatei o jogo, seu babaca. Você destruiu minha idéia, e agora eu vou destruir a sua."

Algumas das pessoas em volta da mesa acenaram em sinal de concordância com a posição de Susan, e John se senta com uma expressão sisuda no rosto. O placar é: "Susan: 1, John: 1". Ambas as idéias foram anuladas. Mas há uma terceira parte, invisível, do placar: "Idéias: 0".

Esse tipo de troca que mata idéias acontece inúmeras vezes por dia, em escritórios, salas de aula, lares e muitos outros ambientes. Na verdade, teríamos de considerar esse um comportamento "normal" – não necessariamente desejável ou construtivo, mas basicamente normal. A maioria das pessoas faz isso rotineiramente e sem pensar.

Como o "gelo" proverbial, o impulso de anular idéias geralmente esconde-se abaixo da linha da consciência. Isso acontece com freqüência espontânea e habitualmente, antes de a pessoa que faz isso considerar as conseqüências do que ela tem a dizer. Pode ser desencadeado por um sentimento de inveja ou ressentimento: "Ah-oh! Ela acaba de ter uma idéia promissora; talvez isso faça todos pensarem que ela é mais inteligente que eu. Como mostro que sou mais inteligente que ela?". A lógica inconsciente primitiva diz: *"Se eu posso mostrar a todos que a idéia dela não é boa, talvez eles não a considerem mais inteligente que eu".*

Algumas pessoas costumam invalidar idéias, outras, nem tanto. Às vezes uma pessoa só está de mau humor, ou não está se sentindo muito bem. Teve recentemente uma experiência adversa e seu programa de altruísmo prático pode não estar funcionando plenamente. Algumas pessoas geralmente têm medo e não se sentem à vontade com a ambigüidade que vem com o processo criativo. Algumas podem ser descaradamente malévolas, e destruir as idéias dos outros oferece uma saída para sua agressividade. E muitas – talvez a maioria – simplesmente não conhecem nada melhor. Elas estão praticando o que aprenderam pela modelagem social que tiveram até esse momento, em suas vidas.

Oliver Wendell Holmes, o jurista americano e chefe da Justiça da Suprema Corte, disse:

> O verdadeiro teste de qualquer conceito é sua capacidade de sobreviver no mercado de idéias.

E poderíamos acrescentar:

> *O verdadeiro teste de qualquer pensador é sua capacidade*
> *de ver o potencial em idéias recém-nascidas.*

O hábito mental de valorizar idéias significa dizer um "sim" tentativo para toda idéia recém-nascida, com a confiança de que dar a ela tempo para respirar pode permitir que ela evolua em algo realmente valioso.

Muito poucas pessoas, como o inventor Charles Kettering que as caracterizou, adoram idéias. Eu as chamo de "pessoas cordatas", que afirmam, cultivam e apóiam idéias recém-nascidas, embora à primeira vista possam parecer estranhas, peculiares, irrealistas ou até mesmo ofensivas. Elas vêem as idéias como ativos preciosos, como riqueza intelectual. Percebem que nem todas as idéias acabam sendo aceitas, mas não vêem valor em matá-las prematuramente.

Ninguém tende a contaminar suas percepções das idéias recém-nascidas com todas as formas de medos, fantasias de fracasso, apreensões, defesa do ego, reações emocionais e motivos agressivos.

Valorizar idéias exige muito mais coragem emocional e intelectual, e uma crença básica no valor das idéias, do que requer anular idéias. Finalmente, a crença no valor

144 ■ INTELIGÊNCIA PRÁTICA

de idéias equipara-se à crença em nosso eu e em nossos processos mentais. O premiado fotógrafo DeWitt Jones, da *National Geographic*, gosta de dizer: "Geralmente há mais de uma resposta 'certa'".

A FÓRMULA P.I.N.: PROTEGENDO IDÉIAS

Enquanto voava entre Sydney e Canberra, Austrália, notei um item grudado no bolso do assento à minha frente que me pareceu bem interessante. Era um envelope de cerca de 10 cm de largura e 15 de comprimento, com um adesivo para fechá-lo em uma extremidade. O envelope, com impressão bem colorida, pareceu-me, à primeira vista, ser desenhado para ser enviado a um laboratório fotográfico. Qualquer um poderia preencher diversas especificações nas caixas apropriadas, escrever o endereço, colocar um filme dentro e uma quantia em dinheiro, e mandá-lo para o laboratório fotográfico. Presumivelmente eles receberiam as fotos no endereço dado. Este parecia um item bem útil de se encontrar em um avião.

Então estudei o envelope um pouco mais e descobri que ele tinha uma função secundária: o rótulo me dizia que era para servir como *saco higiênico*. A parte interna plastificada e as laterais com dobra, que podiam se expandir, também pareciam adequadas para aquela missão.

Fiquei pensando um momento no que parecia ser um produto bem imaginativo. Concluí que o laboratório fotográfico fornecia os envelopes à companhia aérea gratuitamente, para serem usados como "sacos para vomitar", como os atendentes de vôo os chamam. Aquele era um produto que poderia cumprir função dupla, e que serviria como ferramenta de marketing praticamente sem custo para a revelação de filmes.

Então tive outros pensamentos. Vi-me pensando: "Se eu fosse um funcionário de um laboratório fotográfico, certamente esperaria que a pessoa que enviasse o próximo envelope entendesse claramente as instruções".

Adoro brincar com idéias não convencionais. E acabei entendendo que brincar com idéias, em especial quando estão em parte baseadas em outras, não só é divertido como também é valioso do ponto de vista ecológico. Se nos habituamos a dizer sim a idéias no início, e a protegê-las pelo menos por um curto espaço de tempo, podemos aumentar vastamente o número de "boas" idéias que nos são disponíveis. Esse princípio funciona na vida pessoal, na escola, nos negócios e no serviço público.

Com os anos, eu desenvolvi um método prático para proteger idéias, que aprendi várias vezes em seminários para executivos e modelei para os outros durante minhas atividades como consultor de negócios. É chamado de fórmula "P.I.N", e é um processo de três etapas para reagir a idéias. A fórmula P.I.N. funciona para indivíduos, para duas ou mais pessoas em conversas, reuniões e sessões criativas envolvendo design ou solução de problemas complexos. Ela nos permite suspender o julgamento – pelo menos o julgamento negativo ou crítico – por tempo suficiente para que possamos desenvolver idéias.

Uma pessoa, grupo ou equipe que esteja usando a fórmula P.I.N. concorda em expressar reações a uma idéia em três etapas distintas, *em uma ordem exigida:*

P = Aspectos Positivos da idéia.

I = Aspectos Interessantes, ou intrigantes da idéia.

N = Aspectos Negativos da idéia.

Às vezes, eu chamo o método de "alfinete de segurança" para idéias. As idéias são como bebês de fraldas, e os alfinetes de segurança precisam proteger seus entes queridos de traumas durante o período de formação.

Como veremos no capítulo 12, quando estudaremos o processo de "Solução de Problemas a Alta Velocidade", invocar a regra ou fórmula do P.I.N. permite às pessoas trocarem idéias parcialmente formadas sem medo do ridículo. Os líderes de grupo podem usar o método para ter muitas possibilidades para resolver um problema. Uma pessoa que propõe uma idéia provocativa pode pedir uma "reação P.I.N", como uma forma de atrair outros participantes a se engajarem à idéia por tempo suficiente para verem suas implicações. E todos nós podemos ter nossa reação "padrão" a idéias, quando as encontramos.

> Eu sempre sei quando encontrei uma idéia realmente incrível, por causa do sentimento de terror que ela me causa.
>
> John Franck, prêmio Nobel

USANDO SUA INCUBADORA MÁGICA

O químico alemão Friedrich August Kekulé relatou uma experiência notável que o levou diretamente a uma descoberta importante em química orgânica em 1864. Kekulé havia tentado descobrir a estrutura da molécula do benzeno, um dos inúmeros compostos que ele e seus contemporâneos estavam estudando.

De acordo com o relato dele:

"Eu estava escrevendo meu livro, mas o trabalho não progredia; meus pensamentos estavam em outro lugar. Coloquei a minha poltrona à frente da lareira e adormeci. Novamente os átomos estavam saltando diante de meus olhos. Meu olho mental, que ficou mais aguçado com visões repetidas desse tipo, agora podia distinguir estruturas maiores de conformação diversa; longas fileiras, às vezes, mais unidas, todas crescendo e se retorcendo como uma serpente. Mas veja! O que era aquilo? Uma das serpentes tinha alcançado sua própria cauda, e a forma girava atraentemente diante de meus olhos. Como por um raio de luz eu acordei."

Ao acordar, Kekulé percebeu imediatamente que sua mente inconsciente, em um estado semelhante ao sonho, tinha lhe apresentado a solução: os pares de hidrogênio-carbono na molécula de benzeno *devem ser dispostos em formação de anel* – um hexágono, para ser exato, que ele reconheceu como a serpente mordendo a cauda. Sua pesquisa confirmou imediatamente o que sua produção inconsciente de idéias tinha imaginado.

A história científica está repleta de exemplos similares da descoberta repentina que segue o trabalho árduo e o pensamento ativo. Essa descoberta repentina acontece mais freqüentemente do que a maioria de nós pode perceber, e é possível convidá-las a acontecer com mais freqüência. Uma forma de aumentar sua probabilidade é notar quando elas ocorrem, valorizá-las e esperar com otimismo que mais descobertas ocorram.

Dr. Sidney Parnes, um dos pioneiros da educação criativa, que ajudou a fundar a Creative Education Foundation e o Creative Problem Solving Institute em Buffalo State University[1], conta um episódio envolvendo sua filha mais nova, que estava tentando resolver um problema. O cordão saiu do cós da cintura de seu pijama, e ela não conseguia imaginar uma forma de colocá-lo novamente. Ela fez várias tentativas, mas nenhuma delas parecia funcionar sem um esforço longo, tedioso, para enfiar o cordão no cós. Como Sid conta:

> Ela desistiu temporariamente de resolver o problema, mas aparentemente outra parte da mente dela não desistiu. Mais tarde, enquanto abria a geladeira para pegar água gelada para tomar, de repente ela pensou na solução. Ela molhou o cordão na água, colocou-o no freezer e quando ele estava congelado, duro, ela enfiou-o facilmente no cós do pijama.

Os pesquisadores de criatividade referem-se a esse processo de produzir idéias como *incubação*. É uma metáfora muito boa, na verdade: junta a imagem de ovos em uma incubadora, que podem se desenvolver e de repente ganhar vida.

A experiência da incubação como um "flash" – aquele evento "surpreendente" – parece acontecer, com freqüência, como resultado de duas idéias ou fragmentos de idéia indo uns de encontro aos outros abaixo do nível de consciência. Provavelmente algum módulo da mente reconhece a relevância da conexão e envia um sinal mental, como um clarão, na consciência atenta.

Por exemplo, uma mulher australiana chamada Hedwig Kiesler – mais conhecida como a atriz Hedy Lamarr – ganhou patente do governo americano por inventar um dispositivo eletrônico, que lhe veio à mente enquanto ela cantava e tocava piano. Tendo escapado da Alemanha nazista durante a Segunda Guerra Mundial, Lamarr estava construindo uma nova carreira na América. Tendo claramente uma mente técnica e musical ao mesmo tempo, ela estava brincando com a idéia de usar sinais de rádio para controlar torpedos anti-submarinos. A idéia não foi considerada viável pelos especialistas técnicos de um modo geral, porque as forças inimigas podiam interceptar facilmente os sinais de controle com transmissões interferentes.

Enquanto fazia exercícios vocais ao piano, com seu amigo tocando várias escalas e melodias, a resposta de repente apareceu na mente dela. Se a freqüência de um sinal de rádio tivesse de mudar rapidamente em algum padrão controlado, conhecido somente pelo emissor e pelo receptor, um receptor inimigo não seria capaz de acompanhá-lo nem

Upgrade 4   Do Software Mental   ■   147

de interceptá-lo. A fonte inconsciente da idéia parecia clara: se tanto a cantora quanto o acompanhante sempre sabem qual será a próxima nota, eles se comunicam perfeitamente como uma dupla musical. O mesmo princípio deveria se aplicar às comunicações por rádio.

Trabalhando com seu amigo, ela esboçou um diagrama de um dispositivo como um piano-roll que poderia mudar as freqüências para criar uma "melodia" eletrônica. Ela recebeu uma patente em 1942 por um "Sistema de Comunicações Secretas", dando os direitos ao governo norte-americano. Ela nunca lucrou com sua invenção, que hoje é amplamente usada em aplicações como tecnologia de celular para evitar interferência entre conversas simultâneas. Os técnicos a conhecem como freqüência-diversidade, ou tecnologia de difusão de espectro.

Algumas figuras criativas da história têm alegado ter tido as melhores idéias enquanto estão sob a influência de álcool, drogas psicodélicas ou medicamentos – um tipo inovador de incubadora, suponho. Meu colega e amigo de vários anos, Frank Ball, que chefia uma divisão de mídia de uma empresa global de serviços financeiros, relata ter produzido uma idéia útil e original enquanto estava sob a influência de morfina usada em procedimento médico. Como ele relata a experiência:

Eu estava deitado numa cama de hospital me recuperando de uma cirurgia de emergência. A equipe médica tinha me dado uma dose de morfina para ajudar a aliviar a intensa dor que eu sentia. Apesar do estresse de tal experiência, eu ponderava intensamente sobre um problema dos negócios que tentava resolver, com um prazo muito curto me ameaçando.

A morfina tem um forte efeito nos processos mentais, embora o efeito na dor seja significativo. Eu me vi pensando, sem dor no momento, sobre como eu resolveria esse problema premente. Conseguia ver e ouvir fragmentos de idéias flutuando enquanto entrava e saía desse estado sonolento. Era quase como se eu tivesse aberto a porta para minha incubadora e estivesse olhando dentro para ver o que estava sendo incubado lá.

Meu problema era chegar a uma 'abertura' bastante inteligente – um segmento de vídeo – a ser usada para dar início à reunião anual de sócios da empresa. Essas reuniões anuais dão muito trabalho.

Essa reunião específica tinha algo em comum com a maioria das anteriores: os sócios tinham de voar – para Chicago, neste caso – do mundo todo, e aqueles que tinham que viajar as maiores distâncias sempre reclamavam do local. "Acabo de sair de Paris, França, para vir para ... Washington! Em junho!!" Ou, mais tipicamente, "Por que Boston?" "Por que Miami?" Nesse caso, seria "Por que Chicago?". Então o diretor operacional da empresa nos pediu para elaborar um número de abertura como uma sátira bem-humorada das infinitas reclamações sobre aonde as coisas iriam acontecer.

No dia anterior à minha cirurgia inesperada, eu estava envolvido em duas reuniões infrutíferas e uma conference call de uma hora tentando chegar a algo que funcionasse. Enquanto estava deitado em meu semi-coma induzido por morfina, remoía a pergunta em minha mente: "Por que Chicago?".

Então, em um momento de clareza, percebi que a cadência vocal da frase "Por que Chicago?" correspondia àquela do conhecido coro cantando "Aleluia de Handel. Ouvi o novo coro na minha mente: "Por queee Chicago? Por que Chicago? Por que Chicago? Por que Chi-ca-go?". A ironia cômica deu um estalo.

De algum modo eu consegui me lembrar da idéia depois que o efeito da morfina passou, e quando me recuperei fiz meu *staff* trabalhar nela. Criamos trilhas sonoras e gravamos em estúdio cantores entoando canções do cliente que eram uma gozação e introduziam os encantos de Chicago. Então filmamos dezenas de sócios dublando a música. Editado, parecia ser um clip da MTV, e era muito legal. Mostramos o vídeo como abertura para a reunião e foi um sucesso. Não ouvimos mais reclamação sobre o local da reunião.

Muitas boas idéias resultam de conversas casuais entre neurônios. O processo de incubação tem três etapas:

1. *Preparação*. Você esteve lutando com um problema, uma decisão difícil, uma oportunidade interessante, ou algum tipo de dilema, e se sentiu bloqueado. Quanto mais você tentar se concentrar no problema e mais se empenhar em resolvê-lo, mais ele parece iludi-lo. Você não gastou tempo nem energia: esteve se preparando para incubar.

2. *Submersão*. Depois de passar um período de tempo pensando no problema, você simplesmente precisa dar um descanso mental e prestar atenção a outras coisas. Pode não perceber conscientemente, mas transferiu o problema para outras "mentes" que vão trabalhar nele. Os cientistas têm muito pouca idéia de como o biocomputador faz isso, mas ele parece alocar um certo número de seus "ciclos processadores" a várias coisas em que você esteve pensando.

3. *Insight*. Esta é a parte acidental do processo. Não sabemos – no entanto – como fazer as informações circulantes assumirem uma nova formação. Talvez possamos imaginar isso em breve. O que sabemos agora é que o esforço ativo na primeira fase, de preparação, apresenta o problema de modo que a mente inconsciente possa trabalhar nele. Voltar sua atenção para outra coisa parece ajudar totalmente, possivelmente tirando os sinais interferentes do nível consciente e permitindo que os dados sejam processados de uma nova forma.

O acaso favorece a mente preparada.

Louis Pasteur
(desenvolvedor da teoria germinal da doença)

Aqui está um método simples que pode ajudar a fazer a incubadora mágica trabalhar:

1. Primeiro, dê um nome para o problema, a questão ou o objetivo. *Chame-o de* o "problema de bloqueio de carreira"; o problema do "feudo familiar"; ou o problema do "cronograma impossível", por exemplo.

2. Em seguida, revise os vários elementos do problema, recorde-se deles mentalmente e, principalmente, atenha-se às questões complicadas para as quais não encontrou resposta. Prepare o problema para a incubadora.

3. Você pode querer visualizar o processo de incubação. Imagine pegar um ovo, escrever o nome do problema na casca com um marcador de texto, e então abrir a porta de sua incubadora mental, e colocar gentilmente o problema-ovo em um ambiente quentinho, junto com os outros problemas-ovos. Imagine e espere que, quando o problema-ovo se transformar em uma "solução-ovo" – quando ele chocar –, se tornará conhecido por nossa mente consciente.

4. Então, peça a suas "outras mentes" para trabalhar no problema. Você pode expressar essa solicitação (de preferência quando ninguém mais estiver por perto): "Eu quero achar a solução para o problema 'X' . eu tenho pensado nisso e agora eu deixarei de lado por um momento, e talvez uma resposta me chegará". Diga e pense isso com uma confiança infantil, acreditando que uma das outras mentes já sabe a resposta.

5. Tenha certeza de que *se deixará o problema de lado* e dará atenção a outras coisas. Se ficar obcecado pelo problema e tentar chegar a soluções, então não estará incubando – estará apenas se preocupando. A incubação genuína requer que se abra mão do problema por um tempo.

6. Mantenha caneta e fichas de arquivo à mão para que se possa anotar as idéias assim que elas aparecerem em sua mente consciente. A resposta, ou respostas, poderiam não vir num flash mágico; você poderia não ter visões nem ouvir música celestial. Você poderia ter lampejos e pequenos *insights* que ajudam a resolvê-lo com os processos conscientes.

PENSAMENTO "METAQUADRADO": ROMPENDO OS LIMITES

A imaginação é mais importante que o conhecimento.

Albert Einstein

Nenhuma discussão da produção de idéias criativas poderia se completar sem referência ao famoso problema dos "nove pontos". Esse antigo quebra-cabeça visual provavelmente seja a fonte do clichê batido sobre "pensar de modo não convencional". Como uma demonstração dos efeitos autolimitantes de nossos padrões mentais, ele tem poucos semelhantes, e é por isso que tantos professores e treinadores o utilizam em cursos que se concentram em criatividade, inovação e solução de problemas.

Para aqueles leitores que viram o problema de nove pontos incontáveis vezes: uma desculpa antecipada. Surpreendentemente, entretanto, um grande número de pessoas que já viu o problema dos nove pontos, e a solução – em alguns casos, repetidamente –, ainda não consegue se lembrar de como resolvê-lo. Esta é uma boa ilustração do poder de padrões. E, considerando que muitas pessoas – possivelmente inclusive você, leitor deste livro – não o encontraram, eu seria negligente como autor se não o apresentasse.

O famoso problema dos nove pontos

Aqui está o famoso problema dos nove pontos. Veja a Figura 7.1, que mostra um arranjo de nove pontos. O objetivo do exercício é traçar não mais que quatro linhas retas sem erguer a caneta do papel, e sem retraçar qualquer parte da linha, de forma a ligar todos os nove pontos.

Use sua caneta e uma ficha de arquivo e tente resolvê-lo antes de conferir a resposta no Apêndice A. Quando você encontrar a solução, verá imediatamente como ela ilustra os efeitos de padrões mentais.

Por que o problema dos nove pontos é tão desafiador para a maioria de nós

A primeira reação de muitas pessoas depois de verem a solução é: "Ah, você tem que sair do quadrado – a caixa".

Figura 7.1. O problema dos nove pontos

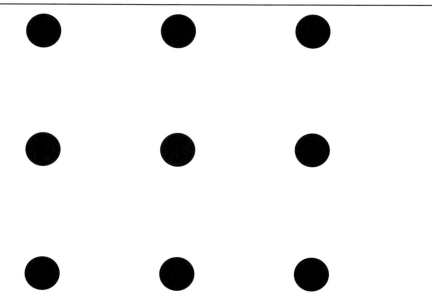

Evidentemente, não há caixa nem quadrado na figura – apenas nove pontos. O cérebro, sendo um formador e reconhecedor compulsivo de padrões, detecta *o que acredita ser um padrão* na figura. Percebemos o que os psicólogos chamam de *contorno subjetivo* – um padrão familiar que é sugerido pelo arranjo dos elementos e que corresponde a um padrão de memória no cérebro.

Uma vez que "vemos" o padrão, ele assume controle de nosso processo mental. Substituímos a realidade por nosso modelo de memória da realidade. Muito de nosso processo mental cai neste padrão de pensamento "retangular" – confinando inconscientemente nossas percepções para se encaixar a padrões familiares.

Se você resolver o problema dos nove pontos sem ver a resposta antes, provavelmente sentirá que rompeu com algum tipo de restrição e estará livre para fazer algo novo. Essa estratégia de "ruptura" pode ser aprendida e reforçada com a prática e a motivação.

Esse tipo de *independência de padrão* é uma marca registrada de pessoas que sabem resolver problemas, são inovadoras e inventoras, designers e empreendedoras. Elas aprenderam a ver através, acima, sob, em volta e além dos próprios padrões mentais – e os padrões que aprisionam os outros – a encontrarem arranjos diferentes dos elementos de um problema ou uma situação.

A independência de padrão, ou a capacidade de pensar fora dos vários quadrados auto-impostos de nosso conhecimento e experiência, precisa de um nome melhor que o desgastado clichê "pensar de modo não convencional". Portanto, inventaremos um novo termo. Vamos cunhá-lo:

Pensamento metaquadrado: A capacidade de detectar
e escapar dos limites inconscientes impostos
por nossas percepções de um problema.

O pensamento metaquadrado tem duas partes: pensar *sobre* os quadrados mentais figurativos. Nós podemos nos colocar dentro deles e então pensar *além* deles. Primeiro precisamos reconhecer os padrões mentais que estamos sendo tentados a aplicar e então nos libertar deles.

Há quem possa perguntar: "Como podemos identificar conscientemente esses quadrados mentais e colocá-los em torno dos problemas que percebemos se eles são padrões *inconscientes*?" Na verdade, não é tão difícil quanto se poderia pensar.

O filósofo e matemático inglês Alfred North Whitehead disse: "analisar o óbvio requer uma mente muito incomum", e é exatamente isso o que aprendemos fazer no pensamento metaquadrado. Questionamos os aspectos mais óbvios do nosso chamado "conhecimento" do problema que estamos tentando resolver, e questionamos os elementos mais óbvios da abordagem que estamos seguindo para tentarmos obter soluções.

Como consultor gerencial, trabalho freqüentemente com executivos seniores de vários tipos de organizações enquanto eles repensam seus negócios. Algumas das perguntas que costumo colocar são: "Quais são as 'verdades' mais fundamentais de seu negócio? Seu mercado? Seus clientes? Sua concorrência?". "Essas 'verdades' ainda são verdadeiras?" "Que suposições você está fazendo sobre o futuro de seu negócio?" "O que acon-

152 ■ Inteligência Prática

tece se essas suposições não são verdadeiras?" "Que suposições você poderia fazer que poderiam limitar as percepções de suas oportunidades?".

O pensamento metaquadrado pode nos ajudar a destravar quando ficamos travados, tentando resolver um problema desafiador. Ele pode nos ajudar a "saltar dos trilhos" e mudar para uma linha muito diferente de pensamento. O professor Edward deBono, uma autoridade destacada em criatividade, referiu ao que chamou de "pensamento lateral". Em sua definição, o pensamento lateral – em contraste com o processo mais "normal" de pensamento "vertical" – envolve abrir mão de uma tentativa malsucedida de resolver um problema e chegar a ele de um novo ângulo. Outro termo útil para o pensamento vertical é o pensamento "monorail", do livro clássico de deBono, *Pensamento Lateral: Criatividade Passo a Passo*, embora um pouco datado, permanece sendo uma referência altamente respeitada para o assunto.[2]

O pensamento lateral, como descrito pelo professor deBono, é um tipo de pensamento metaquadrado. Consiste em mudar a seqüência das etapas, abandonar a seqüência, substituir por uma nova seqüência, ou talvez eliminar de uma vez o processo de pensamento. No capítulo 10 – Mega-Habilidades 3 – Pensamento "Intulógico", exploraremos a combinação especial de pensamento intuitivo e do pensamento lógico – pensamento "intulógico" – e exploraremos as conexões com o pensamento lateral, a incubação e a solução hábil de problemas.

Outro exemplo interessante de um problema de pensamento que exige o pensamento metaquadrado é o *anagrama* – essa pequena palavra enigmática que exige que se rearranje uma série de letras para fazer uma palavra familiar. Os anagramas costumam ser bem difíceis de resolver por uma razão fundamental: são produzidos de modo a sugerir uma palavra aceitável – ou seja, que combine com um padrão mental que os faz já parecerem "corretos".

Como exemplo, considere rearranjar a seqüência a seguir de letras para formar uma palavra conhecida:

r o d n e l p s e

Quando desafiadas a dispor as letras de modo a formar uma palavra "melhor", muitas pessoas se acham de algum modo presas à forma existente, e incapazes de pensar em alternativas. O padrão existente impõe um tipo de tirania estrutural à mente – um conjunto de limites invisíveis à percepção do que é possível. (*Dica:* a solução ao anagrama acima é uma palavra que significa um brilho intenso, grandeza, construída com a inversão das letras.)

De acordo com relatos históricos, Lord Melbourne da Inglaterra desafiou a Rainha Victoria a resolver o anagrama a seguir; dizem que este a deixou acordada a noite toda:

d i o r a r t

Uma vez que essas sete letras podem ser rearranjadas de quase inúmeras maneiras, a força bruta e a persistência não são particularmente atraentes como via para uma so-

Upgrade 4 Do Software Mental ▪ 153

lução. É necessário ter uma estratégia mental, uma maneira mais produtiva de se chegar a uma solução.

Antes de procurar a resposta no Apêndice A, tente as seguintes estratégias mentais que poderiam levá-lo à resposta.

Você deve encontrar, principalmente, uma maneira de quebrar a tirania do confortável padrão apresentado pelas letras. Uma maneira de fazer isso é *desconstruir* completamente o atual arranjo. Por exemplo, pegue oito pedaços pequenos de papel, ou pedaços de uma ficha de arquivo, e escreva uma letra em cada pedaço. Então, espalhe-os em sua escrivaninha ou mesa. Comece embaralhando-as, tentando várias combinações de duas ou três letras, permitindo que seu radar intuitivo busque outros padrões possíveis. Quando achar que tem a resposta, ou se não achar e se esforçou demais, verifique a resposta no Apêndice A.

Os anagramas, por mais simples que pareçam, podem ser exercícios muito bons para expandir suas habilidades de pensamento divergente e sua habilidade de reformular situações ou idéias. Aqui estão alguns outros anagramas para resolver (eles são bem fáceis), como parte de sua boa forma mental:

mobil
drogaita
ator
Iracema
manuríase

A estratégia que usamos para resolver o problema do anagrama se aplica, em alguma forma ou outra, a muitos problemas que enfrentamos na vida, em relacionamentos e nos negócios. Para pensar de forma *metaquadrada*, primeiro temos que desconstruir nossa concepção atual do problema que estamos tentando resolver. Quais são os elementos do problema? Quais são alguns dos elementos que podemos ver para a solução? Que restrições ou limitações estamos aceitando? Identificando as partes do problema e as soluções potenciais e rearranjando-as, como fizemos com as letras do anagrama, podemos abrir portas mentais que podem nos deixar fora dos quadrados que construímos ou aceitamos dos outros.

Truques são um excelente exemplo da influência de mentalidades e expectativas, desafiando-nos a pensar de modo metaquadrado, o que fazemos com freqüência inadequadamente. O mágico hábil nos prende a uma mentalidade – uma expectativa do que vai acontecer. O poder do "truque", e a diversão que isso nos dá, vem da exploração inteligente que o mágico faz da mentalidade que ele ou ela nos ajudou a formar.

> Milagre, *s.m.* Um ato ou evento fora da ordem da natureza e inexplicável, como bater uma mão normal de quatro reis e um ás com quatro ases e um rei.
>
> Ambrose Bierce
> The Devil's Dictionary

154 ■ INTELIGÊNCIA PRÁTICA

Por acaso, a maioria dos truques mágicos é arquitetada nos primeiros segundos; a maioria dos movimentos teatrais, manobras e falas rápidas só serve para aumentar a força da expectativa. Quando o mágico "montou" o truque, que nós costumamos não notar, ele basicamente garantiu o seu sucesso, divertindo-se ao aumentar nossas expectativas, o que intensifica o impacto de ver a expectativa completamente contradita.

O pensamento metaquadrado também pode envolver um elemento importante de acaso, ou mesmo acidente, que orienta nossa conversa interna sobre um problema. De fato, algumas de nossas melhores idéias vêm de acidentes felizes. Considere, por exemplo, a maneira como o humor funciona. Uma boa piada ou um comentário inteligente sobre algum tópico é um tipo de reformulação: de repente, vemos as coisas de uma forma diferente.

O comediante irlandês Hal Roach conta uma história que ilustra as limitações dos padrões de pensamento – os quadrados – e faz graça da dificuldade de se pensar de um modo metaquadrado:

O padre da paróquia estava sentado à mesa da cozinha certa tarde, trabalhando em seu sermão para o Domingo.

Tinha chovido muito durante vários dias, e as comportas do reservatório da vila no alto do rio tinham cedido, inundando a cidade e obrigando todos os moradores do local a abandonarem suas casas.

Ele olhou pela janela e viu as águas subindo até o parapeito da janela. Viu as pessoas nadando nas águas, atravessando de barco e se agarrando ao que pudessem para flutuarem.

Então duas pessoas em um barco chegaram até sua janela. "Padre, pule no barco conosco e nós o levaremos para um lugar seguro".

O padre acenou para eles. "Não, não obrigado. Estou bem. Continuem seu caminho e cuidem de vocês".

"Padre, eles imploraram, 'venha conosco'. Não é seguro ficar aqui".

"Não, não", disse o padre. "Vão vocês – eu ficarei bem".

"Bom, como queira", eles disseram e se afastaram.

Como a água continuava a subir, o padre pegou seus papéis e subiu até seu estúdio.

A água continuou a subir ameaçadoramente. Quando ele olhou para fora da janela, várias outras pessoas vinham em um barco grande.

"Padre, por favor – entre no barco conosco. Nós o levaremos a um lugar seguro".

Ainda muito calmo, o padre disse: "Não, meus filhos. Deus olhará por mim. Vocês vão e salvem-se – eu estarei bem".

Ele não acatava a nenhum pedido, então eles finalmente desistiram e se afastaram.

As águas continuaram subindo a ponto de ele ter de subir no telhado. Lá estava ele, agarrado à aleta do tempo, quando se aproximou um terceiro barco.

"Padre, o senhor precisa vir conosco. A situação está muito perigosa; por favor, entre no barco para se salvar. É sua última chance!"

Com uma calma imensa e magnanimidade ele acenou para eles. "Não, não – eu estarei bem. Tenho fé no Senhor. Ele me salvará da inundação".

Contrariados, mas incapazes de tirá-lo de sua fé inabalável, eles se foram.

Infelizmente, a estratégia dele não funcionou. Ele se afogou, e sabia que estava nos portões do céu. São Pedro o viu e chamou: "Então estás aqui!".

O padre, olhando surpreso, levantou as mãos confuso, sem acreditar. "O que aconteceu?" implorou ele. "Por que Deus não me salvou da inundação? Levei uma vida virtuosa, dediquei minha vida toda ao serviço da Igreja – pensei que Deus me salvaria!"

São Pedro encolheu os ombros e disse: "O que você quer? Nós lhe enviamos três barcos".

Penso nessa pequena história e em suas implicações para as oportunidades e opções que a vida nos apresenta. Vários colegas meus e eu costumamos usá-la como uma metáfora quando discutimos oportunidades potenciais de negócios: "Você acha que este poderia ser um 'barco' para o qual você está olhando?".

Notas

1   Website para a Creative Education Foundation é www.Creative EducationFoundation.org.

2   deBono, Edward. *Lateral Thinking*: Creativity Step-by-Step. Nova York: HarperCollins, 1973.

8

MEGA-HABILIDADE 1

Pensamento "Bivergente"

Nem todos que vagueiam estão perdidos.

J. R. R. Tolkien

MUITOS ANOS ATRÁS ENQUANTO EU VIAJAVA PELO JAPÃO, conheci um executivo de uma fábrica têxtil japonesa durante um café-da-manhã em um hotel de Tóquio. Quando ele descobriu que eu era consultor gerencial, começamos a conversar sobre práticas de negócios japonesas e americanas e eu expressei um interesse particular pela abordagem japonesa de tomada de decisões. Ele me convidou a visitá-lo e a seus colegas executivos quando passasse por Nagoya, e eu aceitei com entusiasmo.

Durante minha breve visita, encontrei-me com ele e seus colegas, e durante um café tivemos uma conversa interessante. Eu perguntei sobre seus processos de tomada de decisão. Como, por exemplo, eles abordavam a questão de acrescentar uma nova linha têxtil em seu catálogo?

Meu anfitrião, "Shiggie" (forma abreviada de Shigeru), nos disse como percebia a diferença entre a tradição japonesa de tomar decisões e o que ele entendia ser o típico chefe ocidental. Ele tinha trabalhado bastante com empresas ocidentais e fez observações sobre algumas diferenças que considerava importantes. Seguem as observações dele (aqui parafraseadas):

> Acho que o método japonês típico de tomar decisões é bem diferente do método ocidental ou americano. Tendemos a chegar a decisões por um processo mais lento, deliberativo, enquanto os executivos ocidentais tendem a preferir um processo um pouco mais agressivo e mais rápido. Ambos os processos podem

funcionar, evidentemente; entretanto, nosso método tem certas vantagens que nos agradam.

Pegue, por exemplo, a decisão sobre expandir ou não a linha de produção. Geralmente entende-se que certas pessoas se envolveriam nessa decisão. Nós nos encontramos para uma reunião, tomamos café ou chá, e conversamos a respeito dela sob várias perspectivas. Em geral, os integrantes da equipe não vêm à reunião já decididos. Conversamos longamente e acabamos chegando a um consenso. Quando todos percebem qual é o consenso, nós nos levantamos e saímos. [Ele sorri educamente.]

Acho que aí é que aparece a diferença. Embora em geral não especifique-mos a decisão detalhadamente, todos os envolvidos estão ligados pelo entendimento mútuo do que foi decidido. Mais tarde pode não haver discordâncias ou dissensões: a decisão é respeitada por todos.

No estilo ocidental, em meu entendimento, em geral todos dão suas opiniões no começo da reunião, as quais com freqüência já estão definidas previamente. Tende a haver mais debate e menos questionamento no estilo ocidental de decisão. De certa forma, a reunião estilo ocidental parece ser uma disputa de opiniões em vez de uma busca por um consenso. Em outras palavras, alguém 'vence' a reunião.

A diferença nesses dois modos de decidir – acredito – aparece quando se implementa a decisão. Entre os japoneses, aquele que não estiver seguro da decisão ou que não concordar com o curso de ação deve verbalizar suas preocupações através de perguntas. Nós não discutimos necessariamente; fazemos muitas perguntas. Quando todas elas são respondidas, chegamos a um acordo. Evidentemente, nem todos podem estar 100% satisfeitos com a decisão, mas uma vez que uma pessoa teve a oportunidade de ter suas preocupações ouvidas e consideradas, então ela fica expressamente obrigada a fazer sua parte para assegurar que a decisão tenha sucesso.

O estilo ocidental, acredito eu, é freqüentemente mais antagonista. Uma pessoa, ou facção, tende a vencer a reunião, convencendo o chefe ou pressionando as outras facções para concordarem. Infelizmente, as pessoas que sentem como se tivessem sido pressionadas para concordar, e que não tiveram a chance de expressar suas preocupações, podem não sentir muita fidelidade à decisão. Mais tarde, elas podem tender a sabotar o curso de ação quando as coisas ficarem difíceis. Por isso, acho que o estilo ocidental de decisão tem mais probabilidade de ser 'desfeito' posteriormente, se o consenso não for forte.

Como acontece com todas as generalizações, a caracterização de meu colega japonês das diferenças nas duas formas de decidir tem suas limitações. Deve-se imaginar que nem todas as decisões japonesas ou ocidentais seguem necessariamente os mesmos padrões. Entretanto, na época isso me pareceu como uma proposição geral intrigante.

A POLARIDADE DIVERGENTE-CONVERGENTE: O EIXO D-C

Comecei a refletir sobre minhas observações de tomada de decisão em várias situações e passei a me tornar bastante consciente de *um elemento crítico* do processo. Esse elemento, acredito eu, está no cerne de todos os processos de decisão, ou processos de solução de problemas, independentemente da cultura, costumes ou personalidades. É fundamental para o processo de pensamento humano, embora evolua de forma diferente em diversas situações.

O elemento principal do processo de decisão, percebi, era o ponto de transição entre dois tipos distintamente diferentes de pensamento, conforme reconhecidos pelos psicólogos cognitivos: *pensamento divergente* e *pensamento convergente*. Comecei a diagramar os processos de decisão em que me senti envolvido em termos desse marco psicológico ou mental fundamental, ou o ponto de mudança em todas as decisões.

Vamos rever os aspectos do pensamento divergente e convergente e analisar o papel do ponto de transição no processo. Primeiro, algumas definições:

Pensamento divergente: um processo de pensamento que ramifica uma idéia em outras idéias associadas.

Pensamento convergente: Um processo de pensamento que reduz um grande conjunto de idéias ou opções para algumas idéias selecionadas.

Comecei a ver esses dois padrões mentais distintos como partes do mesmo espectro, uma polaridade complementar que podemos reconhecer e capitalizar. Para essa discussão, nós iremos nos referir ao espectro como o *eixo divergente-convergente*, ou "eixo D-C", e iremos nos referir à habilidade de percorrer todo o espectro D-C como uma das quatro "mega-habilidades" da inteligência prática. Vamos cunhar outro termo no léxico da IP – "pensamento bivergente":

Pensamento Bivergente: Um processo de pensamento que integra padrões divergentes e convergentes de geração de idéias em uma combinação sinergística.

A Figura 8.1 pode ajudar a ilustrar essa polaridade – ou talvez possamos pensar também nela como uma *dualidade* – e o papel especial da mudança entre os dois padrões, o que em minha experiência acontece freqüentemente sem o reconhecimento consciente das pessoas envolvidas. Em algum lugar na progressão do primeiro reconhecimento do problema ou questão de decisão para a decisão final e o curso de ação que o segue, deve haver uma transição entre esses dois padrões distintamente diferentes de pensar. Achei muito útil caracterizar a tomada de decisão efetiva como um processo de *gerenciar a transição* conscientemente entre divergência e convergência. Eu a chamo de *"ponto pivô"* – o momento em que a mente, ou um grupo de mentes, começa a mudar de um dos dois padrões para outro.

Figura 8.1 O ponto pivô na tomada de decisão

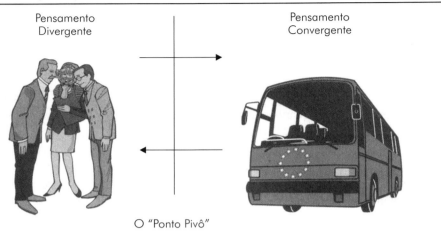

Podemos pensar na tomada de decisão efetiva ou na solução de problemas, praticamente em qualquer situação, contexto ou cultura, como uma combinação adequada de três habilidades principais:

1. A habilidade de pensar de modo divergente;
2. A habilidade de pensar de modo convergente; e
3. A habilidade de gerenciar o ponto pivô, ou de transição, entre os dois processos.

Por outro lado, estou convencido de que depois de dois anos estudando muitas decisões tomadas por vários líderes empresariais, que vão de espantosamente incompetente a espetacularmente brilhante, *essa tomada de decisão incompetente quase sempre pode ser diagnosticada como um fracasso de um ou mais desses três elementos principais.*

De certa forma, estamos apenas reconhecendo o que o bom senso nos diz: aqueles que tomam decisões ineficazes não consideraram adequadamente os vários aspectos principais que são relevantes ao problema; eles não estreitaram efetivamente a gama de soluções potenciais e convergiram para aquele que poderia funcionar; ou não puderam imaginar como orientar o processo de pensamento para ir da fase divergente para a convergente.

Exploraremos tanto habilidades de pensamento convergentes quanto divergentes mais profundamente, depois de examinarmos várias patologias cognitivas que afligem freqüentemente os tomadores de decisão nas empresas e em outras organizações.

CONSCIÊNCIA DO PROCESSO: GERENCIANDO O "PONTO PIVÔ"

Imagine que você esteja em uma reunião com pessoas que estão tentando concordar com um curso de ação para resolver algum problema – digamos, uma grande falha na programação de um projeto ou o aumento da criminalidade em sua vizinhança. Passa-se para o "modo" observador e presta-se atenção às disputas entre eles ao tentarem chegar a um acordo. Não importa o "conteúdo" – os vários dados e cifras, idéias, opiniões, questões e propostas; concentre a atenção no processo – a maneira como eles tentam chegar lá. Talvez ajude relembrar várias reuniões das quais você participou ou observou, para que se tenha uma boa noção dos tipos de processos mentais que estão ocorrendo.

Entender a diferença entre *conteúdo* e *processo*, particularmente em uma situação de grupo, é um dos segredos mais simples, poderosos e menos compreendidos da inteligência prática. Pelo menos 95% dos seres humanos se distraem com as informações que surgem em uma discussão e ignoram o processo que está ocorrendo. Quando reuniões de grupo ficam confusas e chegam a um impasse ou geram conflito, é mais provável que a causa seja o fracasso da *consciência do processo* e terá falta das informações necessárias ou de inteligência para usá-las.

> Não há maneira certa de fazer a coisa errada.
>
> Aldous Huxley

Se você tem uma noção bem desenvolvida de *consciência do processo*, pode pensar em ambos os níveis ao mesmo tempo: pode observar, reagir – *e orientar* – o processo e seu conteúdo ao mesmo tempo.

Exemplo: anos atrás um colega me perguntou quem estava lecionando um curso na universidade sobre comportamento organizacional, para substituí-lo durante uma sessão. A missão, assegurou ele, era simples. O grupo, com cerca de uma dúzia de profissionais adultos, estava trabalhando em um projeto de equipe e eu só precisava estar disponível para lhes dar orientação ou sugerir idéias se achassem necessário. Quando a reunião estava em andamento, parece ter havido certa confusão sobre o que eles deveriam executar, e a discussão pareceu ficar sem rumo. O líder eleito pelo grupo parecia não saber como retomar o foco. A única mulher no grupo deu uma sugestão: "Craig, acho que seria uma boa idéia parar alguns minutos e imaginar uma pauta para a reunião; o que precisamos alcançar no tempo que temos?". Os outros olharam na direção dela por alguns segundos, alguém mais deu uma opinião relacionada ao assunto que estavam debatendo e a discussão enveredou novamente para uma terra de ninguém. Depois de perder cerca de trinta minutos da sessão de três horas, eles pareciam estar totalmente confusos. Até aí eu não tinha dito nada. Finalmente o líder do grupo virou-se para mim e disse: "Dr. A, parece que estamos num impasse. O que o senhor sugere?". Eu disse: "Acho que seria uma boa idéia parar alguns minutos e fazer uma pauta para a reunião; o que vocês precisam fazer no tempo que têm?". "Boa idéia!" "É isso – o que estamos tentando realizar?" Em toda a mesa eu vi acenos de cabeça, sinal de positivo com o dedo polegar e dedos apontando em minha direção, em sinal de aprovação. Quando o líder do grupo levantou-se para orientar a formação da pauta e todos olharam para o quadro branco, dei uma piscada secretamente para a mulher que tinha feito uma chamada perfeita, quinze minutos antes. Às vezes, as pessoas pagam consultores para se lembrarem de seu bom senso.

162 ■ Inteligência Prática

Agora, voltemos para a reunião hipotética de solução de problemas que têm sido observados. (Não se perdeu o rumo do processo no qual estávamos engajados, não é mesmo?)

Enquanto você observa o processo da reunião, aqui vão algumas dinâmicas importantes para serem examinadas:

- O grupo é dirigido habilmente? Existe um líder que é claramente reconhecido, indicado formalmente ou aceito pelo grupo? Há outros membros que tentam deixar o líder de lado e assumir o papel "alfa"?
- Como os membros do grupo sinalizam, detectam e reagem a diferenças de posição, status e títulos? O grupo é altamente igualitário, rigidamente autoritário ou de algum tipo intermediário?
- Quais membros do grupo parecem ter direito à maior parte das falas, raciocínios e decisões? Todos eles? Somente o chefe? Algumas pessoas em um grupo?
- Como o grupo usa as informações disponíveis? Eles mostram respeito pelas evidências e pela lógica ou decidem com base em emoções e opiniões? Uma solução efetiva é mais importante para eles que tomar uma decisão sem controvérsia?
- Como o grupo utiliza o conhecimento e as habilidades de todos os membros?
- Quanto os membros do grupo têm ciência do processo? Eles parecem entender o fluxo do processo de pensamento? Podem acompanhar de onde estão, até a decisão? Parecem estar cientes de quando estão divergindo e quando estão convergindo? Eles dividem a autoria do processo?

Agora imagine que o grupo hipotético esteja evoluindo em seu processo, que ele tenha evitado o conflito ou confusão e que uma solução pareça estar surgindo da discussão. O próximo desafio é *aprender a detectar o ponto pivô*.

Como se percebe que a fase de exploração – o pensamento divergente – está sendo substituída pela fase de encerramento – o pensamento convergente – quando os membros do grupo parecem estar, digamos, tomando o mesmo ônibus? Que pistas podem ser detectadas nas conversas que sinalizam a disposição crescente dos participantes, ou da maioria deles, em adotar o curso de ação em desenvolvimento:

- "A opção A não vai decolar. Nem a opção C."
- Bem, se a opção A não funcionar, e a opção C também não, acho que só temos as opções B e D."
- "Parece que a melhor maneira de seguir é..."
- "A opção X parece ser a menos prejudicial."
- "Estamos todos de acordo com isso?"
- "Acho que isso resolve bem a questão."
- "Isso funciona para mim."
- "Chefe? O que o senhor acha?"
- "Acho que não temos realmente outra escolha."

Uma vez que se começa a procurar sinais de *fechamento*, esse será encontrado muito facilmente. Às vezes, uma única sentença ou uma troca de comentários sinaliza o ponto pivô claramente; ele pode ser óbvio. Em alguns casos, é preciso julgar por si mesmo se o grupo atravessou a linha de convergência. Em outro ponto, toma-se ciência de que a maioria dos participantes está chegando a um consenso.

Agora imagine que você esteja observando o processo do grupo e acredite que eles passaram à convergência rápido demais – você acredita que eles não identificaram algumas soluções possíveis que parecem bastante óbvias. Ou você pode acreditar que eles passaram apressadamente pelo processo de escolher a opção preferida do conjunto de opções que surgiram. É possível intervir construtivamente para ajudar o grupo a voltar ao ponto pivô e retornar a um padrão divergente?

Como você, como participante ou conselheiro, encoraja um grupo de pessoas que parecem estar se dirigindo a um curso de ação preferido a voltar para o lado "oeste" do ponto pivô e abrir seu pensamento novamente?

A resposta: você faz isso com sentenças que convidam – e então modelam – o pensamento divergente. Alguns exemplos:

- "Queria saber se deixamos de lado algumas opções que poderiam ser importantes."
- "Antes de finalizarmos a decisão, tenho algumas perguntas."
- "Antes de estabelecermos esse curso de ação, valeria a pena ver se alguém tem sérias reservas sobre ele que não discutimos até aqui?"
- "Estou um pouco confuso. Não entendo como fomos da definição do problema até essa solução específica. Alguém poderia me explicar isto?"
- "Eu poderia trazer um aspecto do problema que não discutimos?"
- E mesmo uma pista simples como "Posso fazer uma pergunta?"

Descobri que o último exemplo – "Posso fazer uma pergunta?" – funciona especialmente bem como uma forma de convidar as pessoas a pensar em seu processo. É uma coisa bastante inocente dizer: presumivelmente todos têm o direito de ser curiosos e fazer perguntas que possam contribuir para se pensar melhor. Também parece, em minha experiência, transmitir uma noção de ambigüidade, um aspecto não resolvido do processo de raciocínio que merece atenção. Descobri que muitas pessoas reagem a essa pergunta simples preparando-se mentalmente para retornar imediatamente à divergência.

Agora, vamos acrescentar mais um aspecto – talvez o mais importante – ao nosso entendimento dessa reunião hipotética que estamos analisando. Aqui está a melhor possibilidade de todas: estamos supondo *que todos os participantes da reunião tenham sido treinados nos métodos de pensamento bivergente*? Estamos supondo que todos entendem o que é pensamento divergente e convergente; compreendem o que é ponto pivô e sabem como identificá-lo; e que todos monitoram conscientemente o processo de pensamento e o gerenciem de forma inteligente? Este é o verdadeiro potencial da inteligência prática.

Quando os membros de um grupo podem observar conscientemente e gerenciar seu próprio processo de pensamento, em geral podem chegar a melhores decisões, de forma mais rápida e humana do que em outra situação. Se nada mais ocorrer, simplesmente prestar atenção à divergência e à convergência como etapas identificáveis do processo de pensamento, e saber como identificar – e gerenciar – o ponto pivô enriquece imensamente o processo.

Além disso, a consciência do processo permite que um grupo concentre suas energias mentais mais efetivamente. O que acontece em uma reunião de grupo quando alguns participantes já passaram para a convergência? Eles passaram o ponto-pivô em seu próprio pensamento, independentemente de os outros terem passado. O que acontece se, ao mesmo tempo, outros membros do grupo ainda estão tentando pensar de forma divergente – entender o problema mais plenamente e considerar uma alternativa criativa? Muitos grupos gastam seu tempo e energia nesse estado mental desordenado. Alguns deles já decidiram, alguns ainda estão tentando formular o problema, alguns estão pedindo informação e alguns podem estar completamente confusos.

Uma regra importante, ou pelo menos uma política, de pensamento bivergente é:

Consiga que o grupo todo faça o mesmo tipo
de pensamento ao mesmo tempo.

No capítulo 12, exploraremos os métodos de "Solução de Problema Acelerada" ou SPA. Novamente, veremos o poder de ter todos na mesma "zona mental" ao mesmo tempo, ou movendo-se habilmente de uma zona mental para outra à medida que o processo mental se desenrola. O pensamento bivergente é uma parte essencial da SPA, e veremos repetidamente o quanto as pessoas podem ser mais eficientes quando sabem como observar e gerenciar seus processos de raciocínio.

PENSAMENTO CONSENSUAL (GROUPTHINK): O ACORDO PARA O FRACASSO

Quando uma só pessoa toma uma decisão sem a necessidade de sugestões ou da participação dos outros, então a tomada de decisão é basicamente um *processo cognitivo* isolado. Mas no momento em que duas ou mais pessoas têm suas mãos – ou mentes – no processo de tomada de decisão, ela se torna tanto um *processo social* quanto cognitivo. Decisões coletivas que fracassam quase sempre têm uma patologia tanto social quanto cognitiva. Algumas das decisões mais famosas fracassadas na história mostraram ambas.

O falecido professor-titular Irving Janis era um psicólogo pesquisador na Universidade de Yale e professor emérito na Universidade da Califórnia, Berkeley. Janis passou muitos anos estudando a psicologia da tomada de decisão. Ele estava particularmente interessado em decisões historicamente desastrosas como o fracasso em se preparar para o ataque em Pearl Harbor; a invasão da Baía dos Porcos que manchou permanentemente o legado do Presidente John Kennedy; a decisão "padrão" de Lyndon Johnson e seu gabinete de americanizar a guerra do Vietnã; e a decisão falha de engenharia que levou à explosão do ônibus espacial Challenger, em 1989, e à morte de sete astronautas.

O professor Janis propôs o termo *"groupthink"* para descrever as falhas sociocognitivas que levaram a esses desastres e a outros. Em seu livro *Victims of Groupthink*, ele ofereceu um perfil psicológico dos fatores que poderiam conspirar para dirigir um grupo de pessoas em um estado patológico de falso consenso, às vezes até em desafio ao bom senso.[1]

> *Lei de Albrecht: Pessoas inteligentes,*
> *quando reunidas em uma organização,*
> *tenderão à estupidez coletiva.*

O pensamento consensual encontrou o seu caminho no léxico empresarial, embora seja difícil dizer que muitos executivos, oficiais militares, oficiais eleitos, gerentes ou líderes de grupo entendem seus efeitos muito bem ou sabem como contestá-los. A teoria psicológica de Janis não parece ter sido habilmente transferida para situações de negócios ou da vida diária, embora seja citada freqüentemente como uma causa *post-mortem* de decisões fracassadas. Observei o efeito do pensamento consensual com muita freqüência nas atividades em empresas, e desenvolvi uma visão menos "psicológica" e um modelo mais sociodinâmico dele.

A natureza da patologia

Primeiro, uma definição:

> *Pensamento Consensual (*Groupthink*): padrão irracional de*
> *Pensamento e comportamento em grupo que impõe*
> *o consenso artificial e suprime a dissensão.*

Um caso avançado de pensamento consensual, de acordo com a pesquisa do Professor Janis, envolve alguns ou todos os aspectos:

- Um líder de grupo, ou um participante de um grupo com alguns indivíduos agressivos, ou ambos, que se decidiram quanto a um futuro curso de ação e que têm fortes motivações – de vários tipos – para convencer os outros membros quanto a ele.
- Uma condição de incerteza ou ambigüidade quanto aos méritos relativos do curso de ação. Tipicamente, o grupo não tem permissão para discutir livremente os méritos e as desvantagens. Os participantes recebem uma mensagem forte, seja aberta ou encoberta, e espera-se que concordem com o curso preferencial de ação.

166 ■ INTELIGÊNCIA PRÁTICA

- Uma mentalidade dentro do grupo seja imposta pela liderança, seja partilhada pelos membros, ou ambas, que privilegie o consenso e evite a confrontação à racionalidade e à honestidade intelectual.
- A falta de competência do grupo em métodos de solução efetiva de problemas; poucos ou nenhum membro que possa atuar como líder, facilitador ou advogado do diabo.
- Em alguns casos, as pressões, forças ou riscos externos que levam os membros do grupo a se tornarem defensivos e a buscarem uma noção de solidariedade ou coesão diante de um "inimigo comum".

Para qualquer grupo particular que seja altamente suscetível ao efeito do pensamento consensual, ele pode ser *episódico* – ocorrendo apenas em algumas situações com certos tipos particulares de questões; ou pode ser *crônico* – um padrão disfuncional de pensamento e comportamento que se torna uma marca registrada da ineficiência do grupo. Praticamente todos os grupos podem cair em um padrão de pensamento consensual de vez em quando; infelizmente alguns grupos o tornam um aspecto patológico de sua cultura.

Episódios de pensamento consensual evoluem freqüentemente em estágios razoavelmente reconhecíveis:

1. *Incerteza, ambigüidade ou confusão*. O grupo enfrenta uma situação, problema, questão, desafio ou crise, cuja solução não está imediatamente clara.

2. *Defesa precoce*. Por diversas razões, inclusive motivos possivelmente não claros ou escusos, uma parcela de indivíduos converge para o acordo em torno de um curso de ação que pretendem colocar em prática. Eles podem chegar a um consenso por conversa, por discussões "secretas", ou inconscientemente, lendo os sinais uns dos outros. Esse grupo essencial de defesa pode ou não incluir o líder apontado pelo grupo.

3. *Tomada de decisão antecipada*. Os participantes do grupo pressionam o curso de ação preferido aos demais membros do grupo, posicionando-o obviamente como o caminho "certo" a seguir, e praticamente como uma conclusão prévia.

4. *Supressão da dissensão*. Às vezes os outros membros do grupo – e até altos executivos – concordarão submissamente com o consenso, principalmente se este for apresentado de modo confidencial e convincente. Se qualquer participante expressar dúvidas, os advogados forçarão suas razões agressivamente, em geral pressionando os indecisos a aceitarem. Se vários indivíduos persistem em discordar, o episódio pode degenerar em conflito aberto em vez de derivar para o pensamento consensual. Aqui, as ações do líder do grupo podem servir como pivô.

5. *Punição do desvio*. Qualquer pendência sofrerá intensa pressão social daqueles que exigem o "cumprimento", variando de pistas sutis como comentários desinteressados ("Vocês se sentirão melhor com essa abordagem quando a entenderem melhor"), a intimidação aberta ("X, eu sempre o considerei um participante da equipe. Você sabe o quanto é importante esse esforço. Espero que você coloque os interesses da equipe à frente de suas preocupações."), ao ostracismo declarado. Em casos extremos, o líder do grupo apontado formalmente pode ameaçar realmente um membro relutante de punição ou expulsão do grupo.

6. *Racionalização contínua*. Quando o curso de ação preferido se desenvolve, pode se tornar cada vez mais claro o quanto ele é grotescamente significativo. Nesse estágio, o consenso por coerção e as necessidades humanas dos participantes do grupo os levam a racionalizar a solução fracassada. Os grupos e indivíduos podem ter muitos meios de explicar as más notícias, inflando o significado das boas notícias e mantendo um estado cada vez mais patológico de negação total da probabilidade de fracasso. A racionalização se torna cada vez mais hábil como uma forma de continuar a suprimir a dissensão da parte daqueles que têm dúvidas; e pode desempenhar um papel importante na defesa do grupo a críticos externos.

À medida que um episódio de pensamento consensual se desenvolve, os membros do grupo tendem a se ver presos a alguns papéis sociais distintos, em relação ao grupo em geral e ao curso preferido de ação, como ilustrado pela Figura 8.2.

Figura 8.2. Papéis em uma Situação de Pensamento Consensual

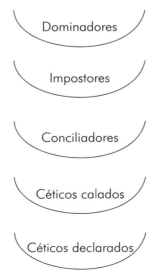

168 ■ Inteligência Prática

- *Dominadores:* os membros do grupo que estão dirigindo o processo de consenso por coerção.
- *Impostores:* alguns membros que podem tomar a causa e ajudar os dominadores a convencer os outros do curso de ação. Eles podem contatar aqueles que se posicionam contra individualmente, tentando cooptá-los por meios sutis ou não tão sutis. Eles podem ser motivados pelo desejo de coesão, crença no curso de ação preferido ou desejo de serem bem-vistos pelos dominadores.
- *Conciliadores:* alguns membros que podem desempenhar o papel de apaziguadores, em alguns casos para aliviar seu próprio desconforto com a perspectiva de conflito, ou possivelmente por um desejo genuíno de promover o espírito do grupo. Eles podem tentar aplacar os dominadores e os impostores, esperando induzi-los a se portarem menos agressivamente ou podem tentar mediar os que não concordam, esperando gentilmente arrastá-los para o "curral".
- *Céticos calados:* participantes que discordam do curso preferido de ação, ou que estão ofendidos pela maneira em que ele foi imposto, e que foram coagidos em silêncio. Eles podem fingir concordar, ou podem simplesmente permanecer calados e não chamar atenção para si mesmos.
- *Céticos declarados:* participantes que se recusam a calar, e que devem ser sujeitos aos métodos do grupo para suprimir os dissidentes. Se os dominadores e os que forçam o cumprimento das decisões não conseguirem transformar os céticos declarados em céticos calados e medidas mais extremas não conseguirem desabilitá-los como participantes do grupo, então o grupo poderá degenerar em conflito.

Em anos recentes, os noticiários têm dado crescente atenção aos "delatores" – pessoas que trabalham em organizações com problemas e que tornam pública essa falha. Com muita freqüência, o delator é um indivíduo competente, às vezes em alta posição, que tem sido incapaz de convencer a alta direção a corrigir uma condição percebida como imprópria, ilegal ou imoral. A resposta típica da organização que tem sido exposta dessa maneira é regredir a uma postura defensiva em que o pensamento consensual inicia uma vingança. Todas as etapas clássicas e todos os papéis clássicos acima definidos costumam entrar em ação. A honestidade e a abertura parecem ser o último recurso da organização que está sendo examinada para se descobrir suas patologias internas.

O pensamento consensual tem cura?

Tenho observado e trabalhado com muitas equipes, departamentos e organizações que aprenderam a pensar efetivamente de uma maneira coletiva e que raramente são vítimas do efeito do pensamento consensual. Assim como o pensamento consensual tem um conjunto distintivo de características ou padrões, a "inteligência organizacional" também tem padrões bem definidos.

Usando uma analogia de "imagem-espelho" aos papéis do pensamento consensual ilustrado na Figura 8.2, podemos definir um conjunto complementar de papéis para os membros de uma equipe coletivamente inteligente.

- *Liberadores:* um líder de grupo esclarecido, bem como qualquer participante altamente influente que valorize a solução efetiva de problemas e a honestidade intelectual e possa promover e recompensá-la por parte dos membros.
- *Líderes mentores*: membros a quem os outros tendem a consultar para terem novas idéias, perspectivas claras, critério, para desafiar a complacência e para pensar de uma forma metaquadrada.
- *Pensadores:* membros que têm as habilidades da inteligência prática que lhes permitem participar plenamente dos principais processos de pensamento os quais modelam a missão do grupo e determinam sua efetividade.
- *Nômades:* membros que, embora sejam leais e dispostos a trabalhar, não têm habilidades para participar ativamente da troca mental de uma equipe inteligente. Eles costumam seguir pistas dos outros que se portam com mais iniciativa. Com treinamento, prática e encorajamento, alguns deles podem desenvolver um raciocínio mais elaborado.
- *Sabotadores:* membros que, por suas próprias razões, são alienados do grupo, incapazes ou não dispostos a se ligar social e mentalmente, e que não acham que têm uma contribuição importante a fazer ao processo mental do grupo. Podem até ser antagonistas ou destrutivos à atmosfera aberta que é uma marca registrada de um grupo inteligente. Podem ser adequados a outros tipos de serviços.

Esta visão da inteligência da equipe como inversa à da equipe embotada e ao pensamento consensual tem várias implicações em negócios, educação, governo, organizações militares e até mesmo nas organizações informais ou grupos que são comuns em nossas vidas. Uma exploração completa da aplicação desses modelos infelizmente está além do escopo deste livro, mas certamente ela merece ser desenvolvida por outros que possam estar qualificados a contribuir.

TEMPESTADE DE IDÉIAS (BRAINSTORMING): FREQÜENTEMENTE FALAR MAIS QUE FAZER

Uma vez a cada hora, pelo menos, em algum lugar do planeta um executivo ou gerente diz para alguém: "Vocês se juntem, façam um '*brainstorm*' desse problema e cheguem a uma solução".

A maior parte das vezes as pessoas a quem a missão é atribuída entendem o que realmente o chefe quer. Ocasionalmente, entretanto, alguém comete o erro de levar o chefe ao pé da letra: eles se reúnem e usam o método de "*brainstorming*" como foi definido e concebido por Alex F. Osborn, um dos líderes criativos do setor de propaganda nos seus

170 ■ Inteligência Prática

primórdios. Eles lançam muitas idéias, sem censurar qualquer uma delas, até terem uma lista enorme de possibilidades. Como parte normal do processo criativo, eles associam livremente as idéias, criando algumas que são ousadas, algumas que são cômicas, algumas que são despropositais e muitas que estão apenas parcialmente desenvolvidas. Algumas podem parecer obviamente práticas logo no início.

Se o chefe vai "espiar" a reunião no momento em que o grupo está no modo de produção em massa, sua credibilidade pode ser extremamente abalada. A reação pode ser – e eu observei isso pessoalmente inúmeras vezes – "O que vocês estão fazendo? Eu pedi para vocês chegarem a uma solução a um problema, e não para "viajarem". Agora voltem ao trabalho e me dêem algo realista".

Era isso que, na maioria dos casos, o chefe queria. A maior parte dos funcionários, ao receber uma incumbência do chefe, não entende o que é fazer um *brainstorm*, ou sabe, mas percebe que o chefe não está realmente pedindo isso. As pobres almas bem-intencionadas que não lêem os sinais com exatidão podem parar e tentar fazer algo criativo.

Alex Osborn desenvolveu e foi pioneiro do método de *brainstorming* exatamente porque via tanto pensamento "limitado", tanta idéia não desenvolvida e tão pouca coragem criativa que acreditava que as pessoas nos negócios precisassem de um método específico que lhes possibilitasse romper com o pensamento de rotina.

Osborn foi um executivo muito bem-sucedido, um especialista em publicidade e um líder na condução de idéias. Foi co-fundador da empresa BBD&O, originalmente chamada Batten, Barton, Durstin e Osborn (um nome que, alguém notou imediatamente, "parecia um caixote rolando pelas escadas"). Durante muitos anos ele foi o "O" na BBD&O.

Osborn escreveu um livro fundamental, *Applied Imagination*[2], em 1953, no qual estabeleceu uma base conceitual para a criatividade deliberada, uma habilidade e um processo que podem ser aprendidos. No mesmo ano, começou a ministrar seminários de criatividade para pessoas de negócio e a enviar vários de seus colegas para ministrar cursos sobre criatividade na Universidade de Buffalo. Um ano depois, ele juntou-se ao Professor Sidney Parnes para montar o Creative Problem Solving Institute – o "CPSI" – que continua até hoje como um dos fóruns mais respeitados para educação e treinamento em criatividade.[3]

Depois da morte de Osborn em 1966, Sid Parnes continuou a fornecer a liderança para os programas CEF e CPSI até sua aposentadoria parcial em 1984. Muitos dos métodos criados por Osborn são fundamentais em programas de treinamento de criatividade no mundo todo.

O conceito de *brainstorming* de Osborn era muito simples, embora talvez desconcertante e, às vezes, até estressante para pessoas com uma baixa tolerância à ambigüidade. O seu método se baseou no mesmo princípio básico de pensamento bivergente que acabamos de analisar: separar o processo de pensamento divergente – produção de idéia – do pensamento convergente –, avaliar idéias, escolher as preferidas e implementá-las.

Embora seja surpreendentemente simples, esse conceito ainda parece enganar a muitos, se não a maioria das pessoas no mundo dos negócios.

As regras do *brainstorming* aceitas geralmente são:

1. Suspender todos os julgamentos sobre como deveria ser a solução "certa".
2. Gerar o máximo de idéias possível.
3. Não avaliar, censurar, favorecer ou desaprovar qualquer idéia durante o processo de produção; este vem mais tarde.
4. Ir atrás da quantidade; usar a livre associação para gerar o máximo de idéias possível, sem preocupação por quais delas poderiam ser "boas" ou "más". Nessa etapa, todas as idéias são iguais.
5. Registrar as idéias de alguma forma, para avaliação posterior.

Osborn introduziu inúmeros métodos para estimular pró-ativamente o processo de produção de idéias. Uma vez que o primeiro lote de idéias bastante óbvias saiu, o processo de *brainstorming* tende a desacelerar e a diminuir. Nesse ponto, usar métodos específicos de estímulo geralmente gera cada vez mais rodadas sucessivas de opções. É como uma reação nuclear em cadeia, em que uma idéia desencadeia outras, e todo o processo ganha velocidade.

Freqüentemente é aconselhável conduzir o processo de *brainstorming* em uma reunião separada do processo de avaliação. Combinar ambos os processos em uma reunião tende a manter a noção de "ser prático" pairando nas mentes dos membros. O que queremos na etapa de *brainstorming* é o pensamento mais *impraticável* que podemos ter.

Uma marca registrada muito notada do processo de *brainstorming* é o humor: o efeito "pipoca" pelo qual uma idéia desencadeia outras parece levar inevitavelmente a possibilidades cômicas. Nunca observei, participei nem conduzi um processo de *brainstorming* que não levasse as pessoas a chorar de rir em várias ocasiões. De fato, alguns especialistas em criatividade acreditam que a fluência da idéia e da comédia – uma noção de humor – pode vir do mesmo lugar em nossos biocomputadores. Outros pesquisadores apontam os efeitos saudáveis do humor, da risada e da criação de idéias, todos os quais parecem afetar o sistema imunológico e vários outros subsistemas de uma maneira positiva.

Mas talvez o aspecto mais importante de entender o método de *brainstorming* não seja a técnica em si – que é extremamente simples –, mas saber onde, quando e como aplicá-la às oportunidades que surgem. Raramente parece aconselhável ter um processo formal de *brainstorming* para decidir onde ir almoçar. No outro extremo do espectro, entretanto, quando estamos considerando as decisões ou soluções de problemas realmente grandes, com conseqüências imensas, o tempo investido em uma busca completa do "espaço da idéia" associado à questão pode ser bem recompensado.

172 ■ Inteligência Prática

CRIATIVIDADE SISTEMÁTICA:
O ATO EQUILIBRADOR

O pensamento divergente e o convergente são dois processos complementares, essenciais, valiosos; precisamos casá-los efetivamente na medida adequada de acordo com as demandas da situação. Na etapa divergente, precisamos liberar nossas mentes para explorar a gama adequada de possibilidades, relações e perspectivas. Na etapa convergente, temos que aplicar a lógica habilmente e fazer boas escolhas. Toda situação problema apresenta seu próprio conjunto singular de circunstâncias, elementos de informação, restrições e critérios para o sucesso.

Algumas situações de solução de problemas parecem convidar muitos pensamentos divergentes: às vezes, nós só precisamos achar ótimas opções para considerar. Outras situações podem demandar um processo mais disciplinado, lógico de elaborar uma solução do conhecimento disponível. Especialistas em solução de problemas aprenderam a gerenciar esse ato de equilíbrio criativo para terem os resultados desejados. Considere um exemplo interessante.

Em 1967, o governo sueco decidiu fazer uma grande mudança nas vidas diárias dos seus cidadãos. Depois de dirigirem seus carros do lado esquerdo da rua durante décadas, eles agora teriam que dirigir à direita. Essa mudança veio como resultado de uma consciência crescente da relação dos suecos com a Europa e da necessidade de se tornarem mais integrados ao padrão europeu de viver e de fazer negócios. Como o número de veículos motorizados aumentava continuamente no país, fazer a mudança mais cedo, e não mais tarde, fazia sentido.

Claramente, uma mudança de tal magnitude e significado apresentava um problema desafiador. Como fazer milhares de motoristas pararem seus carros – todos no mesmo instante – mudar as vias e continuar seu caminho sem matarem uns aos outros? A maior parte da população apoiou a mudança, mas como eles poderiam fazer isso com o mínimo de prejuízo à vida e à propriedade?

O governo determinou domingo de manhã, dia 3 de setembro de 1967, logo após a meia-noite, como o instante para a mudança. Durante meses antes da troca, campanhas educativas foram veiculadas em todo o país, relembrando as pessoas de dirigir do lado direito depois da data fixada. O grande evento tornou-se assunto em noticiários, programas de rádio e de conversas diárias. As piadas abundaram: talvez isso pudesse ser feito por etapas, começando com os caminhões e ônibus, e então passando aos carros, e mais tarde motocicletas. Talvez todos devessem ficar em casa na primeira semana, para minimizar os acidentes.

O governo também realizou um concurso para escolher uma música nova, ou jingle, para promover a consciência da mudança. A canção vencedora, "Hall dig tilol höger, Scensson!" ("Mantenha-se à direita, Scensson!"), tocou sem parar nas estações de rádio durante semanas antes da mudança.

No instante determinado, os guardas de trânsito nas principais vias tiraram o plástico que cobria as placas de trânsito do lado direito, correram para o outro lado e os colocaram sobre as placas do lado esquerdo, agora obsoletas.

Dizem que nenhum acidente ou lesão foi atribuído à mudança. Depois de um curto período de ajuste, os suecos se acostumaram a dirigir do lado direito, o que fazem desde então.

Notas

1 Janis, Irving L. *Victims of Groupthink*. Nova York: Houghton Mifflin Company, 1972 (pp. 197-204).

2 Osborn, Alex, F. *Applied Imagination: Principles and Procedures of Creative Problem Solving*. Nova York: Charles Scribner's Sons, 1953.

3 O site do Creative Education Foundation é *CreativeEducationaFoundation.org*.

9

MEGA-HABILIDADE 2

Pensamento "Helicóptero"

> Eu quero saber como Deus criou este mundo.
> Quero saber o que Ele pensava.
> O resto são detalhes.
>
> Albert Einstein

DUAS GALINHAS VELHAS andavam pelo quintal, discutindo os negócios do dia. De repente, uma delas parou e olhou para o espaço, como se pensasse compenetradamente. Virou-se para a outra e disse: "Sabe, estive pensando em uma coisa". "No quê?" perguntou a outra. "Com todos os ovos que pusemos, disse a primeira, "não deveria haver muito mais galinhas por aqui?"

Este, em sua forma mais básica, é o *pensamento conceitual*, e é uma dimensão fundamental da inteligência prática. Parte da evolução e progresso das chamadas sociedades "avançadas" – aquelas que têm resolvido como manipular seus ambientes em favor de seus próprios interesses – é o desenvolvimento da *conceitualização abstrata*. Eles desenvolveram sistemas para preservar e transferir o conhecimento coletivo que lhes permitiu subir parcialmente acima das restrições de espaço e tempo. Eles descobriram, desenvolveram ou conceberam ferramentas mais sofisticadas que aquelas adquiridas por todas as culturas. Aprenderam a guardar, controlar e alocar energia em grande quantidade.

É interessante notar que a maioria dos povos indígenas que foram expulsos de suas terras pelos invasores europeus em várias partes do mundo *não tinham língua escrita*. Os aborígines da Austrália; os índios norte-americanos; os havaianos; os esquimós, aleutas e inuits; as tribos indígenas da América Latina; e a maioria das tribos africanas – não tinham meios de preservar e empregar informação abstrata. Deixando de lado símbolos e sistemas de sinais muito simplificados, eles não tinham forma efetiva de *codificar o conhecimento*.

Sem uma tecnologia abstrata – *um processo de pensamento simbólico* – é praticamente impossível fazer coisas como design e construir imensas edificações como pirâmides, construir navios que atravessam oceanos, cortar canais através de desertos, criar a pólvora e as armas avançadas e, evidentemente, combater invasores armados que se encantaram por sua terra ancestral.

As culturas que prevaleceram a longo prazo, para melhor ou para pior, foram aquelas cujos líderes, pelo menos, adquiriram a faculdade da conceitualização abstrata.

A POLARIDADE ABSTRATO-CONCRETA: O EIXO A-C

Para o registro, ela poderia ajudar a esclarecer a distinção entre *idéias abstratas* e *concretas*. Uma idéia concreta é aquela que *engaja os sentidos físicos*, ou pelo menos a memória dos sentidos. É sobre algo que vemos, ouvimos, sentimos, cheiramos ou provamos.

Uma idéia abstrata é *simbólica* – é sobre uma categoria ou característica ou coleção de concretos. Quando estou pensando em tomate, um determinado tomate, a saber aquele que estou comendo no momento, estou pensando concretamente. Se estou pensando em "tomates", é para dizer que tomates são um tipo de comida, estou pensando em alguma coisa mais abstrata. Se eu for além e pensar em "comida" que é uma categoria que contém a categoria de tomates, que é a categoria que contém o tomate que estou comendo, estou pensando em alguma coisa até mais abstrata.

É útil pensar em termos de uma *escada de abstração*, que é uma progressão de categorias, cada uma contida dentro de uma categoria abstrata mais elevada. Posso mudar o foco de minha criação de idéias sobre meu vizinho, como uma pessoa específica, à idéia mais abstrata de "um vizinho", que eu tenho em comum com muitas outras pessoas, à idéia de conviver com vizinhos, à idéia de conviver com outras pessoas em geral, à idéia de pessoas convivendo em geral, à idéia de pessoas em diferentes nações em harmonia, e assim por diante, *ad infinitum*.

> O amor é uma coisa ideal. O casamento é real.
> Confundir o real com o ideal nunca fica sem punição.
>
> Wolfgange Goethe

A fluência conceitual, obviamente, exige a capacidade de mudar livremente o foco de nossa atenção e nossa criação de idéias entre esses vários níveis, ou graus, na escada de abstração. Outra metáfora útil, também uma analogia espacial, para a capacidade de subir e descer a escada de abstração é o "helicóptero mental". Assim como pensamos em um helicóptero como um meio que nos permite mover entre o nível do solo e várias altitudes físicas, podemos usar a noção de helicóptero pensando como o processo de navegar habilmente para cima e para baixo na escala de abstração. Daí, a definição:

*Pensamento Helicóptero: Um processo de pensamento
que integra tanto padrões abstratos quanto concretos de criação
de idéias em uma combinação sinergística.*

Quanto mais alto levamos nosso helicóptero mental – e quanto mais alto convidamos os outros a irem conosco – mais "território" podemos ver. A visão de 10 mil pés inclui uma área maior, mas nos permite discernir menos detalhes. A visão do nível do solo nos dá uma experiência muito direta do terreno, mas nos priva, no momento, da perspectiva que está disponível a 10 mil pés.

*Pensadores hábeis devem ser pilotos hábeis
de seus helicópteros mentais.*

OS VISIONÁRIOS E OS QUE AGEM: PRECISAMOS DE AMBOS

R. Buckminster Fuller foi um homem da Renascença – um filósofo, um inventor e um escritor, uma daquelas pessoas que gostamos de descrever como visionários. Ele acreditava que conceitos simples, mas poderosos – as grandes idéias – podem mudar o mundo se soubermos como usar a alavancagem para aplicá-las. Fuller usou uma analogia mecânica da aerodinâmica para explicar sua visão:

> Alguma coisa me atingiu muito forte uma vez, fazendo-me pensar no que um pequeno homem seria capaz de fazer. Pense no *Queen Mary*: o navio se desloca e então vem o profundor ou leme. E há uma peça minúscula na ponta do profundor chamada compensador. É um profundor em miniatura. Mover o pequeno compensador produz uma baixa pressão que empurra o leme. Praticamente isso não requer esforço. Então eu disse que o pequeno indivíduo pode ser um compensador. A sociedade pensa que está indo certo por segui-lo, e que essa é uma responsabilidade inteiramente sua. Mas se você está fazendo coisas dinâmicas mentalmente, o fato é que você pode simplesmente fazer um movimento em falso e todo o navio se desestabilizará. Então eu disse, me chame de compensador ou estabilizador.

Muitos acadêmicos que estudaram as contribuições de Fuller se refeririam a ele como um dos compensadores ou estabilizadores da sociedade. Seu padrão notável de conceituação o tornou um dos mais admirados e reverenciados pensadores do século XX.

Muitos dos líderes famosos da história se tornaram compensadores ou estabilizadores – pessoas de visão capazes de articular e vender uma proposta de realização à qual os outros poderiam aderir. Eles poderiam enxergar não só além de seus narizes, mas além das circunstâncias imediatas; além das visões prevalentes de seus contemporâneos e de sua cultura; e até mesmo além das épocas em que viveram.

178 ■ Inteligência Prática

Muitos deles enfrentaram a oposição agressiva de pessoas influentes que, por várias razões, não poderiam ou não aceitariam as possibilidades oferecidas. Galileu, evidentemente, foi ameaçado de morte pela Igreja Católica ao ensinar e publicar sua visão de ciência que contradizia 1.800 anos de crença inquestionável nas explicações aristotélicas do mundo.

> Para acabar com os crimes os homens têm se mostrado friamente
> cruéis, a ponto de punirem diferenças nas crenças.
>
> James Russell Lowell

Ao mesmo tempo em que precisamos de compensadores ou estabilizadores – os grandes pensadores – também precisamos de realizadores hábeis e dedicados. Precisamos tanto de *visionários* quanto de *ativistas* para fazer as coisas acontecerem. Como o falecido Dr. Peter F. Drucker, conselheiro de especialistas em negócio, dizia freqüentemente: "Alguém precisa transformar grandes idéias em feitos simples."

Relacione a expressão de Fuller sobre sua visão do mundo com o tom expresso por Theodore Roosevelt:

> Não é o crítico que conta; não o homem que aponta com que força o homem
> tropeça, ou onde o realizador de feitos poderia tê-los feito melhor. O crédito
> pertence ao homem que na realidade está na arena. Com a face coberta de
> poeira, suor e sangue; que luta valentemente; que erra, que fracassa repeti-
> damente, porque não há esforço sem erro e sem fracasso; mas que realmente
> luta pelas realizações; sabe que quanto maior o entusiasmo maior a dedica-
> ção; que se desdobra por uma causa nobre; que quando muito sabe no final
> o triunfo de sua grande realização, e que na pior situação, se fracassar, pelo
> menos fracassa por ter ousado imensamente, de modo que seu lugar nunca
> será junto àquelas almas frias e tímidas que nem conhecem a vitória nem a
> derrota.[1]

Alguns dos maiores pensadores têm sido tanto visionários quanto atuantes. Lembro-me de Thomas Edison, como de Henry Ford. Em tempos modernos o cientista Robert Foddard, que em 1929 desenvolveu e provou os dados básicos da propulsão do foguete que formava os fundamentos para a exploração de espaço, foi ridicularizado nas páginas da revista *Scientifc American*. Os editores declararam suas idéias como "ousadas demais para serem consideradas".

Goddard só teve o reconhecimento depois de sua morte: quando os repórteres perguntaram a Dr. Werner Von Braun, o cientista chefe do projeto da NASA de pouso na Lua, que palavras ele recomendaria que o primeiro astronauta dissesse ao pisar na Lua, Von Braun teria respondido: "Ele deveria dizer: 'Goddard, estamos aqui'". Quando deixou o planeta, Goddard tinha 214 patentes. O Centro de Vôo Espacial Goddard da NASA agora leva seu nome, como a Cratera Goddard na Lua.

Um dos maiores desenvolvimentos científicos e de engenharia na história moderna, o famoso Projeto Manhattan, tinha dois líderes – um era um visionário e ou outro, agia. A liderança conceitual do médico J. Robert Oppenheimer estimulou algumas das melhores mentes no planeta para atingir uma série de avanços que resultaram na primeira explosão atômica. Seu co-líder, General Leslie R. Groves, do Exército dos Estados Unidos, gerenciou a logística, a administração, finanças, segurança e os vários outros elementos "práticos" necessários para se concretizar o projeto.

Reunir visionários com acionários freqüentemente parece ser uma coisa sensata. A sinergia entre os dois tipos de pensadores exige que o visionário entenda algo do mundo habitado pelo acionário, e vice-versa. Podemos ver alguns exemplos interessantes de combinações bem e malsucedidas de visionários e acionários.

Em política, visionários e acionários podem, com freqüência, se juntar efetivamente. Os papéis de presidente e vice-presidente na política americana, por exemplo, bem poderiam ganhar mais sinergia do que tem ocorrido em muitas administrações. Poucos administradores presidenciais desenvolveram um padrão efetivo de transformar as grandes idéias em planos de ação.

Da mesma forma, muitas universidades terão um presidente que deve prover a liderança conceitual e filosófica, e um oficial chamado *reitor-adjunto*, que supostamente gerencia os negócios diários da instituição. Novamente, muito do sucesso, ou da falta dele, gozado pela instituição, depende de uma combinação saudável e equilibrada de pensamento visionário e acionário.

> Para fazer um grande sonho acontecer, você precisa primeiro ter um grande sonho.
>
> Dr. Hans Selye
> (pioneiro do conceito médico de estresse)

Muitas corporações terão tanto um diretor executivo – o "CEO – quanto um diretor operacional – o COO. Isso nem sempre garante que eles trabalharão em harmonia. Alguns CEOs não podem resistir a se envolver em detalhes das operações, e eles podem tender ao controle excessivo. Ao mesmo tempo, se o CEO negligencia seu papel de liderança conceitual, o navio tende a ficar à deriva enquanto ele ou ela vai abaixo do convés e tenta consertar os motores.

No mundo dos negócios, ter muitas idéias não se traduz necessariamente em ir mais alto no pólo totêmico organizacional. Ocasionalmente um executivo de nível médio dispara para a diretoria por ter inventado, descoberto ou ser o pioneiro em um novo produto ou um novo conceito para o sucesso dos negócios. Mais freqüentemente, entretanto, é a capacidade de mobilizar os outros que têm idéias que leva ao sucesso do executivo.

Como acontece a outras polaridades ou dualidades da inteligência prática, podemos perguntar: por que não sermos hábeis em ambas? Uma pessoa que é desafiada a preencher o papel de um visionário ainda pode se beneficiar sabendo como pensar e desempenhar-se como alguém que age, contanto que ele ou ela não tente deixar os que

180 ■ Inteligência Prática

agem de lado e assumir os controles. Por outro lado, uma pessoa que é desafiada por um papel atuante ainda pode contribuir com seu conhecimento, experiência e julgamento para o grande processo do qual ele ou ela faz parte.

LIGANDO OS PONTOS:
É PRECISO VÊ-LOS PARA CONECTÁ-LOS

Um dos elementos fundamentais do pensamento helicóptero é o *pensamento relacional* – comumente referido como "ligar os pontos" – uma metáfora que provavelmente tenha nascido a partir de jogos apresentados em revistas infantis, que pedem à criança para ligar os pontos com linhas a fim de formar uma figura. Pensadores hábeis do tipo helicóptero não só ligam vários "pontos" mais efetivamente que outras pessoas, mas tendem a *notar mais pontos* – elementos-chave e conexões em uma situação – do que a maioria das outras pessoas. O fato de podermos ligar apenas os pontos que conhecemos significa que encontrá-los é uma parte importante da ligação deles, e um aspecto fundamental do pensamento como um grande quadro.

Como exemplo de um conjunto incomum de pontos, considere um dado histórico que talvez seja mais estranho que ficção.

A Austrália tem mais camelos que qualquer outro país – de longe – inclusive os países africanos e do Oriente Médio. De fato, a Austrália nos anos recentes começou a exportar camelos e alimento para camelos para outros países, particularmente aqueles com populações islâmicas.

Como isso pôde ter acontecido?

A resposta surge de um acontecimento histórico interessante que, quando relacionado com outros eventos e tendências, torna-se perfeitamente claro. Mas, sem ver os outros elementos da história e as conexões, o fato de a Austrália ser o maior exportador de camelos faria pouco sentido.

Veja a história que liga os pontos.

Os primeiros camelos foram levados para a Austrália das Ilhas Canárias em 1840. A Austrália era um continente muito grande e pouco povoado, e ainda é. Os primeiros colonizadores precisavam de animais para o transporte de carga por longas distâncias, e os camelos eram uma excelente opção. Eles eram fortes, robustos, duráveis, resistentes à maioria das doenças e fáceis de domesticar.

Os historiadores estimam que mais de 10 mil camelos foram importados, de lugares bem distantes como a Palestina e a Índia, até a virada do século XX. A maioria deles era de dromedários, com uma única corcova. Fazendas de camelos surgiram para criar e vendê-los por toda a Austrália, particularmente nas áreas rurais distantes.

Em meados de 1920, quando os veículos motorizados tornaram-se disponíveis mesmo em locais distantes do campo, a demanda por camelos quase desapareceu. Milhares deles foram soltos no campo, por onde andavam livremente. Eles continuaram a se acasalar, evidentemente, e sem terem predadores naturais, estima-se que tenham aumentado para 200 mil a 300 mil na virada do século XXI.

Mega-Habilidade 2 ■ 181

Então, agora, depois de quase um século, os camelos voltaram a ser bom negócio. Os caçadores de camelos, matadouros e exportadores estão capturando e matando-os ou carregando-os em navios e enviando-os vivos para outros países do mundo. Eles são abundantes e baratos, e a exportação pode não ser suficiente para manter o número de camelos sob controle.

Unir os pontos envolve com freqüência estabelecer ou procurar as ligações escondidas – as relações sutis de causa e efeito que podem se esconder por trás da situação aparentemente simples. Em alguns casos essas relações são tão sutis e interligadas com outras que é difícil separar as causas dos efeitos.

Por exemplo, muitos ocidentais acham que o véu, a burca – usada da cabeça aos pés pelas reservadas mulheres islâmicas – são meros símbolos de repressão que elas, de origem islâmica ou árabe, são obrigadas a usar. No entanto, quando elas são vistas no complexo contexto da família e de relações de clã, como no Iraque, por exemplo, elas não são elementos isolados. O véu faz parte integral de uma configuração mais ampla de regras e símbolos sociais, que muitos ocidentais não conseguem captar ou apreciar. Ele não pode ser simplesmente abandonado ou abolido sem se alterar outras dinâmicas sociais existentes há séculos, ligadas a ele.

No Iraque, por exemplo, e em muitos países árabes, pelo menos 50% dos casamentos são entre primos de primeiro ou segundo grau. Um efeito do véu, ou de qualquer outra forma de vestimenta discreta, é retirar as jovens do tipo de circulação social que impõe concorrência aos seus primos – o "mercado do casamento". O véu não só tem benefício prático para jovens que procuram esposas, mas muitas mulheres jovens iraquianas estão firmemente comprometidas a se casarem dentro do clã, e casamentos arranjados ainda são muito comuns. Muitas delas vêem a dinâmica da discrição como perfeitamente natural e adequada aos padrões de parentesco próximo que definem suas vidas. Achar que cobrir-se com a burca é simplesmente uma forma de opressão é, em grande parte, uma projeção de valores sociais ocidentais aos membros de uma cultura muito diferente.

O professor-titular Robin Fox da Universidade de Rutgers, autor de *Kinship and Marriage*, diz:

> Os americanos não entendem o Iraque por ser um mundo tão diferente devido aos casamentos extremamente incomuns entre primos. A democracia liberal se baseia na idéia ocidental de indivíduos autônomos comprometidos com o bem público, mas não é assim que os membros desses grupos de parentes fortemente ligados vêem o mundo. O mundo deles é dividido em dois grupos: *parentes e estranhos*.[2]

Essa falta de entendimento da dinâmica cultural árabe, particularmente pelos líderes políticos americanos que acreditavam poder "instalar" a democracia no Iraque, sob a mira das armas, teve conseqüências desastrosas para a ocupação do Iraque e a luta para suprimir a insurgência. Os líderes americanos ignoraram em grande parte a tradicional

182 ■ Inteligência Prática

hierarquia sociopolítica, que vem da família, ao clã estendido, aos líderes religiosos locais, e à seita islâmica à qual os indivíduos pertencem. A idéia de um governo nacional ou local, para os iraquianos, parece ser uma parte abstrata e distante da realidade, um tipo de mal necessário, talvez. O que os americanos e outros ocidentais consideram patriotismo, a saber, uma ligação fiel à idéia abstrata de um país nativo, parece fazer pouco sentido na estrutura social do Iraque, baseada em clãs.

O fracasso espetacular da tentativa americana de instalar forçosamente a democracia em um país como o Iraque, com sua subestrutura sociopolítica singularmente diferente, levanta não só a questão de saber se aqueles que fizeram essa tentativa realmente entendiam a cultura árabe, mas também o quanto eles entendiam bem a democracia em si e como ela realmente funcionou nas culturas onde eles nasceram.

PINTANDO O QUADRO GERAL: MAPEANDO A MENTE

Que tal usar quadros gerais – grandes *quadros reais* – para pensar no quadro geral?

Veja um método simples e útil para organizar idéias, que pode lhe parecer bastante estranho e incomum no início, mas que se pode assimilar rapidamente. Existe há muito tempo, embora não tenha se tornado tão popular quanto mereça ser. Eu o uso diariamente, como muitos colegas profissionais. O método tem vários nomes, inclusive mapeamento mental, mapeamento de idéias, mapeamento de conceitos, mapeamento de pensamentos, diagramação de aglomerados e germinação de idéias. O nome mais popular para o método parece ser mapeamento mental.

Alguns leitores podem estar familiarizados com o mapeamento mental, e se for um deles, eu peço paciência para a explicação a seguir, com a esperança de que alguma coisa nela possa ajudá-lo a estender, esclarecer ou revigorar seu interesse pelo método.[3]

Um exame da Figura 9.1 lhe diz tudo o que se precisa saber. Esse mapa mental, criado pelo guru de design David Kelley, fundador da empresa IDEO de design e do Hasso Plattner Institute of Design na Universidade de Stanford, mostra o processo mental dele para o design de uma apresentação em uma conferência.[4]

Kelley descreveu esse processo mental desta forma:

> Quando eu quero fazer alguma coisa analítica, faço uma lista. Quando estou tentando chegar a idéias ou estratégias, faço um mapa mental. Os mapas mentais são orgânicos e me permitem fazer livre associação. Eles são excelentes para se fazer perguntas e revelar conexões entre idéias aparentemente não relacionadas.
>
> Começo no centro com a questão ou problema com a qual estou trabalhando e então, enquanto passo adiante melhoro as idéias ao me forçar a seguir as ramificações no mapa e em minha mente. O bacana é que você se permite seguir seus pensamentos, o que é diferente de fazer uma lista onde está tentando ser completo e lidar com dados.

Figura 9.1. Um exemplo de mapa mental

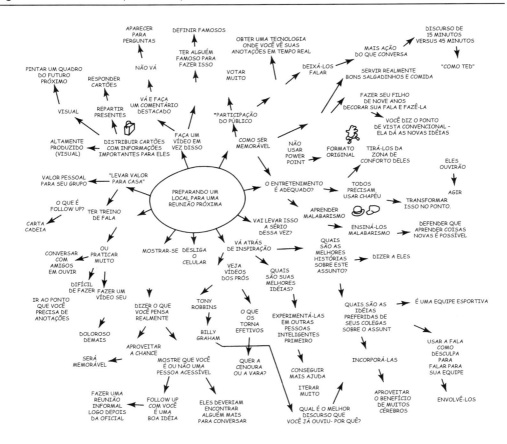

Figura e texto adaptados de um mapa mental de David Kelley, da IDEO. Business Week, 25 de setembro de 2006. Usado com autorização.

Alguns usuários do método gostam de chamá-lo *pensamento radial*, para enfatizar o processo divergente, voltado para fora, à medida que se desenvolve.

Há também produtos de software que permitem a uma pessoa construir mapas mentais na tela de computador e trabalhar com eles de formas variadas.[5] A primeira vez que usei esse processo radial de mapeamento da idéia, ou mapeamento mental em meu trabalho profissional como consultor gerencial foi vários anos atrás durante um retiro para executivos, em que os membros da equipe dirigente de uma empresa de energia no Sudoeste dos Estados Unidos queriam pensar em algumas questões estratégicas fundamentais. Eu tinha usado freqüentemente o método para meu próprio pensamento e com pequenos grupos várias vezes, mas nunca o tinha utilizado com um grupo de executivos, inflexíveis, focados no operacional. O método funcionou tão efetivamente que eu passei a ser um fã dedicado a ele desde então.

184 ■ Inteligência Prática

Ao abrirmos o encontro, não estava claro por onde seria melhor começar a desfazer as difíceis questões estratégicas que a equipe enfrentava. Cobri praticamente uma parede inteira da sala de reunião com uma folha branca de papel para desenho, com cerca de 1,30 metro de altura e 3,30 metros de comprimento. Dei a cada participante um caneta colorida e propus uma regra que qualquer um poderia escrever tudo o que quisesse em qualquer lugar do quadro, a qualquer hora.

Eu me ofereci para iniciar a discussão escrevendo uma única palavra – "Estratégia" – bem no centro do quadro. Então convidei os participantes a "Dizer as palavras que lhes viessem à mente em conexão com essa palavra". As respostas vieram muito rapidamente: "clientes"; "lucratividade"; "planejamento"; "competição"; "posicionamento"; "forças e fraquezas"; e muitas mais. Para cada nova conexão, eu desenhava uma linha radial para fora da idéia central. Depois de alguns momentos, a equipe começou a fazer outras associações com idéias secundárias, que se "ramificavam"; cada uma delas levava a outro ramo, e então a um número cada vez maior de ramos e sub-ramificações, à medida que as idéias jorravam.

Essa equipe gerencial específica tinha sido descrita como um grupo que discutia muito, mas logo descobri que o padrão radial de fomentar idéias fazia o processo mover-se rápido demais, para que se instaurasse o debate. O que alguém dizia passava a outro elemento do quadro. Ninguém tinha o direito de discutir sobre qualquer coisa que aparecesse no mapa. Tudo o que fosse dito era incluído. Em menos de uma hora, exploramos as questões fundamentais com as quais eles queriam lidar em uma constelação de subquestões inter-relacionadas e suas subquestões, todas visíveis. Tínhamos construído um dispositivo visual da "memória do grupo" – uma forma de captar o que todos sabiam e de torná-lo disponível sempre que necessário.

Em seguida, as questões "detonadoras" – aquelas que pareciam ser as propulsoras, aos executivos, ou pelo menos as que determinavam as opções para as outras questões. Usando aquela lista de mega questões, que eram poucas, montamos uma pauta de ataque para o restante do retiro, de três dias. Então transferimos o principal mapa mental, um "mega mapa", para outra parede, como referência imediata, colamos outra folha de papel na parede de trabalho e passamos a aplicar o mesmo método de mapeamento às questões principais, uma por vez. Enquanto resolvíamos cada questão, transferimos o mapa mental para o grupo histórico e passamos ao seguinte.

Tenho usado variações desse método simples, mas efetivo, em meu trabalho de consultoria há duas décadas.

O mapeamento mental, ou pensamento radial, é um método para o *pensamento bivergente*, que exploramos no capítulo 8. O método permite traçar ramos a partir de uma idéia "semente" para muitas outras idéias relacionadas – a direção *divergente* – e também permite trabalhar novamente o local de onde se começou. É explosivo e implosivo, bidirecional e bivergente.

Outra característica muito útil do mapa mental é que ele permite *traçar as conexões* entre idéias por todas as várias cadeias de ramificações. Surge a questão: "Como tratamos da satisfação do cliente, quando viemos aqui para discutir a estratégia de negócio?".

A resposta é: "Decidimos que oferecer um valor excelente a nossos clientes tinha de ser um aspecto fundamental de nossa estratégia competitiva. Então reconhecemos que [alguém aponta para o mapa mental na parede] o tipo de experiência personalizado do cliente que queremos oferecer depende de termos pessoas bem treinadas e motivadas. Isso nos leva a perceber que atrair e retê-los precisa ser um aspecto fundamental de nossa cultura organizacional. E reconhecemos que podemos não só atrair e reter aqueles com excelente desempenho se este for um excelente lugar para se trabalhar. Isto significa que temos de medir, monitorar e aprimorar continuamente a satisfação do funcionário."

Chamo isso de ligar os pontos.

EXPLICANDO O GRANDE QUADRO: USANDO A LINGUAGEM DE IDÉIAS

Você se lembra da famosa frase da peça de William Shakespeare, *Júlio César*, com a qual Marco Antônio se dirigiu ao povo romano no funeral de César:

> Amigos, romanos, compatriotas – Tenho algo a lhes dizer.

Você não tem? Eu achava que não. O que ele disse foi:

> Amigos, romanos compatriotas, emprestem-me seus ouvidos;
> Venho enterrar César, e não elogiá-lo.
> O mal que os homens fazem vive depois deles.
> O bem é freqüentemente enterrado com seus ossos.
> Por isso que fique com César.

Os líderes poderosos em toda a História e principalmente os líderes esclarecidos entenderam como usar a linguagem de idéias para conduzir as pessoas. Essa verdade claramente óbvia – ou "verdade" – parece ter enganado a maioria das pessoas neste planeta, inclusive uma maioria das chamadas "educadas". É notável, pelo menos para mim, como poucas pessoas valorizam realmente o vocabulário de idéias e têm aprendido a usar padrões verbais e figuras de linguagem poderosos para influenciar os outros. Por que não poderíamos todos aprender a usar o poder mágico da linguagem para nossa vantagem – não para convencer ou manipular as pessoas, mas para captar a atenção delas e ajudá-las a apreciar nossa verdade?

A linguagem de idéias não é necessariamente refinada, nem soa acadêmica ou difícil de compreender. Durante os dias mais sombrios da Segunda Guerra Mundial, Winston Churchill fez história com esta declaração: "Não tenho nada a oferecer senão sangue, labuta, lágrimas e suor". O romancista Victor Hugo disse: "Há uma coisa mais poderosa que todos os exércitos do mundo, e é uma idéia de que chegou a hora". O presidente Franklin Delano Roosevelt fez a famosa declaração: "Não temos nada a temer, senão o próprio medo".

As crianças que crescem em qualquer cultura moderna têm uma oportunidade de aprender a se tornar conceitualmente fluentes transformando-se em *fluentes verbalmente*. É simples. Embora muitas pessoas tenham a impressão de que a capacidade de gerar idéias em redes significativas de persuasão deva ser uma habilidade nata, provavelmente determinada pelo QI, o simples fato é que a *fluência conceitual é, em grande parte, uma questão de fluência verbal*. Uma pessoa com um vocabulário limitado tem uma capacidade restrita para falar – e pensar – conceitualmente. Por outro lado, uma pessoa com um vocabulário extenso e diversificado, que deseje usá-la adequadamente em várias situações de conversa, tem um alto nível de habilidade conceitual.

Infelizmente, na cultura contemporânea, baseada na mídia de entretenimento, que prevalece na maioria das sociedades ocidentais, o pensamento conceitual e a expressão elegante não parecem ser altamente valorizados. De fato, as celebridades que nos são oferecidas como ícones de sucesso costumam se portar como se a capacidade de encadear uma série de idéias em pensamento coerente não fosse algo que as "pessoas reais" fazem.

A estrela, ator ou atriz, músico ou esportista popular típico, quando entrevistado em clips de notícias na TV ou em programas de "fãs", modela um comando surpreendentemente pobre de linguagem. É como se parecer "inteligente" fosse uma desvantagem definitiva na carreira. Talvez a premissa seja que nossas celebridades deveriam ser pelo menos tão idiotas quanto somos – ou pelo menos tão idiotas quanto os produtores de mídia pensam que somos. Não os contratamos para uma fala inteligente; nós os contratamos para cantar, tocar música, contar piadas, interpretar ou fazer coisas com uma bola.

Sem modelos de papel atraentes que demonstrem o valor e o poder da expressão conceitual, e sem uma experiência de aprendizado efetiva na escola, as crianças provavelmente crescerão imitando os padrões primitivos de linguagem que ouvem das celebridades da mídia e de ícones culturais aos quais são expostas. Os adolescentes são notoriamente primitivos e inarticulados em seu uso da linguagem, que podemos reconhecer e negligenciar quando eles são pequenos. A grande questão, entretanto, que paira em nossas cabeças, é: Por quais meios eles serão capazes de desenvolver a profundidade de vocabulário e o aprimoramento da linguagem conceitual sem terem aprendido ou sem terem tido uma linguagem modelada para eles? Estamos desenvolvendo toda uma geração de pessoas incapazes de pensar ou de se explicar coerentemente?

Cada um de nós tem três conjuntos de palavras, ou subvocabulários, em nosso vocabulário total:

- *O vocabulário de reconhecimento*. Esse é o inventário total de palavras que encontramos, e cujas definições e padrões de uso entendemos ou podemos imaginar se necessário.
- *O vocabulário de uso*. Esta é a parte de nosso vocabulário total que realmente usamos – pelo menos ocasionalmente – para nos expressarmos. A maioria de nós usa uma percentagem muito pequena de nosso vocabulário total, seja devido às situações que encontramos ou devido às escolhas que fizemos sobre como falar

com os outros. Costumamos usar uma gama um pouco mais ampla de palavras para escrever do que para falar.

- O *vocabulário de rotina*. Este é o pequeno número de palavras e figuras de linguagem que usamos em nossa vida diária. Para muitas pessoas, esse pequeno subvocabulário só resulta em algumas centenas de palavras.

Uma pessoa que por algum motivo tenha um uso extremamente limitado de vocabulário, provavelmente não seja hábil para influenciar os outros com suas idéias. É difícil convencer as pessoas sobre sua visão de mundo se você não consegue expressá-la de forma contundente.

Infelizmente, muitas pessoas cujo vocabulário de reconhecimento (passivo) é basicamente adequado, relativamente extenso, limitam o vocabulário usado (ativo) a uma pequena parte das palavras que conhecem. Para algumas pessoas, usar palavras sofisticadas em conversas não lhes parece correto – isso pode parecer pretensioso, ou afetado, ou simplesmente artificial. Uma noção limitada de auto-estima e valor próprio pode impedir algumas pessoas de se expressarem de uma maneira sofisticada. Para alguns, a pressão social para se conformarem, que eles percebem de um grupo de pares, pode impedi-las de empregar todo o seu vocabulário: "Não falamos dessa forma por aqui".

Quaisquer que sejam as razões, muitas pessoas se prejudicam ao restringir o vocabulário que usam ao seu inventário de rotina, ou quando muito ao vocabulário de necessidade. Essa auto-censura atua como um freio embutido em sua inteligência. Freqüentemente não é uma questão do vocabulário daquele que está crescendo que apresenta um desafio, mas realmente de decidir usar o vocabulário existente de alguém mais fluentemente.

Uma palavra, frase ou figura de linguagem conceitual é um nome para uma grande idéia. Ela lhe dá um método prático para chamar atenção ao conceito sem ter de explicá-lo toda vez em um longo fluxo de palavras.

Para ilustrar: O termo simples, *compensação*. Uma compensação é uma escolha que envolve duas ou mais opções, ou cursos de ação, em uma situação em que se poderá ter uma parcela de cada opção, mas não ambas. Se você planeja ter duas semanas de férias, por exemplo, poderia escolher gastar todo o tempo em um país, ou passar por vários países, mas não as duas coisas. Você precisa ponderar se vale mais a pena ver muito de um país ou ver pouco de vários países; não pode fazer as duas coisas dentro das *restrições* – as limitações de tempo que se tem disponível. Por isso, uma compensação envolve fazer escolhas, opções e restrições. Essa expressão prática permite captar muito do pensamento em poucas sílabas. Quando você entende e se é capaz de usar a palavra, entende e é capaz de usar o conceito que ela envolve.

Outra ilustração: a palavra *paradigma*. Este é um tipo sofisticado de palavra, mas que está se tornando familiar nas conversas. Um paradigma é uma estrutura mental de referência que controla a maneira como as pessoas pensam sobre algo. Por exemplo, se uma pessoa segue uma determinada religião, os ensinamentos dela formam um paradigma que modela a maneira como ele ou ela pensa sobre toda uma gama de questões como valores morais, casamento, família e o papel que se tem em uma comunidade. Novamente, quando se entende como usar a palavra, entende-se e pode-se usar o conceito.

Mais uma ilustração: a palavra *contexto*. Um contexto é um conjunto de condições que dá a uma situação específica um certo "sentido". Toda a interação humana acontece dentro de um contexto ou outro. As atitudes dos participantes e o comportamento por eles exibido modelam e são modelados pelo contexto. Por exemplo, uma cerimônia religiosa é um tipo muito específico de contexto, e a maioria das pessoas aceita certas regras e políticas para se portar lá. As pessoas em geral se portam de maneira diferente, e o comportamento de qualquer pessoa será interpretado de modo diferente no contexto de um aeroporto ou de uma loja de departamento que em um lugar de adoração. Como acontece com todos os termos de fluência conceitual, quando você entende como usar a palavra, entende e pode usar o conceito.

Podemos ensinar nossos filhos – e aprender – a desenvolver e a usar um vocabulário rico para expressão conceitual. Isto só requer disposição e o empenho para aprender e usar essas ferramentas para o pensamento.

Notas

1   "Citizenship in a Republic" (também conhecido como o discurso "The Man in the Arena"). Discurso de Theodore Roosevelt na Sorbonne, Paris, França, em 23 de abril de 1910.

2   Fox, Robin. *Kinship and Marriage*. Londres: Cambridge University Press, 1996.

3   O autor inglês e palestrante Tony Buzan tem os direitos de marca registrada dos termos "mapeamento mental" e "mapas mentais". [Veja o livro de Buzan, *Use Both Sides of Your Brain: New MindMapping Techniques*. Londres: Plume Publishers, 1991.] Um trabalho mais recente, que se refere ao método como "Mapeamento de Idéia", é de Jamie Nast. *Idea Mapping: How to Access Your Hidden Brain Power, Learn Faster, Remember More, and Achieve Success in Business*. Nova York: John Wiley & Sons, 2006.

4   Imagem e texto adaptados de "A Mindmap from IDEO's David Kelley", *Business Week*, 25 de setembro de 2006. Versão no Website: www.businessweek.com/magazine/content/06_39/b4002408.htm. Usado com permissão.

5   Um produto de software concebido especificamente para construir mapas mentais é *MindManager*, publicado por MindJet. O endereço na Internet é www.mindjet.com. O produto Visio da Microsoft também é adequado para a criação de mapas mentais.

10

MEGA-HABILIDADE 3

Pensamento "Intulógico"

A lógica o levará de A até B.
A imaginação pode levá-lo a qualquer lugar.

Albert Einstein

AQUI ESTÃO DOIS DESAFIOS BEM FÁCEIS, ou quebra-cabeças, que ilustram dois processos mentais contrastantes. Resolva cada um deles e depois leia a discussão que segue.

Antes de começar, aqui estão algumas dicas que podem ajudá-lo a resolvê-los mais rapidamente:

1. Tente pensar de forma meta-quadrada – pense no *problema* e também nos seus elementos. Sente-se e examine-o. Pergunte-se: "Que tipo de pensamento será exigido para resolvê-lo?" "O que eu tenho que imaginar?" "O que eu sei?".

2. Tente falar consigo mesmo – em voz alta – sobre o problema. Quando alguém *verbaliza* o processo de pensamento, convoca outros processos mentais que captam os resultados intermediários na memória de curto prazo. Se ficar sentado, esperando até ocorrer a resposta, poderá ficar sentado durante muito tempo. *Envolva-se ativamente com o problema*, traduzindo seu pensamento em palavras.

3. E, por fim, *trace uma figura ou um diagrama* para montar um "andaime mental" para o pensamento.

O primeiro problema

Três homens concordam em pagar a dois meninos pelo uso de seu barco de modo que eles possam chegar ao outro lado do rio. O barco é bem pequeno e não vai levar todos em uma única viagem, então os homens concordam em pagar aos meninos um dólar para cada travessia, tendo compreendido que os meninos voltarão ao mesmo lado do rio em que iniciaram a travessia.

A capacidade máxima de carga do barco é de 74 kg. Cada um dos três homens pesa 74 kg e cada um dos meninos pesa 37 kg. Cada um dos homens e dos meninos é capaz de remar o barco com uma mão só e atravessar o rio.

Claramente, eles terão de fazer uma série de viagens para que todos os três homens atravessem e ambos os meninos voltem ao ponto de partida. Note, entretanto, que o barco pode carregar um único homem, dois meninos juntos (ou um menino sozinho), mas não pode carregar mais de um homem, nem pode levar um homem e um menino.

Imagine o quanto custará (quantas travessias serão necessárias) para que todos os três homens cheguem ao outro lado e os dois meninos voltem ao ponto de partida, considerando a limitação da capacidade de transporte do barco. *Dica: faça um desenho da situação para ajudá-lo a pensar.*

Depois que você imaginou (ou se você não imaginou), leia a solução no Apêndice A, "Soluções dos problemas de quebra-cabeças".

O segundo problema

Seis copos comuns estão enfileirados. Se você contar da esquerda, os três primeiros copos estão vazios e os outros três estão cheios de água. Como você pode mudar essa disposição de modo que nenhum copo cheio fique ao lado do outro copo cheio e nenhum copo vazio fique ao lado de outro copo vazio, movendo *apenas um copo*? *Dica: faça um desenho dos copos para ajudá-lo a pensar nele.*

Depois que você imaginou (ou se você não imaginou), leia a solução no Apêndice A, "Soluções aos problemas de quebra-cabeças".

Dois mecanismos diferentes de pensamento

Note que o Problema 1 e o Problema 2 exigiram dois mecanismos muito diferentes – mas intimamente relacionados. O problema 1 exigiu que você pensasse *seqüencialmente*, o que é fundamentalmente a base do pensamento "lógico". Você precisava organizar as informações disponíveis e os elementos de uma solução, em uma série de etapas. Desenhar um diagrama para esse processo pode ajudá-lo a organizar as etapas conforme se sucedem.

O problema 2, em contrapartida, exigiu que você pensasse holisticamente – ou "intuitivamente", como nós o caracterizamos com freqüência. A resposta vem de uma vez – um único incidente mental em vez de uma série de etapas. Às vezes chamamos esse processo de *insight* – uma percepção imediata de alguma coisa importante que parece fluir dos níveis inconscientes de nosso pensamento.

A POLARIDADE LÓGICO-INTUITIVA:
O EIXO L-I

Por alguma razão desconhecida, muitas pessoas em culturas ocidentais parecem considerar a lógica e a intuição como dois padrões opostos de pensamento. Temos os clichês usuais: "Os homens são lógicos e as mulheres são intuitivas". Esses preconceitos meio reconhecidos podem nublar nosso entendimento de ambos os padrões. A lógica é caracterizada freqüentemente, de modo sutil senão aberto, como "melhor" do que a intuição. A intuição é caracterizada freqüentemente como feminina, fraca e inconseqüente.

Parece estar acontecendo um tipo de chauvinismo hemisférico. Os defensores de um mundo percebido objetivamente, altamente ordenado, baseado em regras projetam a atitude: "Meu hemisfério esquerdo sensível, disciplinado é melhor que seu hemisfério direito desorganizado". Defensores radicais de tudo o que é subjetivo, sutil, espiritualista, artístico e mágico respondem: "Meu hemisfério direito criativo é melhor que seu hemisfério esquerdo, limitado".

É como se cada um dos defensores de um de dois padrões cognitivos alternativos, ou estilos, renegasse o outro padrão. A suposição não expressa parece ser a de que, se você é bom em um padrão, não pode – ou não deve – ser bom em outro, de modo que você precise construir o argumento mais forte possível para provar que sua maneira de adquirir conhecimento é a melhor.

A inteligência prática vai além da mentalidade excludente da "lógica *versus* intuição" e adota a idéia de lógica *e* intuição. Por que não pensar em ambos os padrões como formas valiosas de saber e fontes preciosas de sucesso na vida? De fato, proponho casar os dois conceitos tão intimamente que eles recebam um nome novo:

Pensamento Intulógico: Um processo de pensamento
que integra tanto padrões lógicos quanto intuitivos de criação
de idéias em uma combinação sinergística.

Aprender a pensar intulogicamente significa *valorizar* ambas as formas de saber, recorrendo deliberadamente a ambos os padrões de uma maneira equilibrada, e talvez incorporando de novo aquele que você possa ter relegado.

Alguns tipos de desafios mentais não só convidam o pensamento intulógico, mas realmente o exigem. Tal desafio é o processo do design. Qualquer design efetivo é uma ação que envolve lógica e intuição, pensamento objetivo e subjetivo, pensamento racional e *insight*.

Considere, por exemplo, como será o projeto da cozinha de sua casa. Certamente você sabe algumas coisas: você tem certo espaço para trabalhar; há determinadas funções que precisam ser desempenhadas ali; há elementos necessários como armazenamento, suprimento de água, fogão, refrigeração e iluminação que devem ser providenciados; e você pode ter um limite de orçamento. Você pode trabalhar com as dimensões físicas, o número de portas e gavetas do armário, e a seqüência de ações para concluir um projeto. Estas são variáveis objetivas, sujeitas a consideração lógica.

192 ■ INTELIGÊNCIA PRÁTICA

Mas a verdadeira excitação – ou estresse, dependendo de quanto você aproveita esse tipo de aventura – pode vir quando se lida com as variáveis subjetivas: o estilo geral da decoração, como tradicional, country, europeu, descontraído e sofisticado *versus* acolhedor e aconchegante; os esquemas de cor; relações entre elementos como cor do piso e do armário; o que fazer com as janelas; o padrão de fluxo dos olhos como uma pessoa vê o espaço; o "clima" do espaço – o que ele lhe "diz"? Essas variáveis intuitivas, a serem entendidas em um nível diferente.

O design efetivo geralmente é um processo que se desenrola – desenvolve-se em etapas, com decisões se tornando mais claras à medida que as decisões anteriores são tomadas. É um processo constante de ida e volta, de pensamento objetivo e subjetivo; de análise e *insight*; de lógica e intuição.

ESTILOS DE PENSAMENTO:
O SEU E O DOS OUTROS

No início da tecnologia de processamento de texto, os designers de software da IBM estavam criando máquinas de escrever eletrônicas especiais com telas, operadas por funcionários de escritório. Essas novas máquinas eram, compreensivelmente, um pouco estranhas e não atraentes para as pessoas de atendimento que tinham de aprender a usá-las. Parte do desafio que os designers enfrentavam era criar um manual de instruções ou apostila que ajudasse os operadores a aprenderem a usar os sistemas e a se tornarem produtivos o mais rápido possível.

Depois de inúmeras versões e revisões, os designers ficaram frustrados ao perceber que a maioria dos operadores – quase todos jovens, mulheres e relativamente inexperientes – nunca abriu os manuais. Aqueles que o abriram apenas o folhearam, selecionaram alguns procedimentos e continuaram tentando aprender por tentativa e erro. Ou pediram ajuda aos supervisores e a outros funcionários.

Os especialistas em software não entendiam por que os trabalhadores não liam os manuais, quando tudo o que eles precisavam saber para operar o sistema estava totalmente explicado lá. Em entrevistas, os operadores confirmaram repetidamente que não usavam os manuais e não o achavam útil. Eles tinham algumas poucas sugestões a oferecer para aprimorá-lo, exceto: "Simplificá-lo".

Os especialistas recorreram a um método diferente de investigação, para tentar encontrar uma solução. Eles simplesmente sentaram-se atrás de uma fila de operadores em treinamento, observaram como eles aprendiam os vários procedimentos e fizeram anotações. Às vezes, eles faziam perguntas a alguns dos operadores, particularmente os novos.

Em um episódio, um pesquisador tentava explicar um procedimento para uma das operadoras em treinamento. Ele abriu o manual na seção adequada, que explicava totalmente os conceitos básicos associados ao procedimento, e perguntou: "Você leu isto?". "Não", ela respondeu. "Não seria uma boa idéia começar aqui?" ele perguntou. "Não, isso é apenas informação", ela respondeu.

"Apenas informação." Uma declaração dá o que pensar. A informação que ele considerava essencial para se entender os conceitos básicos, ela aparentemente considerava irrelevante.

Ao estudarem ainda mais os operadores – e os manuais –, eles chegaram a uma difícil conclusão: os operadores *não queriam saber* os "conceitos básicos" – eles apenas queriam saber "como fazer os procedimentos". Eles achavam que a "informação" – os conceitos fundamentais por trás dos procedimentos – era irrelevante e sem importância. Talvez fosse importante para alguém, mas não para eles.

A maioria dos designers reagiu com consternação: "Mas como", perguntavam, "é possível eles entenderem como fazer os procedimentos se não compreendem os conceitos básicos? Como eles podem criar um novo documento se não sabem o que é um documento?".

Gradualmente começaram a entender: os especialistas, todos altamente instruídos, voltados para a teoria e preocupados com a técnica, e acostumados a ler material técnico detalhado, tinham concebido os manuais para si mesmos. Eles começaram a entender que especialistas técnicos como eles tendem a ser *aprendizes dedutivos* – aprendem começando do "quadro geral" e prosseguem até dominar as especificidades. Eles não só gostam de "informação", as explicações básicas, mas *adoram* tê-las. Isso combina com seu estilo predileto de processamento de informação.

Pessoas não técnicas, particularmente aquelas com educação formal relativamente limitada, têm mais probabilidade de serem *aprendizes indutivos*. Prosseguem de casos específicos para o entendimento geral. Esta é exatamente a trajetória mental oposta àquela feita por técnicos orientados pelo raciocínio dedutivo.

Nenhum dos dois padrões de aprendizagem, indutivo ou dedutivo, é melhor que o outro. Cada um pode ser efetivo ou não, dependendo de como uma determinada pessoa aprendeu a usá-lo. Entretanto, quando uma pessoa que prefere um padrão de aprendizagem tenta explicar algo a alguém que prefere outro padrão, a experiência pode ser difícil e frustrante.

Muitos dos chamados "conflitos de personalidade" na realidade são resultados de diferenças significativas nessas preferências mentais ou *estilos de raciocínio*. A maioria de nós passa pela vida "conversando com nós mesmos", ou seja, tendemos a explicar idéias da forma que preferimos, não necessariamente da maneira como a outra pessoa prefere.

O estilo de raciocínio é a forma característica de processar informação. É a maneira como se adquire o conhecimento, organiza os pensamentos, forma as visões e opiniões, aplica os valores, resolve problemas, toma decisões, planeja, se exprime. Assim como você tem certo estilo de interação social, um estilo de conversar e de se vestir, você tem um estilo de pensar.

Durante muitos anos, estudei esses estilos de pensar e reuni dados sobre padrões recorrentes que parecem dominar o processo mental humano e a interação humana. Esse trabalho culminou em *Mindex Thinking Styles Profile*, um questionário de auto-avaliação que retrata o padrão das preferências por atividade mental de uma pessoa.

194 ■ INTELIGÊNCIA PRÁTICA

As pesquisas sobre processos cerebrais humanos têm mostrado claramente a existência de dois modos distintos de pensar. Estes estão associados à divisão física do cérebro nos hemisférios esquerdo e direito, como explicado brevemente no capítulo 3. Para a maioria das pessoas, o "lado esquerdo do cérebro" extrai aqueles aspectos do fluxo de dados sensoriais que são lineares, seqüenciais, numéricos, simbólicos, elementares e "lógicos". O "lado direito do cérebro", por outro lado, é orientado para os processos holistas, espaciais, estruturais, emocionais e "intuitivos". Esses dois modos de pensar são tão contrastantes que você pode reconhecê-los em atividade, ouvindo a maneira de uma pessoa falar.

Processos de raciocínio do lado esquerdo do cérebro aparecem como declarações orientadas para o raciocínio, elementos, seqüências, dados e figuras lógicos, e estruturas conceituais. Os processos de raciocínio do lado direito do cérebro aparecem como declarações sobre pessoas, sentimentos, experiências, padrões, relações e conceitos filosóficos.

Reconhecemos esses padrões contrastantes, pelo menos vagamente, há séculos na distinção entre raciocínio "lógico" e "intuição". Estamos começando a entender que esses dois modos de pensamento são tão fundamentais para a operação mental quanto respirar o é para o corpo. Podemos dizer que eles são a substância do pensamento.

Também é claro que quase todas as pessoas tendem a preferir um desses dois modos de raciocínio ao outro ao crescerem e se tornarem adultos. Essa tendência de contar com um modo predominante para a maior parte dos processos de raciocínio aponta para o conceito de estilo cognitivo como uma estrutura para entender como alguém pensa, aprende, se comunica, compra, vende e decide. Essa preferência pelo modo é uma das duas dimensões importantes do estilo de pensar, a dimensão de *estrutura*.

A outra dimensão do estilo de pensar lida com o *que* uma pessoa pensa – o *conteúdo* de seu pensamento. Aqui o contraste é entre o pensamento *concreto* e o *abstrato*. As pessoas que preferem o pensamento concreto tendem a procurar resultados diretos, tangíveis. Elas gostam de lidar com o que é "real", o aqui e agora, e coisas que possam experimentar diretamente. O pensador abstrato, por outro lado, gosta de coisas que existem na imaginação e adora lidar com assuntos conceituais ou teóricos.

Conceber processos de pensamento em termos desses dois conjuntos de polaridades – lado esquerdo/direito do cérebro e concreto/abstrato – origina quatro combinações possíveis, ou estilos de pensamento. São eles: Concreto Lado Esquerdo, Concreto Lado Direito, Abstrato Lado Esquerdo e Abstrato Lado Direito.

Para tornar esses quatro estilos de pensar fáceis de entender e de lembrar, demos nomes metafóricos a eles, em termos de cores. No Modelo Mindex, podemos chamar o modo do lado esquerdo de pensamento "azul", porque tendemos a pensar que as pessoas analíticas têm personalidades relativamente "tranqüilas", representadas por uma cor tranqüila como o azul. Podemos chamar as pessoas que usam o lado direito do cérebro para pensar como pensadoras "vermelhas", porque achamos que as pessoas que tendem a pensar intuitivamente têm personalidades mais "vivas", como sugerido pelo vermelho.

Da mesma forma, podemos dar nomes metafóricos à outra dimensão – os níveis concreto e abstrato. Podemos chamá-las de "terra" e "céu", respectivamente. O pensamento "terra" é concreto, imediato e voltado para resultados. O pensamento "céu" é imaginário, visionário e conceitual.

Usando esses nomes metafóricos para os quatro estilos fundamentais temos:

A. Terra Vermelha (concreto, lado direito);
B. Terra Azul (concreto, lado esquerdo);
C. Céu Vermelho (abstrato, lado direito); e
D. Céu Azul (abstrato, lado esquerdo).

A Figura 10.1 mostra esses quatro estilos na forma de um diagrama.

Todos usam os quatro modos de pensar, e não apenas um. O cérebro pode mudar rapidamente de um modo para outro, e com freqüência os combina, de acordo com as demandas da tarefa em mãos. Entretanto, a maioria das pessoas tende a ter um estilo "básico", um modo primário empregado na maior parte de suas ações no ambiente.

Algumas pessoas são muito flexíveis e capazes de mudar facilmente de um modo para outro. Outras são menos flexíveis e têm mais dificuldade para mudar de modo. As pessoas que não podem alterar seus estilos básicos de pensar podem sair prejudicadas em algumas situações, não só ao se comunicarem, mas também para fazerem os tipos de raciocínio e solução de problemas que precisam ser feitos. Pode-se pensar nesses quatro modos como similares a quatro "janelas" de software que correm simultaneamente na tela de computador, cada uma processando dados em uma forma diferente.

A discussão a seguir descreve os quatro estilos de raciocínio básicos do ponto de vista de uma pessoa que prefere claramente cada um deles. Pessoas com estilos "combinados" podem não exibir essas tendências tão acentuadamente quanto aquelas que tendem a contar fortemente com um único estilo. As descrições destinam-se a esclarecer os padrões mais notáveis de cada estilo e não devem ser entendidas como sugestivas de que toda pessoa se encaixará perfeitamente em apenas um dos quatro estilos.

Figura 10.1   O Modelo Mindex

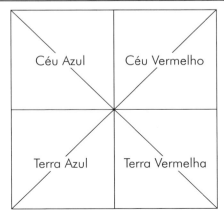

196 ■ Inteligência Prática

- Provavelmente o estilo mais comum seja a pessoa Terra Vermelha. Ela está apta a ser "intuitiva", voltada para pessoas e inclinada à experiência direta. Ele ou ela tende a tomar decisões com base em impressões pessoais, em vez de fatos ou dados individuais. O Terra Vermelha geralmente gosta de ver os resultados de seus esforços de forma concreta, tangível, reconhecível. Essa pessoa tem pouco interesse em detalhes técnicos, teorias ou em processos lógicos elaborados. Para a pessoa Terra Vermelha, os sentimentos são "dados". Seus sentimentos em uma situação, e os aparentes sentimentos dos outros, são tão importantes quanto qualquer outro "dado". Tende-se a encontrar uma proporção muito alta de pessoas Terra Vermelha em profissões "que envolvem pessoas" como educação, vendas, trabalho social ou aconselhamento.
- Terra Azul é uma pessoa que valoriza a estrutura e a ordem, a lógica e resultados financeiros. Ela adora organizar coisas, resolver problemas logicamente e fazer trabalho que envolva dados, figuras e atenção a detalhes. As áreas que tendem a atrair pessoas Terra Azul são contabilidade, alguns tipos de programação de computador e alguns tipos de engenharia.
- Céu Vermelho é uma pessoa que gosta do geral, e preocupa-se mais com "o que" do que com o "como". Tende a gostar de iniciativas empreendedoras, formação de redes com outras pessoas para realizar grandes objetivos e jogar com conceitos e possibilidades globais. Pessoas Céu Vermelho tendem a buscar campos ou atividades que recompensam o pensamento empreendedor, mas não exigem muito conhecimento teórico ou trabalho "detalhista".
- Céu Azul é o teórico. Essa pessoa valoriza idéias abstratas, raciocínio lógico e pensamento relacional. Céu Azul também gosta de olhar o todo, mas inclina-se mais para organizar problemas conceitualmente, criar teorias e resolver soluções sistemáticas. Tende-se a encontrar uma alta proporção de pessoas Céu Azul em campos como arquitetura, engenharia de sistemas e planejamento estratégico. O pensador Céu Azul é aquele que gosta de traçar diagramas e modelos, como a figura dada.

Novamente, muito poucas pessoas usam apenas um desses estilos à exclusão dos outros. Mas quando uma pessoa tem um estilo fortemente dominante, tende a desempenhar um papel importante em seus processos de pensamento e interações com os outros.

Note que este é um modelo igualitário, e principalmente um modelo apreciativo. Não existe um modelo "melhor". Se outra pessoa com quem você está lidando não pensa da mesma forma, nenhuma das duas precisa ser "corrigida". A outra pessoa não está errada, apenas é diferente. Entendendo essas diferenças e aprendendo a adaptar-se a elas, as duas podem alcançar um estado de "ressonância", uma condição altamente satisfatória de relacionamento intelectual e psicológico.[1]

PENSAMENTO SEQÜENCIAL: RECOBRANDO SUAS CAPACIDADES LÓGICAS

Fãs de Sherlock Holmes, o personagem detetive de Arthur Conan Doyle, sabem que Sherlock tinha um irmão, Mycroft Holmes. Sherlock admitia que os poderes de dedução de Mycroft superavam os seus.

Uma razão para as histórias de Holmes perdurarem tanto tempo na história da literatura e ainda atraírem um grande número de leitores mais de um século depois de terem sido criadas pode ser a noção de potência e domínio que temos enquanto lemos sobre esses feitos inspiradores da lógica. Podemos ter um sentimento vicário de sermos brilhantes ao nos identificarmos com o personagem Holmes. Em um dos poucos episódios que colocam Sherlock e Mycroft juntos, temos uma dupla imersão nesse deleite intelectual. Veja um excerto de uma cena em *The Adventure of the Greek Interpreter*, narrada pelo admirável Dr. John Watson:

> Os dois estavam sentados na sacada do clube.
>
> "Para aquele que deseja estudar a humanidade este é o local", disse Mycroft. "Veja os tipos magníficos! Veja aqueles dois homens que estão vindo em nossa direção, por exemplo."
>
> "O jogador de bilhar e o outro?"
>
> "Exatamente. O que você acha do outro?"
>
> "Os dois homens pararam do lado oposto à janela. Algumas marcas de giz no bolso do colete eram os únicos sinais de bilhar que eu consegui ver em um deles. O outro era um sujeito muito pequeno, escuro, com o chapéu para trás e vários pacotes embaixo do braço.
>
> "Um velho soldado, percebo", disse Sherlock.
>
> "E liberado muito recentemente", notou o irmão.
>
> "Serviu na Índia, vejo."
>
> "E um oficial não comissionado."
>
> "Artilharia Real, imagino", disse Sherlock.
>
> "E viúvo."
>
> "Mas com um filho."
>
> "Filhos, meu querido, filhos."
>
> "Essa não", disse eu [Watson fala], rindo, 'isto é demais'.
>
> "Sem dúvida", respondeu Holmes, "não é difícil dizer que um homem com essa postura, expressão de autoridade e a pele queimada do sol seja um soldado, seja mais que um soldado raso e não tenha vindo há muito tempo da Índia".
>
> "Que não faz muito tempo que ele serviu é evidente por estar usando suas botas contra explosivos", como elas são chamadas, observou Mycroft.
>
> "Ele não é da cavalaria, no entanto usava o chapéu inclinado para um lado, como é mostrado pela pele mais clara naquele lado da testa. Seu peso mostra que ele não era especialista em minas. Ele está na artilharia."

198 ■ INTELIGÊNCIA PRÁTICA

"Então, evidentemente, seu sofrimento mostra que ele perdeu alguém muito querido. O fato de ele fazer suas próprias compras dá a impressão que sua esposa já faleceu. Ele comprou coisas para os filhos, percebo. Há um chocalho, que mostra que um deles é bem pequeno. A esposa provavelmente morreu ao dar à luz. O fato de ele ter um livro de histórias sob o braço mostra que há outra criança a se pensar."

Comecei a entender o que meu amigo queria dizer quando contou que seu irmão possuía faculdades ainda mais aguçadas que ele. Ele olhou para mim e sorriu.

Como o acadêmico de Holmer Edgar W. Smith expressa, "Este é o Sherlock Holmes que adoramos – os Holmes implícitos e eternos em nós mesmos".

Na verdade, os irmãos Holmes demonstram para nós duas habilidades muito valiosas relacionadas ao pensamento lógico: a *observação aguçada* e a *dedução exata*. Quando analisavam uma cena de crime, eles *viam mais* que os outros observadores. Eles treinaram seus filtros mentais para permanecerem abertos a uma ampla gama de informações, e não para excluírem mais do que aceitavam. De fato, eles poderiam alegar – se estivessem aqui para falar conosco – que a observação era o elemento mais importante de suas habilidades notáveis.

E se pudéssemos observar e perceber com a curiosidade da busca que os irmãos Holmes exibiam? Será possível que nossa capacidade de observação também seja muito aguçada, mas simplesmente não a usamos nem a refinamos?

Quantos de nós olhamos com os olhos cansados e vemos apenas os poucos elementos principais de uma cena ou situação que nos parecem mais relevantes? Com que freqüência deixamos tudo de lado, com exceção do que nos interessa no momento? Poderíamos entender situações, pessoas, problemas ou oportunidades muito melhor, investigando-os mais detalhadamente e observando-os mais?

Aqui está um pequeno exercício de percepção, que pode ajudar a condicionar seu biocomputador para o pensamento lógico.

Exercício de observação

Da próxima vez que comer alguma coisa, concentre-se apenas naquilo que está comendo e em toda a experiência sensorial de comer. Note como a tendência para desviar a atenção para outras coisas no ambiente é forte. Depois que se deu uma mordida naquele biscoito, ou tomou um gole de café, os olhos automaticamente passaram a notar outras coisas no ambiente? Prova-se, mastiga-se e engole-se "automaticamente"? Traga a atenção de volta para a experiência de provar, saborear, mastigar e engolir a comida. Entre as mordidas, olhe intencionalmente para a parte restante. Sinta a comida na boca.

O que se percebe sobre a cor? Qual é o cheiro? É frio, morno, quente? Quando se morde, faz barulho? Se veio embalado em papel, como a embalagem foi feita? Quantos dados diferentes pode-se notar sobre esse simples produto alimentício?

Aqui vai um segundo exercício, que visa relacionar as coisas observadas em um padrão lógico.

Exercício em dedução lógica

Da próxima vez que for a um supermercado, perca dois ou três minutos para dar uma volta, antes de começar as compras. Tente detectar o máximo de padrões lógicos, regras e relações lógicas que puder, que lhe dizem como a loja funciona. Veja de que modo se pode ampliar a consciência para examinar a loja como um sistema lógico. Alguém a projetou dessa forma. Por quê? Como as pessoas entram e saem da loja? Como o design e o layout ajudam – ou não – a evitar roubo? Todos os alimentos frescos perecíveis como frutas e vegetais estão na mesma área? Nesse caso, por quê? Faria sentido mudar sua distribuição? Como o *layout* geral – cor, uso da luz, variedade visual e fluxo de tráfego – promove ou atrapalha a experiência de compra? Agora imagine que você é um espião e a missão é memorizar o layout da loja, sem desenhar um diagrama, a fim de contar a seus comparsas exatamente onde está tudo, de modo que eles possam se infiltrar no local. Essa intenção muda o modo de observação? Imagine que você é um policial atendendo a um chamado de roubo. O que você desejaria saber sobre o *layout* da loja que o ajudaria nessa missão? O que observaria sobre o lugar que poderia não ter notado antes?

Calistenia lógica

Às vezes, exercitar os "músculos lógicos" pode prover um aprimoramento geral nos processos de pensamento lógico-seqüenciais. Algumas pessoas permitem-se tornar mentalmente sedentárias. Você poderia ficar surpreso com o quanto sentirá o efeito "carryover" ao realizar alguns exercícios lógicos simples.

Considere, por exemplo, um tipo elementar de charada lógica como a "escada de palavras". A idéia é iniciar com uma palavra e, ao alterar uma letra por vez, transformá-la em outra palavra, com o requisito de que toda letra trocada crie outra palavra lógica. Pontuações são permitidas. Veja um exemplo simples:

Mude "amor" para "éter"
amor => amar
amar => atar
atar => ater
ater => éter

A seguir, damos outras para praticar. Tente pronunciá-las e, se você precisar, pegue a caneta e escreva-as por etapas. Ao concluir cada uma, é importante relaxar e liberar qualquer ansiedade que se possa associar à tarefa, passando calmamente pelas etapas, uma a uma. Preste mais atenção à *experiência mental* de passar pelas etapas, não se concentrando necessariamente em chegar ao resultado final.

1. Mudar *bela* para *fera*.
2. Mudar *morte* para *corvo*
3. Mudar *corda* para *forca*.
4. Mudar *mole* para *coma*.

O Apêndice A dá uma seqüência para cada um dos problemas; há muitos outros.

Com a prática e a determinação, talvez cada um de nós possa se tornar um detetive hábil como Sherlock Holmes – ou até mesmo como Mycroft.

CONFIE EM SEUS PALPITES: RECOBRE SUA CAPACIDADE INTUITIVA

A intuição, em contraste com a lógica, é simplesmente um padrão de criação de idéias que acontece fora da consciência. Podemos nos tornar cientes dos resultados do pensamento intuitivo – o "resultado", digamos, mas podemos perceber diretamente o processo em si.

O resultado de qualquer episódio intuitivo é um "palpite", ou uma conclusão de algum tipo, que seus módulos mentais no nível não consciente oferecem para consideração aos níveis conscientes. Uma conclusão intuitiva pode, certamente, "fazer sentido"; ou seja, pode ser expressa em forma lógica, de modo que pudéssemos dizer, de certo modo, que a intuição é um processo quase lógico, cujas etapas não são conhecidas pela consciência.

De fato, fazemos isso como rotina. Chegamos a uma conclusão ou a uma realização no nível intuitivo, ela é transformada em palavras – a linguagem da consciência – e então a temos conscientemente. Uma vez captada na forma verbal, parece "normal". De fato, esse processo está acontecendo repetidamente, com muita rapidez, em todo biocomputador normal, tudo durante as horas de vigília. Provavelmente acontece até durante o sono, exceto que a expressão consciente do material intuitivo costuma ser bloqueada quando não estamos acordados.

Essa interação fácil entre níveis intuitivos e níveis conscientes é verdadeiramente o que referimos como pensamento intulógico. Entretanto, nem todo o material intuitivo que está sendo produzido fora do nível de consciência pode ser visto em nossa "tela de visão" da mente consciente. Há material em demasia. O que chamamos de mente consciente é um sistema de processamento de "banda muito estreita", o que significa que, na realidade, ela tem uma capacidade muito limitada para processar informação a qualquer instante.

Aparentemente temos módulos mentais atuando como "porteiros" ou filtros que continuamente tomam decisões sobre qual material será traduzido para a consciência. Esses módulos filtram muito mais informações do que deixam entrar. Faça uma pequena experiência para ilustrar essa função de "portaria".

Ao sentar-se para ler essas palavras, experimente prestar atenção às sensações que vêm do corpo. Torne-se consciente da forma como está sentado; o sentimento das roupas em contato com várias partes do corpo; as sensações que vêm do sistema digestivo; sua respiração; os sons no ambiente. À medida que se sintoniza com esses vários sinais, você nota que sua consciência das palavras nessa página tende a desaparecer? Esses vários sinais têm passado o tempo todo além de sua consciência. Quando se sintoniza com alguns sinais, os outros desaparecem, porque o processador consciente simplesmente não tem banda larga suficiente para ter ciência deles todos.

Agora tente fazer outra pequena experiência que pode fazê-lo realmente acreditar, com respeito a esse efeito de banda estreita, de portaria. Levante o pé direito alguns centímetros do chão e comece a mover-se em círculo, no sentido horário. Continue e, depois de cerca de cinco segundos, comece simultaneamente movendo sua mão direita em um sentido circular, *anti-horário*. Para a maioria de nós, mesmo esse procedimento simples sobrecarrega nosso processador principal. É como o desafio conhecido de bater na cabeça e coçar o estômago: o cérebro só pode gerenciar uma das ações conscientemente e precisa delegar a outra a um módulo mental no "piloto automático".

A *conversa intulógica* – essa interação da atividade intuitiva com o conhecimento consciente – parece mais fluente em algumas pessoas que em outras. Não é raro uma pessoa preferir um nível ao outro em vez de integrar os dois. Assim como algumas pessoas orientadas intuitivamente podem não confiar e negar seus processos de pensamento sistemático e lógico, algumas pessoas inclinadas analiticamente podem não confiar e negar seus processos intuitivos. Claramente precisamos de ambos, e quanto mais temos de cada um, melhor.

A "MENTE ZEN": FLUXO E ATENÇÃO

O distinto mestre Zen e filósofo D. T. Suzuki tentou explicar o que ele considerava um aspecto-chave da diferença entre pensamento convencional ocidentalizado – um padrão altamente analítico – e o processo de pensamento Zen, que é altamente intuitivo. Ele comparou dois poemas, um do poeta japonês do século XX Bashó, e um do poeta inglês Alfred Lord Tennyson, que viveu cerca de dois séculos depois.

O poema de Bashó, um *haikai* clássico de dezessete sílabas (dezessete sílabas na versão japonesa), refere-se a uma pequena flor selvagem que o poeta descobre acidentalmente em um local obscuro:

Quando eu olho cuidadosamente
Eu vejo a *nazuna*
florescendo na cerca viva!

202 ■ INTELIGÊNCIA PRÁTICA

O poema de Bashó não faz nada mais que sentir a existência da flor; ele não tenta analisá-la, classificá-la, ou objetivá-la. No sentido Zen, o observador e a flor são uma entidade, não separada. O poema é sobre a *experiência* da flor, e não uma entidade separada, chamada flor.

No poema de Tennyson, de acordo com Suzuki, o poeta caracteriza a flor como objeto, e não como parte da mesma natureza que ele:

> A flor na parede fendida,
> Arranco-a das fendas;
> Seguro-a, raiz e tudo, em minha mão,
> Pequena flor – mas se pudesse entender
> O que você é, raiz e tudo, e tudo no todo,
> Eu deveria saber o que é Deus e o homem.

Note, diz Suzuki, que o poeta Tennyson arranca a flor, confiscando-a, tentando torná-la sua, e a mata no processo. Ele percebe a flor como uma coisa, um elemento de seu ambiente que ele tem direito de possuir, controlar, manipular e analisar. O poema de Tennyson trata a flor como uma coisa a ser manipulada. O poema de Bashó trata a experiência de perceber a flor como uma verdade em si e de si.

Em seu livro que provoca a reflexão, *Zen Buddhism and Psychoanalysis*, Erich Fromm e D. T. Suzuki, juntos com Richard De Martino, relatam a troca de idéias em uma conferência psicológica realizada em Cuernavaca, México, em 1967. Na época, psicólogos e psicanalistas convencionais se chocaram com a idéia de comparar uma disciplina séria como a psicanálise com uma prática oriental "mística" como o Zen budismo. Hoje, entretanto, as idéias do Oriente e do Ocidente são consideradas muito mais compatíveis e complementares que antes, e merecem mais consideração em um novo entendimento do processo mental humano.[2]

Recobrar nossa intuição inclui aprender a pensar da maneira Zen. Nesses momentos, quando deixamos temporariamente nossas intenções, definições rótulos, categorias e classificações, nossa necessidade de estrutura, ordem e controle, e nosso pensamento de causa e efeito, podemos *perceber sem concluir*. Nesses momentos, o propósito de nossa percepção é a percepção em si, e não se preparar para fazer uma coisa sobre o que percebemos. Este é o estado mental em que ficamos sintonizados com nosso entendimento interior, a sabedoria não expressa que espera ser experimentada.

Uma forma de sintonizar a sensibilidade com nossos sinais intuitivos é praticar a *experiência não verbalizada*. É uma prática muito comum para os ocidentais andar em uma galeria de arte e ver cada quadro, um por vez, comentando: "Gosto deste", "O que é isto?", "É elaborado demais", ou "Não sei nada de arte, mas sei o que eu gosto". Quanto mais verbalizamos sobre o que estamos percebendo, menos percebemos. Uma frase como "Este é bonito" é um evento mental que coloca uma noção de conclusão, de finalização, na experiência perceptiva. Uma vez que rotulamos e classificamos aquilo que estamos observando, podemos passar para a seguinte.

Um exercício de percepção

Como uma experiência em percepção intuitiva, ficar diante de uma obra de arte é experimentá-la sem dizer nada sobre ela. Tente não dizer alguma coisa sobre ela mesmo em silêncio, mentalmente. Evite *pretender* dizer qualquer coisa sobre ela. Tente senti-la em silêncio, com neutralidade, sem avaliar, sem aprovar ou desaprovar. Permita apenas existir, e permita-se apenas existir com ela. Sinta a noção que você e ela são uma, ou pelo menos partes da mesma coisa. Qual é a sensação de dividir o espaço com esse algo inclassificável ou não classificado? Que sensações surgem? Deixe sua atenção ser dirigida pelos aspectos dela que o atraem em um determinado instante. Feche os olhos e visualize-a da maneira mais clara que puder; então abra os olhos e veja-a de uma forma nova.

Podemos aplicar esse mesmo método Zen de percepção intuitiva em qualquer situação. Imagine que você está participando de uma reunião ou de uma sessão de trabalho associada a seu emprego. Você pode "observar com os olhos complacentes", como dizem os professores Zen – percebendo todos, todas as coisas e tudo o que está acontecendo, sem intenção. Você pode descobrir que se torna ciente de informação que não teria notado se não fizesse isso. A maneira como as pessoas falam; seu tom de voz; a energia, ou a falta dela, no grupo; quando falamos baixo ou alto, tudo isso fornece "dados" para o entendimento intuitivo do que está acontecendo.

Quanto mais você estiver aberto a esse tipo não proposital de vivenciar as situações, mais poderá perceber e interagir com as situações que encontra.

Com seu parceiro ou com outra pessoa importante para você, ou com amigos e conhecidos, isto é chamado "estar presente" ou "estar no momento". Em vez de ouvir atentamente, podemos aprender a ouvir com compreensão e curiosidade, conhecendo a outra pessoa, e sobre nós mesmos, à medida que respeitamos a profundidade e a riqueza do que há para saber.

E mesmo quando estamos sós, ou talvez principalmente quando sós, podemos aquietar nossas mentes e sintonizar na conversa intuitiva que está sempre ocorrendo dentro de nós.

> A pior forma de solidão é não estar bem consigo mesmo.
>
> Mark Twain

O destacado psicólogo húngaro Mihaly Czikzentmihalyi fala de um estado especial de consciência que ele e outros chamam, simplesmente, de "fluxo". Quando nos tornamos profundamente absorvidos em alguma coisa que estamos fazendo; quando perdemos a noção do presente imediato e suspendemos nossa noção de tempo; e quando não estamos ansiosos ou a ansiedade é baixa, estamos no estado de fluxo. As pessoas que operam em um estado de estresse e agitação crônicos sentem o estado de fluxo. Ou talvez seja o contrário: as pessoas que não aprenderam a sentir o estado de fluxo gastam mais de seu tempo e energia na zona de estresse, ou na "zona de pânico", como chama Czikzebtmihalyi. Aquelas que aprenderam a atingir o estado de fluxo podem liberar suas capacidades naturais e ter um alto desempenho.

204 ■ Inteligência Prática

De acordo com Czikzentmihalyi, músicos, artistas, atletas e outros profissionais fazem o que têm mais habilidade para fazer quando entram no estado de fluxo. Muitos profissionais talentosos referem-se a isso como "estar na zona". Alguns se referem a isso como a zona alfa, porque esta tende a estar associada com a presença da freqüência de ondas cerebrais alfa, que vai de oito a dezesseis ciclos por segundo.[3]

Como consideramos anteriormente, um aspecto essencial do estado de pensamento intuitivo, a zona, o estado alfa – como você preferir chamá-lo – é a *ausência de intenção ansiosa*. Pode parecer estranho e paradoxal que os grandes performers suspendam em grande parte sua intenção consciente. É como se eles "não ligassem" – conscientemente – se a bola entra no buraco, ou na cesta, ou se passa por cima da rede; se eles cantam aquela nota desafiadoramente aguda; se eles "se conectam" com o público que estão entretendo ou com o qual estão se comunicando. Eles delegaram a intenção para os módulos mentais bem-treinados que funcionam habilmente abaixo do nível de consciência. É exatamente a esse estado mental que queremos nos referir quando dizemos que estamos "distraídos".

Um exercício em distração

Aqui está uma ilustração simples do potencial do "pensamento baseado em zona". Você já amassou uma folha de papel, atirou-a distraído em uma cesta de lixo do outro lado da sala, e a viu cair dentro dela? Provavelmente, ficou eufórico e um pouco surpreso. "Nossa! Olha só isto!". Então tenta de novo e erra.

A diferença entre a primeira e a segunda tentativa é a intenção, ou a falta dela. Na primeira jogada, a mente estava "em outro lugar", então o cerebelo – o piloto automático para atividades motoras – conduziu a missão. Sem interferência do nível consciente – o córtex motor no cérebro – o cerebelo simplesmente ativou um script aprendido e fez o serviço sem expectativa, apreensão ou ansiedade. É incapaz daqueles tipos de reações; simplesmente *faz*.

Na segunda jogada, o processo cerebral provavelmente assumiu, e seguiu-se um cabo de guerra intencional. Os músculos envolvidos na jogada estavam recebendo sinais de dois centros de comando de uma só vez, o córtex motor do cérebro e o próprio cerebelo. Há chances de sinais mistos interferirem na coordenação dos músculos.

Tente um exercício simples de prática. Pegue umas folhas de papel usado, ou alguns outros itens que planeja jogar fora. Fique longe do cesto de lixo, concentre a atenção no cesto e procure não pensar no resultado. Decida que não importa se os itens que atirar vão entrar ou não no cesto; só vai atirá-los "distraidamente". Concentre-se no cesto e imagine o item que vai atirar fazendo um arco de sua trajetória, direto para dentro do cesto, apesar de não "ligar" se ele vai entrar ou não.

Pratique muitos arremessos, prestando atenção especialmente à noção de expectativa passiva, de distanciamento, e confie no conhecimento instintivo. Cada vez que você sentir que atingiu a zona intuitiva, ou chegar perto dela, perceba o corpo todo sentindo e faça um esforço para memorizá-lo. Quanto maior a freqüência com que praticar, mais rápida e facilmente será capaz de acessar essa zona intuitiva.

Notas

1 Partes do material nesta seção foram extraídas de *Mindex: Your Thinking Style Profile*, um instrumento de auto-avaliação desenvolvido por Karl Albrecht International. Usado com permissão. Veja www.Karl Albrecht.com/mindex/mindexprofile.htm.

2 Fromm, Erich, D.T. Suzuki, e Richard DiMartino. *Zen Buddhism and Psychoanalysis*. Nova York: HarperCollins, 1970.

3 Csikszentmihalyi, Mihaly. *Flow: The Psychology of Optimal Experience*. Nova York: Harper-Collins, 1991.

11 MEGA-HABILIDADE 4

Pensamento "Visceracional"

O homem não é um ser racional – meramente capaz disso.

Jonathan Swift

NA COMÉDIA PASTELÃO DA BROADWAY *A Funny Thing Happened on the Way to the Forum*, Zero Mostel fez o papel do conivente escravo romano Pseudolus, que está tramando um plano para ganhar sua liberdade de seu senhor, um jovem nobre que se apaixonou por uma cortesã que, infelizmente, foi vendida para outro homem. Se Pseudolus puder intermediar um relacionamento entre os dois, ele poderá ficar livre.

Centrada em três casas adjacentes, a trama desemboca em uma série de episódios cada vez mais frenéticos que aumentam a probabilidade de expô-lo. Em uma cena caótica, o ajudante de Pseudolus, um escravo chamado apropriadamente de *Hysterium*, começa a perder o controle e a se tornar – bem, histérico.

Mostel, como Pseudolus, o agarra, o chacoalha e grita: "Acalme-se! Eu lhe direi quando chegar a hora de entrar em pânico!".

Então um dos personagens principais entra e descobre a agitação deles. Mostel, depois de uma pausa, pronuncia calmamente: "É agora". Então ele entra em estado de pânico.

A inter-relação entre o que chamamos de pensamento racional e o que consideramos ser emoção ocorre durante toda a vida humana. Afinal, somos criaturas emocionais em primeiro lugar, e racionais, em segundo.

208 ■ Inteligência Prática

A POLARIDADE EMOTIVO-RACIONAL:
O EIXO E-D

Nossa conversa diária e as figuras de linguagem que costumamos usar reconhecem nossa compreensão da emoção como a origem oculta pelo menos de alguns de nossos comportamentos. Algumas pessoas referem-se a certas decisões como julgamentos "viscerais", deixando implícito que estes se originam em algum lugar dentro do biocomputador, em níveis não visíveis à consciência. Em contrapartida, costumamos nos referir aos julgamentos "racionais" como resultantes de um processo mental coerente que se desenvolve no nível consciente. O significado geral do pensamento racional costuma implicar um movimento da evidência a conclusões, uma progressão que podemos reconhecer e descrever.

Ambas as formas racional e visceral de processo mental – podemos até nos referir a elas como formas de criação de idéias – têm importância e valor em nossas interações com nosso mundo. De fato, seria muito difícil separar as duas. Parece mais razoável considerar todo processo mental como tendo um componente consciente ou racional, que está interligado a um aspecto não consciente ou visceral. Essa forma de pensar sobre o processo mental justifica uma nova definição, com base em uma fusão de ambos os padrões:

Pensamento Viscerracional: Um processo que
integra ambos os padrões racional e visceral de criação
de idéias em uma combinação sinergística.

Costumamos falar de pessoas que agem "irracionalmente"; pensamos: "Como uma pessoa racional acredita em uma coisa dessas?". Tentamos vender nossas idéias e sugestões como "soluções racionais" a problemas.

Parecemos captar o conceito de pensamento – e comportamento – racional e irracional pelo menos em um sentido geral. Entretanto, o conceito se torna um pouco confuso à medida que tentamos defini-lo mais especificamente, e em breve temos de enfrentar a proposição de que o que é racional para uma pessoa pode ser irracional para outra.

Considere, por exemplo, que, na maior parte da cultura ocidental, cometer suicídio é, em geral, considerado um ato irracional. Tentamos evitar que as pessoas façam isso; podemos até puni-las por tentarem. Nós sujeitamos as pessoas suicidas a fazerem psicoterapia, esperando que elas "melhorem". No entanto, em algumas culturas, o ato de suicídio tem mais de uma definição nobre, romântica, do que costuma ter no Ocidente.

Em 11 de junho de 1963, um monge budista chamado Thich Quang Duc, que era um *bodhisattva*, ou mestre espiritual, altamente avançado, queimou-se até morrer em um cruzamento muito movimentado na cidade de Saigon. Ele e vários outros monges chegaram ao local de carro. Thich Quang Duc saiu do carro, foi até o centro do cruzamento, colocou-se na tradicional posição de lótus e com a ajuda dos outros monges verteu gasolina no corpo. Então ele acendeu um palito de fósforo e o jogou na gasolina. Ele queimou até a morte em questão de minutos. A foto de sua auto-imolação nos noticiários se tornou uma das imagens lendárias da época no Vietnã.

Mega-Habilidade 4 ■ 209

O historiador David Halberstam, então um jovem repórter do *New York Times*, enviado para o Vietnã, testemunhou o evento:

"Eu deveria ver aquela cena outra vez, mas uma vez bastou. Chamas vinham de um ser humano; seu corpo foi murchando e encolhendo lentamente, sua cabeça enegrecendo e carbonizando. No ar, havia cheiro de carne humana queimada; os seres humanos queimam com rapidez surpreendente. Atrás de mim, pude ouvir um pranto dos vietnamitas que agora estavam se aglomerando. Fiquei chocado demais para chorar, confuso demais para fazer anotações ou perguntas, espantado demais até para pensar... *Enquanto queimava, não moveu um músculo, não pronunciou um som, sua postura reta em forte contraste com as pessoas se lamentando à volta dele.*"[1]

Depois de morrer, Thich Quang Duc foi cremado; diz a lenda que seu coração não queimou. Estaria, segundo dizem, sob a custódia do Reserv Bank of Vietnam.

O propósito de sua auto-imolação era chamar atenção para a repressão brutal dos budistas pelo regime católico de Ngo Dinh Diem. Ele se preparou para seu ato durante várias semanas de profunda meditação. Explicou sua motivação em cartas aos membros de sua comunidade budista bem como ao governo do Vietnã do Sul, enfatizando que ele não via sua morte como um ato de suicídio, no sentido convencional.

Ele não estava em desespero absoluto, não abriu mão de toda esperança, nem sofreu de sentimentos de inutilidade, e não desejava pôr fim à sua existência – geralmente aspectos reconhecidos da criação de idéias suicidas. No entanto, ele investiu sua vida para fazer a declaração que ele achava necessário ser feita. Seu comportamento poderia ser chamado de altamente racional – de um ponto de vista. Nos meses seguintes, vários outros monges budistas devotos queimaram-se publicamente até a morte pela mesma causa.

Considere também os pilotos suicidas japoneses da Segunda Guerra Mundial, os *kamikazes*, jovens entre dezessete e dezenove anos que voavam em uma missão sem volta para atacarem a frota norte-americana, presos às cabines de aeronaves caras. Estima-se que 4 mil deles voaram em missões fatais durante cerca de cinco anos, e o número de voluntários era três vezes maior que os aviões disponíveis por três a um.

Cada piloto *kamikaze* recebia um manual para estudar antes de decolar em sua última missão. Consta que alguns trechos do manual diziam:

A Missão de Unidades To-Do. Transcender a vida e a morte. Quando você elimina todos os pensamentos de vida e morte, será capaz de desconsiderar totalmente sua vida terrena. Isso lhe permitirá concentrar sua atenção para erradicar o inimigo com determinação implacável, enquanto reforça sua excelência em habilidades de vôo....

Seja sempre alegre e tenha o coração puro. Um homem leal é um filho de coração puro e filial.

210 ■ Inteligência Prática

Alcance um alto nível de treinamento espiritual. A fim de exercer a mais alta capacidade possível, você deve preparar seu ser interior. Algumas pessoas dizem que o espírito deve vir antes da habilidade, mas estão erradas. O espírito e a habilidade são um só. Os dois elementos devem ser dominados juntos...

No momento exato de impacto: faça o melhor que puder. Todos os deuses e os espíritos de seus colegas mortos o estão observando. Logo antes da colisão, é essencial que você não feche os olhos por um momento para não errar o alvo. Muitos colidiram contra os alvos com os olhos bem abertos. Eles lhe dirão que se divertiram."

Lembre-se, quando mergulhar no inimigo, de gritar o mais alto que puder: "*Hissatsu!*" [Não falhe no mergulho!]. Nesse momento, todas as flores de cerejeira nos sagrados Yasukuni em Tóquio sorrirão largamente para você...[2]

Note o uso do "mantra de morte", a *declaração que foca a atenção* a ser dita aos gritos no último instante, provavelmente para distrair a atenção do piloto de seu impulso final de autopreservação.

No Oriente Médio, os homens-bomba tornaram-se cada vez mais numerosos depois de 2003, quando a ocupação dos Estados Unidas no Iraque se arrastou e o impasse agonizante entre Israel e os palestinos continuava a fermentar.

Aqui está um ponto técnico interessante: o homem-bomba nunca sente a dor que precede a morte, ao contrário do piloto *kamikaze*, que provavelmente estava consciente das balas defensivas disparadas ou do acidente que o mataria. A explosão acontece num intervalo de tempo tão curto – menos de um milésimo de segundo – que o cérebro do homem-bomba não existe mais quando qualquer sinal perceptivo poderia chegar a ele e poderia ser sentido conscientemente. A última coisa que ele tem ciência é pressionar o botão, sem sentir a explosão. Este poderia ser um argumento útil para recrutar os homens-bomba.

Habitualmente, as "pessoas na rua" das sociedades ocidentais têm lutado para incluir o comportamento dos "suicidas ideológicos" dentro dos limites de suas ideologias ocidentais, com frustração considerável. Muitos comentaristas políticos e cidadãos de todo dia parecem recriminá-las com um ar de desprezo: "Estas pessoas são loucas", "Elas não valorizam a vida humana", "Nem parecem humanas". Rotulá-las criticamente poderia ajudar aquele que fala a se sentir menos surpreso e impotente para influenciar o mundo que ele não entende, mas faz pouco para explicar o comportamento do suicídio ideológico.

Parece que temos pouca escolha, senão concluir que o pensamento racional e irracional, como a "verdade", estão na mente do indivíduo no qual ocorrem. Talvez nosso melhor meio de entender a dimensão emotivo-racional da inteligência prática é considerá-la inseparavelmente interligada – de fato, como partes do mesmo processo. Se pudermos entender como elas funcionam em nossas próprias mentes, talvez possamos entender e até tolerar seu funcionamento na mente dos outros.

PRIMEIRO DECIDIMOS, ENTÃO JUSTIFICAMOS: O PENSAMENTO IRRACIONAL EXPLICADO

O que costumamos chamar de comportamento irracional faz sentido se entendermos suas origens. E podemos entendê-lo em nós mesmos e nos outros se o considerarmos normal e deixarmos de lado nossa tendência para condenar, criticar ou até mesmo avaliá-lo. Temos que entendê-lo como expressão de vários impulsos concorrentes que surgem de níveis inconscientes, misturados a influência do processo de "raciocínio" consciente. Se você quiser, podemos considerar ambos os níveis de ideação como formas de raciocínio; apenas que podemos articular um e não podemos articular facilmente o outro.

Novamente o conceito de mente modular nos dá uma perspectiva útil sobre a inter-relação entre a ideação consciente e inconsciente e a maneira como eles influenciam nosso comportamento. Ajuda a entender essa inter-relação de criação de idéias visceral e racional, e os conflitos que ela envolve às vezes, visualizando ambos os níveis como ilustrado na Figura 11.1. Vamos estudar um exemplo simplificado, em *câmera lenta*.

Um estudante está apreensivo com uma prova que se aproxima, a qual será importante para sua nota em um curso importante. Ele ficou para trás e está lutando para alcançar a classe. Está preocupado com a possibilidade de não estar preparado para a prova que será daqui a três dias.

Ele pede ajuda a sua melhor amiga, para que ele consiga recuperar sua nota. No nível consciente, esta parece ser a coisa certa a fazer. Conforme retratado na Figura 11.1, este seria um *comportamento nobre*, consoante com seu *motivo nobre* de querer dominar a matéria e ir bem na prova. Até aí, nenhum conflito.

Figura 11.1   O Processo de Racionalização

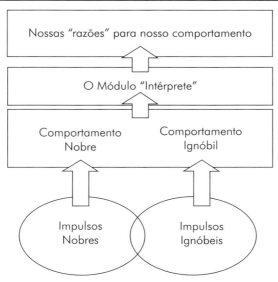

212 ■ Inteligência Prática

Quando ele vai à casa dela para estudar, dois outros amigos estão lá. Um deles descobriu uma forma de entrar no computador da escola e baixar a prova que o professor preparou. O arquivo de computador contendo a prova não foi protegido adequadamente, o aluno hacker relata, e pode ser baixado facilmente sem ninguém perceber. Ele tem certeza de que ninguém descobrirá. "Você vai nessa?", pergunta seu amigo.

Os estudantes olham uns para os outros. Um a um, com expressões de constrangimento, eles concordam em baixar a prova e manter o segredo. Há uma risada nervosa, brincadeiras e uma sensação de aventura.

Agora nosso estudante está passando pelo dilema, falando em termos emotivo-racionais. Ele está sentindo duas motivações conflitantes, dois ou mais módulos mentais estão lutando para influenciar sua decisão. Um é o *motivo nobre* – a influência do módulo mental "honesto"; e o outro é o *motivo inóbil* – a influência do módulo mental, que está assustado com as conseqüências de ir mal na prova.

Ele está sentindo o que o professor de Stanford e psicólogo Leon Festinger chamou de *dissonância cognitiva*, que é um sentimento de ansiedade resultante de uma contradição entre as crenças e as ações. Sua mente consciente, racional lhe diz que estudar muito e aproveitar suas chances na prova teria sido o *comportamento nobre*. Mas sua mente racional também observa o que ele faz realmente – seu *comportamento ignóbil* – que contradiz seu *motivo nobre*.

Se ele continuar com o comportamento ignóbil de colar na prova, seu motivo ignóbil terá vencido o nobre. Agora ele terá de admitir ser claramente desonesto, sem desculpas, ou – a opção mais provável – terá que *racionalizar* sua cola fazendo-a parecer menos ignóbil e, de alguma forma, justificada.

> O ofício adequado de um amigo é ficar do seu lado quando você está agindo mal. Quase ninguém ficará ao seu lado quando você estiver agindo corretamente.
>
> Mark Twain

Ele e seus amigos chegam a uma série de razões que justificam colar na prova. Eles podem minimizar a importância do evento: "É apenas uma prova, não é o fim do mundo". Podem culpar outra pessoa: "Se o professor não fosse tão tonto em deixar o arquivo desprotegido no servidor da escola, ninguém poderia ter baixado". Eles podem invocar o apoio dos colegas: "Todos fazem isso hoje em dia; se outras pessoas pudessem ter baixado a prova, também teriam feito isso". E podem envolver um direito de interesse próprio: "Tenho que passar neste curso. Se eu não passar, isso poderá arruinar minha média geral. Não quero ser rejeitado [em um emprego, ou na Faculdade XYZ] por causa daquele curso FDP".

Nosso estudante pode chegar a um número quase ilimitado de razões criativas pelas quais seu comportamento seria realmente aceitável em termos de seu código de valores pessoais. O efeito é resolver sua dissonância cognitiva fazendo seu comportamento parecer menos ignóbil, pelo menos para ele mesmo. O efeito da pressão de companheiros é não só convencê-lo a se portar de modo ignóbil, mas também ajudá-lo a racionalizar suas ações.

O conceito de Leon Festinger de dissonância cognitiva tornou-se dominante no pensamento psicológico sobre comportamento racional e irracional e sobre o processo de racionalização. É também um conceito popular entre profissionais de propaganda e marketing. Em termos simples, a teoria diz que nós, seres humanos, geralmente agiremos de modo a resolver dissonância cognitiva, reafirmando a crença ou idéia que está em dissonância com o comportamento, ou explicaremos o comportamento de uma forma que o faça parecer menos dissonante.

Um dos exemplos mais estereotipados de racionalização como uma forma de aliviar a ansiedade da dissonância cognitiva está no modo como os fumantes aprendem a explicar por que não pararam. Eles desaprovam o impulso incompreensível que os leva a fumar – a vontade física causada pela dependência da nicotina – de modo que precisam encontrar explicações que tornem o comportamento de continuar a fumar menos negativo: "Bem, todos morreremos um dia", ou "não acredito nessa coisa toda de que fumar causa câncer", ou o clássico "Posso parar de fumar quando quiser".

Para encurtar e simplificar a história:

*Tendemos a racionalizar nosso comportamento
quando desaprovamos o verdadeiro
motivo que o está causando.*

A maioria de nós fica um pouco apreensiva com a possibilidade de que nosso chamado comportamento "racional" poderia ser influenciado pelos impulsos mais obscuros, ocultos abaixo do nível de consciência. Alguns anos atrás, quando a noção de "mensagens subliminares" na propaganda tornou-se o tópico de conversas entre a população, muitas pessoas suspeitavam estarem sendo "programadas" para comprar vários produtos por mensagens ocultas inseridas em programas de TV aos quais assistiam. A técnica tinha um impacto muito pequeno e os anunciantes fizeram muito alarde para desaprová-la – quando viram que ela não funcionava muito bem.

O comediante Johnny Carson mencionou o assunto em seus monólogos na época:

Sabe, eu nunca pus muita fé nessa coisa de propaganda subliminar. Mas outro dia eu tive uma experiência engraçada. Estava assistindo à TV em casa e de repente levantei, saí e comprei um trator.

A verdade é que nós, seres humanos, somos manipulados muito facilmente. Não queremos admitir, mas somos manipulados inconscientemente todos os dias. Algumas pessoas vivem capitalizando os padrões de comportamento irracional que podem induzir nos outros. Em seu livro revelador *Influence: The Psychology of Persuasion*, Robert Cialdini explica a lógica visceral por trás de confidências e outras formas de manipulação social.

214 ■ Inteligência Prática

Um motivo subconsciente identificado por Cialdini é o que ele chama de *reciproci-dade* – a tendência que todos nós temos de nos sentirmos obrigados e de querermos re-tribuir um ato percebido como generosidade. Os discípulos de Hare Krishna, solicitando doações em aeroportos, têm usado esse método para levantar quantidades surpreenden-tes de dinheiro de estrangeiros. Na manobra usual, uma jovem com boa aparência põe-se na frente de um viajante, mais freqüentemente um homem, e lhe dá uma flor. "Este é um presente para você", diz ela. Se ele tenta devolvê-la, ela se recusa a aceitar: "Não, por favor, fique com ela. É para você". Então ela inicia uma conversa com ele sobre prá-ticas espirituais, lhe oferece literatura e finalmente pede uma doação.

Engajados em um programa de reação visceral, subconsciente – "Ela me deu algo de valor, então eu tenho que lhe dar alguma coisa" –, os solicitantes de Hare Krishna atingi-ram um sucesso notável, a percentagem de pessoas abordadas que deram dinheiro.[3]

Outro exemplo de comportamento menos que racional é um jogo aparentemente simples que às vezes é realizado em bares, chamado de "leilão de nota de 1 dólar". O jogador convida dois alvos/vítimas – isto é, clientes – a participarem do jogo, "só por brincadeira". O jogo é rápido e tende a funcionar especialmente bem depois de alguns drinques. O jogador faz a seguinte oferta:

1. Ele coloca uma nota de 1 dólar no bar e se oferece a entregá-la a quem der o lance mais alto.

2. Os participantes podem oferecer qualquer quantia, mas quando os lances param, eles têm de pagar a ele a quantia oferecida por último.

   Ou seja, aquele que não ganhar a oferta ainda tem de pagar a quantia oferecida antes de parar os lances. Aquele que vence recebe a nota de 1 dólar e, presumivelmente, sai lucrando.

A oferta geralmente começa com um centavo, então sobe para cinco centavos apro-ximadamente, e depois começa a aumentar a partir daí. Em algum ponto, cada um dos ofertantes percebe que vai perder dinheiro se não ganhar com seu lance. Eles continuam a fazer ofertas uns contra os outros, e os lances ficam cada vez mais altos, e geralmente chegam ao ponto médio de cinqüenta centavos. Nesse ponto, se os participantes per-cebem isso ou não, a pessoa que está leiloando a nota de 1 dólar tem lucro garantido, porque receberá de ambos.

Talvez ainda sem pensar claramente, e agora sentindo certo estresse, os participan-tes começam a competir sinceramente. Não é incomum eles oferecerem um preço su-perior a 1 dólar – um ato claramente irracional que significará que um deles terá pago mais de 1 dólar para ter uma nota desse valor, e o outro terá pago mais de 1 dólar para não ter nada.

Nesse momento o leiloeiro (que provavelmente virou-se para a porta indicando que se retiraria) consegue que eles entrem em competição direta, enquanto antes desse ponto crítico eles tinham vaga idéia de que de alguma forma estavam competindo contra o leilo-eiro. Afinal, o leiloeiro deveria perder dinheiro ao vender o dólar por menos de 1 dólar.

Em algum momento, um dos participantes percebe que isso se tornou uma covardia e que, mesmo ganhando, ele perderá; ele perderá exatamente um dólar a menos que o outro sujeito. Mas não é raro para uma guerra de desejos chegar ao fim, com ambos os participantes acumulando suas perdas para defenderem seus egos contra a idéia de "fracasso". Mas, de fato, ambos fracassaram.

Se um deles percebesse – *pensado racionalmente* – no início o que estava acontecendo, eles poderiam ter feito um complô contra o leiloeiro, concordando que um deles sairia depois de oferecer um centavo e deixaria o outro ganhar com uma oferta de dois centavos. Então eles poderiam recobrar o dinheiro e dividir 97 centavos (talvez jogando cara ou coroa). Quando eles percebem o que lhes restou, geralmente é tarde demais para revisarem sua estratégia.

Por que esse pequeno jogo funciona com tanta freqüência? Porque *ele evita o raciocínio consciente e ativa impulsos não conscientes.* Esta é a definição essencial de pensamento racional e irracional, e a relação entre os dois padrões.

SOMOS TODOS NEURÓTICOS, E ISTO É BOM

Terapeuta, s.2 g.. Um manipulador de bagagem emocional.

Os personagens do comediante Woody Allen, e sua vida pessoal em alguma extensão, representam o tipo de pessoa referida na linguagem da cultura popular como "neurótica". Ele está sempre ansioso, apreensivo e excessivamente preocupado com o que poderia dar errado. Seu *personagem principal*, na linguagem da escrita, é a ansiedade. Ela o define para o espectador e se torna a plataforma para muito de seu humor.

Terapeutas e outros no ramo de saúde mental tendem a não gostar de ouvir pessoas comuns usarem termos como neurótico ou neurose, porque ele infringe seu privilégio profissional e afeta os sentidos específicos que eles concordaram para fins de diagnóstico. Infelizmente, nós, cidadãos, parecemos gostar de confiscar partes do vocabulário "psico", e o termo provavelmente continuará a ser usado como um diagnóstico popular leigo para qualquer tipo de pensamento peculiar que não nos agrade.

Mas, na verdade, somos todos neuróticos altamente funcionais – exceto, evidentemente, aqueles de nós que são neuróticos disfuncionais. Ninguém escapa da neurose. É uma característica da interação entre criação de idéias consciente e não consciente.

Com desculpas a meus colegas na área de psicologia, aqui vai uma definição popular:

Neurose: padrão de perturbação mental,
acompanhado pela ansiedade, que é causada pela
repressão de uma emoção inaceitável.

Isso poderia descrever todos nós.

Uma perturbação mental severa poderia ser classificada como uma *neurose clínica*, significando que a assistência de um profissional da saúde mental é necessária para resolvê-la. A *neurose subclínica* é o tipo normal que carregamos conosco diariamente. Quanto mais mentalmente saudáveis formos, menos carregaremos dela. Se precisamos dos serviços de um terapeuta é simplesmente uma questão de grau – o quanto na verdade somos loucos.

A versão extrema de uma neurose, o tipo clínico, envolve a repressão de uma forte emoção de algum tipo. Poderia ser culpa, raiva, vergonha, desejo sexual ou qualquer tipo de inventário regular de emoções. Basicamente há um conflito acontecendo em níveis não conscientes.

Certos módulos mentais não conscientes estão tentando levar uma mensagem ao nível consciente: "Hei! Estamos nos sentindo angustiados aqui embaixo". Outros módulos não conscientes, referidos na psicologia freudiana como *defesas do ego*, estão trabalhando muito para evitar que a emoção chegue à consciência. O resultado do conflito entre essas duas facções modulares é a ansiedade – uma excitação física geral que queima energia de uma forma negativa.

O segundo efeito do conflito reprimido é uma distorção de certos aspectos de criação consciente de idéias, de modo a ajudar os módulos defensores a manter a questão fora da consciência. A criação neurótica de idéias aparece em uma ampla gama de comportamentos neuróticos possíveis, como a repetição compulsiva de um movimento ou atividade, a fala contínua, ou formas ritualísticas de organizar o espaço ou artigos pessoais.

Formas extremas de neurose podem envolver sintomas físicos, às vezes severos. A ansiedade em si pode causar vários sintomas viscerais, como insônia, perda de apetite, problemas digestivos e os efeitos gerais de estresse. Em casos particulares, os módulos não conscientes podem transmitir sua mensagem de consciência em código: paralisia de alguma parte do corpo ou doença ou disfunção de um órgão, o que poderia estar metaforicamente relacionado com a repressão da emoção.

Para ilustrar: um colega que é terapeuta relacionou o caso de uma mulher que contraiu câncer retal. Ao trabalhar com ela, notou que ela se descrevia regularmente e a seus problemas como vítima. Ele especulou que sua raiva reprimida aparecia em muitas de suas figuras de linguagem. Uma das expressões preferidas dela era: "Estou sempre tomando no c...". Possivelmente, seus módulos não conscientes a tomaram ao pé da letra.

Mas, voltando aos nossos embates, como neuróticos saudáveis e normais, vamos considerar as lições que estão lá para nós. Emoção é *informação*. As emoções são estímulos e pistas; fornecem evidências da criação não consciente de idéias que podem ser importantes para nossas necessidades e propósitos ao nível consciente. Podemos aprender a reconhecer, ter, respeitar, entender e até apreciar nossas emoções. Elas não nos destruirão, e do ponto de vista informacional, estão lá para nos ajudar.

Por que nós, seres humanos, tendemos a reprimir a emoção? Ironicamente, é uma emoção que nos faz reprimir emoções: é medo. Uma das emoções mais incapacitadoras que podemos sentir é o medo de emoções. De fato:

> *A principal causa de maus sentimentos*
> *é o medo de maus sentimentos.*

O psicólogo Albert Ellis, pioneiro no método terapêutico conhecido como terapia do comportamento emotivo-racional, pregava que podemos atingir um alto nível de saúde mental:

1. tornando-nos cientes e entendendo nossos processos emocionais;
2. dando um novo enquadramento a nossos processos racionais para torná-los mais sãos; e então
3. integrando tanto dimensões racionais quanto emocionais em um padrão unificado de reagir a nossas experiências.

Quando superamos a auto-alienação que nos leva a desaprovar e reprimir nossas emoções naturais, tornamo-nos, ao mesmo tempo, mais primitivos e evoluídos. Aprendemos a integrar nossos processos primais, viscerais de criação de idéias com nossos padrões conscientes, aprendidos, de criação consciente de idéias.

Esta é realmente uma das melhores definições de sanidade que já encontramos.

OS CINCO MEDOS PRIMAIS QUE VIVEMOS: A PSICOLOGIA DO RISCO

Os seres humanos são notoriamente incompetentes em estimar o risco em situações com grande carga emocional – o resultado tem uma forte interpretação emocional ligada ao risco.

Para ilustrar: durante vários meses após o ataque de 11 de setembro na cidade de Nova York, milhões de americanos recusaram-se a embarcar em aviões. "Eu nunca mais vou voar", muitos deles disseram. Por mais aterrorizante que o ataque tenha sido, e as vidas que ele custou, isso não aumentou as chances de se morrer em um avião seqüestrado, para qualquer indivíduo, por mais de um grau infinitesimal. Não importa – milhões de americanos decidiram que voar era inaceitavelmente perigoso. Considerando que mais de 6 mil vôos operam pelos Estados Unidos todo dia, e até supondo que houvesse um seqüestro todos os dias, as chances de qualquer pessoa morrer em um seqüestro terrorista continuam sendo iguais às chances de ser atropelado por um ônibus. Mas, devido às fantasias tenebrosas associadas ao 11 de setembro, muitas pessoas adotaram um tipo de avaliação binária de medo: se você voar, morre. Surpreendentemente – ou ironicamente – muitas pessoas que gostavam de jogar foram de carro a lugares como Las Vegas, Reno e a cidade de Atlanta, esperando ganhar no cassino enquanto se cumprimentavam por evitar a morte nas mãos de terroristas imaginários.

Como é nosso costume, vamos adotar uma definição simples de medo:

*Medo: um estado de excitação e
ansiedade associado a uma expectativa.*

218 ■ Inteligência Prática

Temos muitas frases e figuras de linguagem descritivas para o medo, que parecem indicar que há muitos tipos de medo. Entretanto, deixando de lado muitas variações nas situações que nos invocam medo, realmente temos alguns medos básicos ou primais absolutos. Com base em minha teoria não aprovada do medo humano, aqui vai uma breve lista do que nos assusta:

1. *Medo de extinção.* Os psicólogos e antropólogos chamam isso de "ansiedade existencial" – o medo de parar de ser. O mais fundamental de todos os fatos da existência humana é que não podemos conquistar e controlar os ambientes onde vivemos; o melhor que podemos fazer é lidar com eles com algum grau de êxito. Sempre no fundo da mente, logo abaixo do nível de consciência, está o conhecimento perturbador de que poderíamos ser erradicados em um instante. Adultos normais, razoavelmente bem-ajustados, aprenderam tanto a reconhecer quanto a esconder essa verdade simultaneamente. Fazemos piadas sobre a morte, morrer e envelhecer, enquanto secretamente esperamos que isto nunca aconteça conosco. Alguns filósofos atribuem excelentes realizações artísticas e vidas heróicas à energia primal gerada pela ansiedade existencial. Certamente ideologias religiosas, rituais e cerimônias servem para mascarar a ansiedade existencial.

2. *Medo de mutilação.* Em um nível bastante primal, *somos nossos corpos*, pelo menos até onde diz respeito nossa produção não consciente de idéias. Uma lesão física, mutilação ou perda de uma parte do corpo tem implicações ameaçadoras, temerosas para a maioria de nós. Isso poderia ser sustentado pelo fato de que: temos de passar pela vida com os corpos que nos foram oferecidos quando chegamos, totalmente intactos. Pensar em perder uma parte importante de nossa anatomia, ou tê-la permanentemente lesada, provoca uma forma primal de ansiedade e estresse. Isso provavelmente se relaciona ao medo de alturas ou ao medo de animais como insetos, cobras e outras criaturas que algumas pessoas consideram "repugnantes". Talvez essa ansiedade seja o que projetamos aos outros que podem estar incapacitados ou seriamente desfigurados, ou que podem ter perdido partes do corpo. Provavelmente também seja parte da apreensão associada à atividade sexual com um novo parceiro ou a comer alimentos desconhecidos.

3. *Medo de perder a autonomia.* Nós, seres humanos, somos uma forma de vida que se move independentemente. Ficar imobilizados – com problemas físicos sérios, aleijados ou aprisionados – é sentir uma forma primal de ansiedade, a perda da capacidade de sermos livres. Essa forma de ansiedade parece estar na raiz da *claustrofobia* – o medo irracional de pequenos espaços. Esta, provavelmente, também seja uma razão pela qual passar muito tempo na prisão seja uma experiência destrutiva para muitos: perde-se a noção fundamental de autonomia, o direito de nos movermos *livremente*.

4. **Medo de abandono.** Nós, seres humanos, somos criaturas sociais. Somos "preparados" para nos ligarmos aos outros, embora ao mesmo tempo mostremos ambivalência em manter isso. Desde nossa mais tenra infância, a maioria de nós sente uma mistura de desejo de autonomia e desejo de ligação. A criança se afasta de sua mãe e, no entanto, corre para ela quando esta se distancia muito. Ser abandonada é um trauma horrível para uma criança, e ficar completamente isolada de todos os seres humanos é uma forma de sofrer que destrói a alma. O chamado "tratamento silencioso" é efetivo porque pode minar a própria base para a noção que uma pessoa tem de valor como ser humano. As pessoas que têm um medo exagerado de abandono podem ser invejosas, possessivas ou super dependentes e submissas, e freqüentemente suscetíveis à manipulação e ao controle.

5. **Medo de morte do ego.** Uma vez que conseguimos chegar a um acordo com o primeiro de nossos quatro medos primais, temos de lidar com o medo de que nosso autoconceito cuidadosamente construído possa entrar em colapso. Esse medo primal de autodesintegração apresenta muitas facetas: medo de fracasso; medo de constrangimento; medo de ser alvo de ridículo; medo de sentir vergonha; medo de culpa; medo de rejeição; medo de dependência; e medo de intimidade. Muito do que acreditamos poder e não poder fazer, do que somos e não somos capazes de, e do que seja direito nosso na vida é definido por nossa identidade egóica e por nossa necessidade de protegê-la e preservá-la.

Os medos primais de 1 a 3 são bastante automáticos, instintivos, autopreservadores e, acima de tudo, confortavelmente reprimidos. Eles são ativados principalmente em circunstâncias ameaçadoras. Embora algumas pessoas possam se tornar obcecadas com eles de várias formas, ou reajam patologicamente a ameaças que possam desencadeá-los, a maioria de nós vive com eles no limite da consciência.

O medo primal número 4, medo de abandono, é mais um padrão aprendido que instintivo. Torna-se patológico quando uma pessoa se comporta de maneira disfuncional na esperança de evitá-lo. Por exemplo, uma pessoa que tenha sentimentos de dependência temerosa, inveja e possessividade pode, na realidade, afastar a pessoa que ela espera "possuir", pois o medo irracional de abandono contamina o seu conhecimento racional de como ser uma pessoa afirmativa, acolhedora, a quem as outras desejarão conhecer. Pode ser desaprendido por uma combinação de pensamento claro, racional, e de sentir o comportamento afirmativo dos outros.

O medo primal número 5, da morte do ego, tende a ser programado mais socialmente e é menos instintivo que os demais. Pode ser quase tão forte e intenso quanto os outros, dependendo das circunstâncias que o desencadeiam. Pode ser ativado abaixo do nível de pensamento consciente, dando-lhe a noção de uma reação instintiva ou de autopreservação. Mas é o que mais temos chance de mudar.

Provavelmente não seria aconselhável, mesmo que fosse fácil fazer isso, eliminar os três medos primais de uma vez de nossos padrões de reação. *Medo é informação:* é um sinal ou um conjunto de sinais que nos ajudam a saber o que está acontecendo abaixo do nível de consciência.

Se os medos são uma forma de informação e ela pode ganhar novo padrão, então podemos remodelar nossos medos, mesmo os primais, pelo menos em certa extensão.

Para ilustrar: Certa vez conduzi uma experiência em que tentava usar uma técnica de controle mental – um tipo de estado mental meditativo – para superar um medo associado às alturas e à queda. Enquanto passava o dia com amigos e crianças em um parque de diversões no sul da Califórnia, tive oportunidade de dar uma volta na "Splash Mountain", que envolvia entrar em um barco parecido a um tronco oco e sentir pavor quando ele subia uma rampa acentuada e depois deslizava do outro lado. Quando estávamos subindo até a queda final, assustadora, entrei deliberadamente no estado alfa, usando um procedimento de meditação. Ao deslizarmos para o fundo do canal, eu tinha consciência dos gritos das pessoas à minha volta e da água que espirrava, mas senti muito pouca da ansiedade geralmente associada àquele tipo de experiência. Tenho certeza de que meu batimento cardíaco e minha respiração mal mudaram, e permaneci impressionantemente calmo durante toda a descida. Mas então, evidentemente, a volta não teve mais graça; o propósito, afinal, é você ficar apavorado – é por isso que se anda no brinquedo.

O autor de comédias e professor John Vorhaus fala sobre superar o medo da morte-ego a fim de se tornar capaz de entreter as pessoas. "Você precisa *saber*, profundamente", diz ele, "que um público não pode matá-lo – pelo menos não em circunstâncias ordinárias. Quando alguém deixa de sentir ansiedade ao esperar pela aprovação deles – a risada – na verdade se torna mais livre para fazê-los rir. É preciso estar empenhado no jogo, mas sem temer os resultados. *Pode-se parecer tolo e ser tolo sem se sentir tolo.* Uma vez que se abandona o medo da morte do ego, só precisará ter um excelente material e muita prática. Acho que se poderia chamar isso de confiança."

Falar em público é uma perspectiva parecida em que o medo da morte do ego paralisa muitas pessoas. Da primeira vez que eu falei para um público relativamente grande, cerca de quinhentos gerentes na empresa em que eu estava empregado muitos anos atrás, fiquei extremamente apreensivo. Eu só dei umas garfadas naquele jantar delicioso, com filé e lagosta, e passei à sobremesa pensando: "Por que eu concordei em fazer isto?" e "Por que eles não me dispensam agora e me tiram dessa situação miserável?". Quando me levantei para falar, estando bem preparado, superei o medo e passei a dividir minhas idéias com eles. Reagiram muito bem à minha apresentação e, desde então, sou grato à oportunidade de enfrentar e superar aquela dimensão do medo da morte do ego. A maioria dos palestrantes lhe contará essa experiência e que a prática logo sobrevem ao medo.

REAÇÕES SINALIZADORAS:
DESLIGANDO SEUS BOTÕES

Um antigo roteiro de *vaudeville* envolve dois estranhos que começam a conversar. Um deles menciona inocentemente o nome de uma conhecida – "Martha". De repente, o outro reage maniacamente, entrando em um estado dissociado, incoerente, os olhos vidrados. "Martha!", ele grita. "Cataratas de Niágara!", "Lentamente, virei-me... passo a passo..." e ele agarra o estranho inocente pela garganta e começa a estrangulá-lo. Os protestos da vítima o trazem de volta à realidade, e ele se desculpa profusamente por perder sua compostura. Minutos depois, o participante inocente usa uma outra palavra que o libera novamente. Há uma repetição dessa reação automática, maníaca e outro episódio de estrangulamento.

A ação cômica é o efeito "gatilho". Outro estranho passa, começa a conversar e usa, sem saber, a palavra gatilho, quando o indivíduo instável entra na mesma recitação e tenta estrangulá-lo também.

É uma paródia cômica de um acontecimento humano tipicamente psicológico: a reação gatilho, também chamada de resposta provocada por fatores motivadores. Alguns psicólogos a chamam de *reação sinal*, particularmente porque é desencadeada por uma determinada indicação – uma certa palavra ou expressão usada por alguém; um certo comportamento; uma expressão facial ou gesto, quase qualquer coisa pode atuar como um gatilho emocional para alguém. Outra figura de linguagem que descreve é a resposta "eletrodo", que sugere que reagimos tão automática e imediatamente que é como se alguém tivesse nos tocado com um eletrodo de alta voltagem.

O mecanismo sinalizador de resposta pode ser, a um único tempo, um aspecto importante do software de seu biocomputador e autodestrutivo. O mesmo mecanismo que assegura sua sobrevivência como criaturas também pode desviar nossos processos de pensamento racional.

Veja como funciona. O cérebro tem um sensor de advertência chamado de *amígdala*, que alerta todo o corpo sobre qualquer coisa que seja percebida por ele como uma ameaça ao bem-estar físico. A amígdala é uma pequena massa arredondada de tecido cerebral localizada na região límbica, que é uma coleção de estruturas com propósito especial localizadas sob o córtex cerebral, logo acima do céu da boca.

Uma de suas funções é acessar o fluxo de sinais sensoriais que chegam e se unem em uma estrutura próxima conhecida como *tálamo*. Todos os sinais que entram no cérebro – através da espinha dorsal – passam pelo tálamo para uma rápida revisão antes de se propagarem para as várias regiões especializadas como visão, processamento de áudio, sensações corporais e reconhecimento lingüístico.

A amígdala parece acessar esse fluxo de dados sensoriais, monitorando-os para padrões que poderiam implicar uma ameaça à nossa sobrevivência. Quando ela detecta alguma coisa para se alarmar, dispara uma mensagem de e-mail figurativa ao hipotálamo (a unidade que está "abaixo" do tálamo) e lhe diz para preparar o corpo para uma emergência. O hipotálamo e seus padrões no sistema límbico lançam toda uma cascata de sinais coordenados de estimulação que desencadeiam a conhecida reação de lutar ou fugir.

Uma experiência pessoal me esclareceu forçosamente como funciona esse processo simultâneo, de vários níveis. Estava andando à beira de um penhasco alto, coberto de grama, olhando para o Oceano Pacífico, depois de um delicioso almoço em um *resort* de golfe, próximo. Fazia um dia bonito, sem nuvens, na Califórnia, e eu imergi em pensa-

222 ■ Inteligência Prática

mentos agradáveis. Enquanto andava em estado de contemplação, de repente tive ciência de algo muito incomum. Por uma fração de segundo, não pude identificar o que era, mas minha reação automática foi muito forte.

De repente, senti uma onda de medo tomar todo o meu corpo, ao ter consciência de uma imensa sombra que passava por mim. Possivelmente um programa primitivo codificado profundamente em meu cérebro reptiliano interpretou o *flash* da sombra como aquele de algum pássaro predatório gigante e decidiu me salvar de me tornar sua presa. A reação instantânea de "lutar ou fugir" instaurou-se *antes de eu entender conscientemente o que estava acontecendo*. Uma fração de segundo depois, enquanto eu olhava para cima e examinava ao redor, percebi que um planador voando baixo tinha passado silenciosamente acima de minha cabeça.

A área do penhasco era um local muito procurado por pessoas que gostam de voar de pára-quedas e planador, particularmente por causa das fortes correntes de ar que sobem dos penhascos. A combinação de sinais – a falta de som, a sombra devastadora atravessando um céu sem nuvens – provocou uma reação de autopreservação, embora desnecessária, de um ou mais de um de meus módulos mentais primitivos.

A boa notícia é que esse precoce sensor de advertência provavelmente tenha salvado muitas vezes minha vida. A má notícia é que as coisas erradas podem ser desencadeadas. Assim como um alarme contra roubo pode disparar como resultado de qualquer influência irrelevante que não tem nada a ver com roubo, sua amígdala pode disparar inadequadamente. Quando isso acontece, é como se o tálamo, a porta de informação ao seu córtex, fosse seqüestrado pela amígdala que reage exageradamente. Nós nos referimos a isso como a reação sinalizadora.

Nós, seres humanos modernos, treinamos nossas amígdalas para reagir a várias experiências e provocações que não ameaçam a vida. Eu chamo esses disparos emocionais de "grampos" – eles apertam sua amígdala e disparam o alarme. Um grampo é um sinal específico de algum tipo, ao qual você reage com fortes sentimentos negativos – raiva, culpa, vergonha, medo ou sentimentos de inadequação, por exemplo. O sinal real poderia ser uma palavra, uma sentença ou pergunta, uma frase, o tom de voz usado por alguém, uma expressão facial, ou outra pista não verbal – qualquer coisa com a qual você tenha desenvolvido uma associação negativa.

Você pode aprender a desarmar esses grampos identificando-os, estudando suas reações a eles, e enfraquecendo progressivamente suas influências sobre você.

Aqui está um exercício que pode ajudá-lo a identificar seus grampos preferidos, e a começar a trabalhar para desarmá-los.

Exercício: reações sinalizadoras

Revise a lista a seguir de pistas e verifique qualquer uma que possa servir como garras, disparos para você. Então adicione outras que você conheça e que não aparecem na lista.[4]

O que "te pega"?

1. Ser alvo de risadas, de piada.
2. Ser chamado de burro, estúpido, ignorante, bobo.
3. Palavras ou expressões específicas como "Se você fosse inteligente, faria...".
4. Ser retratado como ingênuo ou socialmente inepto.
5. Piadas ou gozações de seu rosto, corpo, peso ou aparência física.
6. Piadas ou gozações sobre várias capacidades (esportes, dança, canto etc.).
7. Piadas ou gozações sobre sua fala ou sotaque.
8. Piadas ou gozações sobre seu gosto estético, por exemplo, decoração da casa, mobília etc.
10. Piadas ou gozação sobre sua experiência ou proeza sexual.
11. Piadas ou referências sarcásticas à sua herança étnica.
12. Insultos ao gênero, humor sexista.
13. Ser criticado; ter seu trabalho criticado.
14. Ser tratado de modo a parecer incompetente.
15. Ter sua competência ou qualificações questionadas.
16. Conversarem com você em tom paterno.
17. Ser defendido ou tratado com condescendência.
18. "Você deveria...".
19. Aproximações sexuais não desejadas.
20. Piadas de mau gosto ou humor vulgar.
21. Pessoas barulhentas ou agitadas
22. Agir sem consideração com os outros.
23. Ser ridicularizado pela falta de conhecimento ou habilidades em alguma área.
24. Ser obrigado a fazer favores a alguém etc.; presumir o direito de tirar vantagem de você.
25. Ser ignorado ou ficar esperando.

O principal aspecto da reação sinalizadora, e o estado mental que ele inicia, é uma perda de pensamento coerente, racional. Tipicamente é uma reação irritada, possivelmente atingindo o nível de raiva cega, embora possa também envolver outras emoções como medo irracional, culpa autopunitiva ou vergonha, ou ainda constrangimento.

Um método útil que se pode treinar é "a pausa de um batimento cardíaco", que permite atrasar ou diminuir a reação sinalizadora até os processos racionais terem tempo para se envolverem, e pode-se reagir menos automaticamente.

224 ■ Inteligência Prática

Para usar o método de "um batimento", é preciso tornar-se ciente de que um dos sinais ocorreu. Uma pessoa que você conhece fez o mesmo comentário maldoso sobre o peso, cabelo, inteligência ou qualquer outro aspecto da existência que ela goste de usar para "pegar no pé". Mesmo que você comece a se irritar, faça um esforço para notar o sinal. Então, conte mentalmente o batimento cardíaco, com sua mente em um tipo de modo de espera, antes de reagir. Um batimento cardíaco, em geral cerca de um segundo, é muito tempo, neurologicamente falando. É tempo suficiente para os centros maiores do biocomputador decidirem que nesse momento ela não pode irritá-lo. O bode (expiatório) não está mais disponível.

Esse método não é perfeito, evidentemente, e não é uma solução mágica. Mas com a boa prática, pode-se ficar surpreso em ver o quanto se será capaz de liberar de reações sinalizadoras, ou pelo menos reduzir a freqüência e intensidade delas.

EMOÇÕES E SAÚDE SE ESTIVER EM SUA CABEÇA, ESTÁ EM SEU CORPO

Os neurocientistas resolveram o chamado mistério da "mente-corpo", pelo menos teoricamente. Agora sabemos quais mecanismos no biocomputador transformam nossos pensamentos em conseqüências fisiológicas – bem-estar ou doença. O que ainda não sabemos de maneira confiável é exatamente como criar os padrões específicos de produção de idéias que fazem isso. Descobrir ou isolar aqueles processos cognitivos poderia eventualmente ser um dos maiores avanços na história da ciência. Espero sinceramente que isso aconteça enquanto eu estiver vivo.

De acordo com Ernest L. Rossi, hipnoterapeuta pioneiro, o "diagrama wiring" da *biocognição* é bastante claro, como ilustrado na Figura 11.2.

De acordo com Rossi:

> A idéia básica da psicofisiologia da cura mente-corpo é que as informações são o conceito central e a ligação entre todas as ciências, humanidades e artes clínicas. A psicologia, a biologia e a física agora têm informação como seu novo denominador comum.

De acordo com a pesquisa mais confiável, o *hipotálamo*, descrito acima, age como um tradutor entre os processos mentais abstratos e os processos mais primitivos, viscerais. Ele tem inúmeras funções críticas, mas uma das principais é servir como intermediário entre os níveis consciente e inconsciente.

Trajetórias nervosas vindas de várias regiões do córtex convergem no hipotálamo, que se conecta a três subsistemas principais, cada um dos quais se qualifica como um computador sofisticado. Esses três subsistemas fundamentais são:

Figura 11.2. Como os pensamentos afetam a fisiologia

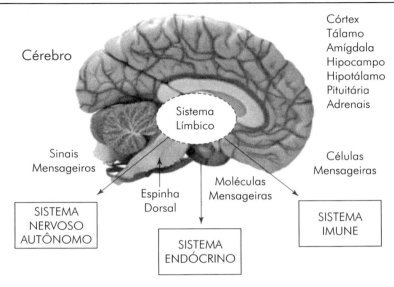

1. O *sistema nervoso autônomo*, também conhecido como sistema nervoso involuntário, que tem dois ramos principais. O simpático, ou divisão, é uma coleção de vias nervosas que agem para excitar, estimular e aumentar o tempo de todos os processos em seu corpo. O outro ramo é a divisão parassimpática, que funciona para contrabalançar o ramo simpático. O sistema nervoso parassimpático ou subsistema se torna mais ativo a fim de acalmar os processos corporais, preparando para relaxamento, sono, digestão, atividade sexual e um conjunto de funções "de missão não crítica". Quando se está excitado ou estressado, o sistema nervoso simpático está ativo. Quando se está calmo e relaxado, o sistema nervoso parassimpático está mais ativo.

2. O *sistema endócrino*, que é um conjunto de órgãos que secretam hormônios e todo um arranjo de "moléculas" mensageiras" – substâncias que fluem através do fluxo sangüíneo e tecidos corporais para regular vários processos distantes.

3. O *sistema imune ou imunológico, ou ainda, sistema de defesa*, que é um conjunto de órgãos, tecidos, células e produtos celulares, como anticorpos e químicos mensageiros, que identifica e neutraliza organismos ou substâncias potencialmente prejudiciais encontradas pelo corpo.

Esses três sistemas principais têm uma influência coletiva poderosa praticamente em todos os aspectos do funcionamento de seu corpo, e afetam diretamente sua saúde e bem-estar a cada segundo de sua vida. O fato de estarem intimamente integrados com o hipotálamo, e de que o hipotálamo se comunica com os níveis corticais do cérebro, é uma indicação muito forte do relacionamento íntimo entre sua produção consciente de idéias e as funções mais básicas de nossas células. A ciência alcançou o conhecimento comum: idéias podem causar a doença ou o bem-estar das pessoas; podem matar ou curar. Todo pensamento tem conseqüências fisiológicas. Repetindo o mantra definidor da inteligência prática: *pensar é uma função corporal.*

Há séculos, curadores, xamãs, bruxos, gurus, pregadores, professores, terapeutas, hipnotizadores e oradores motivacionais têm procurado descobrir os códigos omitidos da produção consciente de idéias os quais podem produzir efeitos notáveis na mente-corpo. Os resultados até agora têm sido frustrantes e insatisfatórios, mas as possibilidades permanecem atraentes e próximas.

Uma das vias mais convidativas de investigação do chamado efeito mente-corpo é o conceito de *estados de desimpedimento*. Um estado de desimpedimento, ou "SOR" [do inglês *State Of Resourcefulness*], é um estado mental, uma zona mental, um humor – como se queira chamar – que é a combinação bioinformacional certa para coisas boas acontecerem no corpo.

No capítulo 5, exploramos a atitude da gratidão, a atitude da abundância, e a atitude do altruísmo prático, como possíveis estados de desimpedimento que podem promover a cura, o bem-estar e a saúde geral. Muito mais pesquisas precisam ser feitas, e muito está sendo feito. Quando e como isso dará frutos é difícil prever, mas os ganhos potenciais à espécie humana são tão grandes que merecem o máximo de talento, tempo e energia que podemos dedicar a ele.

VOCÊ PODE SE MOTIVAR?
O "PONTO POPEYE"

Sabe-se que a cantora e atriz Tina Turner passou por anos difíceis de agressão emocional e física nas mãos de seu marido e astro Ike Turner. Exibindo um padrão clássico de negação, racionalização e culpa, ela não conseguia afirmar sua própria individualidade e se livrar da situação nociva que sofria.

Uma noite, depois de ser violentamente agredida antes de uma apresentação programada, alguma coisa mudou nela. De repente ela foi embora, com menos de um dólar e um cartão de crédito para abastecer gasolina na mão. Ela se escondeu e, com ajuda de amigos, separou-se da influência destrutiva que tinha dominado sua vida. Sem dinheiro, passou vários meses escondendo-se, sobrevivendo com vales de alimentação distribuídos aos carentes e com empréstimos de amigos.

Uma vez livre, ela construiu uma carreira completamente nova e, enquanto a carreira de seu ex-marido ia por água abaixo, ela se reinventou como uma nova cantora de *rhythm and blues*. Sua autobiografia, *I, Tina*, virou o filme de sucesso *What's Love Do with It?*, em 1993, e de alguma forma trouxe a questão de abuso de mulheres às primeiras páginas.

Pode-se pensar, no caso de Tina Turner e de tantas mulheres que escaparam de situações de abuso: O que mudou? Por que, naquela hora, naquele lugar e naquele momento, ela resolveu fazer uma coisa que não conseguira fazer antes? Que acontecimento mental interior lhe permitiu atravessar a ponte que antes não atravessara?

As pessoas que entendem pouco da síndrome da mulher agredida podem pensar: "O que há de errado com ela? Por que tolera isso? Por que simplesmente não se levanta e vai embora?". Parece bem simples e fácil do ponto de vista seguro do observador que não está envolvido na situação. Certamente, pode-se dizer que a pessoa envolvida tem escolhas e escolheu ficar e sofrer. Entretanto, isso não diz quase nada. O fato é que quase todos nós nos vemos presos em algum momento de nossas vidas a situações que não necessariamente escolheríamos, mas que achamos difíceis de abandonar.

Quantos de nós ficamos presos a relacionamentos nocivos, empregos destrutivos, dilemas pessoais e situações sem saída por muito tempo, quando – presumivelmente – poderíamos ter agido assertivamente para romper com a situação? Todos nós já não passamos pela mesma situação de Tina Turner em algum momento da vida? Quando finalmente fazemos o último movimento para mudar as circunstâncias em que vivemos, o que aconteceu conosco? Como agora somos diferentes? E o quanto nos tornamos diferentes?

Chamo esse momento interno decisivo – a decisão que diz "Não vou mais agüentar isto" – o "Ponto Popeye". A metáfora vem da cena que é a marca registrada em muitos desenhos clássicos de Popeye, concebidos primeiro por Elzie C. Segar, em 1929. Nosso herói Popeye, sempre um exemplo de homem honrado, agüenta tanta agressão nas mãos dos marinheiros grandalhões que finalmente não suporta mais. Ele tem que revidar. Faz seu anúncio quintessencial: "Isso é tudo o que eu consigo agüentar, não agüento mais!". Surge uma lata de espinafre, que ele faz descer pela goela. Então, com energia e determinação renovadas ele derrota seus agressores.

Acho que é isso o que acontece quando finalmente agimos contra nossas circunstâncias e mudamos as coisas. Chegamos ao Ponto Popeye. Alguma coisa acontece conosco e ficamos diferentes.

O aspecto mais interessante do fenômeno Ponto Popeye é que podemos explicar nossas razões para romper com a situação de modo muito claro e contundente – *depois de fazermos isso*, mas não antes. Um segundo antes do Ponto Popeye, estamos lutando, nos sentimos confusos e talvez até esgotados e derrotados. Um segundo depois desse evento mágico acontecer em nosso biocomputador, estamos em uma realidade diferente.

Ouça pessoas que decidiram romper com uma situação nociva e ouvirá energia e convicção consideráveis, além de uma noção de confiança em como elas descrevem sua nova maneira de pensar em si mesmas e em suas vidas. "Não tenho que agüentar esse tipo de coisa". "Essa situação não estava certa para mim". "Tenho o direito de viver minha vida da maneira que acho melhor."

Sugiro que o Ponto Popeye não é um evento cognitivo; é *um evento pré-cognitivo*. Ou seja, não chegamos a ele por consciência lógica, mas por uma *decisão visceral* não consciente. Uma vez tomada essa decisão visceral, então prosseguimos a explicar racionalmente para nós mesmos por que foi exatamente a decisão certa a tomar.

Não mudamos nossa maneira de agir até ali a menos que cheguemos ao Ponto Popeye. Um amigo próximo reclama do fato de que sua esposa continua a engordar. "Eu queria que ela participasse dos Vigilantes do peso, ou começasse a ir a uma academia comigo." Minha resposta é: "Ela ainda não chegou ao Ponto Popeye". Ele não consegue fazê-la perder peso, voltar à forma e cuidar de sua saúde. Só ela pode fazer isso.

Podemos ver a evidência do Ponto Popeye – ou a falta dele – nas experiências à nossa volta. Lembro-me que, quando era muito pequeno, meu pai parou de fumar – de repente. Ele não se sentia bem e já sabia que um de seus pulmões estava seriamente comprometido como resultado da inalação de fumaça. Ele, que fumava dois maços por dia, chegou em casa do consultório médico e, pelo que sei, nunca mais tocou um cigarro de novo. Eu queria saber o que o médico deve ter dito a ele ou como ele disse, porque certamente isso o fez parar. Aquele dia foi seu Ponto Popeye.

Entender o Ponto Popeye como fenômeno ainda não responde à pergunta básica que ele apresenta: *Como isto acontece?* Qual evento interno, que reconstrução de padrões de informação leva uma pessoa a abandonar de repente um comportamento disfuncional e adotar uma nova vida?

Tentativas heróicas de "autodisciplina" não oferecem muita promessa. Milhões de pessoas fazem dietas todos os dias e milhões se recusam. Milhões de pessoas "param" de fumar todo dia e milhões voltam. O índice de sucesso para todos os tipos de programas para parar de fumar – abandonar abruptamente, hipnose, adesivos com medicamentos, drogas prescritas, grupos de apoio, bartenders receptivos, apaixonar-se por alguém que não quer namorar um fumante – tem uma média muito consistente de 25%.

Muitas pessoas ganham coragem e iniciam dietas radicais, com uma mentalidade "tudo ou nada" que é simplesmente insustentável. Um ou dois meses depois, voltaram aos seus antigos padrões de alimentação.

Muitas pessoas perguntam: "Como eu posso mudar um hábito?" "Como posso parar de gastar tanto dinheiro em meu cartão de crédito?" ou "Como posso ser mais pontual e parar de me atrasar sempre?". A resposta simples é: *É preciso querer.* E até chegar-se ao Ponto Popeye por qualquer comportamento particular que não esteja beneficiando muito, você se esquece de mudar.

Há quem poderia dizer: "Eu realmente quero ler mais". Mas o simples fato é que se não se lê mais, então a afirmação não é verdadeira. Aqui está o que é verdadeiro:

Se você está pensando o que é que você "realmente" quer fazer,
considere que o que você está fazendo agora
é o que você realmente quer fazer.

Por definição: o que se está fazendo agora é o que se quer fazer, porque é o que se escolheu fazer. Se há algo que se esteja fazendo que não seja bom, ou alguma coisa que não se esteja fazendo que poderia fazer bem, então ´poder-se-ia "gostar de" fazer isso, mas ainda não "quer" fazer. O desafio é trocar "gostar" por "querer". Quando se vai de "gostar" para "querer", então chegou-se ao Ponto Popeye.

Talvez o hábito do qual se esteja falando em mudar não seja realmente alguma coisa que se queira mudar, ou mesmo que gostaria de mudar – talvez seja algo que se diga para si mesmo que *deveria* mudar. Você poderia dizer: "Eu deveria ser mais organizado; preciso manter registros melhores, ou arrumar minha casa ou quarto ou escritório mais sistematicamente". Mas, no fundo, pode-se não acreditar realmente que é isso que se precisa. Se você está à vontade em um estado de caos criativo, por que desonrar essa zona de conforto e punir-se por não se portar da maneira que outra pessoa se porta? Se você é um desleixado convicto, assuma e goste de ser um desleixado. Essa pode ser uma mudança realmente necessária que se queira ou gostaria de fazer.

Vamos supor que haja uma mudança que você sinta que seria benéfica, que consegue se imaginar fazendo, se puder mobilizar as energias criativas.

Acredito que o Ponto Popeye possa acontecer, ou pelo menos que possa ser sugerido, por uma *conversa do self*, entre o nível consciente do pensamento e os níveis não conscientes que estão realmente no controle.

Se está pensando em fazer mudanças na vida, pegue a caneta e algumas fichas de arquivo e comece a compilar uma lista do que "gostaria". Depois de obter um bom inventário de candidatos, escolha um – somente um – e comece a pensar. Dê um nome. Comece a identificar os benefícios que poderiam ser experimentados fazendo a mudança. Divida-a em pequenas etapas: Como se começaria? Qual é o cronograma razoável?

O objetivo dessa conversa interna é *estabelecer coisas para o Ponto Popeye*. Provavelmente se achará que, quanto maior a freqüência com que se mentaliza a idéia da mudança considerada por alguém, mais razoável e possível pode parecer. Quanto mais razões se encontram para fazer a mudança, mais motivação se dá aos módulos mentais não conscientes que estão encubando o problema. Ao dialogar consigo mesmo, e possivelmente discutir isso com os outros, pode-se ver a noção de motivação se fortalecer.

A idéia não é tentar se motivar diretamente com iniciativas heróicas com base no poder da vontade, mas ajudar-se a descobrir, em vários níveis, o verdadeiro valor da mudança. Então pode-se muito bem ver-se querendo fazer a mudança e realmente mudar na nova direção. À medida que se começa a mudança, a conversa interior fornecerá o reforço que facilita continuar.

Notas

1   Este excerto do escrito de Halberstam é amplamente citado em uma variedade de fontes. Não consegui localizar a referência no artigo original de 1963.

2   Trecho do website: *www.hpr1.com/archives/jul2403/gadfly.htm*. A seqüência de parágrafos foi modificada ligeiramente para essa ilustração.

3   Cialdini, Robert. *Influence: The Psychology of Persuasion* (ver. ed.). Nova York: William Morrow, 1993.

4   Partes dessa discussão são adaptações de materiais usados no seminário "Poder Cerebral", desenvolvido por Karl Albrecht International. Usado com permissão.

12 COMO SE TORNAR ESPECIALISTA EM SOLUÇÃO DE PROBLEMAS

> Nenhum problema pode ser resolvido com a mesma consciência que o criou.
> Devemos aprender a ver o mundo de uma nova forma.
>
> Albert Einstein

De acordo com um noticiário, dois ladrões entraram no porão de um edifício em Vang, Noruega, abaixo de uma loja de materiais de construção. Aparentemente, eles acharam difícil demais entrar pela porta no alto da escada que dava acesso à loja, então tiveram de se contentar com o que pudessem encontrar no porão.

Uma das coisas que eles encontraram foi um cofre velho, que parecia muito promissor. Tendo certa habilidade em arrombar cofres, eles improvisaram uma pequena carga de explosivo plástico, o pressionaram para dentro da fenda em volta da porta do cofre e se esconderam atrás de uma parede enquanto o detonavam, presumivelmente esperando que a porta abrisse e eles pudessem fugir com dinheiro que compensasse seus esforços.

Infelizmente, o cofre não tinha dinheiro: tinha explosivos. O porão do edifício – e os ladrões – foram destruídos. Investigadores deduziram detalhes do episódio do que havia restado na cena do crime.

O processo de solução de problemas usado por esses dois delinqüentes limitados poderia ser questionado – que suposições eles estavam fazendo; que opções eles consideravam; de fato, o que eles definiam como "o problema" que eles pretendiam resolver.

Mantendo nosso hábito de especificar definições simples para os termos e idéias principais sobre os quais estamos tentando pensar, vai aqui uma definição muito básica:

Problema: Uma situação que você precisa mudar
a fim de conseguir o que deseja.

Você está insatisfeito com algo em sua vida; não está conseguindo o que deseja; o que quer que aconteça não está acontecendo; você vislumbra uma oportunidade de melhorar a situação, mas não sabe ainda como fazer isso. Então você entra em algum modo especial de pensar – um processo mental – em que você espera ser capaz de imaginar como mudar o estado de coisas de modo a obter o que deseja. Provavelmente isso seja a solução dos problemas.

ESQUEÇA AQUELAS "CINCO ETAPAS" QUE ELES LHE ENSINARAM

Se sua experiência educacional foi comum, em algum momento ouviu falar do "processo de solução de problemas". Provavelmente tenham dito que "há cinco etapas na solução de problemas" – ou seis, ou sete, de acordo com o método preferido adotado pelo professor ou pela escola. O método provavelmente envolvesse etapas como, por exemplo: "defina o problema", "reúna informações", "identifique opções para resolvê-lo", "selecione a melhor opção", e talvez "tome uma iniciativa" com base na solução escolhida. Eles poderiam ainda ter incluído uma etapa extra, como avaliar resultados para ver se a solução funcionava realmente.

Aqui está uma pergunta capciosa: Quando foi a última vez que você usou o processo de solução de problemas em cinco etapas? Essa é realmente a maneira como sua mente funciona? Você se senta e diz: "Agora, vou resolver o Problema X. Vamos ver, a primeira etapa é definir o problema X?"

É muito provável que o Problema X esteja interligado a várias outras coisas que você deve pensar e decidir; é menos provável que você ataque o problema em um processo que siga etapas. Talvez esteja pensando nos vários aspectos dele muito antes de tê-lo declarado oficialmente como problema. Pode tê-lo resolvido em parte, intuitivamente, antes de começar a lidar com ele conscientemente. A solução de problemas tende a ser um processo muito mais confuso do que gostaríamos de acreditar. Entretanto, entender essa confusão intrínseca e usá-la para nossa vantagem pode nos tornar mais hábeis na solução de problemas que se tentássemos seguir um método formal por etapas toda vez.

Não faz muitos anos, enquanto eu ponderava sobre o processo de solução de problemas pela enésima vez, de repente percebi uma coisa – "uma visão clara do óbvio". Eu estava ensinando e defendendo o processo padrão de solução de problemas há décadas (eu usava o modelo de seis etapas), e percebi que essa não era realmente a maneira que eu resolvia problemas. Nem era a maneira empregada pela maioria dos hábeis solucionadores de problemas que eu observei.

A solução efetiva de problemas não é uma série de etapas;
é um processo adaptativo que se desenvolve com base na natureza
do problema que está sendo resolvido.

Comecei a pensar mais cuidadosamente sobre o fluxo de processos mentais que entram em ação em vários tipos de situações de tomada de decisão e solução de problemas. Finalmente fui levado a concluir que o "processo de cinco etapas" que todos nós tínhamos que aprender era basicamente uma ficção intelectual conveniente – uma coisa que dizemos a nós mesmos a fim de apoiar nossa crença em um mundo lógico, racional. Quando você desiste da idéia de que todo pensamento precisa ser lógico e racional, não só se diverte mais, mas passa a solucionar problemas de um modo muito melhor.

USANDO A SOLUÇÃO HEURÍSTICA (VULGO NATURAL) DE PROBLEMAS

Uma descrição mais exata do fluxo de processos mentais envolvidos em uma experiência típica de solução de problemas poderia parecer algo como o seguinte:

- Você percebe que alguma coisa está errada – você está ciente dos sintomas; ou alguém lhe diz uma coisa errada; ou várias pessoas concordam em declarar alguma coisa como "problema". Você traz o problema a um nível consciente – o seu ou aquele de um grupo de pessoas que estão preocupadas com isso.
- Você obtém mais informações – faz algumas perguntas; explora mais os sintomas; o que foi feito até então para tentar resolvê-lo?
- Você reflete sobre algumas soluções possíveis – que ações poderiam resolvê-lo? Que opções parecem mais promissoras? Há opções em que ninguém ainda pensou?
- Você obtém mais informações – como esse problema passou a ser um problema? O que causou isso ou permitiu que isso acontecesse? Quem foi afetado pelo problema? Quem está colaborando para resolvê-lo? Há pessoas que não querem vê-lo resolvido?
- Você busca opções mais vigorosamente; você, e outros se for um esforço de solução de problemas em equipe, começa a explorá-lo e estende os limites do que poderia ser possível. Tenta ter uma perspectiva diferente; procura mais conexões e possibilidades.
- Você reúne mais informação – quais são os limites ou restrições que se deve considerar? Que tipos de opções são descartadas uma vez que se entende a natureza do problema mais detalhadamente? Alguém mais resolveu esse tipo de problema, ou uma variação dele? Nesse caso, o que podemos aprender com a experiência deles?
- Você reformula o problema – com base em um entendimento mais claro da situação, possibilidades restrições, agora tem um entendimento mais conciso do resultado desejado. Como deveria parecer a solução se você a tivesse?
- "Et cetera, et cetera, et cetera", como o Rei de Sião gostava de dizer. Você pode acabar chegando a uma solução.

À primeira vista, esse fluxo hipotético de processo mental poderia parecer confuso e desorganizado – e, de certa forma, é. Onde estão as "cinco etapas" que seu professor disse que você deveria usar? Em que etapa se "definiu o problema"? Em que etapa "foram reunidas as informações"? Em que etapa "foram definidas opções"? Está tudo lá, mas não em uma ordem clara, que segue etapas.

O processo de amostra acima descrito não segue o padrão de cinco etapas que todos nós aprendemos, mas na realidade é mais o processo natural pelo qual passamos de problemas a soluções. É o que os cientistas da informação chamam de processo de pensamento heurístico: o que se faz em cada ponto no processo dependerá de tudo o que se aprendeu até então.

O pensamento heurístico, além de ser um processo de pensamento muito natural, é uma forma bastante inteligente de pensar. Pensamos nele como aprendizagem "intuitiva" ou "tentativa e erro". Podemos defini-lo como:

Pensamento heurístico: chegar a um resultado
pela suposição inteligente em vez
de seguir uma fórmula preestabelecida.

Para os que pensam tecnicamente, o pensamento heurístico pode ser comparado com o pensamento algorítmico, que segue um processo fixo, por etapas. Um algorítmo é uma fórmula que segue etapas, com ramificações de procedimentos predefinidos.

Suponha que pensemos na solução de qualquer problema como um processo de aprendizagem; uma pessoa "aprende" sua forma de chegar a uma solução aumentando o entendimento em cada etapa da jornada. Vamos chamar isso de "viagem de aprendizagem". Em vez de tentar seguir submissamente um conjunto predeterminado de etapas ou um algoritmo, usamos nossa sabedoria natural – ou bom senso – junto com nossa capacidade de aprender, descobrir e concluir, para navegar de sintomas para as soluções. Desviamos nosso foco da confiança nas "cinco etapas" para confiar em nossa inteligência natural.

SUAS CINCO ZONAS MENTAIS PRINCIPAIS

O pensamento heurístico e a solução de problemas não têm de ser totalmente randômicos ou instintivos. Aplicando algumas das conclusões básicas das pesquisas do cérebro e psicologia cognitiva, podemos dar forma ao processo de pensamento heurístico. Podemos aumentar seus padrões natural, exploratório, baseado em descoberta, com um processo consciente de gerenciar nossas estratégias mentais à medida que o problema surge.

Uma forma útil de pensar no processo de solução de problemas é considerar os vários tipos de processos mentais em que podemos nos engajar até chegarmos à solução. Vamos chamar esses padrões ou processos de zonas mentais. Uma zona mental é um "território" mental – um lugar aonde se vai mentalmente para um determinado tipo de pensamento. Há cinco zonas mentais úteis que entram em ação quando se está no modo de solução de problema, ilustradas na Figura 12.1.

Figura 12.1. Modelo de Solução de Problemas Muito Rápida

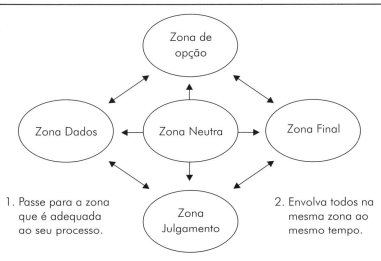

- **Zona neutra.** Este é um campo central de atuação para o processo de pensamento, um tipo de "fórum" em que as idéias se encontram, e o lugar onde aqueles que participam de uma discussão de grupo voltam para avaliar seu progresso até a solução. Na zona neutra, construímos um "modelo" do problema e inserimos todos os elementos principais em um local de modo a podermos pensar neles em um contexto completo. Aqui também ligamos os pontos; traçamos as relações entre vários elementos do problema e descrevemos a solução à medida que ela surge.
- **Zona final.** Esta é a reta final – o local onde chegaremos quando tivermos a solução basicamente esboçada e estivermos prontos para definir todos os detalhes: o que será feito, por quem, quando, qual o investimento de custo e de tempo e os critérios que usaremos para avaliar a solução para termos certeza de que o problema será realmente solucionado.
- **Zona de dados.** Esta é a terra das evidências: dados e cifras; "verdades" básicas; conclusões lógicas das quais podemos depender; suposições que concordamos em fazer (e testar quanto à exatidão); especulações que concordamos em considerar (e testar quanto à validade); hipóteses, identificadas (e testadas) adequadamente; opiniões, adequadamente caracterizadas como opiniões; julgamentos de especialistas; relatórios que iremos considerar como válidos.
- **Zona de opção.** Esta é a "zona de opção", o "espaço externo" do pensamento, da geração de idéia, *brainstorming* e de se coletar possíveis opções que poderiam se tornar os ingredientes para uma solução. Aqui, não é permitido julgar ou avaliar; a única atividade aceitável é o pensamento divergente.
- **Zona de julgamento.** Este é o lugar para a avaliação crítica, onde idéias, opções, possibilidades e soluções possíveis estão sujeitas ao exame imparcial e impessoal.

236 ■ INTELIGÊNCIA PRÁTICA

Aqui o julgamento é permitido especificamente e exigido oficialmente; a única atividade aceitável nessa zona é o pensamento convergente.

Uma razão pela qual tantas pessoas não são tão hábeis na solução de problemas é que elas tendem a confundir seus processos de pensamento misturando zonas mentais não controláveis. Em vez de se tornarem conscientes do processo de mover de uma zona à outra, muitas pessoas simplesmente vagueiam através do processo, reagindo impulsivamente aos pensamentos que correrem por suas mentes ou às opções que surgirem.

> Primeiro obtenha dados. Então você pode distorcê-los o quanto quiser.
>
> Mark Twain

Para parafrasear o verso bíblico, há o momento de julgar e o momento de refrear o julgamento; o momento de reunir evidências e o momento de colocar as evidências em uso; o momento de considerar idéias incomuns e o momento de voltar à terra e ver quais delas são promissoras. Os especialistas em solução de problemas podem navegar através dessas cinco zonas mentais com facilidade e fluência. E você também.

O PROCESSO DE SOLUÇÃO ACELERADA DE PROBLEMAS

Enquanto ponderava sobre os processos mentais fundamentais envolvidos na solução de problemas, comecei a considerar as maneiras com que as cinco zonas mentais fundamentais que acabamos de reconhecer podem entrar em ação e como elas podem funcionar juntas de uma forma sinérgica para nos levar a boas soluções. Desenvolvi um processo heurístico de solução de problemas que batizei de "solução acelerada de problemas" ou SAP. Funciona particularmente bem com um grupo de pessoas que estão tentando combinar suas melhores idéias, conhecimento e experiências de vida para resolver alguns problemas complexos. Quanto mais complexo for o problema, melhor seu processo heurístico parece funcionar.[1]

Os elementos, regras ou políticas fundamentais do SAP são:

- Consiga as pessoas certas na sala. Reúna um conjunto de cérebros – ou biocomputadores – que tenham o conhecimento, a experiência e a mentalidade aberta necessários para atacar o problema.
- Comece deixando de lado, o máximo possível, todas as idéias preconcebidas do que a solução seria. Vá para o problema com uma folha de papel em branco.
- Mantenha todos no grupo na mesma zona mental ao mesmo tempo. Quando várias pessoas estão saltando por várias zonas ao mesmo tempo, elas tendem

a desperdiçar energia mental e a tornar a sinergia-idéia muito mais difícil. Essa regra "zona um" pode expressar a necessidade de um líder de grupo habilidoso ou de um facilitador de processo treinado.

- Vá para a zona mental que for mais adequada, de acordo com os participantes, para a etapa de desenvolvimento alcançada, a caminho da solução.
- Passe fluentemente entre as cinco zonas mentais, ficando consciente de como o entendimento coletivo do problema está evoluindo.
- Evite o pensamento consensual (*groupthink*): o que conta não é *quem* está certo, mas *o que* está certo.
- Confie na natureza intuitiva do processo; todos os participantes podem se permitir contar com sua inteligência natural, individual, ao decidirem qual zona mental devem visitar a seguir e o que eles precisam realizar naquela zona mental antes de sair dela e visitar outra. Com muita freqüência, se nós simplesmente deixarmos de lado nossos padrões habituais de defesa e persuasão do adversário e examinarmos o problema com "olhos inocentes", como os praticantes Zen gostam de dizer, podemos descobrir que a informação fala para nós. Ela pode nos contar sua história e conseguimos ver os elementos da solução nos olhando.

Vamos ilustrar o poder da solução heurística de problema traçando uma jornada hipotética pelas zonas mentais. Eis uma entre um vasto número de possibilidades seqüenciais, cujo valor particular dependerá fortemente das particularidades do problema que está sendo resolvido:

1. Vamos começar na zona neutra. Poderíamos começar, por exemplo, classificando por itens os sintomas do problema. Talvez não tenhamos consenso sobre a "definição" de problema, logo de início, mas provavelmente saibamos que situação insatisfatória ele está causando. Na zona neutra começamos a construir um "modelo" preliminar do problema. Quais são as conseqüências indesejáveis que nós, ou outros, estamos tendo para lidar?

2. Se é um problema bastante complexo, ou que afeta inúmeras pessoas de formas diferentes, poderíamos passar para a zona de opção para uma rodada de pensamento divergente. Poderíamos identificar sintomas ou efeitos colaterais indesejáveis. Então, talvez, levamos a lista de sintomas de volta para a zona neutra e os capturamos para uso posterior.

3. De volta à zona neutra, poderíamos estar prontos para pedir uma "declaração preliminar do problema". Freqüentemente gosto de formular essa solicitação como: "Por favor, declare o problema com o qual você se propõe a lidar". Quando o caracterizamos como "o problema evidente", nós nos achamos no direito de reformular e revisar a declaração do problema tantas vezes quantas escolhermos, até chegarmos a uma maneira de conceituá-lo que achamos contundente e praticável.

238 ■ INTELIGÊNCIA PRÁTICA

4. A seguir, poderíamos ir para a zona final e tentar descrever como poderia parecer a solução quando a encontrássemos. Que sintomas desaparecerão? Que novas circunstâncias nos agradariam? Quem estará fazendo ou dizendo o quê, e de que forma, que nos beneficia? Indo à zona final no início do processo, antes de sabermos qual a solução que desejamos implementar, podemos fingir olhar para trás, da solução – mesmo se só sabemos suas características gerais, se não sua forma real – para a circunstância atual. Isso pode nos ajudar a começar a traçar uma linha de ação que eventualmente pode nos levar a uma solução.

5. Em seguida, poderíamos visitar a zona de dados: reunimos todos os dados, cifras, idéias importantes, conceitos e "verdades" que precisaremos considerar? As evidências a partir das quais prosseguimos iluminarão o processo de aprendizagem, descoberta e desenvolvimento que permite a solução efetiva do problema. Se negligenciarmos o processo de reunião de evidências, seremos menos capazes de identificar e avaliar opções viáveis para uma solução.

6. Agora, talvez tenhamos que voltar à zona neutra, o "fórum" figurativo ao qual voltamos ao pintarmos um quadro cada vez mais claro do problema, partilharmos nosso entendimento dele e começarmos a ver mais possibilidades para resolvê-lo.

7. Nesse ponto, se chegarmos a um entendimento bastante claro e a um consenso sobre a natureza do problema, poderemos querer ir para a zona da opção e começar a classificar por itens algumas das opções promissoras para resolvê-lo. Aqui simplesmente geramos opções – pensamento divergente – sem avaliar ou julgar nenhum deles. Nós os levamos de volta para a zona neutra e os acrescentamos ao nosso quadro do problema, em desenvolvimento.

8. À medida que o conjunto de opções promissoras se torna cada vez mais claro e nosso entendimento do problema continua a desenvolver e a amadurecer, poderemos querer ir para a zona de julgamento a fim de selecionar as opções de solução até chegarmos a um número gerenciável. Na zona de julgamento, podemos estreitar ainda mais o escopo do problema e talvez voltar para a zona neutra com um ataque mais focado. Note que voltar à zona neutra tende a servir como um tipo de "checagem de sanidade" no processo. Estamos progredindo com razoável eficiência e efetividade para uma solução?

9. À medida que o processo se desenvolve, tendemos a sentir um movimento para um consenso, um padrão convergente. Podemos ir para a zona de julgamento para um processo de avaliação final, ao estreitarmos as soluções possíveis para a opção preferida e especificarmos como seria na vida real.

10. Presumindo que temos os ingredientes básicos da solução, podemos, então, visitar a zona final para especificar o "quem, o que, onde, quando e como" do curso de ação. O processo de pensamento da zona final pode ser tão detalhado quanto quisermos, dependendo da exatidão com a qual precisamos imaginar a solução. É aí que nos dedicamos à solução, estabelecemos claramente os detalhes

necessários e convidamos os vários participantes para assumir responsabilidade por sua participação na implementação.

Esse processo pode parecer bastante solto, vago e desorganizado para algumas pessoas, particularmente aquelas com uma alta preferência por estrutura, ordem e disciplina. As pessoas com baixa tolerância para ambigüidade e complexidade podem desejar que ela fosse reduzida de algum modo para uma fórmula mais fácil. A má notícia é que o processo de solução de problemas costuma ser confuso, evolucionário e exploratório. Mas é isso que também o torna divertido para algumas pessoas.

A boa notícia é que, se alguém estuda e aplica esse modelo de zona mental de cinco partes do SAP, ele começa a parecer cada vez mais natural, à medida que se torna mais familiar com ele. Pode até começar a retratar um tipo de elegância intelectual que pode atrair sua noção estética de passar do caos para a ordem inteligente.

Considerando o estado geral da solução de problemas que parece prevalecer em nosso mundo atualmente – confuso, não planejado, emocional e adversário – um método que convida a humildade, a ausência de julgamento e um processo de aprendizagem contínuo pode preencher uma necessidade importante.

Nota

1   Partes desta discussão são adaptadas de materiais usados no seminário "Poder Cerebral", desenvolvido por Karl Albrecht International. Usado com permissão.

13 PROGRAMANDO O SUCESSO

Obtendo os resultados que você deseja

A maior descoberta de minha geração é que os seres humanos, ao mudarem as atitudes internas de suas mentes, podem mudar os aspectos externos de sua vida... é uma pena que mais pessoas não aceitem essa tremenda descoberta e comecem a vivê-la.

William James
(pioneiro da psicologia moderna)

EM SEU LIVRO BEST-SELLER *Psycho-Cybernetics*, o médico e cirurgião plástico Dr. Maxwell Maltz estabeleceu as bases para uma grande parte do campo da psicologia da auto-ajuda. Como cirurgião plástico bem-sucedido, Maltz viu muitas vezes a influência psicologicamente incapacitante em seus pacientes com desfigurações significativas. Muitas pessoas com deformações ou que não são atraentes fisicamente também tinham auto-avaliações muito negativas e uma baixa auto-estima – imagens mentais negativas de si mesmas. Essas auto-imagens negativas restringiam suas ambições e motivações e limitavam suas crenças sobre o que seria possível na vida delas.

O que o surpreendeu, entretanto, foi o número de pacientes que se tornaram significativamente mais atraentes com o resultado da cirurgia, mas que não mudaram o conceito negativo de si mesmos. Eles continuaram a se considerar não-atraentes, não-amados e sem valor. A nova aparência pode ter reduzido um pouco a auto-avaliação negativa, mas não em um nível que se poderia esperar. Ele concluiu que a autopercepção negativa não era causada pela desfiguração, mas por desfigurações mentais mais profundas.

242 ■ INTELIGÊNCIA PRÁTICA

Maltz começou a estudar essa questão do autoconceito cuidadosamente e acabou desenvolvendo uma teoria e um conjunto de estratégias para o pensamento afirmativo, que ele chamou de *psicocibernética*, com base na analogia entre a mente humana e os computadores que estavam sendo desenvolvidos na época. Seu livro, do mesmo título, ficou entre os quatros mais vendidos, vendendo mais de 30 milhões de exemplares, e até hoje continua sendo uma das fontes mais respeitadas da psicologia da auto-estima.

Maltz e outros especialistas motivacionais, como Andrew Carnegie, Norman Vincent Peale e Napoleon Hill, pregavam, como discutimos nos capítulos anteriores, que nós, seres humanos, pensamos e nos comportamos com base em nossos modelos mentais, o que freqüentemente supera a influência de nossas atuais percepções da realidade. Uma vez que a pessoa constrói e internaliza um modelo de qualquer aspecto de sua experiência, inclusive um modelo do self, ela costuma não revisá-lo ou aperfeiçoá-lo sem ter uma forte razão. Muitos dos pacientes de Maltz aperfeiçoaram a aparência, mas nunca aperfeiçoaram os modelos mentais de si mesmos.[1]

Está muito claro que se queremos alguma coisa a mais ou diferente da vida do que estamos obtendo, temos de mudar o software mental, Temos de "reprogramar" o biocomputador com modelos aperfeiçoados de nós mesmos, nossas situações, possibilidades, crenças e intenções.

Quase todas as explorações que perseguimos nessa discussão até este ponto pretendiam aperfeiçoar nosso software mental. O que precisamos fazer agora é prover nossos biocomputadores com novos e melhores dados. Temos de aperfeiçoar os *modelos* que definem o que queremos para nossas vidas. A *programação de sucesso* foi planejada para fazer isso.

USANDO O QUE APRENDEMOS

Vamos recapitular e revisar os métodos e habilidades básicos que estamos estudando nessa exploração da inteligência prática e nos dedicar a colocá-los em uso, ativamente, todos os dias de nossa vida. As dimensões-chave da ıp que exploramos aqui são:

- *Quatro hábitos mentais fundamentais*: Flexibilidade mental, Pensamento Afirmativo, Uso Sadio da Linguagem e Valorização de Idéias. Esses hábitos fundamentais, aplicados diariamente, podem liberar e canalizar nossa inteligência natural, as capacidades naturais de nossos biocomputadores.
- *Quatro mega-habilidades fundamentais*: Pensamento Bivergente (inclusive Pensamento Metaquadrado), Pensamento Helicóptero, Pensamento Intulógico e Pensamento Viscerracional, aplicados diariamente, podem ampliar vastamente nossa "banda larga" mental, a gama de processos mentais e de competência mental em que podemos nos engajar. Elas são nossa caixa de ferramentas para pensar. Essas quatro polaridades, ou dualidades, podem bem lhe servir quando você as integra em uma combinação sinergística.

Alguns princípios fundamentais que merecem ser lembrados e aplicados todos os dias:

- Pensar é uma função corporal.
- Você tem muitas mentes, ou módulos mentais.
- Se você quer ter muitas idéias boas, deve anotá-las – constantemente.
- Você organiza muito de sua experiência na forma de modelos mentais, os quais definem suas percepções e reações.
- Você dispõe de inúmeros estados cerebrais que apóiam a rica variedade de experiência mental.
- Você entra e sai de um estado de transe "normal" muitas vezes por dia.
- As emoções são um tipo valioso de informação e merecem ser integradas em seu processo mental geral, e não ser suprimidas ou evitadas, mas entendidas e acomodadas.
- A solução de problemas é um processo de aprendizagem adaptativo, e não um conjunto de etapas padronizadas.

Alguns leitores poderiam indicar vários outros conceitos e princípios como mais importantes para eles, pessoalmente. A lista acima destina-se simplesmente a reativar muito do que foi aprendido até aqui, relembrando-se as associações entre elas.

O Apêndice B, "Cinqüenta Dicas para Pensar Melhor", fornece uma revisão um pouco mais abrangente dos principais pontos e pode servir como guia de estudo.

FILMES MENTAIS: QUEM ESTÁ PRODUZINDO A HISTÓRIA DE SUA VIDA?

Já pensou na sua vida como um filme? A história de sua vida poderia não ser particularmente interessante para um produtor de Hollywood, mas é importante para você. É o registro de onde você veio, de onde você esteve e de como você está onde está – e quem é você.

Sabe como foi o filme até este momento, ou pelo menos se lembra de grandes partes dele. Mas o que virá em seguida? Como será o filme do resto de sua vida? Considerou que o "resto do filme" depende muito mais de você? Ele resultará das escolhas que você faz daqui por diante.

Na verdade, considerando a maneira como seu biocomputador funciona, o conceito de viver um filme é uma analogia muito boa. A diferença é que, em vez dos dois canais comuns de drama – vídeo ou áudio – que os filmes normais têm, seu filme mental têm três. Seu biocomputador está gravando constantemente informações em um canal visual, um canal auditivo e um canal cinestésico. Os canais visual e auditivo provavelmente lhe sejam familiares, mas o canal cinestésico merece mais explicação.

244 ■ INTELIGÊNCIA PRÁTICA

Além do que vemos e ouvimos, nossos biocomputadores estão sempre processando o que sentimos também. Nesta discussão, referimo-nos ao canal do sentimento – a informação cinestésica – que inclui sensações corporais, sinais viscerais, estado emocional e até mesmo percepções como cheiro e paladar. Quando se recobra um "filme de memória", uma cena ou progressão de cenas que viveu no passado, eles vêm com um sentimento ou uma combinação de sentimentos ligados a eles.

Simplesmente imagine que se está passando por suas experiências diárias de vida como se tivesse uma câmera de cinema ou de vídeo no ombro. Tudo o que se vê, ouve e sente surge. A maior parte não é notada, muito é perdido e alguma coisa é relembrada.

Como exercício para se tornar ciente de seus filmes mentais, tente se lembrar de um acontecimento muito significativo em sua história pessoal. Poderia ser o seu primeiro encontro, a formatura da escola ou da faculdade, o primeiro dia de seu primeiro emprego, ou algum outro evento vívido em sua memória. Feche os olhos e imagine que se está observando o filme de memória que registrou quando este aconteceu. As cenas no filme quase certamente aparecerão do ângulo e da perspectiva dos quais se olhava. Agora, à medida que as imagens se tornam mais claras e abundantes, ouça qualquer som que tenha ouvido durante a experiência – as vozes dos outros, a própria voz, música ou sons de fundo. Em seguida, relembre o mais intensamente possível como se sentiu durante a experiência.

O que você está fazendo, para continuar a analogia com o filme, é repassar o filme que já fez. E se fosse possível fazer seu filme antecipadamente? E se fosse possível planejar o filme que se quer que a vida reflita e então criar aqueles filmes na imaginação? Ensaiar experiências importantes antes de elas acontecerem aumentaria a probabilidade de elas acontecerem como se deseja?

Esta é a idéia básica por trás dos filmes mentais. Decide-se antecipadamente como quer que uma determinada situação ou experiência aconteça, cria-se o script para o filme de "sucesso" da experiência, o filma na imaginação, "volta-se" o filme inúmeras vezes, e ele se torna parte da intenção da experiência quando ela ocorre.

PROGRAMAÇÃO ALFA:
FAZENDO O FILME QUE VOCÊ QUER

Se você gosta da analogia do filme mental, a questão-chave se torna:

Se sua vida é um filme, é você que o está produzindo?
Ou você é apenas o operador de câmera?

A maioria dos seres humanos vive a vida passivamente. São como o operador de câmera: apontam suas câmeras de vídeo mentais para o que está acontecendo, e seus filmes de vida são basicamente gravações do que eles vivem. É claro que todas as pessoas tomam decisões de tempos em tempos, mas quantas de nossas decisões são meras seleções do menu de opções apresentadas por outras pessoas ou circunstâncias? A quantas

Programando O Sucesso ■ 245

de nossas decisões se chega antecipadamente e quantas delas são planejadas conscientemente? Quantos de nós fazemos os filmes que realmente queremos na vida?

Em vez de pensar em nossa vida daqui por diante como uma única grande produção, provavelmente seja mais realista pensar em termos de fazer muitos filmes – ou episódios, se você quiser – na série de longa metragem que é sua vida.

Especialistas na teoria da programação neurolingüística, ou PNL, referem-se ao método de filme mental como ritmo futuro. A idéia é tornar a experiência futura o mais real possível para suas várias mentes, criando imagens e sensações que sejam similares àquelas que serão experimentadas na situação real. O especialista em autoconceito, Maxwell Maltz, alegou, muitos anos atrás, que a mente inconsciente não pode diferenciar entre fantasia e realidade se a fantasia for suficientemente detalhada.

Pode-se fazer filmes mentais praticamente para qualquer experiência que se esteja prevendo. Por exemplo, fiz um amigo que é um executivo de nível médio de uma grande empresa fazer um filme mental para ajudá-lo a lidar com uma situação estressante no emprego. Ele acreditava estar sendo tratado injustamente pelo gerenciamento sênior, e sua competência estava sendo questionada a respeito de uma questão que ele acreditava representar um fracasso da política da empresa. Ele ia se reunir com os executivos seniores para discutir a situação.

Ele me pediu para ajudá-lo a se preparar para a reunião. Em particular, não queria entrar na reunião sentindo-se na defensiva e não queria permitir que eles o colocassem em uma posição inferior, em relação aos problemas causados pela política fracassada. Depois de discutirmos um pouco, ele decidiu que sua melhor estratégia para a reunião seria reformular a questão de "quem está errado" para "o que está errado". Ele decidiu encará-los como um membro da equipe gerencial, e não como um "réu", e destacar que ele e eles dividiam uma responsabilidade de criar e fazer cumprir políticas que poderiam impedir que o problema ocorresse ou se repetisse. Ele decidiu tomar a iniciativa da primeira palavra da discussão e mudar o contexto para uma situação que resolvesse o problema.

Uma vez que ele estabeleceu sua estratégia para a reunião, construímos um filme mental para ela, da forma como ele queria que transcorresse. Eu o fiz passar por um processo de visualização e relaxamento, no qual ele ensaiou a seqüência de eventos desde a hora que levantasse da cama na manhã da reunião até vestir-se, tomar o café; dirigir para o trabalho; entrar em sua sala; trabalhar até a hora da reunião; ir à sala de reunião, cumprimentar os executivos, sentar-se à mesa de conferência, tomar a iniciativa de conduzir a conversação; expressar suas opiniões claramente, com firmeza e de modo não defensivo; expor suas preocupações e concluir a reunião fazendo com que eles concordassem com o curso de ação por ele proposto.

Depois de construir seu filme mental, em um domingo de manhã, sugeri que ele o repassasse pelo menos duas ou três vezes antes da reunião na manhã seguinte – antes de ir para a cama naquela noite e pelo menos uma vez de manhã.

Na noite seguinte, ele ligou para contar os resultados. "Foi incrível", ele disse. "A reunião aconteceu exatamente como eu queria. Eu estava vendo aquele filme outra vez, só que dessa vez era de verdade. Consegui tudo o que eu queria."

A experiência o tornou adepto do uso de filmes mentais para outras situações na vida. "O sucesso disso", concluiu ele, "foi que eu tinha um filme e eles não. Eles entraram frios na reunião, sem terem pensado no que queriam que acontecesse. De certa forma, eu já tinha passado pela reunião e sabia como ela deveria acontecer. Sabia a trama, digamos, porque fui eu que escrevi o script."

Tenho usado a técnica de filme mental muitas vezes, pois me ajuda a lidar com situações difíceis ou desafiadoras, e a evitar que os outros me deixem estressado ou irritado. Pode-se tornar os filmes mentais especialmente efetivos:

- Escolhendo um resultado ou uma seqüência bem definida, específica, de eventos que você deseja.
- Especificando os detalhes da experiência: o ambiente físico, quem estará lá, as vistas e sons; as ações dos outros; e os procedimentos.
- Planejando um script completo: quem faz o quê, quando, em que seqüência, o que você faz, e como os outros agem ou reagem?
- Ensaiando o filme pelo menos três vezes, com todos os três canais funcionando: visual, auditivo e cinestésico.
- Mantendo uma expectativa muito confiante de que a experiência corresponderá muito bem ao seu filme, enquanto se prepara para lidar com qualquer desvio do script.
- Revisando os resultados depois e aprendendo com a experiência. Como você pode tornar seu próximo filme ainda mais efetivo?

Filmes mentais tendem a funcionar melhor como curtas metragens e não como megaproduções. Serão obtidos melhores resultados aproveitando uma determinada oportunidade ou enfrentando um desafio específico, concentrando-se em um resultado ou mudança específica que se quer fazer, e criando um filme para isso.

Se alguém se torna fã de filmes mentais, como eu, descobrirá que com experiência pode-se torná-los cada vez mais contundentes, e encontrará maneiras criativas de construir as histórias. Eventualmente, chegar-se-á ao ponto onde pode construir um filme mental feito sob encomenda para uma experiência específica, dentro de segundos. Então pode-se ensaiar – ou "filmar", se preferir essa metáfora – também em questão de segundos. Algumas seleções, e a pessoa estará pronta para a coisa real.

A RODA DE SUA VIDA: TAKING STOCK, ESTABELECENDO PRIORIDADES E FAZENDO MUDANÇAS

Equipados com nosso inventário de recursos de IP – os quatro hábitos mentais-chave, as quatro mega-habilidades fundamentais, a atitude de altruísmo prático, os estados de desimpedimento disponíveis através de várias zonas mentais, meditação e programação alfa, e os vários métodos como escrever fichas e a solução acelerada de problemas, podemos obter uma noção mais clara de onde estamos na vida, o que queremos que nossa vida seja e o que podemos fazer para fechar o descompasso entre o que é e o que deveria ser.

A Roda da Vida é um conceito, modelo e ferramenta de planejamento útil, que o ajuda a rever suas possibilidades, a estabelecer algumas prioridades, a focar suas energias e a se concentrar em algumas áreas que são especiais e importantes para você.

A Figura 13.1 mostra um exemplo típico da Roda da Vida, embora sua versão pessoal poderia ter diferentes áreas de foco ou áreas de resultado fundamentais, como são conhecidas. Pode-se traçar o diagrama com as categorias mais significativas para cada um.

Uma forma útil de usar a Roda da Vida é pensar cuidadosamente em cada uma das áreas-chave de resultados, uma por vez, e então juntas, em grupo. Pense no que cada categoria sugere em termos das atividades, intenções e recompensas associados a ela. Então dê a cada categoria uma classificação, digamos em uma escala de 10 pontos, para indicar o quanto está satisfeito – ou, talvez, insatisfeito – com ela no momento, em relação aos outros. Algumas categorias chamam sua atenção imediatamente? Há várias ou talvez uma, que se destaque como aquela em que você gostaria de fazer mudanças, estabelecer algumas metas e prioridades e dedicar energia especial?

Algumas categorias que você poderia considerar são:

- Saúde e bem-estar físico.
- Família.
- Relações pessoais.
- Atividade intelectual.
- Educação.
- Carreira e progresso profissional.
- Status financeiro.

Figura 13.1   A Roda da Vida

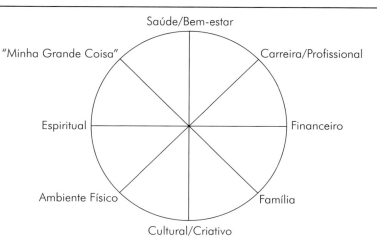

248 ■ Inteligência Prática

- Experiências culturais.
- Experiências estéticas, expressivas, artísticas.
- Busca espiritual.
- Ambiente físico (seu espaço pessoal e o que existe nele).
- "Minha Melhor Coisa" ou MMC, que poderia ser uma área muito especializada de interesse para você.

Se incluir um grande número das principais áreas de resultados em sua roda da vida, poderá estar inclinado a dissipar suas energias. Como diz a expressão japonesa: "Se você vai atrás de dez coelhos, pode não pegar nenhum". Cerca de seis ou oito categorias poderiam ser suficientes.

Uma vez que foram classificadas suas áreas-chave de resultados em termos de prioridade de ação, considere estabelecer apenas uma meta atingível em cada uma das três categorias principais. Não precisa negar ou ignorar as outras categorias, mas isso ajuda concentrar suas energias onde mais se quer ver resultados.

Anote o plano se quiser, ou apenas escreva as principais áreas de resultado e as metas em uma ficha de arquivo e leve-a consigo.

Revise as metas e categorias de tempos em tempos, e revise-as da forma que lhe parecer correta.

Nota

1 Maltz, Maxwell. *Psycho-Cybernetics: A New Way to Get More Living Out of Life* (ed. reimpressa). Nova YorK: Pocket Books, 1989.

A RESPOSTAS A EXERCÍCIOS DE RACIOCÍNIO

IMPORTANTE: Leia somente a solução do problema no qual você trabalhou. Se você ler adiante e olhar as outras soluções antes de resolver os problemas, o processo deixará de ser divertido e você se privará de uma oportunidade de aprendizagem.

Capítulo 6. Solução do problema da "inferência".

A afirmação 1 é Verdadeira. A evidência – o texto da história – especifica isso.

A afirmação 2 é Inverificável (devemos checar"?"). O texto da história não fornece informação para se determinar se qualquer um ou todos os funcionários se negaram a pegar o dinheiro.

A afirmação 3 é Inverificável. Sabemos da história que Joe A estava de férias quando o incidente ocorreu; isso não prova se ele pegou o dinheiro.

A afirmação 4 é Inverificável. Jane B se recusou a fazer qualquer declaração e insistiu em falar com o advogado. Seria um julgamento valioso – e não um dado que pudesse ser provado – dizer que ela "se recusou a colaborar".

A afirmação 5 é Inverificável. Sabemos que Jim C se ofereceu para fazer um teste com detector de mentira, mas não sabemos se Joe A – ou qualquer um dos outros funcionários – fez isso ou não.

A afirmação 6 é Inverificável. Sabemos que todos os três sabiam a combinação do cofre, mas não se eles eram os únicos. Se você gosta de complicar, poderíamos até questionar se eles "sabiam como abrir o cofre" – só sabemos que eles sabiam a combinação.

A afirmação 7 é Inverificável. Sabemos que uma soma de 1500 não está contabilizada. Não sabemos realmente se ela estava no cofre do escritório, e a história não estabelece se o dinheiro foi roubado, do cofre ou de outro lugar. A noção de que o incidente foi um roubo seria uma inferência.

A afirmação 8 é Inverificável. Não podemos verificar, pelas evidências dadas na história, se o cofre foi roubado.

A afirmação 9 é Inverificável. A mesma razão que a Número 8: não podemos verificar, pelas evidências dadas na história, se o cofre foi roubado. Ele poderia ter sido roubado, e, nesse caso, o ladrão poderia ter sido identificado; mas não podemos provar ou desaprovar a declaração a partir das evidências dadas.

A afirmação 10 é Inverificável. Por hora, podemos ver que toda a proposição de um roubo é uma inferência, e o envolvimento dos três funcionários em um suposto roubo é totalmente circunstancial.

Note que *a única declaração verdadeiramente verificável* é a número 1, que é explicitamente confirmada pelo texto da história. Todas as outras declarações são inferências – elas *podem* ser verdadeiras, e é fácil ver como uma pessoa que esteja ouvindo a história poderia ser tentada a *supor ou inferir* que ela é verdadeira. Mas são todas inferências, e este é o ponto fundamental a se aprender neste exercício.

Note também que uma declaração que não podemos verificar como sendo verdadeira não se torna automaticamente falsa. Considere a afirmação 5, por exemplo. A história identifica Jim C como aquele que se ofereceu para se submeter a um teste do detector de mentira, enquanto a declaração a ser avaliada identifica Joe A como aquele que se ofereceu como voluntário. Entretanto, isto não prova que a declaração seja falsa; Joe A poderia ainda ter se oferecido como voluntário, mas a história não nos dá evidências disso de uma ou de outra forma.

Capítulo 7. Solução do problema da "traça do livro"

Veja a Figura A.7.1 abaixo.

Figura A.7.1. O problema da "traça"

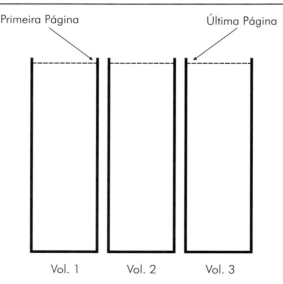

Primeiro, reconheça que a traça se desloca para a *direita* para chegar ao último volume, por causa da forma como os livros estão colocados na prateleira (o volume um à esquerda, então o volume dois à direita do volume um, e o volume três à direita do volume dois). Isso significa que ela não tem de viajar pelo bloco de páginas do volume um – somente por sua capa da frente, para chegar à capa de trás do volume dois.

Então ela precisa fazer o caminho todo através do volume 2 – pelas capas da frente e de trás mais o bloco de páginas entre elas – para chegar à capa de trás do volume três.

E, como a última página do volume três está dentro da capa de trás, ela não precisa passar pelo bloco de páginas do volume três para chegar lá – apenas pela capa de trás.

No todo, ela só tem de atravessar um livro completo – mais a capa da frente do volume um e a capa de trás do volume três. Isso dá quatro capas de 0,30 cm (igual a 1,2 cm), mais um miolo igual a 2,5 cm. A traça se desloca 3,70 cm.

Capítulo 7. Solução do famoso problema dos nove pontos

Veja a Figura A. 7. 2. abaixo. A solução será explicada em palavras, sem um diagrama final, a fim de remover a tentação de olhar para ele antes de você ter a chance de tentar resolvê-lo. Aqui estão os nove pontos, numerados para referência.

Começando no ponto 9, trace uma diagonal que passe pelo ponto 5 e vá ao ponto 1.

Figura A.7.2.   Problema dos "Nove pontos"

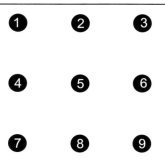

Então, sem erguer a caneta do papel, trace a próxima linha reta indo para a direita, passando do ponto 1 para o ponto 2 e para o ponto 3. Estenda a linha além do ponto, suficientemente longe para seu ponto final se alinhar com uma reta imaginária que vai do ponto 6 em diagonal até o ponto 8.

Novamente, sem erguer a caneta do papel, trace uma linha diagonal que passe pelo ponto 6 e vá até o ponto 8, estendendo a reta a um ponto abaixo do ponto 7 que se alinha aos pontos, 4 e 7.

Agora estenda o quarto segmento de reta para cima através do ponto 7 e o ponto 4 até o ponto 1.

Capítulo 7. Solução do Anagrama "diorart"

Mudando a posição das letras de diorart, você pode chegar à palavra traidor.

Capítulo 10. Solução do Problema do "barco"

Note que, como ninguém pode acompanhar nenhum dos homens no barco (ele excederia o limite de peso de segurança), seria fútil começar fazendo qualquer deles remar para o lado oposto. Não haveria ninguém para pegá-lo de volta.

Isto significa que ambos os meninos terão de remar na primeira viagem, um deles precisa remar na volta, e o outro ficará para levá-lo de volta depois que um dos homens o assumir.

Em seguida, um dos homens assume o barco e o menino do lado oposto o traz de volta.

Note que essas quatro travessias formam um ciclo que pode ser repetido. Dois meninos vão, um deles volta, um homem vai no barco, o outro menino volta; e ambos os meninos acabam do lado onde eles começaram (que faz parte do acordo).

Realizando esse ciclo três vezes, eles terão todos os três homens do outro lado e ambos os meninos de volta ao ponto inicial. Isso forma três ciclos de quatro travessias cada, em um total de doze travessias. Então os homens pagam aos meninos doze dólares pelo uso de seu barco.

Capítulo 10. Solução do problema do "copo de vidro"

Veja a Figura A.10.1 abaixo. Note que as instruções referem-se à condução e mudança de um copo, mas não dizem nada sobre a água nos copos. Você simplesmente pega o copo 5, o segundo cheio conforme visto da esquerda para a direita, e despeja seu conteúdo no copo 2, o segundo vazio na fila. Então você coloca o copo 5 de volta em sua posição original.

Verificação mental: você supôs inconscientemente que cada copo e seu conteúdo tivessem de ser uma unidade inseparável?

Figura A.10.1.   O problema do copo de água

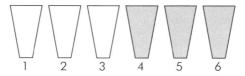

Capítulo 10. Escadas de palavras

Aqui estão as seqüências de palavras para mudar da palavra inicial até a palavra-alvo:

1. Mudar *bela* para *fera*. Bela > Cela > Cera > Fera
2. Mudar *morte* para *corvo* Morte > Morto > Corto > Corvo
3. Mudar *corda* para *forca*. Corda > Corça > Força > Forca
4. Mudar *mole* para *coma*. Mole> Mola > Cola > Coma

B CINQÜENTA DICAS PARA PENSAR MELHOR

ESTAS SÃO DICAS ADAPTADAS de materiais usados no seminário "Poder Cerebral", desenvolvido por Karl Albrecht International. Usado com permissão.

1. Respeite todos os níveis de sua mente (por exemplo, a experiência subjetiva e o conhecimento bem como o raciocínio verbal); lembre-se de que o raciocínio é uma função corporal.
2. Respeite todas as formas de saber, em si mesmo e também nos outros.
3. Pratique a humildade; intelectualmente, socialmente e emocionalmente.
4. Promova um alto respeito pela evidência, em si mesmo e nos outros; muitos problemas contêm suas próprias soluções quando você as entende bem.
5. Anote suas idéias. Mantenha canetas e fichas de arquivo ao seu alcance, onde quer que você esteja.

6. Preste atenção a diferenças nos estilos de raciocínio; lembre-se de que cada pessoa tem sua forma única de elaborar a realidade.

7. Explique coisas no padrão de raciocínio da outra pessoa, que nem sempre é o seu.
8. Combine seus palpites com sua lógica; eles são grandes parceiros.
9. Mantenha suas opiniões na forma de rascunho; isso pode torná-lo mais alerta para novas perspectivas.
10. Suspenda o julgamento ao ouvir algo novo.
11. Verifique se o cérebro com o qual você está conversando está "on line".
12. Ouça o subtexto: dados, sentimentos, valores e opiniões.
13. Adie suas reações sinalizadoras; não deixe sua amígdala ser seqüestrada.
14. Pratique uma atitude de gratidão, generosidade e altruísmo prático.

256 ■ INTELIGÊNCIA PRÁTICA

15. Tenha seus julgamentos de valor, suposições e inferências.

16. Pratique o raciocínio e a conversa em tom não absoluto (minimize o uso de "tudo", "todo", "sempre", "todo mundo" etc.).

17. Pratique o raciocínio relativo ("em que extensão...").

18. Pratique a auto-referência ("Parece..." ou "Pelo que sei...").

19. Lembre que discutir é uma das formas menos efetivas de mudar a opinião de alguém.

20. Lembre que o contexto tem uma comunicação tão forte quanto o conteúdo. Em uma reunião ou outra situação de grupo, note o processo bem como o conteúdo.

21. Use a linguagem da liderança e grandes idéias, e as pessoas estarão mais inclinadas a tratá-lo como líder.

22. Volte a assumir partes de seu corpo que você pode ter rejeitado antes.

23. Declare seus direitos civis intelectuais: "Não sei", "Eu errei" e "Mudei de idéia".

24. Lembre-se de que sua noção de humor é seu barômetro de estresse; quando parece que não existe nada de que se possa rir, provavelmente você esteja estressado demais.

25. Encontre pelo menos cinco minutos por dia para a reflexão; encontre um lugar privado, feche suas idéias, entre na zona alfa e fique lá.

26. Conheça seus módulos mentais; observe-os em ação e aprenda quando e como eles querem ter influência em seu comportamento.

27. Lembre-se constantemente de que seu valor próprio não é algo que você tenha de provar, ou uma conclusão à qual você chega; é um pressuposto que você tem como ponto de partida.

28. Lembre-se de que freqüentemente há mais de uma "resposta correta".

29. Cuidado com slogans; freqüentemente eles são um convite à reação sem reflexão.

30. Lembre-se de que a "verdade" se restringe ao sistema individual do cérebro-mente em que ele surge, e ao sistema de linguagem usado para elaborá-la.

31. Não tenha medo nem evite o raciocínio lógico; os dados são seus amigos.

32. Pratique a "sensorship" positiva; você pode preferir concentrar sua atenção em insumos positivos.

33. Gaste mais tempo lendo do que você gasta assistindo à televisão.

34. Monitore constantemente sua fala interior; prefira a linguagem positiva.

35. Afaste-se de pessoas tóxicas e daquelas que o levam ao pensamento negativo; lembre-se de que você pode eliminar qualquer pessoa de sua vida.

36. Não banque a vítima ou o mártir; aceite a responsabilidade e autoridade pelas conseqüências em sua vida.

Cinqüenta Dicas Para Pensar Melhor ■ 257

37. Monitore seu humor; mantenha-se otimista; quando você estiver de mau humor, não chute o cachorro, o gato ou qualquer pessoa.

38. Para mudar sua forma de sentir, mude o que você está fazendo.

39. Aprenda sempre; tente descobrir alguma coisa nova todos os dias.

40. Não dê conselhos; sugira opções.

41. Note os hologramas culturais, os padrões e regras básicos não declarados que modelam seu comportamento todos os dias.

42. Evite a praga dos clichês; mantenha sua linguagem inovadora e original.

43. Não anule idéias ao ouvi-las pela primeira vez; use a fórmula "P.I.N." (Primeiro Positivo, então Interessante, então os aspectos Negativos).

44. Faça bom uso de metáforas e palavras visuais; elas acrescentam cor e poder à sua linguagem.

45. Não confunda um "papo " casual com uma conversa; explique suas idéias claramente; use uma estratégia discursiva para levar os outros até sua verdade.

46. Use o poder do pensamento bivergente; saiba quando divergir e quando convergir, e faça isso por opção consciente.

47. Não se deixe intimidar pelo pensamento consensual; como Aldous Huxley disse: "O importante não é que está certo, mas o que é certo".

48. Use mapas de idéias e escreva fichas para fazer um inventário dos elementos de uma situação; use o pensamento que envolve o cérebro todo para combinar os fragmentos e partes com o quadro geral.

49. Um curso equilibrado entre o cinismo e a credulidade; não aceite tudo como lhe propõem, e não procure motivos diabólicos em tudo.

50. Esteja sempre pronto para sorrir no próximo segundo, e mantenha-se sempre sorridente.

C UM VOCABULÁRIO PARA A INTELIGÊNCIA PRÁTICA

ESTE GLOSSÁRIO É ADAPTADO DE MATERIAIS usados no seminário "Poder Cerebral", desenvolvido por Karl Albrecht International. Usado com permissão.

Acompanhar o futuro	Processo de ensaio mental na preparação para uma experiência desafiadora; envolve criar um filme mental (ou seja, uma fantasia visual, cinestésica e auditiva) e fazer a experiência imaginária se conformar ao seu plano. Isso cria a noção de já ter passado pela experiência quando ela ocorre e reforça sua confiança no resultado.
Altruísmo prático	A atitude de generosidade e boa vontade para com os outros que se baseia na proposição de que "é dando que se recebe". Inclui o conceito de "*loop* cármico", que é o período de tempo no qual uma pessoa sente que será recompensado por afirmar e apoiar os outros. As pessoas que são ligadas à idéia de um *loop* cármico curto (consciente ou inconscientemente) insistem que são compensadas imediatamente pela generosidade. As pessoas com *loops* cármicos mais longos acreditam que a compensação resulta eventualmente, mas não se preocupam em saber "quando".
Atribuição	O ato mental de atribuir motivos, intenções ou atitudes ao comportamento de outra pessoa; pode levar freqüentemente a mal entendimentos e ao conflito recíproco.
Autoconceito	Complexo singular de idéias, avaliações, conclusões e respostas emocionais ligadas à noção que cada pessoa tem de si como agente na sociedade.
Auto-estima	Auto-estima abrangente, que incorpora a noção que uma pessoa tem de sua própria aceitação (ser amada), capacidade e valor.
Biocomputador	O sistema total de informação do cérebro humano, sistema nervoso e todos os níveis de atividade mental. Também chamado de sistema mental-cerebral. As teorias emergentes como psico-neuro-imunologia, neurossemântica e terapia cognitiva começam com um conceito do biocomputador humano como um sistema de informação.

260 ■ INTELIGÊNCIA PRÁTICA

Brainstorming	Método estabelecido para gerar um grande número de idéias, opções possibilidades, designs ou soluções; tendo sido usado pela primeira vez pelo publicitário Alex Osborn, o processo tem um conjunto específico de regras e procedimentos, baseados em separar o processo de produção de idéias do processo de avaliação.
Canal cinestésico	Um dos três canais sensoriais que formam nossos filmes mentais: inclui a experiência sensorial direta, o paladar, o cheiro, a excitação emocional e a propriocepção, ou a capacidade de perceber a posição e atividade de várias partes do corpo.
Complexo	Combinação consistente, ou agrupamento, de idéias, que pode ser tanto verbal quanto pré-verbal, freqüentemente associado a um estado emocional, que forma a base para as reações que se tem a certas experiências. Exemplo: o conhecido complexo de inferioridade, que todo ser humano aprende cedo na vida, lida com a experiência de ser subordinado, intimidado ou incompetente. Os complexos não são necessariamente patológicos, embora alguns sejam. Eles são um aspecto normal da maneira como o biocomputador monta seus "dados".
Comportamentos tóxicos e acolhedores	Os padrões básicos de seu comportamento para com os outros que os leva a se moverem com e para você (comportamento acolhedor) ou contra ou longe de você (comportamento tóxico). O comportamento acolhedor promove a empatia e uma noção de ligação; o tóxico a destrói.
Conversa interior	Comentário mental em que uma pessoa verbaliza auto-aprovação ou desaprovação, ou uma resposta emocional à experiência imediata. A conversa interior mal ajustada pode levar a um pensamento e a um comportamento mal ajustados.
Diagramando afinidades	Método de organizar e associar informações escrevendo-as em fichas ou tiras de papel, colocando-as em uma parede e movendo-as de modo a formarem grupos de afinidade, ou agrupamentos coerentes de informação.
Dicotomizando (pensamento dualístico)	A tendência a pensar em situações ou questões em termos de apenas duas opções opostas, sem ser capaz de apreciar uma gama de alternativas. Também chamado de pensamento branco e preto ou pensamento bipolar; o antídoto é o pensamento com escalas de cinza ou relativo.
Dissonância cognitiva	Noção mental de inquietação, sentida como uma pressão para resolver um conflito básico entre duas idéias intimamente ligadas; estudada pela primeira vez pelo Professor Leon Festinger da Universidade de Stanford. Exemplo: (1) "Eu sei que fumar é muito ruim para minha saúde" e (2) "Eu fumo cigarros". Métodos inconscientes para resolver a dissonância cognitiva podem incluir negação, racionalização, percepção seletiva e "rebaixando" aqueles que têm idéias conflitantes a status de menos importância.
Estado Alfa	Estado mental caracterizado por atividade lenta de ondas cerebrais e a ausência de intenção, em que uma pessoa é alerta e atenta, mas em que distrações externas são excluídas.

Um Vocabulário Para A Inteligência Prática ■ 261

Estado de desimpedimento	Qualquer um de vários estados cerebrais que envolve uma noção de auto-eficácia que pode capacitar uma pessoa a funcionar efetivamente em situações desafiadoras.
Estados mentais	Padrões distintos de atividade no sistema mental-cerebral, como a vigília comum, a contemplação, sonhar, meditação, concentração, excitação e outros, cada um dos quais tem seu conjunto singular de características bio-informacionais e conscientes.
Estilo de raciocínio	Padrão singular de processar idéias e derivar sentido da experiência. Ver Modelo Mindex.
Filmes mentais	A estrutura natural da memória humana, em que o cérebro acumula um composto de imagem visual, insumo auditivo e informação cinestésica (sensorial, olfativa, gustativa e proprioceptiva). Um filme mental tem três "traços " ou canais, correspondendo a esses três canais de processamento sensorial.
Fixação-Alvo	Também conhecida como "pensamento túnel". A tendência a se tornar tão focado em um determinado problema, desafio ou resultado desejado que se ignora outros aspectos significativos da situação que podem derrotar o propósito de alguém.
Flexibilidade mental	A disposição para se deixar mudar por nossas experiências. Inclui hábitos reconhecidos comumente como mentalidade aberta, tolerância à ambigüidade e à complexidade, ausência de dogmatismo, respeito pela evidência, e disposição para considerar vários pontos de vista.
Flexibilidade semântica	O hábito de usar palavras, figuras de linguagem e padrões de linguagem que apóiam a adaptabilidade, a abertura a novas informações, e a disposição para considerar vários pontos de vista.
Fórmula P.I.N.	Acrônimo para "Primeiro, (aspectos) Positivos", então "Interessantes", e depois "Negativos", como uma política para reagir a novas idéias.
Holograma	Padrão consistente de idéias, crenças, valores e imperativos, freqüentemente formulado inconscientemente, que circula por uma cultura e forma a base para as "regras" culturais e padrões de comportamento. Esta é uma analogia com o holograma fotográfico, em que cada pequeno pedaço contém uma réplica da foto geral. Hologramas culturais às vezes também são chamados *memes*.
Incubação	O processo pelo qual atividades mentais abaixo do nível de trabalho consciente trabalham nos problemas e desafios enquanto a mente consciente está atendendo a outras coisas. O processo de incubação pode chegar freqüentemente a idéias inteligentes, opções e soluções que a reflexão consciente não produz. Idéias incubadas freqüentemente invadem a consciência de repente, como "uma lâmpada que acende" ou algo que gera a expressão "Aha!" de surpresa.
Inferência-Observação Confusão	A incapacidade de distinguir entre vários níveis de certeza, particularmente a diferença entre uma observação direta (ou um relatório factual aceito), e várias inferências que poderiam possivelmente ser tiradas dela. Este é um hábito de pensar confuso que leva as pessoas a saltarem para conclusões (ou confusões).

262 ■ Inteligência Prática

Inteligência emocional	A capacidade de integrar os processos emocionais em um funcionamento mental geral e incorporar experiência emocional no processo total de perceber, reagir, interagir e lidar com os outros.
Inteligência social	A capacidade de conviver com os outros e fazê-los cooperarem com você.
Inteligências múltiplas	O conceito de que a inteligência humana não é representada da melhor forma em termos de um único fator (o "fator g", como os primeiros pesquisadores o chamaram), mas como um conjunto de competências. Desenvolvido extensamente pelo Professor Howard Gardner da Universidade de Harvard.
Ironia Força-Fraqueza	O princípio que qualquer qualidade pessoal que serve como força pode, quando levada a extremos, se tornar uma fraqueza ou deficiência.
Mapa mental, Mapeamento mental, Módulos mentais	Estruturas cerebrais hipotéticas, que podem ser micro-regiões ou coleções associadas de processos cerebrais, que executam várias funções mentais; a teoria de várias mentes defende que o sistema mental do cérebro é composto de muitos módulos mentais elementares, muitos dos quais estão desejosos de influenciar o comportamento a qualquer momento.
Mapeamento de idéias	Também chamado de mapeamento mental ou pensamento radial. Um método de diagramação de sistema, também usado para o pensamento divergente e o *brainstorming*, que envolve escrever uma idéia-chave no meio de um papel e então associar outras idéias relacionadas a ele por meio de linhas radiais e ramos a outras idéias.
Mentalidade	Arranjo fixo de idéias, crenças, valores e conclusões que modera a forma como uma pessoa percebe, reage e se comporta.
Mente consciente	Conjunto de funções mentais centradas na consciência, e que recebe os resultados de processos mentais que ocorrem em níveis não conscientes.
Mente inconsciente	Conjunto de processos mentais que operam fora da consciência. Inclui a intuição, palpites e a incubação criativa, bem como emoções e conflitos reprimidos.
Metáfora	Figura de linguagem que substitui uma experiência concreta por um conceito abstrato. Exemplo: a expressão "Estamos latindo para a árvore errada" (quando o cão de caça acha que naquela árvore há uma presa) pode transmitir o significado de modo mais eficiente que "Parece que estamos perseguindo um curso de ação que não nos levará ao nosso objetivo".
Método socrático (questionamento)	Processo de questionamento para desenvolver idéias, que leva a pensamentos de outros em uma direção específica ou que revela atitudes, crenças, valores ou necessidades profundos que podem ser importantes para se lidar com eles com sucesso.
Modelo de solução acelerada de problemas	Processo de solução de problemas heurístico, criativo, não seqüencial que inclui cinco zonas mentais-chave, cada uma das quais apóia um determinado tipo de pensamento, dependendo da etapa de desenvolvimento do processo de pensamento. As duas regras desse modelo são escolher conscientemente a zona mental que é mais adequada à atual etapa do processo de solução de problema e fazer todos os que estão trabalhando no problema entrar na mesma zona mental ao mesmo tempo.

Um Vocabulário Para A Inteligência Prática ■ 263

Modelo Mindex	O modelo de estilos de pensamento de quatro dimensões, desenvolvido por Dr. Karl Albrecht, e apresentado em seu instrumento, *Mincex: Your Thinking Style Profile*.
Modo Céu Azul	Um dos quatro padrões de pensamento Mindex, caracterizado pelo pensamento do lado esquerdo do cérebro a um nível abstrato (conceitual). As pessoas que preferem Céu Azul tendem a se identificar com o pensamento sistemático, planejamento, organização e processos mentais altamente estruturados.
Modo Céu Vermelho	Um dos quatro padrões de pensamento Mindex, caracterizado pelo pensamento do lado direito do cérebro em um nível conceitual (filosófico). As pessoas que preferem um padrão Céu Vermelho tendem a preferir o pensamento conceitual, geral, e gostam de considerar questões e problemas em um contexto global.
Modo Terra Azul	Um dos quatro padrões de pensamento Mindex, caracterizado pelo pensamento do lado esquerdo do cérebro a um nível concreto (experimental). As pessoas que preferem o padrão Terra Azul tendem a preferir dados e cifras, resultados concretos, procedimentos e processos de pensamento lógicos e analíticos.
Modo Terra Vermelha	Um dos quatro padrões de pensamento Mindex, caracterizado pelo pensamento do lado direito do cérebro em um nível concreto (da experiência). As pessoas que preferem um padrão Terra Vermelha tendem a aprender pela experiência, preferem resultados concretos e referem idéias e informações à sua própria experiência ou a um contexto humano.
Multiplexing	Hábito de conversação de misturar dois ou mais fluxos de discussão ou de ficar indo e vindo entre vários assuntos; isso causa estresse para pessoas com certos tipos de estilos de raciocínio, mas pode ser perfeitamente natural para outras.
Neutralidade do ego	Uma atitude que envolve separar sua noção de *self* de uma situação, interação ou conflito e reagir à situação por seu mérito, em vez de se ofender, se defender ou contra-atacar.
Orientação para a generalização	A tendência psicológica (e verbal) para pensar em termos absolutos: "todas as pessoas", "toda vez", "sempre", "nunca", e assim por diante. A orientação para a generalização aparece na linguagem como a fala do "tudo".
Ouvir em quatro canais	Prestar atenção ao subtexto de uma conversa ou uma mensagem ou mensagens persuasivas na mídia; envolve separar os elementos da mensagem em quatro componentes: dados, sentimentos, valores e opiniões.
Paradoxo de padrões	O conflito irônico entre a necessidade do cérebro humano por padrões e estruturas em sua operação básica e a influência aprisionadora que vários padrões podem ter em nossa capacidade de pensar de forma criativa e original.
Patologias verbais	Vários hábitos aprendidos de fala que codificam formas de rigidez mental e psicológica, como o pensamento generalizador, o pensamento dogmático ou o pensamento dualista.

264 ■ Inteligência Prática

Pensamento afirmativo	Padrão de atenção e produção de idéias seletivas que apóia um alto nível de saúde mental.
Pensamento bivergente (divergente e convergente)	Processo de pensamento que integra ambos os padrões convergente e divergente de formação de idéias em uma combinação sinergística. É o processo de empregar ambos os padrões de pensamento fluente e intercambiavelmente para considerar os vários elementos de informação em uma situação problema e selecioná-los de modo a chegar a uma decisão, solução ou plano de ação efetivo. O pensamento bivergente é a base praticamente para todos os modelos reconhecidos de solução de problemas. Uma das quatro polaridades fundamentais, ou mega habilidades, da inteligência prática.
Pensamento consensual	O processo, esclarecido pela primeira vez pelo professor Irving Janis, da Universidade de Yale, em que um grupo de pessoas tem uma alta necessidade de consenso, independentemente dos méritos de diferentes pontos de vista, e em que o "grupo" aplica pressão social para coagir os dissidentes a juntarem-se ao falso consenso.
Pensamento convergente	Processo de pensamento que reduz um grande conjunto de idéias ou opções a alguns selecionados. É a trajetória do pensamento que progride do geral para o específico, estreitando o campo de discussão, rejeitando várias opções e convergindo para uma conclusão, decisão ou tópico específico de foco. Exclui em vez de incluir; estreita-se em vez de expandir; e decide em vez de explorar.
Pensamento divergente	Processo mental que se ramifica de uma idéia para outras idéias relacionadas. É a trajetória de pensamento que progride do nível de detalhes e tópicos específicos para o nível de conceitos, possibilidades, opções e relações. Inclui em vez de excluir; expande em vez de estreitar; e explora em vez de decidir.
Pensamento helicóptero	Processo de pensamento que integra tanto os padrões abstrato quanto concreto de criação de idéias em uma combinação sinergística. É a capacidade de pensar e expressar idéias em uma ampla gama de níveis, do nível concreto de experiências, ações e exemplos diretos ao nível mais abstrato de conceitos, discussões filosóficas, e possibilidades. Uma das quatro polaridades-chave ou mega-habilidades da inteligência prática.
Pensamento intulógico	Padrão de pensamento que integra ambos os processos lógico e intuitivo em uma combinação sinergística. Uma das quatro polaridades-chave ou mega-habilidades da inteligência prática.
Pensamento lateral	Forma de agilidade mental, popularizada por Edward de Bono, em que se torna consciente dos limites de um padrão convergente de pensamento ("vertical" ou "monorail") e o abandona deliberadamente a fim de abordar possíveis soluções de um ângulo radicalmente diferente. O pensamento lateral é um tipo de pensamento "metaquadrado".
Pensamento metaquadrado	O processo de detectar e livrar o self de limites auto-impostos, restrições e limitações – "caixas mentais" inconscientes – que podem limitar a imaginação na solução de problemas. A origem do clichê "Vamos superar esse modo quadrado de pensar".

Um Vocabulário Para A Inteligência Prática ▪ 265

Pensamento radial	Também chamado de mapeamento de idéias ou mapeamento mental.
Pensamento relativo	A capacidade de pensar em termos de uma gama de possibilidades em vez de se tornar aprisionado pelo pensamento dualístico, que estabelece uma questão ou proposição em termos apenas de duas opções opostas.
Pensamento viscerracional	Padrão de pensamento que integra tanto os processos racionais quanto viscerais – ou emocionais – em uma combinação sinergística. Uma das quatro polaridades-chave ou mega-habilidades da inteligência prática.
Ponto da virada	Também chamado de "limiar evidenciário"; o ponto em que evidências suficientes acumulam-se para levar uma pessoa ou um grupo de pessoas a mudar sua mentalidade, opinião ou julgamento de valor. Exemplo: em um rápido aumento do mercado de ações, as primeiras evidências de uma possível virada tendem a ser rejeitadas ou explicadas, mas quando evidências adicionais contradizem a doutrina ou o dogma aceito, elas alcançam um ponto em que as pessoas abandonam sua convicção ou perdem a fé nela.
Ponto Popeye	Evento mental de clareza e convicção, caracterizado por uma noção repentina de determinação e propósito, levando à ação decisiva. Análogo à experiência do personagem de quadrinhos, Popeye, em que o abuso contínuo dos outros desencadeia essa noção de injustiça.
Programação Alfa	Processo para mudar atitudes, superar obstáculos mentais e estabelecer objetivos de vida que tiram vantagens dos benefícios do estado alfa. A programação alfa pode ajudá-lo a reduzir o estresse, concentrar-se, lembrar-se, desempenhar tarefas mais efetivamente e gerar motivação para futuras ações.
Programação neurolingüística	Um estudo sistemático da estrutura da experiência interior subjetiva, inclusive as formas em que os seres humanos registram, representam, processam, relembram e comunicam no nível abaixo da consciência.
Projetando (projeção)	O ato mental de incorporar as próprias preocupações nas percepções das pessoas ou experiências de tal forma a colorir a interpretação que se tem deles e as respostas a eles.
Reação sinalizadora	Reação emocional, repentina, irracional a uma pista específica como uma afirmação, ação, ou um gesto não verbal feito por outra.
Resistência à enculturação	O termo de Abraham Maslow para a capacidade de um indivíduo substituir seus próprios julgamentos e interpretações pelas proposições prontas (hologramas culturais) projetadas pela cultura à sua volta. Ernest Heminghway chamou-a simplesmente de "detectar bobagens".
Roda da vida	Diagrama de planejamento da vida, usado para avaliação pessoal e estabelecer prioridade, que envolve um gráfico em forma de pizza que mostra inúmeras dimensões significativas da vida pessoal de uma pessoa; categorias podem incluir saúde, status financeiro, carreira, atividades sociais, experiências culturais, educação e outras.

Rota 350	Metáfora para o processo pelo qual a mente de um ouvinte pode vaguear, porque a mente pode processar a fala a aproximadamente 500 palavras por minuto, enquanto a maioria das pessoas pode falar cerca de 150 palavras por minuto; isso deixa aproximadamente 350 palavras por minuto de capacidade cerebral sem ser usada, que irão para outras fontes de estimulação. Manter a atenção de uma pessoa em sua mensagem envolve mantê-la "fora da Rota 350".
Scripts mentais	Padrões de ação de rotina, ou "menus", que prescrevem muitos de nossas ações inconscientes, pré-verbais e ações conscientes; estes variam de microscripts como recitar o número de telefone a scripts sociais mais complexos que ditam como se portar em certos contextos.
Semântica geral	O campo de estudo fundado por Alfred Korzybski, que lida com a psicologia da linguagem e seu efeito no pensamento, na interação e no ajuste emocional humano.
Sinal	Qualquer sinal (uma palavra, sentença, gesto, tom de voz, implicação) ao qual uma pessoa reage com intensidade disfuncional, como raiva, vergonha, medo, frustração, ou culpa. Também conhecido como um "gatilho". Ver reação sinalizadora.
Tolerância à ambigüidade	Competência psicológica, enfatizada primeiro pelo psicólogo Abraham Maslow, que envolve a capacidade de funcionar efetivamente na ausência de respostas simples, estruturas claras e regras claras para o comportamento.
Zona de dados	No modelo de solução acelerada de problemas, é a zona mental que usamos para reunir, montar e inter-relacionar os elementos de evidência que precisamos para encontrar opções válidas para a solução.
Zona de julgamento	No modelo de solução acelerada de problemas, é a zona mental que visitamos – ocasionalmente e por acordo – para avaliar conscientemente opções, soluções potenciais e proposições que possam ser consideradas na construção de uma solução.
Zona de opção	No modelo de solução acelerada de problemas, é a "zona de opção", o fuso que procuramos para o pensamento divergente, gerar opções, *brainstorming*, pensamento filosófico ou conceitual, e grandes idéias.
Zona final	No modelo de solução acelerada de problemas, é o lugar ao qual buscamos chegar, depois de termos trabalhado cuidadosamente os elementos do problema. É a zona mental em que especificamos o "quem, o quê, quando e como" da solução aceita.
Zona mental	Qualquer de vários estados mentais, caracterizada por um padrão determinado de atenção e criação de idéias, por exemplo, contemplação, pensamento crítico ou produção de idéia criativa.
Zona neutra	Zona mental caracterizada pela neutralidade do ego, uma disposição para suspender o julgamento e considerar vários pontos de vista, e evitar crenças ou conclusões preconcebidas. No processo de solução acelerada de problemas, é o ponto central do processo de pensamento, a "praça da cidade" à qual voltamos para chegar ao entendimento do problema e desenvolver um modelo para a solução.

D UM CÓDIGO DE DISCURSO INTELIGENTE

ESTE CÓDIGO DE DISCURSO É ADAPTADO de materiais usados no seminário "Poder Cerebral", desenvolvido pela Karl Albrecht International. Usado com permissão.

Reconheço e afirmo que o uso sadio da linguagem é um aspecto importante na aplicação de minha inteligência em cada interação com as outras pessoas. Prometo a mim mesmo que lutarei ativamente para seguir esses princípios fundamentais do discurso inteligente:

1. *Auto-referência*. Uso regularmente a linguagem "para mim", para lembrar a mim e aos outros de minhas visões, julgamentos de valor, crenças, suposições e conclusões centradas em mim, e afirmar explicitamente os direitos dos outros de terem suas próprias opiniões.

2. *Ausência de agressão*. Eu me refrearei de ataques pessoais àqueles que discordam de mim, como xingar, rotular, sarcasmo, ridículo e imputar motivos desrespeitáveis a eles.

3. *Ausência de diretividade*. Eu limitarei cuidadosamente o uso de termos como "deveria" e de "intimidações verbais" coercitivas que os outros podem perceber como coerção e conselhos não solicitados, ou pressão para se portar "como eu mando".

4. *Ausência de atribuição*. Eu me refrearei de associar motivos desonrados ao comportamento dos outros ou de atribuir ideologias não respeitáveis àqueles que discordam de mim.

5. *Generalização*. Usarei regularmente "limitadores e qualificadores" em minhas declarações, para lembrar a mim e aos outros que as generalizações são inevitavelmente limitadas em sua aplicabilidade.

6. *Ausência de dogmatismo*. Usarei regularmente expressões que lembram a mim e aos outros da relatividade e da "verdade" segundo minha visão, e afirmarei que cada pessoa tem direito à sua própria "perspectiva".

7. *Ausência de polarização*. Limitarei cuidadosamente o uso de expressões "ou-ou", que tendem a dicotomizar a discussão de um tópico e sugiro que ela deve ser pensada somente em termos de dois extremos polarizados.

E APRENDA A MEDITAR EM "UMA" LIÇÃO:

O mantra de Harvard

A meditação é um tipo especial de experiência mental que pode ajudá-lo a ganhar acesso fácil à "zona alfa", e aos estados de disponibilidade que podem tornar seus filmes mentais mais efetivos. A forma mais básica de meditação, às vezes chamada "meditação mantra", é um procedimento fácil de aprender, agradável de sentir e benéfico à saúde física e mental. Há muitas boas razões para fazê-la regularmente, e praticamente nenhuma razão para não se meditar. Por isso, se você ainda não sabe como, provavelmente é hora de aprender.

Os meditadores e os praticantes hábeis de disciplinas mentais esotéricas usam várias técnicas avançadas, mas os seres comuns como nós podem aprender o método "mantra" básico. Veja como.

Note: este será um exercício de olhos fechados, por isso leia todo o procedimento antes de começar. Reserve cerca de vinte minutos para esta lição, de preferência em um lugar quieto onde você não seja perturbado nem se distraia com pessoas ou acontecimentos. Desligue o telefone, se possível também os outros aparelhos que possam distraí-lo. Atente para o tempo e diga a si mesmo que sua sessão de olhos fechados durará por vinte minutos – você pode ficar surpreso com a precisão de seu relógio interno. Sente-se confortavelmente em uma poltrona, com os pés apoiados no chão e de preferência com as mãos no colo ou repousando nos braços da poltrona.

Dê três respirações profundas, renovadoras, e, ao exalar pela terceira vez, seus olhos se fecharão. [Com a prática, você será capaz de associar fechar os olhos como sinal que desencadeia uma onda de memória de relaxamento completo de todo o corpo.]

Dê um minuto aproximadamente para seu corpo relaxar progressivamente. Nesse tempo, volte sua atenção para a respiração. [Respirar serve como uma ponte entre seus processos mentais conscientes e inconscientes. É a única função corporal automática que você pode controlar conscientemente em alguma extensão.]

270 ■ INTELIGÊNCIA PRÁTICA

Tomando cuidado para não interferir em sua respiração de alguma forma – não tente controlá-la – comece a contar suas respirações ao inspirar e expirar. Observe atenta e respeitavelmente quando inspira; então há uma pausa no ponto de inversão; então você expira; há outra pausa; e o ciclo se repete infinitamente. Observe passivamente ao inalar e exalar o ar, e espere pacientemente os pontos de inversão. Conte dez respirações incluindo a inspiração e a expiração. Você se tornará cada vez menos ciente de seus sinais corporais ao se tornar mais ligado e ultra-relaxado. Você se tornará cada vez menos ciente de seu ambiente físico.

Agora que você está ficando mais relaxado, comece a retirar a atenção de seu corpo e mude-a para um ponto imaginário alguns centímetros diante de seus olhos. Visualize da forma mais vívida possível uma bola cristalina flutuando lá, na frente de seu rosto.

Agora, permita que um mantra comece em sua "voz mental". Uma palavra simples e familiar, como "um" (o "Mantra de Harvard" é recomendada pelo psicólogo de Harvard, Dr. Herbert Benson), funciona muito bem como mantra. [Você pode escolher quase qualquer palavra que quiser que seja simples e pronunciada sem esforço.] Ouça seu mantra e ouça-o se repetindo incessantemente, lentamente, ritmicamente. Você sabe que é você que está o pronunciando, e ao mesmo tempo pode parecer que ele está vindo de outro lugar.

A combinação do foco na bola de cristal e da repetição do som do mantra auditivo trará sua atenção a um foco claro. O nível de ruído em sua mente desaparecerá, e você pode se perceber mais próximo das verdadeiras origens de seu processo de pensamento.

O método de meditação neste caso é basicamente para continuar a ouvir o mantra durante todo o tempo de seu período de meditação, que costuma levar vinte minutos. Isto é tudo.

De vez em quando, você descobrirá, quase certamente, que o mantra foi deslocado por outros pensamentos, geralmente palavras, frases, fragmentos de sentenças, e fragmentos de idéias que saem do reservatório de sua memória. Assim que você se torna ciente de que o mantra não está mais em sua mente, simplesmente abandona o pensamento que está tendo momentaneamente e volte para o mantra. Nas primeiras vezes que você medita, pode descobrir que o mantra é deslocado com muita freqüência. Com a prática, você descobrirá que pode ficar sintonizado com o mantra por períodos de tempo maiores e voltar a ele com facilidade, sempre que ele desaparece.

Você também pode descobrir que às vezes "sai" completamente de sintonia – você perceberá que "foi para um outro lugar" e que acaba de voltar à consciência. Ninguém parece saber para onde vai a mente durante esse estado de desligamento, mas a maioria dos especialistas concorda que é um estado normal e potencialmente saudável – e pode até mesmo deixá-lo mais descansado e recuperado que o sono comum.

É só. Você simplesmente permite que sua mente mantenha o mantra durante a sessão. Em algum ponto, provavelmente você se encontrará respirando fundo e sentindo que está pronto para abrir os olhos. Dê um ou dois minutos para se juntar novamente ao mundo que você deixou, e confira se você está plenamente ciente de todas as partes de seu corpo e alerta para fazer o que precisar.

ÍNDICE REMISSIVO

A

Abundância, 107-108, 225-226
Acetilcolina, 38
Acionários, 177-180
Adams, J., 12
Addison, J., 91
Adrenalina, 38-39
Adventure of the Greek Interpreter, The (Doyle), 196-198
Afirmações, 111-112
Agenda de restauração americana
    descrição, 14-15
    exemplo de iniciativas trabalhando para, 15-16
    Inteligência Prática (IP) promovida para 15-17
    liderando a, 15-16
    Ver também Cultura da diversão.
Allen, W., 121-122, 215
All-ness, 126
Altruísmo, 109-111, 225-226
Ambidestro, 35-36
American Academy of Pediatrics, 9
American Idol (programa de TV), 7
Amígdala, 39-40, 221, 222
Amigos problemas, 96-97
Amnésia cultural, 10
Amusing Ourselves to Death: Public (Postman), 7
    Discourse in the Age of Show Business

Anagramas, 152-153
Anna Karenina (Roosevelt), 12
Ansiedade
    existencial, 217-218
    imobilização e, 218-219
Applied Imagination (Osborn), 170-171
Aprendizagem
    "mente do iniciante" aberta a, 71
    informação diferenciada de aprendizagem, 11
    modelo contêiner de aprendizagem infantil, 3-4
    risco de, 65
        base da modelagem social para, 93
    solução de problema como processo de, 234-235
    Ver também Informação.
Aprendizes dedutivos, 193
Aprendizes indutivos, 267
Argumentos
    examinando sua experiência com, 82
    aprendendo a evitar, 82-85
    debates informais ou, 81-82
    três estratégias para, 82-83
Aristóteles, 114-115
Árvore do conhecimento, A 79-82
ASPEAK, 23
AT&T, 72-73
Ataques de 11 de setembro, 217-218
Atari, 72
Atenção seletiva, 92-93

272 ■ Inteligência Prática

Atitude
  abundância, 107-108, 225-26
  agressiva, 104-05
  altruísmo prático de afirmação da vida,
    109-111, 225
  como um padrão de informação global,
    102-03
  definição de, 103-04
  gratidão, 106-107, 225-226
  re-engenharia de suas, 102-106;
    Ver também Mentalidade.
  vingança e revanche, 104-106
Atitudes agressivas, 104-105
Atribuição, 126
Augúrios de Inocência (Blake), 82-83
Ausência de intenção ansiosa, 203-205

B

Bacon, F., 118
Bainha da mielina, 36
Ball, F., 147-148
Barinpan, 38-39
Bashó, 201-202
BBD&O (Batten, Barton, Dustin e Osborn),
  170-171
Benson, H., 47-48
Berger, H., 45-46
Berra, Y., 118-119
Bierce, A., 39-40, 81-82, 115, 153
Biocomputador humano
  Ver Biocomputador.
Biocomputador
  a mente e o conceito modular do, 51-60
  interpretação lingüística da realidade pelo,
    119-122
  mal funcionamento verbal pelo biocomputa-
    dor humano, 119-120
  o cérebro como, 33-34
  paradoxo criativo do, 70-71
  sistema de memória do biocomputador
    humano, 136-137
Birnbaum, N., 121-122
Blacklish, 118-119
Blake, W., 82-83
Boas idéias. Ver Idéias.

Bogen, J. E., 40-41
Bohm, D., 80-81
Bond, J., 117-118
Brainstorming
  "efeito "pipoca" do, 171
  descrito, 169-171
  quando aplicar, 171-172
  regras gerais do, 171-172
Brilliant, A., 129
Broca, P., 35
Broken God, The (Zindell), 72-74
Bulbo olfativo, 39-40
Burca (véu feminino islâmico), 180-181
Burnham, T., 77
Burns, G., 121-122

C

Calistenia lógica, 199-200
Canal de escuta de valores, 123-124fig,
  124-125
Canal para ouvir dados, 123-124fig
Canal para ouvir opiniões, 123-124fig,
  124-125
Canal para ouvir sentimentos, 123-124fig,
  124-125
Canby, W. J., 76
Capacidade mental
  Curva de Gauss da competência
    mental, 56 fig, 57-58
  Descontaminação mental, 91-92
  programação de sucesso usando hábitos de,
    242-243
  quatro hábitos para destravar, 58-59
Capek, K., 124
Carlin, G., 40, 131
Carlson, C., 72
Carnegie, A., 241-242
Carroll, L., 113
Carson, J., 213-214
Carter, J., 116
Cash, J., 94-95
Célula glial, 36-37
Células grânulos, 38
CEO (diretor executivo), 182-183
Cerebelo, 38, 52
Cérebro, 36-37

Índice Remissivo ■ 273

Cérebro
  amídala do, 39-40, 221, 222
  arquitetura do, 34fig
  cerebelo do, 38, 52
  clichê da percentagem usada, 19-20
  como biocomputador, 33-34
  córtex do, 39-40, 52
  entendendo processos do, 42-51
  hemisférios, lóbulos e funções do, 34-37,
    40-42, 53-54, 194-197
  hipotálamo do, 38-39, 40, 221, 224
  mesencéfalo, 38-40
  pesquisa sobre os efeitos da TV no, 9
  região basal (cérebro reptiliano) do,
    37-39
  Ver também Habilidades de raciocínio.
Céticos silenciosos, 167-168fig
Céu Azul (abstrato, lado esquerdo), 194-196
Céu Vermelho (lado direito do cérebro,
    abstrato), 194-197
Charada da travessia com barco, 189-190
Charada dos copos, 190-191
Cheers (programa de TV), 130-131
Churchill, W., 185-186
Cialdini, R., 213-214
Ciclo de atenção, 44
Ciclo menstrual, 45
Ciclo nasal, 44-45
Ciclos cerebrais, 43-45
Ciclos infradianos, 44, 45
Ciclos ultradianos, 44
Circuito cármico, 109-110
Ciúme, 105-106
Claustrofobia, 218-219
Clemenceau, G., 8
Clinton, H., 10-11
Código de Discurso Inteligente, 127-128
Comportamento ignóbil, 212
Comportamento irracional
  neurose e, 215-217
  processo de racionalização do, 210-215
  suicidas ideológicos como, 208-211
Comportamento
  acolhedor, 96
  influência da linguagem em, 115
  neurótico, 215-217
  nobre e ignóbil, 211-212

nocivo, 96-98
  racionalização do, 116-118, 210-215
  Ver também Mudança; Motivação.
Computador "Apple", 72
Comunidades lingüísticas, 118-119
Conceito contra-lateral, 35-36
Conceito de "plexidade", 72-76
Conceito de incubação, 53
Conceitualização abstrata, 175-176
Conexão mente-corpo, 107, 110, 224, 225-226
Confusão inferência-observação, 122-125
Consenso
  criação de falso, pelo pensamento consen-
    sual, 164-168
  usando tomada de decisão japonesa,
    157-159
Contexto
  de inteligência abstrata, 20
  significado do, 187-188
  Ver também Significado.
Conversa interior negativa, 130
Conversa interior, 129-130
Conversa intulógica, 201
Conversação cultural
  Impacto da internet em, 10-11
  impacto da televisão na, 6-11
COO (diretor operacional), 179
Corpo caloso, 34-35
Corporation for Public Broadcasting, 64-65
Córtex cerebral, 34-35, 36-37, 39-40, 52
Crânio, 33, 34fig
Creative Education Foundation (CEF),
    145-146, 170-171
Creative Problem Solving Institute (CPSI),
    145-146, 170-171
Creedence Clearwater Revival, 80-81
Crenças religiosas, 77-79
Crianças
  "modelo contêiner" de aprendizagem
    por, 3-4
  recomendações para assistir à TV, 17
  tornando-se verbalmente fluente, 185-186
Cruise, T., 120-121
Culpa, 106
Cultura
  como produtos de nossa 98
  diferenças em linguagem, 120-121

274 ■ INTELIGÊNCIA PRÁTICA

padrões de linguagem sinalizando classe social e, 118-119
pensamento relacional aplicado a diferenças na, 180-182
processo de idéias/ideologias espalhadas pela, 15-16
Cultura do entretenimento
conversão para, 6-12
erros atribuídos à, 14-15
Ver também Agenda de recuperação americana.
Curiosidade, 66
Czikzentmihalyi, M., 203-204

D

Dados olfativos, 39-40
Dawes, W., 77
De Martino, R., 201-202
DeBono, E., 152
Decisão visceral, 227-228
Dedução exata, 197-198
Dedução
exercícios em lógica, 199
uso de, precisa por Sherlock Holmes, 197-198
Deeds, E., 133-134
Defasagem de pessoas inteligentes, 5-7
Defasagem entre a percepção popular e a ciência, 19-20
Defesas do ego, 49-50, 215-216
Delatores, 168
Delco, 133-134
Dendritos, 36
Descartes, R., 114-115
Desenvolvimento da Inteligência Humana (Venezuela), 15
Deslizes freudianos, 119-120
Desprezo, 106
Destro, 35-36
Detectando bobagens, 98-100
Devil's Dictionary, the (Bierce O.), 115
Dewey Decimal System, 138-139
Dewey, J., 29
Dewey, M., 138-140
Diagrama de afinidades, 139-140

Dictionary of Misinformation, The (Burnham), 77
Diretividade, 125-126
Dissociação, 49-50
Dissonância cognitiva, 212, 213
Distúrbio de déficit de atenção, 38
Distúrbio de hiperatividade, 52
Dogmatismo, 126
Dominadores, 167-168fig
Dominância da mão esquerda, 35-36
Dopamina, 38
Doyle, A. C., 196-197
Drucker, P. F., 5-6, 177-178

E

Ebonics, 118-119
Edison, T. A., 33, 87-88, 178-179
Eduardo VII (Rei da Inglaterra), 100
Efeito "crossover", 34-35
Einstein, A., 135, 149-150, 175, 189, 231
Eletrencefalograma, aparelho, 45-46
Embotados mentais, 67-69
Emoções
agressiva, 104-105
botões de disparo (reações sinalizadoras), 220-224
conexões mente-corpo da saúde e, 107-110, 224-226
informação reunida através da observação, 216
medo de, 216-217
negativas, 105-106
Emoções negativas, 105-106
Emotional Intelligence: Why It May be More Important than IQ (Goleman), 23-24
Encubando idéias
exemplos de, 145-148
método simples para aplicação de, 149
três etapas na, 148
Erickson, M. H., 110
Erros, 88
Escada de abstração, 176
Escolha padrão, 2
Espírito estimulador
descrito, 15-16

Índice Remissivo ■ 275

tipos de indivíduos que compõem, 15-16
Ver também Contexto da Mídia Significado.
Estado alfa (a zona), 203-205
Estado hipnogógico, 47
Estado hipnopômpico, 47
Estado mental de cura, 110
Estados cerebrais, 47
Estados de desimpedimento, 225-226
Estados Unidos
  cultura da diversão nos, 6-12
  defasagem econômica crescente nos, 13-14
  índices de suicídio nos, 92-93
  Ver também Sociedade americana.
Estilos de Raciocínio
  dedutivo versus indutivo, 193
  implicações dos, 193-197
  Manuais de software da IBM refletindo, 191-193
  Perfis de Estilos de Pensar Mindex, 193-197, 195fig
Estrutura da molécula de benzeno, 145-146
Exame da "bolha", 50
Exame do "campo", 51
Exercício de distração, 203-205
Exercício de percepção, 203-205
Experiência
  árvore do conhecimento sobre, 79-82
  com argumentos, 82
  resolvendo charada como experiência mental, 199-200
  sensorial individual, 118
Experiência "da Lâmpada", 146
Experiência sensorial individual, 118
Exportação de camelos australianos, 180-181

F

Fairchild Semiconductor Corporation, 72
Fala de Adolescente, 118-119
Feldenkrais, N., 64
Fenômeno do "Ponto Popeye", 227-229
Ferormônios, 70-71
Ferramenta de fichas de arquivo para pensar, 138-141
Festinger, L., 212, 213
Fichas de arquivo, 138-141
Filme mental da história de vida, 243-248

Filmes mentais
  aplicado à programação de sucesso, 243-245
  definição de, 111-112
  programação alfa para fazer, 244-248
Flexibilidade mental
  aplicada à programação de sucesso, 242-243
  descrita, 59, 63
  Papel de estimulação profissional na saúde mental, 16
  questão de produto acabado e, 63-66
  três chaves para, 87-89
Fluência verbal, 185-186
Fluido cérebro-espinhal, 33
Folsom Prison Blues (música), 94-95
Ford, R., 181-182
Fox, R., 181-182
Foxworthy, J., 67, 68
Frames of Mind: The Theory of Multiple Intelligences (Gardner), 22
Franck, J., 145
frase "Eu errei", 88
frase "Eu Não Sei", 87-88
frase "Mudei de idéia", 88-89
Friedman, K., 78-79
Fromm, E., 201-202
Fuller, R. B., 75-76, 177-178
Funções autonômicas (involuntárias), 37
Funny Thing Happened on the Way to the Forum, A (comédia musical), 207
Furacão Katrina, 13

G

Galbraith, J. K., 152
Gallwey, T., 52
Gamow, G., 119-120
Ganância, 106
Gandhi, M., 100-101
Gardner, J., 64-66
Gatilhos (reações sinalizadoras), 220-221
Gazzaniga, M., 40-41, 53-54
General Electric, 72
General Motors, 133-134
Generalização, 125
Gerenciamento de talentos, 5-6

276 ■ Inteligência Prática

Gilbert, G., 98-100
Ginsberg, A., 11
Gladwaell, M., 15-16
Glândula pituitária, 38-39
Glândula Tireóide, 169
Glândulas adrenais, 38-39
Goddard Space Flight Center, 178
Goddard, R., 178
Goering, H., 98-100
Goethe, J. W., von, 1, 30, 176
Goleman, D., 24, 26-27
Gratidão, 106-108, 225-226
Groves, L. R., 179
Gyrus, (gyri), 34

H

Habilidades de raciocínio
    como função corporal, 30-32
    testando convergente, 21-22
    testando divergente, 21-22
    Ver também Cérebro.
Haikai (poema japonês), 201-202
Halberstam, D., 207-209
Haney, W. V., 122-123
Hare Krishna, solicitantes, 214-216
Harvard Gazette, 47-48
Hasso Plattner Institute of Design (Stanford University), 182
Heáclito, 85-86
Heinlein, R., 19
Hemingway, E., 98
Hemisfério direito
    introdução ao, 34-36
    Perfil de Estilos de Pensamento Mindex do, 194-196
    processamento de informação pelo, 40-42
    testando a dominância do, 53-54
Hemisfério esquerdo
    processamento de informação por, 40-42
Hemisférios cerebrais, 34-36, 40-42
Hemisférios
    Hemisfério direito
    Ver Hemisfério esquerdo.
Hertz (Hz), 45-46
Hewlett-Packard, 72, 73
Hill, N., 241-242

Hipnose, 49
Hipnoterapia, 110
Hipocampo, 39-40, 136-137
Hipotálamo, 38-40, 221, 224
Histeria (caráter ficcional), 207-208
História da explosão do cofre, 231-232
História da lesão do pedreiro (parábola da internet), 29-30
Histórias de Ensinamento Sufi
    sobre a sutileza da causa e efeito, 81-82
    sobre o pensamento paradoxal ou omini-plex, 75-76
Hoffman, D., 42-43
Holmes, M. (caráter ficcional), 196-198, 199-200
Holmes, O. W., 142-144
Hormônio do crescimento, 38-39
Hormônios, 38-39
Houseman, A. E., 45
Hugo, V., 133
Humildade, 72-73
Huxley, A., 161
Huxley, T., 74-75

I

I, Tina (Turner), 226
IBM, 72, 73, 192
    manuais de software da, 191-193
Idéias
    Amantes de idéias, 143-144
    ferramenta de fichas de arquivo para lem-brar, 138-141
    fórmula P.I.N. para proteger, 143-145
    Ilusão de Memória de Curto Prazo e perda da, 136, 138-139
    linguagem de, 184-188
    mapeando conexões entre, 177-185
    pensamento visual sobre, 140-142
    respostas a pessoas otimistas e pessimistas, 142-144
    ter boas, 134-135
    usando incubadora mágica para, 145-149
    valorizando, 95-60, 242-243
    Ver também Pensamento.
Idéias abstratas, 175-176
Ver também Pensamento helicóptero.

IDEO (empresa de design), 182

Idiot savants, 42

Ilusão de "estrela", 57fig

Ilusão de Memória de Curto Prazo, 136, 138-139

Impostores, 167fig

Imunoglobulina A (IGA), 31

Influence: The Psychology of Persuasion (Cialdini), 211-214

Informação
 diferenciando aprendizagem de, 11
 estilo de raciocínio para processar, 191-197
 falácia da "Terceira Onda", 13
 medo como, 200
 pesquisa de opinião da Roper/Geographic sobre conhecimento de, 12-13
 recebendo, pelo "browser mental", 93-94
 reunindo, através da observação de emoções, 216
 Ver também Aprendizagem.

Inglês de gueto, 118-119

Inner Game of Tennis, The (Gallwey), 52

Inteligência abstrata
 definição de, 23
 disparidade entre social e, 23-24
 em contexto de outras inteligências, 20
 Ver também QI (Quociente de inteligência).

Inteligência acidental, 2-5

Inteligência cinestésica, 23

Inteligência emocional
 definição de, 23
 Modelo de Goleman da, 24-25

Inteligência social
 definição de, 23
 disparidade entre abstrato e, 23-24
 modelo S.P.A.C.E. de, 26-27

Inteligência
 aplicando teorias à vida diária, 23-25
 considerando suposição final, 2-5
 IP (inteligência prática)
 múltipla, 19-27

Inteligências múltiplas
 além do teste de QI, 20-22
 inteligência abstrata, 20, 23-24
 inteligência cinestésica, 23
 inteligência emocional, 23, 24-25
 inteligência estética, 23

inteligência social, 23-24, 25-27
 seis tipos de inteligência de Gardner, 19-20, 22-24
 Ver também IP (inteligência prática).

Internet
 impacto cultural da, 10-11
 parábola da lesão do pedreiro na, 29-30

introdução a, 34-35, 35-36
 Perfil de Estilos de Pensamento Mindex no contexto de, 194-197
 testando domínio do, 43-54

Inveja, 105-106

Ionosfera, 100

IP (inteligência prática)
 como uma das inteligências múltiplas de Gardner, 22-23
 construindo um modelo para, 27
 definição situacional de, 30, 31
 dimensões de, 61, 62fig
 papel de estimulação na promoção da, 15-16
 princípio de módulos mentais (muitas "mentes"), 51-55
 Resultados da fórmula P.I.N., 143-145
 Ver também Inteligência; Inteligências múltiplas.

Iraque
 entendendo a dinâmica cultural do, 180-182
 pesquisa de opinião da Roper/Geographic sobre conhecimento, 12-13

ITUs (unidades de pensamento individual), 7

J

James, W., 241

Janis, I., 164-165, 166

Japão
 comparando a tomada de decisão no Ocidente e, 157-159
 cultura lingüística do, 120
 índice de suicídio no, 93
 kamikaze (pilotos suicidas japoneses) do, 209-210

Jefferson, T., 12

Jobs, S., 72

Jogo "Leilão de uma nota de 1 dólar", 214-215

Johnson, L. B., 64-65, 164-165

278 ■ INTELIGÊNCIA PRÁTICA

Johnson, W., 116-117
Jones, D., 143-144
Julgamentos de Nuremberg, 98-99
Julio César (Shakespeare), 152
Jung, C., 108

K

Kaczynski, T. ("Unabomber"), 2
Kahan, A., 116
Kamikaze (pilotos japoneses suicidas), 209-210
Kekulé, F. A., 145-146
Kelley, D., 182-184
Kennedy, J. F., 164-165
Kettering University, 133-134
Kettering, D. F., 133-134, 143-144
Kiesler, H. 146-147

L

Lamarr, H., 146-147
Lao Tsé, 84
Lateralização do cérebro, 40-41, 42
Leitores/leitura/índices de queda da, 8-9
    impacto da mídia televisiva na, 10
Liberadores, 169
Líderes de pensamento, 169
Líderes políticos, papel de estimulação de, 16
Ligando os pontos, 180-182
Lincoln, Nervos motores, 36
Lindner, R. M., 3-4
Linguagem agressiva, 125
Linguagem bem-humorada, 130-131
Linguagem clara, 125, 126-127
Linguagem de idéias, 184-188
Linguagem engraçada, 130-131
Linguagem saudável
    aplicada à programação de sucesso, 242-243
    descrita, 59-60
    Ver também Linguagem.
Linguagem suja, 125-126
Linguagem
    como os pensamentos são envolvidos pela, 117-123
    conversa e diálogo interno, 129-130
    crença da palavra mágica da, 115-116
    engraçada 130-131

estratégias de sanidade semântica usando, clara/suja, 125-128
explicando o grande quadro com idéia 184-188
expressão para remover do vocabulário, 127-129
influência no comportamento por, 115
manobra de deslocamento semântico, 116-118
padrões rítmicos da, 45
psicologia de, 113-114
reeducação semântica para usar, 116-117
respostas rápidas/engraçadas, 130-131
significado das palavras e, 113-114
teoria geral da semântica sobre a estrutura de, 114-115
tradução de, 129-122
Ver também Linguagem Saudável.
Lista "Only Ten Basic News Stories", 101-102
Lobo frontal, 35
Lóbulo occipital, 35
    parietal, 35
    temporal, 35
Lóbulos (cérebro), 35
Longfellow, H. W., 76-77
Loren, S., 88
Lowell, J. R., 177-178

M

MacDonald, N. J., 85-86
Mágica de palavras, 115-116
Maltz, M., 241-242, 245
Manattan Project, 194-195
Manifestantes céticos, 167fig, 168
Manobra semântica de deslocamento , 116-118
Manuais de software, 191-193
Mapas mentais, 116-117
Mapas verbais, 114-116, ,118-119
Mapeamento mental, 182-185
Mapother, T., 120-121
Marconi, G., 120-121
Markkula, M., 72
Martin, D., 94-95
Marx, K., 6-7
Maslow, A., 98
Matéria branca (cérebro), 36

Índice Remissivo ■ 279

Matéria cinzenta (córtex), 34-35
Matsumoto Kiyoko, 93
McCullough, D., 10, 11
McLuhan, M., 7-8
Meditação ativa, descrita, 111
meditação gTum, 47, 48
Meditação silenciosa, 111
Meditação
 ativa, 111
 efeitos biocognitivos da, 47-48
 estado semelhante a transe induzido através
  da, 49
 silencioso, 111
Medo
 como informação, 200
 de emoções, 216-217
 definição de, 217-218
 psicologia do risco e cinco tipos de, 217-221
Medo da morte do ego, 219-221
Medo da perda da autonomia, 218-219
Medo de abandono, 218-219,
Medo de extinção, 217-218
Medo de falar em público, 220-221
Medo de mutilação, 217-218
Medo do abandono, 218, 219
Medula oblongada, 37
Mega-habilidades de pensamento
 bivergente (eixo D-C), 59-61, 159-160,
  163-164, 177-185, 242
 pensamento divergente (eixo D-C), 59-61,
  158-173
 pensamento helicóptero (eixo A-C), 60-61,
  175-188, 242
 pensamento intulógico (eixo L-I), 85,
  189-205, 242
 pensamento visceracional (eixo R-E), 61-62,
  207-229, 242
Mega-habilidades. *Ver Mega-habilidades de
 pensamento*.
Melbourne, Lord, 152-153
Memória
 armazenamento e lembrança de, 136-137
 curto prazo e longo prazo, 136-137
 estratégia de marcador para, 137-138
 Ilusão de Memória de Curto Prazo, 136,
  138-139
Mencken, H. L., 7, 99-100

Meninges, 33, 34fig
Mentalidade de "vítima", 110
Mentalidade soma zero, 108
Mentalidade, 104. *Ver também Atitudes.*
Mentalidade, 142
Mente consciente
 descrita, 51-52
 inter-relação entre atividade intuitiva e, 201
 processos mentais da, 53-54
Mente de iniciante, 71
Mente inconsciente, 51-52, 53-54
Mente
 como coleção de funções mentais, 53-57
 consciente e inconsciente, 51-52, 53-54
 hábitos para destravar a capacidade mental
  da, 58-60
 módulos mentais, 55-59
Mesencéfalo, 38-40
Mestres Zen, 71
Metapensadores, 66-67
"Microsonhos", 47, 48
Mídia de televisão
 adicção à, 93-94
 dando um intervalo da, 101-103
 impacto sobre padrões de estudo, 93
 lista das "Dez Reportagens Básicas" para,
  101-102
 o entorpecimento da América através da,
  7-9
 padrão de discurso influenciado pela, 10-11
 pesquisa do cérebro sobre os efeitos da, 10
 Ver também Mídia.
*Midnight Ride of Paul Revere,
 The* (Longfellow), 77
Miller, J., 13
Modelagem social, 93
Modelo do "Renascimento humano", 23
Modelo do livre arbítrio, 54
Modelo S.P.A.C.E., 25-27
Modelos mentais
 curva de Gauss da competência mental e, 56
  fig58
 da realidade, 55-59
 ilusão "estrela", 57fig
Movimento do dia sem TV, 102
Módulo "intérprete", 54
Módulos mentais, 51-53

280 ■ Inteligência Prática

Moléculas mensageiras, 38-39
Monge budista more queimado , 208-209
Monroe, M., 92-93, 121-122
Mostel, Z., 207, 208
Motivação da reciprocidade, 213-214
Motivação
    atribuição de, 126
    ignóbil, 212
    nobre, 211-212
    Ponto Popeye para a automotivação,
        226-229
    reciprocidade, 213-214
    Ver também Comportamento.
Motivo ignóbil, 212
Mudança na direção na Suécia (1967), 172-173
Mudança
    como processo essencial de existência, 85
    de opiniões, 85-87
    três fases que mantêm a mente aberta para,
        87-89
    Ver também Comportamento.
Multimind
    New Way of Looking at Human Behavior, A
        (Ornstein), 51-52
Música, 94-95
My Big Thing (MBT), 247fig, 248
Myers, R., 41-42

N

Nasruddin, Mullah, 75-76, 81-82
National Geographic Society, 12
Neck checks, 67, 68-69
Nenhuma pessoa, 142-143
Nervos motores, 36
Nervos ópticos, 34-35
Nervos sensoriais, 36
Neurônios, 36-37
Neurose
    clínica, 215-216
    comportamento irracional relacionado a,
        215, 237-238
    definição de, 215-216
Neurose subclínica, 215-216
Ngo Dinh Diem, 209
Nietzsche, F., 30-31
Nimoy, L., 85

Noção de "mensagens subliminares", 213-214
Noção de compensação (trade off), 187-188
Noção de paradigma, 187-188
Nômades, 169
Nomes
    poder psicológico dos, 121-122
Notas mentais, 135-136
Nuremberg Diary (Gilbert), 98-100

O

Observação
    aguçada, 197-198
    exercício de, 198-199
    uso de, aguçada de Sherlock Holmes,
        197-198
Ocidental *versus* zen, 284-286. *Ver também*
    Idéias.
    zen, 201-203
Oito Semanas para a Saúde Ideal, plano,
    101-102
Ondas
    alfa, 45-46, 46-47
    beta, 45-46
    cerebrais, 36-37, 45-47
    Delta, 46
    rádio de, 100
Teta, 46
One, Two, Three... Infinity (Gamow), 119-120
ônibus espacial Challenger (1989), 164-165
Opiniões
    generalização, 125
    mantendo sua mente aberta para mudança,
        87
    nova maneira de pensar sobre, 85-87
    o "botão" da curiosidade desligado pelas,
        86-87
Oppenheimer, J. R., 178-179
Ordem implicada, 80-81
Ornstein, R., 51-52
Osborn, A. F., 169-171

P

Pacotes verbais, 117-122
Padrão de contorno subjetivo, 151
Padrão de desramificação, 62

Padrões de fala, 45
Padrões de suicídio de adolescentes, 92-93
Padrões
  atitudes como uma informação de todo o
    corpo,102-103
  desramificação, 60-61
  história sobre limitações do pensamento,
    154-155
  independência de, 151
  linguagem, 118-119
Palpites, 199-201
  Ver também Pensamento intulógico.
papel de estimulação do pai, 15-16
Papel de estimulador do gerente/executivo, 16
Papel de estímulo do líder de mídia, 16
Papel do educador estimulador, 15-16
Papel especialista de celebridade, 16
Papel estimulador do consultor, 16
Paradoxo criativo, 69-71
Parentesco
  dinâmica cultural árabe do, 180-182
  terminologia relacionada ao, 120-121
Parnes, S., 145-146, 170-171
Pasteur, L., 148
Patente do Secret Communications System, 147
Pausa de um batimento cardíaco, 223-224
Pausa mental, 65
Peale, N. V., 91-92, 93, 241-242
Pearsall, L., 65
Peek, K. ("Kimputger"), 42-43
Pensadores confusos (os insanos), 56fig
Pensadores duplex
  debate encarado como esporte pelos, 84-85
  descrito, 73-75
Pensadores multiplex, 73-75
Pensadores omniplex, 75-76
Pensadores por reflexo (os insanos), 57-58
Pensadores profundos, 99-100
Pensadores simplex
  de palavras e linguagem, 113-114
  debate tratado como esporte por, 84-85
  descrito, 73, 74
  fazendo um jejum de notícias da, 101-103
  lista de As únicas Dez Reportagens Básicas,
    101-102
  noção falha da verdade por, 77-78

pensamento inferencial aplicado ao,
    122-125
  subtexto de, 123-125
  teoria geral da semântica sobre 114-115
  Ver também mídia televisiva.
Pensadores
  duplex, 73-75
  mansos, 99-100
  multiplex, 73-74, 75
  omniplex, 75-76
  papel do pensamento consensual na
    imagem-espelho, 169
  profundos, 169-170
  simplex, 73-74, 77-78
Pensamento (seqüencial) lógico, 190-191,
    197-198
Pensamento afirmativo
  aplicado à programação de sucesso,
    242-243
  atitude de gratidão no, 106-108
  atitude de papel de abundância no, 107-109
  descontaminação mental através do, 91-93
  descrita, 59
  papel de "detectar papo furado" no, 98-100
  papel de altruísmo prático no, 109-111
  reengenharia de suas atitudes para, 102-106
  sensorship para facilitar, 92-98
  substituindo a auto-caracterização negativa
    por, 91-92
  usando "jejum de mídia" para higienizar sua
    mente, 100-103
Pensamento arcaico, 66-67
Pensamento aristotélico, 114-115
Pensamento baseado em valores opostos,
    74-75
Pensamento bivergente
  aplicado à programação de sucesso,
    242-243
  como essencial à solução acelerada de pro-
    blemas, 157
  definição de, 59-60, 159
  eixo D-C do, 59-61, 159-160
  método de mapeamento mental para,
    182-185
  *Ver também Pensamento convergente, Pen-
    samento divergente.*

282 ■ INTELIGÊNCIA PRÁTICA

Pensamento cartesiano, 144-115

Pensamento conceitual
exemplo de, 175-176
fluência em, 176-184, 185-186
Ver também Pensamento helicóptero.

Pensamento concreto, 194-196

Pensamento consensual
cura para, 168-169
definição do, 165-166
natureza da patologia do, 165-168
papéis desempenhados no, 167fig
pesquisa sobre, 164-166

Pensamento convergente
descrito, 59-61, 159
equilibrando o divergente e, 172-173
habilidades do, 21-22
ponto pivô na tomada de decisão,
160fig-161
Ver também Pensamento bivergente

Pensamento dinâmico, 66-67

Pensamento divergente
equilibrando o convergente e, 59-61,
158-161
testando habilidades de 21-22
Ver também Pensamento bivergente.

Pensamento helicóptero
aplicado à programação de sucesso,
242-243
como pensamento relacional, 180-182
definição do, 177
descrição do, 175-176
eixo A-C (abstrato-concreto) do, 57-58,
175-177
formando equipes de visionários e acionários no, 177-180
*Ver também Idéias abstratas; pensamento
conceitual.*

Pensamento heurístico, 233-234

Pensamento holístico (intuitivo), 190-191

Pensamento intulógico
aplicado à programação de sucesso,
242-243
capcidades holísticas ou intuitivas usadas
no, 190-191, 199-201
considerando o seu estilo de pensar e o dos
outros, 191-197
definição de, 191

eixo L-I (lógico-intuitivo) de, 67, 190-192
elementos da mente zen, 201-205
pensamento seqüencial, 190-191, 196-200
Ver também "Palpites".

Pensamento Lateral
(deBono), 152
Criatividade passo-a-passo

Pensamento metaquadrado, 152-153, 242-243

Pensamento monorail (ou vertical), 152

Pensamento ocidental
a respeito de suicídios ideológicos, 210-211
diferença-chave entre zen e, 201-203
processo de tomada de decisão usando,
157-159

Pensamento radial, 182-184

Pensamento relacional, 180-182

Pensamento seletivo, 92-93

Pensamento seqüencial (lógico), 190-191,
197-198

Pensamento vertical (ou monorail), 152

Pensamento viscerracional
"Ponto Popeye" para automotivação,
226-229
aplicado à programação de sucesso,
242-243
definição de, 207-208
eixo R-E (racional-emotivo) do, 61-62,
207-211
neurose e, 215-217
processo racionalização do pensamento
irracional, 210-215
psicologia do risco e, 217-221
reações de sinal e, 221-224

Pensamento visual, 140-142

Pensamento
afirmativo, 59, 91-93, 100-109, 242-243
algorítmico, 233-234
apoiado em valores opostos, 74-75
aristotélico, 114-115
cartesiano, 114-115
como a saúde é afetada por seu, 224-226
como ele é envolvido pela linguagem,
117-122
comparando o concreto e o abstrato,
194-196
conceitual, 175-176
conceitualização abstrata e, 175-176

convergente, 21-22, 59-61, 159, 160fig-161, 172-173

dinâmico e arcaico, 66-67

heurístico, 233-234

holisticamente (intuitivo), 190-191

humildade como estado paradoxal do,72-73

indutivo *versus* dedutivo, 193

inferencial, 122-125

metaquadrado, 152-155, 242-243

modelos mentais afetando, 55-59

monorail (ou vertical), 152

radial, 182-184

relacional, 180-182

seletivo, 92-93

seqüencial (lógico), 190-191, 197-198

simbólico, 175-176

People in Quandaries (Johynson), 116

Perda da autonomia, 218-219

Perfis de Estilos de Pensamento Mindex

modelo de, 195fig

visão geral de, 193-197

Período gestacional, 45

Pesquisa de opinião da Roper/Geographic, 12-13

Pessoa afirmativa, 142-144

Pessoas ambidestras, 36

Pessoas tóxicas

dando a "demissão" para, 96-97

exercício para avaliar, 96-98

Peterson, Norm (personagem de TV), 130-131

piada da "Martha", 220-221

Placa cribiforme, 39-40

Planejamento de fichas, 139-140

Platô, 114-115

Polarização, 126

Ponto pivô

aplacadores, 167fig

consciência do processo gerenciando o, 160-164

definição de, 160

pensamento convergente/divergente e, 160fig-161

Postman, N., 7, 8, 9, 10-11, 98

Povo Shona (Zimbábue), 120

Power of Positive Thinking, The (Peale), 91-92

Prescott, S., 77

Problema dos nove pontos

desafio da solução do, 150

descrito, 150fig

Problemas

anagramas, 152-153

Consciência de processo, 159-164

Copos dos, 190-191

definição de, 231-232

escada de palavras, 199-200

nove pontos, 149-150fig

travessia de barco, 190

Processo de pensamento simbólico, 175-176

Professores

papel de estimulação dos, 15-16

Efeitos da Suposição Final nos, 3-4

Programação de sucesso

alfa, 244-247

aplicando o que aprendemos à, 242-243

estratégias psicocibernéticas para, 241-243

sua Roda da Vida usada para, 246-248

usando filmes mentais para, 243-245

Programação neurolingüística (NLP), 244-245

Propriocepão, 41-42

Pseudolus, (personagem ficcional), 207-208

Psicobiologia, 224-226

Psicologia do risco, 217-221

Psiconeuroimunologia, 32, 110

Psycho-Cybernetics (Maltz), 241

Q

QI (quociente de inteligência)

como história incompleta, 20-22

Ver também Inteligência abstrata; Inteligência.

introdução ao teste, 2-3

capacidade de pensar igualada ao, 3-4

Quadro geral, 182-185

Quatro canais de audição, 124fig-125

Quebra-cabeças escadas de palavras, 199-200

Queimaduras, monge budista no Vietnã (1960), 208-209

Questões dicotomizantes, 126

Quiasma óptico, 34-35

R

Raciocínio abstrato, 194-195

284 ■ INTELIGÊNCIA PRÁTICA

Racionalização da "cola", 212-213
Racionalização
    padrão de deslocamento verbal como,
       116-118
    processo de, 210-215
Rain Man (filme), 42-43
RAS (Sistema de ativação reticular), 37-38
Reação lutar ou fugir, 39-40, 221, 222
Reações sinalizadoras (gatilho)
    "pausa de um batimento" para diminuir,
       223-224
    descrição das, 220-223
    exercício para entender seus "sinais",
       222-224
Realidade
    evolução constante da, 85-86
    modelando da ordem implicada 80-81
    modelos desfigurados e versões distorcidas
       da,55-58
    modelos mentais da, 55-59
    representando mapas verbais, 118-119
    Ver também Verdade.
Recitações, definição de, 111-112
Reeducação semântica, 116-117
Reflexo de estiramento, 37
Reflexo pupilar, 37
Reflexos espinhais, 37
Região basal (cérebro reptiliano), 37-39
Região de controle motor, 38
Resistência à enculturação, 98-100
Resultados
    importância dos, 83-85
    possíveis opções para, 84
    programação de sucesso para, 241-248
    Ver também IP (inteligência prática).
Retórica, 113-114
Revere, P., 77
Reverso metafórico, 130-131
Revista *Time*, 11
Risco
    psicologia do, 217-221
    Risk-talking, 66
    tolerância à ambiguidade relacionada ao, 66
Ritmo futuro, 244-245
Ritmos circadianos, 44
Roach, H., 154
Roda da Vida, 246-248

Rogers, C., 63
Romeu e Julieta (Shakespeare), 120-212
Roosevelt, F. D., 185-186
Roosevelt, T., 12, 100, 177-179
Roper Public Afrfairs, 12
Roshi, J., 71
Ross, E. G., ("Betsy"), 76
Ross, J., 76
Rossi, E. L., 224
Russell, B., 13-14

S

Sabotadores, 169
Sanidade semântica. *Ver Linguagem sã.*
Sãos, Os (meta-pensadores), 56fig
Saúde
    conexão entre mente e, 107-108, 224-226
    hipnoterapia para facilitar ligação da mente
      e, 110
    papel do altruísmo prático na boa, 110-111
Savants, 42
Schweitzer, A., 109-110
Science and Sanity (Korzybski), 113-114
Scientific American (revista), 178-179
Segar, E. C., 227
Seleye, H., 106-108, 179
*Self-Renewal: The Individual and the
    Innovative Society* (Gardner), 64-65
Serotonina, 38
Sete Pecados Semânticos, 125-126
Shakespeare, W., 184-185
Sherrington, Sir C., 36-37
Shiggie (Shigeru), 157-158
Simonton, C., 107-108, 110
Simonton, S., 107-108, 110
Sinais de classe social, 118-119
Sinais de fechamento, 162-163
Síndrome da memória reprimida, 49-50
Síndrome da mulher agredida, 226-227
Sistema de ativação reticular, 37-38
Sistema endócrino, 225fig
Sistema imune, 52-53, 225fig, 226
Sistema límbico, 39, 194
Sistema nervoso autônomo, 225fig
Sloan, A., 134

Sloan-Kettering Institute for Câncer Research, 133-134

Smith, E. W., 197-198

Social Intelligence Profile
questionário, 26-27

Social Intelligence: The New Science of
Human Relationships (Goleman), 26-27

Social Intelligence: The New Science of Success
(Albrecht)
artigo sobre a importância de resultados, 83-84
comportamento nocivo e acolhedor definidos em, 96
Dez reportagens Básicas descritas em, 101-102
objetivos da, 25-26
popularizando o tópico da inteligência, 23-24

Sociedade americana
agenda de recuperação para, 14-17
defasagem econômica crescente na, 13-14
Ver também Estados Unidos.
revelações da pesquisa de opinião da Geographic/Roper sobre, 13-14
cultura da diversão na, 6-12

Sócrates, 114-115

Solução acelerada de problema (SAP)
descrito, 235-236
elementos-chave, regras ou políticas de, 236-239
modelo de, 235fig
pensamento bivergente como essencial a, 164

Solução de problema heurística (ou natural), 233-235

Solução de problemas
cinco zonas mentais chave para a, efetiva, 235-236
como processo de aprendizagem, 234-235
definindo efetivos, 232
esqueça o velho processo de cinco etapas para, 231-233
heurística (ou natural), 233-234
independência de padrão usada para, 151
pensamento metaquadrado usado em, 152-155

processo de solução acelerada de problemas para, 163-164, 235-239
Ver também Tomada de decisão.

Sonho lúcido, 32

Sono
RAS (Sistema de ativação reticular) controlando, 37-38
sonho lúcido durante, 32

Sperry, R., 40-41

Sports Illustrated (revista), 8-9

Star Trek (seriado de TV), 85

State of the Union (relatório presidencial), 100

States of Consciousness (Tart), 47

Stress and the Manager (Albrecht), 106

Subtexto, 123-125

Suicidas do Oriente Médio, 210

Suicidas ideológicos, 208-210

Suicídio
Homens-bomba do Oriente Médio, 210
índices de, entre japoneses e norte-americanos, 92-93
Morte de monges budistas
pelos kamikazes (pilotos suicidas japoneses), 209-210
Percepção ocidental de, ideológico, 210-211
que atearam fogo no corpo, 208-209

Sulco (s), 34-35

Suposições Finais
descritas, 2
impacto no raciocínio dos professores, 3-4
expansão no mundo dos negócios, 4-5

Suzuki, D. T., 201-202

Swift, J., 207

T

Tálamo, 39-40, 221

Tart, C. C., 47

Taylor, J., 5

Teaching as a Subversive Activity (Postman), 98

Tecnologia da freqüência-diversidade
(ou de dispersão do espectro), 147

Tecnologia de difusão do espectro, 147

Tennessee Waltz, The (canção), 94-95

Tennyson, Lord A., 201, 202

Teoria da filtragem semântica, 127-128

286 ■ Inteligência Prática

Teoria da inteligência
   múltipla de Gardner, 19-20, 22-23
Teoria geral da semântica, 114-116
Terapia do comportamento emotivo-racional,
   217
Terminais axoniais, 36
Terra Azul (lado esquerdo,concreto), 194-196
Terra Vermelha (lado direito do
   cérebro,concreto), 194-196
Teste de consciência de inferência, 122-123
Teste de QI
   implicações de pontos divergentes de, 21
   natureza destrutiva do, 2-3
   problemas com lápis e papel, 21-22
   Teoria do QI, 3
Texto/subtexto, 123-125
Thich Qaung Duc, 208, 209
Through the Looking Glass (Carroll), 113
*Tipping Point: How Little Things Can Make a
   Big Difference, The* (Gladwell), 15-16
Tiroxina, 38-39
Tolerância à ambigüidade, 66
Tolerância à complexidade, 66
Tolkien, J. R. R., 157
Tom Dooley (música), 94-95
Tomada de decisão
   brainstorming e, 169-172
   comparando o processo japonês de, e o
      ocidental, 157-159
   pensamento consensual e, 164-169
   pesquisa sobre psicologia do, 164-165
   ponto pivô no pensamento divergente/con-
      vergente, 160fig, 164-165
   processo de pensamento consensual do,
      165-169
   Ver também Solução de problemas.
   visceral, 227-228
Tomografia, 50
TQM (gestão da qualidade total), 4
Trabalhador de dados, 5-6
Transe diário, 49-51
Transe, 49-51
Tratamento silencioso, 218-219
Tronco cerebral, 36-37
Turner, I., 226-227
turner, T., 226, 227
Twain, M., 203, 212, 235-236

U

U.S. Army Signal Corps, 72

V

Valorizando idéias
   aplicadas à programação de sucesso,
      242-243
   descritas, 59-60
Venezuelan Development of Human
   Intelligence, 15
Verdade
   conceito da árvore do conhecimento e,
      79-82
   examinando a, aceita, 76-77
   um exercício sobre questionamento, 77-79
   Ver também Realidade.
Victims of Groupthink (Janis), 164-165
Victoria, Rainha, 152-153
Vingança, 104-105
Violinista no Telhado, O (filme), 123
Visionários, 177-180
Visual, 140-142
Vocabulário de reconhecimento, 186-187
Vocabulário de rotina, 186-187
Vocabulário usado, 127-129, 186, 187
Vocabulário
   conotações do, 128fig
   expressões para remover do, 127-129
   reconhecimento, 186-187
   rotina, 186-187
   três conjuntos de, 186-188
   uso, 127-129, 186, 187
Vogel, P. J., 41
Volta em Splash Mountain no parque de
   diversões, 220
Von Braun, W., 178-179
Vorhaus, J., 220

W

Watson, J. (personagem ficcional), 196-198
Wayne, J., 121-122
website de baladas do country judeu, 95
Weil, A., 101-102
Wells, H. G., 1-2

Índice Remissivo ■ 287

Wernicke, C., 35
What's Love Got to Do with It? (filme),
   226-227
Whitehead, A. N., 77
Williams, R., 71
Wilson, E. W., 70-71
Wozniak, S., 72
Wright, S., 131

X

Xerox
   Corporation, 72
   Processo, 72

Y

You Belong to Me (música), 94-95

You' re Nobody Til Somebody Loves You
   (música), 94

Z

Zen Budhism and Psychoanalysis (Fromm,
   Suzuki, e De Martino), 201-202
Zen budismo, 201-203
Zindell, D., 73, 74
Zonas mentais
   definição de, 234-235
   zona, A (estado alfa), 203-205
   zona de opção, 235-238
   zona de dados, 235, 238
   zona de julgamento, 235-236, 238-239
   zona final, 235, 237-238, 239
   zona neutra, 234-235, 237, 238

GRÁFICA PAYM
Tel. (011) 4392-3344
paym@terra.com.br